Bruno Chaouat

Ist Theorie gut für die Juden?

Bruno Chaouat, geboren 1965, ist Professor für französische Literatur an der Universität von Minnesota.
Veröffentlichungen u.a.: »L'Ombre pour la proie. Petites apocalypses de la vie quotidienne« und »Out of This World. Gnostic Encounters in Modern French Literature und Thought«.

Titel der Originalausgabe: »Is Theory Good for the Jews? French Thought and the Challenge of the New Antisemitism«, Liverpool University Press

Die Arbeit des Übersetzers am vorliegenden Text wurde vom Deutschen Übersetzerfonds gefördert im Rahmen des Programms NEUSTART KULTUR der Beauftragten der Bundesregierung für Kultur und Medien.

NEU START KULTUR

Edition
TIAMAT
Deutsche Erstveröffentlichung
Herausgeber:
Klaus Bittermann
1. Auflage: Berlin 2024

www.edition-tiamat.de
Buchcovergestaltung: Felder Kölnberlin Grafikdesign
ISBN: 978-3-89320-311-6

Bruno Chaouat

Ist Theorie gut für die Juden?

Das fatale Erbe französischen Denkens

Aus dem Französischen von
Christoph Hesse

Critica
Diabolis
326

Edition
TIAMAT

Inhalt

Für meine Eltern Sarah und Emile

In Erinnerung an Miriam Monsonego, ermordet auf einem Schulhof in Toulouse im Alter von acht Jahren. Sie könnte meine Tochter gewesen sein.

Vorwort zur deutschen Ausgabe

Das Privileg, diese im französisch-amerikanischen Kontext entstandenen Überlegungen in deutscher Sprache vorlegen zu dürfen, weiß ich sehr zu schätzen. Mein Dank gilt daher zunächst meinen Verlegern Chloe Johnson, Anthony Cond und Klaus Bittermann sowie meinem Übersetzer Christoph Hesse.

Was ist seit der Veröffentlichung meines Buches im Jahr 2016 in der akademischen Welt in Bezug auf Antisemitismus und Israel passiert? Seit der Wahl Donald Trumps, der Entstehung der Metoo-Bewegung und der Ermordung George Floyds durch die Polizei in Minneapolis, der Stadt, in der ich arbeite, hat die Linke ihre Legitimität wiedererlangt und ihren Kampf verstärkt; wenngleich die populistische Rechte keineswegs am Ende ist, sie regiert sogar fast überall im Westen, Frauen sind weiterhin sexistischer Gewalt und Diskriminierung ausgesetzt, und nach wie vor sind Afroamerikaner von Polizeigewalt und systemischem Rassismus betroffen. Tocqueville jedoch warnte, dass eine Egalisierung der Verhältnisse das Ressentiment und die Unzufriedenheit über kleine Ungleichheiten paradoxerweise noch verstärke. Wenn Gleichheit der Horizont der Demokratie ist, muss sie bedingungslos und vollständig sein. Alles oder nichts. Solange also Gleichheit nicht ganz und gar verwirklicht ist, hat sich für die radikale Linke nichts geändert: der kapitalistische Westen sei korrupt, Amerika müsse zerschlagen werden, das Patriarchat sei mächtiger denn je. Durch den Neoliberalismus und asymmetrische Verträge mit den Ländern des Südens kolonisiere der globale Norden auch nach der Dekolonisierung noch immer die Seelen und Körper der Menschen. Dass die Gräuel der Sklaverei und der Genozid an den indigenen Völkern nun an Schulen und Universitäten gelehrt werden, reiche noch lange nicht aus, denn schon die Existenz eines von Europäern gegründeten Landes sei ein Verbrechen, das durch keine Strafe gesühnt werden könne. In einem Teach-in, das im Dezember 2023 an meiner Universität stattfand, forderten die Teilnehmer, Professoren ebenso wie Studenten, nichts Geringeres als die Auflösung sowohl der USA als auch des jüdischen Staates, und zwar mit der Begründung, beide seien Produkte des Kolonialismus.[1]

Während ich diese Zeilen schreibe, verteidigt sich Israel gerade vor dem Internationalen Gerichtshof in Den Haag gegen den Vorwurf des Genozids, nachdem es im Oktober 2023 einen beispiellosen Angriff der theofaschistischen Hamas-Bewegung erlitten hat. Unheilvolle Verkehrung: ausgerechnet zu dem Zeitpunkt, an dem das schlimmste Massaker an Juden seit dem Holocaust begangen wird, beschuldigt man Israel des Völkermords. Seither erheben Studenten und Professoren an westlichen Universitäten, von den Gräueltaten der Hamas geradezu begeistert, den Vorwurf des Rassismus, Kolonialismus und Völkermords gegen Israel. Auch Wissenschaftler leugnen die von der Hamas verübte sexuelle Gewalt und deuten die Aggression vom Oktober als einen Akt des Widerstands gegen die Besatzung eines ansonsten unbesetzten Gebiets. Projektion und Verleugnung verraten eine kollektive Psychose. Den Boden bereitete die Philosophin Judith Butler, als sie in den 2000er Jahren Hamas und Hisbollah zu Widerstands-

1 https://www.youtube.com/watch?v=uVbZXRMpWTk

bewegungen erklärte, die der »globalen Linken« angehörten. [2]

Während das französische Denken eines der Komplexität war, scheint nun der Reduktionismus einen Teil der akademischen Disziplinen verschlungen zu haben: *deconial, ableism, white privilege, white fragility, diversity, equity, inclusion* – dies sind nur einige der Globish-Wörter, die eine neue moralische Ordnung einläuten. Akademiker melden sich auf X (vormals Twitter) zu Wort: die lange Zeit des Denkens wird auf Slogans und Klischees reduziert, die Verantwortung der Intellektuellen verwandelt sich in die Reaktionsfähigkeit von Cyberaktivisten. Seit 2016 haben soziale Netzwerke und das Smartphone eine unumkehrbare Entwicklung und Beschleunigung erfahren, ganz zu schweigen von der Künstlichen Intelligenz, die nun das Denken selbst automatisieren kann. Kurzum, seit den Jahren, in denen mein Buch entstand (2010–2015), sind »alternative Fakten« und »Post-Wahrheit« zur Normalität geworden.[3] Mehr denn je stehen Wahrheit und Politik, um Hannah Arendts berühmten Essay zu zitieren, »miteinander auf Kriegsfuß«.[4] Verschwörungstheorien werden sowohl von der extremen Rechten als auch von der extremen Linken in Echtzeit verbreitet.

Man schaue sich an, was aus dem Antirassismus in den letzten zehn Jahren geworden ist: eine Einteilung der Menschheit in schwarz und weiß (der ich grau als »Farbe der Philosophie« allemal vorziehe),[5] eine Welt, in der sich

2 Siehe Eva Illouz, The Global Left's Reaction to October 7 Threatens the Fight Against the Occupation, in: *Haaretz,* 2. November 2023.

3 Siehe Myriam Revault d'Allones, La faiblesse du vrai, Paris 2018.

4 Hannah Arendt, Wahrheit und Politik, in: Wahrheit und Lüge in der Politik. Zwei Essays, München 2013, S. 44.

5 Peter Sloterdijk, Wer noch kein Grau gedacht hat. Eine Farbenlehre, Berlin 2022.

Unterdrückte und Unterdrücker gegenüberstehen. Die *French Theory* hätte solche Gegensätze niemals gutgeheißen, da sie im Gegenteil die Unreinheit jedweder Opposition hochhielt. Als Jacques Derrida sich über die Kolonialfrage Gedanken machte, kam er gar zu dem Schluss, dass jede Kultur strukturell kolonial sei.[6] Demnach hätte die Idee einer Dekolonisierung der Welt und des Denkens gar keinen Sinn: Derrida hätte sie sogleich als Ursprungsphantasie dekonstruiert. Und man kann sich vorstellen, was die Denker seiner Generation, die eine Mischung der Kulturen und das Nomadentum priesen, von so absurden Begriffen wie »kulturelle Aneignung« gehalten hätten. Ihr Denken war geprägt von der Vorstellung, dass jeder Begriff durch sein Gegenstück korrumpiert werde: stets verunreinigt das Andere das Gleiche, spaltet die Differenz die Identität. Nunmehr fordert die »woke« Linke moralische Läuterung und die Reinheit der Gegensätze. Die Tautologie hat die Heterologie ersetzt, und das Buchstäbliche, das Literale ist an die Stelle des Literarischen getreten. Aus strategischen Gründen kehrt man heute zum Essentialismus zurück. So greift der neue Antirassismus die Rassenkategorien wieder auf, die Denken und Wissenschaft längst verworfen haben. Der von Carl Schmitt und Michel Foucault beeinflussten »Woke«-Linken geht es, wie Susan Neiman sagt, weniger um Wahrheit als um Macht.[7]

Seit zehn Jahren erleben wir die Regression eines Denkens, das uns zwar kaum vor neuen Formen des Antisemitismus bewahrt hat (so lautet schließlich die These dieses Buches), doch zumindest, in einem bisweilen irritierenden

6 Jacques Derrida, Le monolinguisme de l'autre, Paris 1996.
7 Susan Neiman, Links ist nicht woke, Berlin 2023.

Ästhetizismus, nach Nuancen suchte und allen ideologischen Vereinfachungen trotzte.

Nicht ohne Nostalgie sehe ich mich zu dem Schluss gezwungen, dass *das Ende der Theorie schlecht für die Juden ist*.

Bruno Chaouat
Saint Paul (Minnesota), Januar 2024

Aus dem Französischen.

Prolog

Abschied von der Theorie

> »Israël est la croix même sur laquelle Jésus est éternellement cloué; il est donc le peuple porte-salut, le peuple sacré dans la lumière et sacré dans l'abjection, tel que l'ignominieux et resplendissant gibet du Calvaire.«[1]
>
> Rémy de Gourmont

Zu Beginn des dritten Jahrtausends veröffentlichte der Journalist und Essayist Nicholas Weill eine wenig beachtete persönliche Geschichte des Antisemitismus.[2] Diese faszinierenden intellektuellen Memoiren schrieb er inmitten der zweiten Intifada, als sich auch in Frankreich antisemitische Vorfälle wieder häuften. Seine Erinnerungen sind ebenso aufrichtig wie klar. Als Journalist für *Le Monde* wusste er, was in der gegenwärtigen Lage auf dem Spiel steht, er erkannte die neuen Herausforderungen, vor denen die französischen Juden stehen, und legte Zeugnis ab von den Auswirkungen des wiederaufflammenden Antisemitismus auf seine eigene Identität als französischer Jude. Da ich eine persönliche Beschäftigung mit Geistes- und Literaturgeschichte sehr schätze, möchte ich vorab versuchen, die Geschichte meiner eigenen Liebesaffäre

1 [»Israel ist das Kreuz selbst, an das Jesus auf ewig genagelt ist: das Heilsbringervolk, das heilig ist im Licht und heilig in der Schmach, wie die schändliche und strahlende Hinrichtungsstätte auf Golgatha.«]
2 Nicholas Weill, Une histoire personelle de l'antisémitisme, Paris 2003.

mit dem französischen Denken und seiner Auseinandersetzung mit dem neuen Antisemitismus – und meiner eigenen Erschöpfung – zu erzählen.

Als Doktorand hatte ich das Privileg, von dem französischen Philosophen Jean-François Lyotard betreut zu werden. Durch die Veröffentlichung von »La condition postmoderne«[3] war Lyotard in den späten 1970er Jahren allgemein bekannt geworden. In diesem Buch verkündete er, vielleicht nicht ohne einen Anflug von Wehmut, das Ende der großen Erzählungen der Emanzipation, nämlich der Aufklärung, der modernen Wissenschaft und des Marxismus. Fortan wurde er zu einem Wegweiser postmodernen Denkens, zumindest in dessen französischer Ausprägung. Seiner Auffassung nach zeichnete sich die Postmoderne durch eine Absage an Totalität und Teleologie aus, man feierte das Fragment oder die Mikroerzählung und übte Kritik an moderner Emanzipation und Subjektivität. Dem entgegen stehen Lyotards Ansicht nach Begriffe wie »Kindheit«, das »Unartikulierte«, das *différend* und, ja, wahrhaftig: »die Juden« – allesamt Ausdrücke des Widerstands gegen eine vollkommene Emanzipation, d.h. gegen totale Autonomie. In Reaktion auf die in den 1980er Jahren durch Victor Farias[4] ausgelöste »Heidegger-Affäre« (die seither wie ein schlechter Traum immer wiederkehrt und den französischen Intellektuellen auch weiterhin zu schaffen macht) veröffentlichte Lyotard sein Buch »Heidegger und ›die Juden‹«.[5] Darin bemühte er sich zu zeigen,

3 Jean-François Lyotard, La condition postmoderne. Rapport sur le savoir, Paris 1979 [Das postmoderne Wissen. Ein Bericht, Wien 1986].
4 Victor Farias, Heidegger et le nazisme, Paris 1987 [Heidegger und der Nationalsozialismus, Berlin 2003].
5 Jean-François Lyotard, Heidegger et »les juifs«, Paris 1988 [Heidegger und »die Juden«, Wien 1990].

dass Heideggers Dekonstruktion der Metaphysik dem Judentum bedrohlich nahegekommen sei, doch eine Begegnung mit jüdischem Denken, da sie dessen ethische Dimension ignoriere, letztlich versäumt habe. Die bisher gründlichste Untersuchung von Lyotards Verhältnis zu den Juden verdanken wir der französischen Philosophin Elisabeth de Fontenay[6], die ihn sehr bewunderte.

Eine Reihe von Aufsätzen beschäftigt sich mit den Anführungszeichen, in die Lyotard das Worten »Juden« gesetzt hat. Wollte er sich von ihnen distanzieren? Gleich auf der ersten Seite seines Buches erklärt Lyotard, er spreche nicht von buchstäblichen, wirklichen oder empirischen Juden, sondern von einem irreduziblen Ur-Affekt[7], einem metaphysischen oder metapsychologischen Prinzip, das im Widerspruch zum westlichen Denken stehe und diesem zugleich innewohne, von dem es sich aber ständig zu befreien wünsche – eine Art inneres Äußeres der abendländischen Kultur. Doch warum nicht über empirische, wirkliche Juden sprechen? Warum sollen »die Juden« als ein unergründliches metaphysisches Prinzip herhalten?

Selbstverständlich trat Lyotard in die Fußstapfen des französischen Philosemitismus, der ihn von Charles Péguy, einem berühmten Dreyfus-Unterstützer aus dem späten 19. und frühen 20. Jahrhundert, zu seinem Zeitgenossen Maurice Blanchot führte. In dieser Tradition stehen die Juden für ein Prinzip der Ruhelosigkeit, für das Volk der Schrift, das umherschweifende Volk, das Bewusstsein des Abendlandes. Tatsächlich haftet dem Philosemitismus eine Mehrdeutigkeit an, die Léon Bloy in den 1880er Jahren deutlicher als jeder andere Schriftsteller exemplarisch zur

6 Elisabeth de Fontenay, Une tout autre histoire. Questions à Jean-François Lyotard, Paris 2006.
7 [Im Original deutsch.]

Sprache brachte. Dem Antisemiten Édouard Drumont hielt er gleichsam *more theologico* entgegen, dass von den Juden das Heil ausgehe, solange sie sich im Zustand der Erniedrigung befänden; Jesus habe als Jude geboren werden müssen, als ein Angehöriger des verächtlichsten Volkes, um die Erlösung umso herrlicher zu machen. (Jeffrey Mehlman verdanken wir bahnbrechende Einlassungen zu Bloys philo- bzw. antisemitischer Erwiderung an Drumont und deren Vermächtnis im modernen französischen Denken.)

Lange nach Péguy behauptete Maurice Blanchot in den 1960er Jahren, jüdisch zu sein bezeichne einen Zustand des Exils, des Nomadentums und des Leids; es bedeute, den Göttern des Bodens und der Landschaft (*pagus, paganus*) zu entraten, eine Absage an jede Art existentieller oder geographischer Bindung, letztlich die Erschütterung aller moralischen und ontologischen Gewissheiten. (Zu Blanchot und der Frage des Exils später mehr.)

Diesen philosemitischen Motiven – Exil, Nomadentum, Bewusstsein des Abendlandes und Volk der Schrift, die Blanchot in der Nachkriegszeit aufgegriffen hatte – gab Lyotard in den 1980er Jahren eine freudo-lacanianische Wendung. Das Bewusstsein des Abendlandes verwandelte er in dessen Unbewusstes, dessen *objet a*, das unerreichbare kryptische Andere. Ist das Judentum also bloß ein abstrakter bildlicher Ausdruck, ein Tropus, eine Figur? Vielleicht, doch wäre es kurzsichtig, Lyotards Verbildlichung des Juden auf eine paulinische Wiederauferstehung zu reduzieren, auf eine Auslöschung oder Überwindung jüdischer Differenz, eine bloße Absage an den fleischlichen Juden. Denn Lyotard wollte den Juden nicht in irgendeinen abstrakten, entkörperlichten, entfleischlichten Universalismus auflösen. In einem nur wenige Jahre nach

»Heidegger und ›die Juden‹« veröffentlichten Essay mit dem Titel »Un trait d'union« (Ein verbindendes Element)[8] verurteilte er denn auch Paulus' Aufruf zur Emanzipation, d.h. zur Auflösung jüdischer Differenz und jüdischen Partikularismus. Er warnte vor der Überwindung des Gesetzes und des Fleisches durch Glauben und Geist. Während er die Juden gewissermaßen idealisierte, entwurzelte und deterritorialisierte er sie; nie ging Lyotard in die Falle einer abstrakten, universalistischen Interpretation des Judentums.

Man kann sich gut vorstellen, wie aufregend es für mich in einem Alter von wenig mehr als zwanzig Jahren damals war, mich selbst in meiner Phantasie als ein Prinzip von Marginalität und irreduzibler Differenz zu betrachten, wie weit auch immer die Assimilation in meinem Fall schon fortgeschritten sein mochte; denn so nennt man in Frankreich den Prozess der Säkularisierung der Juden und die bereitwillige Annahme einer nationalen französischen und republikanischen Identität – gleichsam die französische Version eines partikularistischen Universalismus. Bekanntlich wollen junge Menschen gern als marginal, als »anders« wahrgenommen werden, auf die Gefahr hin, dass sie sich gerade in ihrem Bemühen, anders zu sein, als konformistisch erweisen. Man denke an die unvergessliche Szene in Monty Pythons »Leben des Brian«, in der der falsche Jesus eine vor ihm versammelte Menge von Möchtegern-Jüngern dazu bringt, im Chor zu singen, sie seien alle Individuen, alle unterschiedlich. Ebenso führte mein jugendliches Verlangen, mich zu unterscheiden, dazu, dass ich allzu normal wurde: ein französischer, assimilierter, säkularer Jude. Ich brauchte kein praktizierender Jude zu

8 Jean-François Lyotard, Un trait d'union, Québec 1993.

sein, meine Zeit nicht darauf zu verschwenden, in die Schul[9] zu gehen, Hebräisch zu lernen, die Tora zu lesen und den Talmud zu studieren – jüdisch zu *sein* reichte mir an sich schon vollkommen aus, um Ordnung, Staatsgebiet, Grenzen usw. zu untergraben. Es bedeutete, wirklich und echt *anders* zu sein: ein entfesselter Jude. Besser noch, es stattete den Juden, in diesem Fall mich selbst, mit einem gehörigen Maß moralischer Überlegenheit aus. Marginalisiert zu sein, ein Dissident, ein Rebell, ohne dazu viel riskieren zu müssen – war das nicht der Traum eines jeden jungen Mannes, der danach strebte, Schriftsteller oder Intellektueller zu werden?

Darüber hinaus bekräftigte ich die fragwürdige Gleichsetzung von jüdischer Identität mit Kummer, Leiden oder Trauma sogar noch. Ich verstand Lyotard auf bestimmte Weise falsch, doch wurde mein Missverständnis durch seine eigene mehrdeutige Haltung zu jüdischer Identität gefördert. Lyotard selbst war zwischen seiner Konstruktion des orthodoxen Juden (der sich dem Gesetz unterwarf und sich niemals emanzipieren sollte, der unter dem Joch eines transzendenten Anderen verharrte) und des psychologischen oder gar metapsychologischen Juden (einer bloßen Figur dessen, was er an anderer Stelle als »Kindheit« bezeichnete, aber als Figur höchst anpassungsfähig, biegsam und austauschbar) hin- und hergerissen. Eine solche »Verbildlichung des Juden« war in der Geschichte des französischen Philosemitismus sicherlich vorgezeichnet, und sie legt Zeugnis ab von dem, was ich in Ermangelung eines besseren Ausdrucks »Judenneid« nennen würde: der typisch war für die französischen Intellektuellen der Nachkriegszeit.

9 [Im Original jiddisch. Gemeint ist eine Synagoge.]

Und dieser von Nichtjuden ausgehende Judenneid war unwiderstehlich.

Ich ließ mich verführen. Wie konnte ich einer derart zur Schau gestellten Zuneigung und unverdienten Bewunderung widerstehen, die mir französische Intellektuelle entgegenbrachten, welche die Juden als ontologische Opfer des Abendlandes und als dessen Erlösung feierten?

In diesem Zusammenhang – von Judenneid und Nachkriegsphilosemitismus, von einer starken Identifikation mit den Opfern des Holocaust, die vielleicht auch aus nationaler Schuld herrührte – sollte man Dionys Mascolos und Marguerite Duras' Antwort an ihren nichtjüdischen Freund, den Dachau-Überlebenden und kommunistischen Widerstandskämpfer Robert Antelme betrachten, den Autor des Meisterwerks »Die Gattung Mensch«[10] aus dem Jahr 1947. Als er sich in Erinnerung rief, wie er 1945 von Antelmes Zeugnis gehört hatte, schrieb Mascolo 1987: »Wir wurden für immer judaisiert.«[11] Was bedeutete: vom Schicksal der Opfer des Nationalsozialismus berührt, und zwar aller Opfer des Nationalsozialismus, jüdischer und nichtjüdischer gleichermaßen, wodurch den Juden auch eine Opferrolle zugewiesen und die Vorstellung befördert wurde, dass Leiden aus einer Form moralischer Überlegenheit oder – wenn man Duras und Mascolo gegenüber großzügiger sein möchte – einer Form ethischer Verpflichtung herrühre, die sogar übertragbar sein sollte. Man musste kein Überlebender der Konzentrationslager sein, um mit solch einer moralischen Aura bekrönt zu werden.

In seinem 1980, noch einige Jahre vor Mascolos Kommentar zu Antelme erschienenen bahnbrechenden Essay

10 Robert Antelme, L'espèce humaine, Paris 1947 [Die Gattung Mensch, Berlin 1949].
11 Dionys Mascolo, Autour d'un effort de mémoire, Paris 1987.

»Der eingebildete Jude«[12] hatte Alain Finkielkraut ohne jede Selbstgefälligkeit seinen eigenen jüdischen Narzissmus nach dem Holocaust verspottet – insbesondere die Reduktion jüdischer Identität auf eine traumatische. Ich muss gestehen, dass mir, eine Generation später geboren, Finkielkrauts Auseinandersetzung mit seiner Rolle als Nachkriegsjude, in der er sich selbst verhöhnt, sehr sympathisch ist. Was bedeutet es für die in Europa nach dem Krieg Geborenen, jüdisch zu sein? Darum geht es, kurz gesagt, in diesem Buch. Jüdische Identität, behauptet Finkielkraut, sei bloß theatralisch und hoffnungslos hohl geworden. Der französische Nachkriegsjude, der junge Finkielkraut selbst nämlich, leide unter einem aufgeblähten Ego. Er sei ein Opfer in Vertretung, ein unechter Überlebender. Sein Leiden sei Pose und er selbst nur ein Don Juan der Schmerzen:

> Trotz aller meiner Anstrengungen trug ich nicht eigentlich Trauer um meine vernichtete Familie, sondern schmückte mich mit ihr. Ich berichtete meinerseits von den Schnittpunkten meiner Familiengeschichte mit der »Endlösung«, damit meine Gesprächspartner in einer Mischung aus Staunen, Scham und Hochachtung mehr in mir sahen als nur mich – nämlich das Antlitz der Hingemordeten. [Ich versetzte mein Publikum in Staunen.] Andere hatten gelitten, und ich schlug moralisches Kapital daraus, weil ich ihr Nachkomme war.[13]

12 Alain Finkielkraut, Le Juif imaginaire, Paris 1980 [Der eingebildete Jude, München 1982; hier zitiert nach der Neuausgabe: Frankfurt a.M. 1984].
13 Finkielkraut, Der eingebildete Jude, S. 20. [Der in eckigen Klammern eingefügte Satz fehlt in der hier zitierten Ausgabe.]

Finkielkrauts Jude – er selbst als junger Mann, eine Synekdoche seiner Generation – ist kein Trauernder. Oder anders gesagt, Trauern ist für ihn etwas Spielerisches, buchstäblich ein Trauerspiel, eine Komödie des Verlusts, eine Parodie des Leidens. Finkielkrauts Rolle trägt äußerliche Zeichen von Leiden ohne dessen Erfahrung, ohne dessen Stigma.

»Der eingebildete Jude« liest sich wie »Madame Bovary«. Die *ostentation du rien*, die Zurschaustellung des Nichts, die seine Generation charakterisiert, macht sich nicht nur auf der Ebene dessen, was da beschrieben wird, sondern auch im geschraubten Stil dieser spekulativen Memoiren bemerkbar. Finkielkraut zeichnet das Porträt eines Nachkriegsjuden als eines der Revolution beraubten Revolutionärs: »Nichts geschah, und dieses Nichts, das uns geschah, putzten wir mit unseren revolutionären Lumpen heraus. Wie viele Identitäten haben wir nacheinander angelegt!«[14]

Finkielkraut inszeniert einen Juden, der sich danach sehnt, dass etwas passiert, und der seinen Rodolphe oder Léon – Emma Bovarys Liebhaber – in der gescheiterten Revolution vom Mai 1968 findet, ihrerseits eine schlechte Kopie der Revolutionen des Jahrhunderts:

> So sahen wir die Nachrichten, wie Madame Bovary ihre Kitschromane verschlang: in hingerissener Selbstvergessenheit. Wir waren die Lieschen Müller der Politik. Und wie Emma Bovary haben wir uns als unbelehrbare Traumtänzer aufgeführt, die sich der Realität verweigerten. ... Fest steht jedenfalls, daß wir zur Wirklichkeit oder dem, was man uns als diese verkaufte, nur Zugang

14 Ebd., S. 27.

> zu finden vermochten, indem wir uns an das hielten, was unsere Einbildungskraft uns vorgaukelte.[15]

Wenn für die radikale Linke die Revolution das Reale darstellte, wurde sie nach guter Lacan'scher Erkenntnistheorie durch das Imaginäre ergriffen (und verlor sich darin), mit dem Fernsehbildschirm als Spiegel. Die Nachkriegsjuden, die das Ur-Reale versäumt hatten, das die Verfolgungen und der Holocaust für die Generation ihrer Eltern gewesen waren, agierten das in einer leeren und austauschbaren Identifikation mit den Märtyrern der modernen Geschichte aus. In schneidender und bilderstürmerischer Selbstverhöhnung begriff Finkielkraut, dass jüdische Identität im Nachkriegsfrankreich durch die hysterische Wiederholung eines traumatischen, allzu realen, jedoch versäumten Ereignisses ausgehöhlt wurde. Er begriff, dass er sowohl hoffnungsloser- als auch glücklicherweise zu spät geboren worden war.

Und Frankreich arbeitete an seinem Judenneid, indem es den Juden auf extreme Erfahrung, Unterdrückung und endloses Leid reduzierte.

So erfand der spanische Buchenwald-Überlebende und antifaschistische Kämpfer Jorge Semprún in seinem zweiten auf Französisch geschriebenen Roman, ein Jahr vor den Ereignissen des Mai '68, die Figur Hans. In Semprúns Buch ist Hans ein deutscher Jude, der sich dem Widerstand anschließt, um nicht als Jude zu sterben, um sich dem Schicksal der Juden zu verweigern. Doch ist Hans auch ein jüdisches Ich-Ideal, eine Art narzisstischer Projektion des Widerstandshelden als Juden und des Juden als der »reinen« Gestalt des Widerstands gegen gesellschaftliche und ökonomische Unterdrückung:

15 Ebd., S. 31.

> Wir hätten Hans erfunden als ein Bild unserer selbst. das reinste, das unseren Träumen am nächsten käme. Er wäre Deutscher gewesen, weil wir internationalistisch waren … Er wäre jüdisch gewesen, weil wir jegliche Unterdrückung beseitigen wollten und weil der Jude, sogar der passive, sogar der resignierte, die unerträgliche Gestalt des Unterdrückten war.[16]

Aber da gab es etwas noch Schmeichelhafteres für mein literarisches Ego jener Zeit, etwas, das mit den Erwartungen eines jungen Literaturwissenschaftlers noch besser harmonierte, etwas Besseres als ein mit hohen moralischen Grundsätzen ausgestattetes Sinnbild der Unterdrückung, wie Finkielkraut es eine Generation früher gewesen ist. Dieses Plus, diese gefährliche Ergänzung war Susan Handelmans bizarre Idee, Dekonstruktion und französische Literaturtheorie übten sich in midraschartigen Techniken, seien eine Art rabbinischer Kommentar. Diese seltsame These entwickelte Handelman in ihrem 1982 veröffentlichten Buch »The Slayers of Moses«, in dem sie Roland Barthes zitiert, der schrieb:

> daß sich eine »Texttheorie« nicht mit einer metasprachlichen Darlegung begnügen kann: Die Zerstörung der Metasprache, oder wenigstens (da es vielleicht erforderlich ist, vorläufig auf sie zurückzugreifen) deren Inverdachtziehung, ist Teil der Theorie selbst: Der Diskurs über den »Text« sollte selbst wieder nur Text, Suche, Textarbeit sein, da der »Text« jener gesellschaftliche Raum ist, der keine Sprache unangetastet oder außerhalb und kein Subjekt der Äußerung in der Situation des

16 Jorge Semprun, Die Ohnmacht, Frankfurt a.M. 2001, S. 154.

> Richters, Herrn, Analytikers, Beichtvaters oder Entzifferers beläßt: Die Theorie des »Textes« kann nur mit einer Praxis des Schreibens einhergehen.[17]

Woraus Handelman folgert: »Die Rabbiner verkündeten, urteilten und analysierten – aber in einem fortlaufenden gemeinschaftlichen Prozess, der Autorität ausstrahlte. In ihrem Fall wurde diese Textarbeit, dieses Schreiben zu den endlos wuchernden Kommentaren und Metakommentaren des Talmud.«[18] Die rabbinische Interpretation erscheint hier bereits als das, was etwa ein Jahrzehnt nach Handelmans Buch zum Hypertext werden sollte. Bedeutsamer jedoch, dass es sich um eine Dekonstruktion von Autorschaft handelte, um die Enthauptung des Logos als eigentümlich jüdische Praxis. Das war der literarische Kommunismus als jüdische Tradition, eine jüdische Deutung des Mai '68 in der Literaturwissenschaft oder vielmehr ein Nach-68er-Verständnis des Judentums.

Stellen Sie sich das vor: Sie können Derrida und Lacan und Roland Barthes lesen, Sie können Flaubert und Balzac und Proust und Georges Perec lesen und damit im Grunde das jüdische Gesetz und die 613 Mitzwot erfüllen! Warum sollen wir uns dann die Mühe machen, die Tora zu studieren? Warum sollen wir Zeit mit der Bibel verschwenden, wenn wir die Bibliothek aller westlichen Klassiker zur Verfügung haben?

Warum koscher leben?

So wurde es mir möglich, Jude zu sein, mich jüdisch zu

17 Susan Handelman, The Slayers of Moses: The Emergence of Rabbinic Interpretation in Modern Literary Theory, Albany (New York) 1982, S. 50 [Zitat: Roland Barthes, Vom Werk zum Text, in: Das Rauschen der Sprache, Frankfurt a.M. 2005, S. 74].
18 Ebd.

fühlen, indem ich einfach das tat, wonach ich mich immer gesehnt hatte: französische Literatur zu lesen, sie zu analysieren, zu dekonstruieren und die Unmöglichkeit festzustellen, jemals eine endgültige Bedeutung oder einen Signifikanten zu finden, das unendliche Spiel der Signifikanten zu genießen, das Vergnügen am Text, die *jouissance* des Buchstabens … und, was noch wichtiger war, nicht koscher zu leben. Das war ein Vergnügen! Lesen, dekonstruieren, Bedeutungen in die Welt setzen und Haare spalten – das war sowas von jüdisch, ja sogar rabbinisch, so zumindest sagte man uns. Und wenn für Hegel die Lektüre der Morgenzeitung das Gebet des Realisten war, so war für meine Generation die Lektüre von Proust und sogar, *horresco referrens*, des antisemitischen Schriftstellers Jean Genet das Schacharit[19] des postmodernen Juden. Ich karikiere hier natürlich jene glückliche Epoche – eine Epoche, in der die jüdische Differenz irgendwie mit der Derrida'schen *différance* zusammenfiel.

*

> »Ich vergrabe mich nicht in einem engen Partikularismus. Aber ich will mich auch nicht in einem fleischlosen Universalismus verlieren … Meine Vorstellung vom Universellen ist die eines Allgemeinen, das reich an allem Besonderen ist, eine Vertiefung und Koexistenz alles Partikularen.«
>
> Aimé Césaire

Alles Gute hat einmal ein Ende.

19 In jüdischer Tradition das tägliche Morgengebet.

In einem Kapitel seines Buches »Radical French Thought« – »Der heilige Paulus unter Modernen: Symbolisches oder mimetisches Allgemeines? Geschichte und Metageschichte«[20] – macht Éric Marty darauf aufmerksam, dass sich die Auseinandersetzung mit jüdischer Identität insbesondere in der französischen Moderne oder Postmoderne, in der der literarische Philosemitismus dem Idiom, dem Symbolischen und den Singularitäten Respekt zollte, von einem mit Lacan, Barthes, Derrida und Lyotard der Differenz verpflichteten Universalismus zu einem neopaulinischen, abstrakten Universalismus verschoben hat. Anders ausgedrückt, von einer problematischen Identifikation der Juden mit der *différance*, mit Literaturanalyse und Haarspalterei (etwa von den 1950ern bis in die 80er Jahre) ist man zur paulinischen »Judenspalterei« zurückgekehrt.[21] Um authentisch jüdisch zu sein, müssen die Juden ihren Partikularismus abermals aufgeben. Dieser neuen Spaltung oder diesem Schisma zufolge ist der authentische Jude der Reformer oder Revolutionär, von Paulus über Spinoza zu Marx, Trotzki und Isaac Deutscher: also von der Haarspalterei zur Judenspalterei, vom literarischen zum revolutionären Juden, von einer Verbildlichung zur anderen.

Judenspalterei betreibt etwa Enzo Traverso in seinem Buch »Das Ende der jüdischen Moderne«, in dem er den authentischen Juden, der dem Judentum treu bleibt, als Kritiker und Revolutionär darstellt, sinnbildlich verkörpert in Trotzki. Ähnliches findet man in Judith Butlers »Am Scheideweg«, wo der Jude in den universalistischen

20 Éric Marty, Radical French Thought and the Return of the »Jewish Question«, Bloomington (Indiana) 2015, S. 80–95.

21 Dieses Bonmot prägte Gabriel Noah Brahm in seiner Kritik Edward Saids. Siehe Kapitel 4.

Gegner von Staatlichkeit einerseits und den partikularistischen Zionisten andererseits aufgespalten wird. Butler nimmt Isaac Deutschers Begriff des »nichtjüdischen Juden« wieder auf, bei dem es sich meiner Ansicht nach selbst schon um eine Neuauflage von Paulus' Wendung *gegen Israel* handelt. Für Butler und Traverso ebenso wie für Alain Badiou und Edward Said ist der authentische Jude derjenige, der den jüdischen Partikularismus überwunden hat, der heute die Form nationaler Souveränität und der Unterstützung eines jüdischen Staates annimmt.[22]

Sicherlich gibt es in dieser Reihe Überschneidungen, davon zeugt bereits der Spruch »Wir sind alle deutsche Juden« vom Mai '68, der kürzlich in Badious Schriften über Paulus, aber auch bei weniger bekannten Erben der Dekonstruktion wie Martin Crowley oder François Noudelman wieder auftauchte. Einmal mehr muss jüdische Identität für einen abstrakten Universalismus herhalten. »Wir sind alle deutsche Juden«: »Diesen berühmten Spruch griffen die Studenten während der Proteste im Mai '68 in Paris auf. Der Ausruf war die unmittelbare Reaktion der Menge auf die Nachricht, dass Daniel Cohn-Bendit, dem Anführer der Bewegung, nach einem kurzen Auslandsaufenthalt die Wiedereinreise nach Frankreich verweigert worden war.«[23] Zwar ist Hammerschlag sich des Risikos bewusst, dass dieser Spruch missbraucht werden und womöglich einer abstrakten Interpretation des Jüdischen Vorschub leisten kann, befürwortet ihn aber letztlich dennoch als eine ethische und politisch fortschrittliche Aneignung

22 Siehe die ersten beiden Teile des 4. Kapitels.
23 Sarah Hammerschlag, The Least and the Last of the Jews, *Jewish Quarterly* (Februar 2011). URL: http://jewishquarterly.org/2011/02/the-least-and-thelast-of-the-jews/.

jüdischer Identität. »Als Figur, die sowohl für Entwurzelung als auch für Auserwähltheit steht«, so schreibt sie am Ende ihres Buches, »wird der Jude zum Symbol einer Identität, in der man sich einrichten kann. Als die Studenten im Mai '68 den Ruf ›Nous sommes des juifs [sic] allemands‹ anstimmten, demonstrierten sie, wie man eine Geste in die politische Sphäre einbringt, die Widerstand gegen die Dynamik der Gruppenidentifikation zum Ausdruck brachte.«[24]

Ich beurteile die Aneignung deutsch-jüdischer Identität durch die Protestbewegung kritischer und neige eher zu Finkielkrauts Einschätzung, die Studenten hätten die Position des Juden mit jenem Spruch usurpiert. Ich würde Hammerschlag sogleich die Frage stellen: Warum der Jude? Warum sollte der Jude zum Symbol einer Identität werden, »in der man sich einrichten kann«? Warum nicht der Deutsche? Warum versinnbildlicht man nicht in ihm die Unmöglichkeit, sich in der eigenen Identität einzurichten, und zwar auf Grundlage desselben Spruchs sowie in Anbetracht der jüngeren europäischen Geschichte, in der jüdische Identität ausgelöscht und jüdisches Leben entwurzelt wurde? Und außerdem, warum sollte der Jude die Rolle des revolutionären, universalistischen Widerstandskämpfers gegen Gruppenidentifikation übernehmen?

Es ist leicht zu durchschauen, dass es bei diesem Verfahren um eine Überwindung des Judentums, um eine Inanspruchnahme jüdischer Identität für eine revolutionäre neopaulinische Agenda geht. Der Spruch ist nämlich keineswegs eine harmlose Form des Widerstands gegen Engstirnigkeit, Nationalismus, Kommunitarismus usw., son-

24 Sarah Hammerschlag, The Figural Jew: Politics and Identity in Postwar French Thought, Chicago 2010, S. 264.

dern lässt sich vielmehr als eine Ersetzung im theologischen Sinne eines Supersessionismus interpretieren. In Badious 1998 erschienenem Buch über die Gründung des Universalismus wird die Losung vom Mai '68 auf den ersten Brief des Apostels Paulus an die Korinther zurückgeführt. Die neue Gemeinde der Christen definiere sich durch das Axiom der Synergie schlechthin, nämlich die Formel der gemeinsamen Arbeit, die das eigentliche Axiom des Universellen sei: »wir alle sind [...] Gottes Mit-Arbeiter.«[25] Badiou verdrängt hier allerdings den Namen Gottes und kapriziert sich stattdessen auf die »Arbeiter«, und so entdeckt er bei Paulus bereits die Losung des Kommunistischen Manifests: »Proletarier aller Länder, vereinigt euch!« Demnach wäre die Parole vom Mai '68 – »Wir sind alle deutsche Juden« – als »Es gibt weder Juden noch Deutsche« zu verstehen, also als Überwindung des Prädikats Jude und damit als post- oder metajudaistische Aussage, als neopaulinische Überwindung des Judentums. Der Spruch »Wir sind alle deutsche Juden« entledigt somit das Prädikat Jude seiner Substanz und macht den Juden zu einem »nichtjüdischen Juden«, einem Post-, Meta- oder Neojuden. Der Jude wird zu einem leeren Signifikanten ohne jeden empirischen Bezug. Und ich sollte hinzufügen: zum Paradigma der Auslöschung oder der Überwindung aller Prädikate. Übrig bleibt ein christlicher Name oder ein kommunistisches Prädikat. Der Jude wird einmal mehr aufgelöst und überwunden, jüdische Differenz einmal mehr aufgehoben.

*

25 Alain Badiou, Paulus. Die Begründung des Universalismus, Zürich/Berlin 2002, S. 76 [vgl. 1 Kor 3,9].

Ist Theorie gut für die Juden? Welch ein dreister, selbstbezogener und provinzieller Titel für ein wissenschaftliches Buch! Ein imaginärer Gesprächspartner, ob jüdisch oder nicht, könnte einwenden, eine solche Frage gebe dem Antisemitismus Nahrung. *Ihre Frage*, würde er sagen, *bestätigt, dass die Juden sich selbst als einen Stamm betrachten. Warum sollte Theorie gut für die Juden sein? Warum sollte irgendetwas gut für die Juden sein und nicht zugleich auch gut für den Rest der Menschheit, nicht allgemein gut? Selbstbezogenes Stammesdenken, das die Franzosen »kommunitaristisch« nennen – genau dies können die Juden nicht überwinden. Solange sie so denken, engstirnig und nur an sich selbst interessiert, wird man ihnen Misstrauen entgegenbringen, und sie werden eine Mitverantwortung für den Antisemitismus tragen.* Dies könnte ein imaginärer Gesprächspartner, ob jüdisch oder nicht, mir vorwerfen. Das vorliegende Buch mag als eine verblümte Entgegnung gelesen werden. So wie der jüdische Partikularismus niemals so weit gehen sollte, allgemeine ethische Prinzipien aufzugeben, so führt meiner Ansicht nach die Entwurzelung des jüdischen Universalismus zu einer Aufgabe des Judentums schlechthin. Ein vermeintlich jüdisches Problem (der wieder ansteigende Antisemitismus) wird mir hoffentlich Gelegenheit geben, einer sehr viel weiterreichenden Frage nachzugehen und zu zeigen, dass dieses scheinbar so begrenzte Problem unser allgemeines Verständnis französischen Denkens und der Grenzen der Theorie betrifft.

Wenngleich ich mir noch immer nicht sicher bin, ob Theorie gut für die Juden ist, kann ich getrost behaupten, dass Juden gut für die Theorie waren. Seit der Neuzeit stehen sie im Zentrum theoretischen Denkens. Dieses nämlich erfordert die Fähigkeit, das Partikulare zu überwinden und nach dem Universellen zu streben. Infolgedessen enthält »Theorie« virtuell schon die Saat der Säkularisierung des Denkens. Man denke an Autoren wie Paulus, Spinoza, Marx oder Freud als exemplarische jüdische Theoretiker, die sich einer Säkularisierung des Denkens verschrieben und deren theoretische Arbeit zuweilen durch eine Kritik der Religion im Allgemeinen und des Judentums im Besonderen bestimmt war, eine Kritik, die, was Marx betrifft, bisweilen gar an Antisemitismus grenzt. Paulus ein säkularer Denker? Ja, und zwar insofern, als die paulinische Lehre die Unterscheidung zwischen Zeitlichem und Geistlichem weiter ausführt und damit den Weg zum Säkularismus fortsetzt, der in Jesu »Gebt dem Kaiser, was des Kaisers ist, und Gott, was Gottes ist« vorgezeichnet ist.

Der Drang zum Universellen bestimmt auch die Überwindung des Judentums seit den Anfängen des Christentums und der Herausbildung des Judenchristentums. Sein theoretisches Denken führte Paulus bereits über ein Judentum hinaus, das er als beschränkt ansah, da es sich körperlich vererbte. So sollte der fleischliche Jude durch den des Geistes ersetzt werden. Letzterer zeugt von einer universellen, katholischen, alle Menschen einschließenden Auslegung des Gesetzes, die nur durch den Glauben erreicht werden könne. Der »theoretisierende Jude« – so nannte der polnische Schriftsteller und Trotzki- und Stalin-Biograph Isaac Deutscher keinen Geringeren als Jesus.[26] In einem beeindruckenden Vortrag, den er im Februar 1958 vor dem Jüdischen Weltkongress hielt, zeichnete er die Geschichte einer Figur nach, die er als »nichtjüdischen Ju-

26 [Den Ausdruck übernahm er seinerseits von Marx: »Der Christ war von vornherein der theoretisierende Jude …« (Karl Marx, Zur Judenfrage, in: MEW, Bd. 1, S. 376).]

den« bezeichnete und mit der er sich von Spinoza bis Trotzki über Heinrich Heine, Freud und Marx identifizierte, also mit den üblichen Verdächtigen, den Möchtegern-Abtrünnigen des Judentums.

> Spinozas Ethik war schon keine jüdische Ethik mehr, sondern die Ethik der Menschheit insgesamt – genauso wie sein Gott nicht mehr den jüdischen Gott vorstellt … Dennoch waren in gewisser Weise Spinozas Gott und seine Ethik immer noch jüdisch, wenn er auch den jüdischen Monotheismus zu seinem logischen Schlußpunkt geführt und die jüdische universelle Gottesvorstellung zu Ende gebracht hat; aber einmal zu Ende gebracht, war dieser Gott dann nicht mehr der jüdische Gott.[27]

Deutscher beschloss seinen dialektischen Vortrag mit einer Warnung an die Juden vor dem »anachronistischen« und »archaischen« Wesen eines Nationalstaats, zehn Jahre nach der Gründung Israels. Allerdings sollte der neue Bund, den Deutscher im Sinn hatte, nicht mit Christus geschlossen werden, sondern im Namen der Menschheit, der Revolution und der Errichtung einer klassen- und staatenlosen menschlichen Gemeinschaft. In dieser Überwindung des Alten Bundes klingen wohl auch messianische, revolutionäre, wenn nicht gar millenaristische Untertöne mit. Die Tradition des »nichtjüdischen Juden« ist altehrwürdig und respektabel (immerhin hat sie das Christentum und den Sozialismus, die Philosophie Spinozas und wohl auch die Gesellschaftskritik und die Psychoanalyse hervorgebracht), doch diskreditiert sie sich selbst, sobald sie den »jüdischen Juden« herabsetzt, d.h. den fleischlichen, den

27 Isaac Deutscher, Der nichtjüdische Jude. Essays, Berlin 1988, S. 63f.

ethnischen Juden – oder den Juden, der an der Idee dessen festhält, was ich verkörperte Übertragung nenne. Eine solche Herabsetzung steckt bereits im Kern des christlichen Antijudaismus, und dergleichen wird, so würde ich behaupten, auch in säkularen Versionen einer Ersetzungstheologie nachgebetet.

Jean-Claude Milner hat die Hinwendung deutsch-jüdischer Intellektueller zu Theorie und Wissenschaft in beredten Worten beschrieben, wobei er die sich daraus ergebende Preisgabe des Judentums als ein spirituelles Erbe versteht, das auf verkörperter Übertragung beruhe.[28] Milner unterscheidet zwischen »savoir embrayé« und »savoir débrayé«, zwischen eingebundenem und entkoppeltem Wissen (bzw. Wissenschaft). Ersteres entspricht einem Wissen, das in der Tradition der Gelehrsamkeit verwurzelt ist, einer relationalen bzw. relativen Wissenschaft, während letzteres, indem es sich selbst entwurzelt, nach absoluter Wissenschaft strebt – einem Wissen bzw. einer Wissenschaft mit Anspruch auf Objektivität. Im Zentrum des jüdischen Strebens nach Objektivität in der Wissenschaft steht die Assimilation der Juden in Deutschland, seinen Höhepunkt erreicht der »Juif de savoir« im 19. und 20. Jahrhundert, als sich deutsch-jüdische Intellektuelle für die absolute Wissenschaft oder das entkoppelte Wissen entscheiden und nach dem »quelconque« streben (einem Beliebigen, unbestimmt Allgemeinen, einer entkoppelten Form des Universellen):

> Dank dem unbestimmt Allgemeinen [quelconque] ist der Jude nicht länger Jude, sondern Mensch geworden – ein Mensch absoluter Wissenschaft. Dank seiner Stellung

28 Jean-Claude Milner, Le Juif de savoir, Paris 2006.

als Mensch kann er sich selbst ohne Liebe oder Hass, ohne Scham oder Stolz einen Juden nennen. Ob er sich selbst als Jude bezeichnet, hat vom Standpunkt absoluter Wissenschaft gar nichts zu bedeuten.[29]

Das »quelconque« ist also unbedeutend. »Ein Mensch« zu sein, ein beliebiger Mensch, ein unbestimmter, universeller Mensch, verpflichtet Milner zufolge das Subjekt zu nichts. Die Ersetzung relationalen Wissens (jüdischer Gelehrsamkeit) durch absolute Wissenschaft beeinträchtige jedoch die Fortdauer jüdischer Selbstbejahung und lösche schließlich selbst die Erinnerung an den Namen »Jude« aus: »auf dem Gebiet absoluter Wissenschaft soll es keine Erinnerung an den Namen ›Jude‹ mehr geben … von einem Bekenntnis zum Judentum bleibt nicht einmal ein Bedauern.«[30] Milners Kritik der rührenden und tragischen Sehnsucht der modernen deutsch-jüdischen Intelligenz nach dem »quelconque« steht im Zusammenhang eines weltweit wiederauflebenden Antisemitismus (2006) und richtet sich gegen die westlichen Juden von heute, die Milner als »Juifs de négation« bezeichnet. Nachdem das Streben des deutschen Judentums nach dem Universellen und Allgemeinen in den Gaskammern verzehrt worden war, trat an die Stelle des »Juif de savoir« der sich selbst verneinende Jude. Wenn jener der deutschen Geschichte des 19. und 20. Jahrhunderts entstammt, so ist dieser eine französische Erfindung des späten 20. und frühen 21. Jahrhunderts. Dieser Jude strebt nicht mehr nach der Anonymität des »quelconque«. Im Gegenteil, er bekennt sich zu seiner jüdischen Identität und beruft sich auf die Geschichte des

29 Ebd., S. 74,
30 Ebd., S. 48.

Holocaust, um somit andere Juden des Partikularismus und der Engstirnigkeit zu beschuldigen. Der »Juif de négation« ist praktisch der Zwillingsbruder des jungen arroganten Mannes, den Finkielkraut in »Der eingebildete Jude« beschreibt – derselbe junge Mann, den der ältere Finkielkraut mit deutlicher Ironie verleugnet. Er stellt seine eigene Unschuld zur Schau und beansprucht als Jude Authentizität. Er ist der letzte Jude: »Durch eine sophistische Umkehrung wird die Verneinung des Namens zu einer Treue zum Namen Jude«.[31] Im »Juif de négation« kann der Leser einige zeitgenössische Theoretiker wiedererkennen, mit denen ich mich in diesem Buch beschäftige.

Ist Theorie gut für die Juden? Diese Frage wird, hoffe ich, Widerhall finden unter Literaturwissenschaftlern und Studenten, die sich mit jüdischem Leben, der Geschichte des Holocaust, französischem Denken und Literaturtheorie befassen. Für diejenigen, die Jahrzehnte ihres Lebens darauf verwandt haben, Literatur theoretisch zu lesen, die sich mit Theorie, Dekonstruktion und Postmoderne beschäftigt haben und sogar eine Beziehung zu französischem Denken (manche auch zu französischen Denkern selbst) unterhalten, die als Identifikation und Übertragung zu beschreiben wäre, ist das keine unerhebliche Frage. Denn für mich stellte sich bald eine Zeit der Erschöpfung, der Ermattung ein. Die Frage allerdings, die ich mir selbst aufrichtig stellen muss und die ich mir stelle, seit ich dieses Buch zu schreiben begann, lautet: Bin ich von Theorie enttäuscht, trauere ich ihr nach? Leide ich unter Theoriemüdigkeit oder -melancholie? Oder handelt es sich bei der Enttäuschung um die Genesung von einer langen Krankheit, einer langen Blindheit, einem langen Schlaf der

31 Ebd., S. 193.

Vernunft? Man rufe sich die letzten, die berühmtesten Zeilen von Prousts »Eine Liebe von Swann« in Erinnerung: »Wenn ich denke, daß ich mir Jahre meines Lebens verdorben habe, daß ich sterben wollte, daß ich meine größte Leidenschaft erlebt habe, alles wegen einer Frau, die mir nicht gefiel, die nicht mein Genre war!«[32] Hier haben wir, in aller Kürze, einen perfekten Fall von Übertragungsliebe: die Kathexis von Libido auf ein beliebiges Objekt. Ich bin mir nicht sicher, ob ich jemals für Theorie oder irgendeine andere Sache – und ist Theorie überhaupt eine »Sache«? – gestorben wäre, gleichwohl war sie eine große Liebe von mir. Und dennoch habe ich, alles in allem, vielleicht etwas geliebt, das »nicht mein Genre war«. Nicht, dass ich Theorie und ihre bedeutendsten Vertreter mit Odette oder Crécy, Prousts Kokotte, vergleichen möchte, doch hat mich Theorie in den 1970er und 80er Jahren durchaus erregt, und vielleicht tut sie das immer noch. Es gibt einen Theoriedünkel und Leute, die sich mit Theorie großtun, und auch ein großes mimetisches Verlangen in unserer theoretischen Verausgabung. Was aber wäre, wenn ich mich an das falsche Objekt verausgabt hätte?

Meine Theoriemüdigkeit mag etwas damit zu haben, dass die Theorie es nicht vermocht hat, angemessene Antworten auf den neuentflammten Antisemitismus zu geben, oder schlimmer: dass sie diesen sogar unfreiwillig befördert hat. Doch könnte sich Theorie nicht wiederum als hilfreich erweisen, dem neuen Antisemitismus in Frankreich und anderswo etwas entgegenzusetzen? Kann man darüber nachdenken, ohne *theoretisch zu denken*? Ich muss mich

32 Marcel Proust, Auf der Suche nach der verlorenen Zeit, Frankfurt a.M. 2000, Bd. 1, S. 503.

selbst mit der Tatsache abfinden, dass ich über meine eigene Theoriemüdigkeit nicht untheoretisch nachdenken kann.

Ist Theorie gut für die Juden? So lautet die Frage, die ich mir keineswegs leichtfertig gestellt habe in diesem Buch, das ich über die letzten zehn Jahre zu schreiben versucht, es nicht geschafft und aufs Neue versucht habe.

Einleitung

Ist Theorie gut für die Juden?

Eine Perversion der Erinnerung

Ich bin fest davon überzeugt, dass die Überlieferung der Geschichte des Holocaust und der Erinnerung daran eine Wendung gegen die Juden und den jüdischen Staat genommen hat, zumindest in der westlichen Welt und zumindest in den letzten zehn Jahren, wenngleich das Phänomen wohl viel älter ist. In »Post-Zionism, Post-Holocaust«[1] befasst sich Elhanan Yakira mit zahlreichen philosophischen und journalistischen Texten – darunter auch Arbeiten gewisser, vielleicht randständiger, israelischer Intellektueller, die stark von postmoderner und postkolonialer Theorie aus Europa und Amerika beeinflusst sind –, in denen Israel als ein Land dargestellt wird, das nicht nur seine Legitimität dem Holocaust verdanke, sondern die Erinnerung an diese Geschichte ausbeute und selbst schließlich einen »neuen Holocaust« verübe, diesmal an den Palästinensern. Das gleiche Phänomen kann man in Frankreich und, so wage ich zu behaupten, Europa insgesamt beobachten.

Eine massive Zunahme des Holocaust-Gedenkens, auch in Bildung und Erziehung sowie im allgemeinen Bewusstsein, ging mit einem Anstieg des Antisemitismus im Laufe der letzten fünfzehn Jahre einher. Ist dieses Wiederaufle-

1 Siehe Elhanan Yakira, Post-Zionism, Post-Holocaust: Three Essays on Denial, Forgetting and the Delegitimization of Israel, Cambridge 2010.

ben bloß ein Zeichen von Holocaust-Müdigkeit – was Alain Finkielkraut vor geraumer Zeit als »Hypermnesie«, als Erinnerungsüberschuss und Gedächtnisbulimie bezeichnet hat? Haben die Menschen es schlicht satt, etwas über den Holocaust zu hören? Oder sollten wir nicht eher vermuten, dass der Holocaust entjudaisiert und auf eine perverse Weise universalisiert worden ist?

In Frankreich, wo die Geschichte der Erinnerung an den Holocaust zuletzt sorgfältig aufgearbeitet und sogar erschüttert worden ist,[2] blieb die jüdische Besonderheit des Holocaust nach dem Krieg nahezu zwanzig Jahre lang weithin unbeachtet; jüdische Opfer wurden in denselben Topf geworfen wie Mitglieder der Résistance und selbst wie junge Franzosen, die in Deutschland zu arbeiten gezwungen worden waren; Juden wurden manchmal gar verächtlich behandelt, weil sie im Unterschied zu den Helden der Résistance ihr Martyrium nicht durch positive Taten allesamt »verdient« hätten. Als jedoch die jüdischen Opfer als solche endlich anerkannt wurden, verlieh ihnen der Anspruch auf »Einzigartigkeit« einen begehrten symbolischen Status. In der Tat, wer wollte nicht, dass sein Leiden als einzigartig angesehen wird? Wenn der Holocaust einzigartig war, dann war jüdisches Leid das beneidenswerteste moralische Gut. Paradoxerweise scheint das Argument der Einzigartigkeit, das die Besonderheit jüdischen Leids hervorheben sollte, jedoch die Entjudaisierung des Holocaust in einem Maße befördert zu haben, dass nun jede Opfergruppe ihr Leid als einzigartig anerkannt wissen will, nämlich als *einen* Holocaust. Der Anspruch auf die absolute Singularität des Holocaust birgt zugleich die Ge-

2 Siehe François Azouvis, Le mythe du grand silence: Auschwitz, les Français, la mémoire, Paris 2012.

fahr, diesen zu universalisieren und seiner historischen und moralischen Bedeutung zu berauben.[3]

In westlichen Ländern mache sich eine Holocaust-»Übersättigung« bemerkbar, stellte Alvin Rosenfeld in seinem Buch »The End of the Holocaust« fest, und diese Übersättigung gehe einher mit einem »Krieg der Opfer untereinander«, was man durchaus als eine Relativierung und Minimierung des Holocaust bezeichnen kann.[4] Wenn dieses Phänomen den Westen insgesamt betrifft, so lässt sich über Frankreich sagen, dass dort die Beschäftigung mit dem Vermächtnis des Holocaust eine wiederum besondere Wendung genommen hat. Seit den 1960er Jahren oder, vielleicht genauer, seit 1968 hat der französische Postmodernismus sich einem – wie man es nennen könnte – Holocaust-Trauerspiel hingegeben. Ich beziehe mich hier auf Elizabeth Bellamys Studie über postmoderne Holocaust-Melancholie und die Darstellung der Juden im theoretischen Diskurs der Nachkriegszeit in Frankreich.[5] Lobend zu erwähnen ist dabei, dass Bellamy eine der ersten war, die angedeutet haben, wie weit die Perversion im Diskurs der französischen Postmoderne über die Juden und den Holocaust ging. Der Begriff eines französischen Holo-

3 Die linke Kritik an Opferkultur (und Opferkult) kritisierte Carolyn Dean ihrerseits in dem erhellenden (unveröffentlichten) Vortrag »Ist die ›Ära des Zeugen‹ vorüber?« an der Cornell-Universität in Ithaca (New York). Auf den Streit um Einzigartigkeit und Universalität werde ich im dritten Kapitel näher eingehen. Er wurde, wie ich dort zeige, jedoch um falsche Begriffe geführt: Man sollte, statt von einem »einzigartigen«, besser von einem beispiellosen, noch nie dagewesenen Geschehen sprechen.

4 Alvin Rosenfeld, The End of the Holocaust, Bloomington (Indiana) 2011.

5 Elizabeth J. Bellamy, Affective Genealogies: Psychoanalysis, Postmodernism and the »Jewish Question« after Auschwitz, Lincoln (Nebraska) 1997.

caust-Trauerspiels basiert auf einem bestimmten metaphorischen Verständnis des Juden, wie es bedeutende französische Denker wie Maurice Blanchot, Jacques Derrida und Jean-François Lyotard befördert haben. Diese Metaphorisierung ist allerdings keine postmoderne Erfindung. Sie speist sich aus der französischen Tradition des Philosemitismus und geht, wie Sarah Hammerschlag gezeigt hat, auf das 19. Jahrhundert zurück.[6] Sie gipfelt in Blanchots »Konversion« zu einem imaginären Judentum.[7] Dieses ausgedachte Judentum (das sich schließlich von Finkielkrauts »eingebildetem Juden« gar nicht so sehr unterscheidet, trotz des Generationenunterschieds und, wichtiger noch, der grundverschiedenen persönlichen Geschichten) ist nichts weiter als eine Idealisierung der Juden als Träger der Revolution – im Falle Blanchots der *falschen* Revolution vom Mai ’68, der Revolution, die immer erst noch kommen soll, wie das Gelobte Land, der Messias oder natürlich die Verheißung der Heiligen Schrift. Nichts Neues unter der Sonne: Die »Juden« werden (im rhetorischen Sinn eines Tropus) in universale Vorboten einer messianischen Revolution oder in universale ontologische Opfer verwandelt – die Personifizierung von Leid und Bedräng-

6 Siehe den Prolog.
7 Siehe Michel Surya, L’autre Blanchot: l’écriture de jour, l’écriture de nuit, Paris 2015. Ich teile die Analyse Suryas, der Blanchots Hinwendung zum Judentum und zur Ethik Emmanuel Levinas’ als einen Akt der Buße für die radikale Politik beschreibt, der Blanchot vor und nach dem Krieg zugetan war. Surya bringt es jedoch nicht so direkt zum Ausdruck wie ich, und sicherlich würde er Blanchots Wendung weder psychologisieren oder moralisieren noch in Begriffen eines von Schuld und Buße getriebenen Philosemitismus fassen. Ich für meinen Teil hege keinerlei Verachtung für Psychologie und moralisches Urteil. Ob es aus Buße geschehen sein mag oder nicht, Blanchots Entwicklung ist jedenfalls unvergleichlich sympathischer als der Nachkriegsantisemitismus eines Heidegger, der alles abstritt.

nis. Eine solche Verbildlichung hat allerdings ihren Preis, denn sie führt zur Überwindung des jüdischen Partikularismus oder wenigstens einer bestimmten empirischen, nationalen, generationellen, religiösen und ethnischen Auffassung vom Judentum, d.h. vom Judentum schlechthin, wie wir anhand von Judith Butlers Ansicht über »Jüdischsein« und »Zionismus« noch sehen werden.

Zum Verständnis des neuen Antisemitismus

In den letzten zwölf Jahren habe ich eine ganze Menge Literatur studiert, die sich mit dem zeitgenössischen Antisemitismus in Frankreich (und im weiteren Sinne in Europa und dem Rest der Welt) befasst. Sie lässt sich in zwei Kategorien einteilen: empirische (Soziologie, Politikwissenschaft, Geschichte und Journalismus) und metaphysische oder theoretische (Philosophie, Literaturkritik, Psychoanalyse). Aus den empirischen Arbeiten stechen die soziologischen Untersuchungen von Michel Wieviorka, Emmanuel Brenner, Pierre-André Taguieff und Gilles Kepel hervor.[8] In jüngerer Zeit hat der deutsche Historiker und Antisemitismusforscher Günther Jikeli eine umfassende empirische Studie über Antisemitismus unter jungen europäischen Muslimen veröffentlicht.[9] Alle empirischen Studien und Datenerhebungen zeigen, dass die meisten antisemitischen Handlungen und Gewalttaten von der muslimischen

8 Michel Wieviorka, La tentation antisémite: haine des Juifs dans la France d'aujourd'hui, Paris 2005; Emmanuel Brenner, Les territoires perdus de la République, Paris 2002; Pierre-André Taguieff, La nouvelle judéophobie, Paris 2002; Gilles Kepel, Passion française: la voix des cités, Paris 2014.
9 Günther Jikeli, European Muslim Antisemitism: Why Young Urban Males Say They Don't Like Jews, Bloomington (Indiana) 2015.

Bevölkerung ausgehen, trotz des fortbestehenden »alten« Antisemitismus oder vielmehr in Verbindung mit ihm sowie mit der Holocaustleugnung auf der Linken und der Rechten. Wenn es jedoch um die Ausübung von Gewalt geht (von Straßengewalt bis hin zu Mord), stellen Skinheads und Neonazis keine nennenswerte Bedrohung mehr dar (was nicht heißt, dass sie nicht weiterhin Antisemitismus verbreiten und den Holocaust leugnen).

Am verblüffendsten unter den empirischen Ergebnissen war der Befund Taguieffs, dass Antisemitismus und Rassismus nicht mehr deckungsgleich sind, sondern die neue Gestalt des Antisemitismus vielmehr im Gewand des Kampfes gegen Rassismus daherkommt. Der neue Antisemitismus, den Taguieff lieber als »neue Judenfeindlichkeit«[10] bezeichnet, bediene sich selbst der Rhetorik des Antirassismus. In dieser Umkehrung bestehe die perverse Wiedergeburt des modernen Rassenantisemitismus. Dies erklärt, warum es fast unmöglich ist (oder zumindest zu Beginn des dritten Jahrtausends fast unmöglich war), die neuen Ausdrucksformen des Judenhasses zu erkennen und zu beschreiben, geschweige denn davor zu warnen und sie zu verurteilen. Mit Israel verbundene Juden wurden als neue Rassisten und Neokolonialisten bezeichnet. In dem Maße, in dem Rassismus und alle Formen institutioneller Ausgrenzung und Diskriminierung in liberalen oder sozialen Demokratien, in den USA ebenso wie in Europa, einhellig verurteilt werden, ist es einigermaßen akzeptabel

10 Ich werde mich hier nicht mit semantischen und terminologischen Streitigkeiten aufhalten, die wirkungslos geblieben sind. Es ist allgemein bekannt, dass das Wort Antisemitismus im späten 19. Jahrhundert in Deutschland geprägt wurde, um Juden (nicht sogenannte »Semiten«) zu bezeichnen; siehe dazu Kenneth Marcus, The Definition of Anti-Semitism, Oxford 2015. Judenhass, Judenfeindlichkeit und Antisemitismus sind, so wie ich die Begriffe verstehe, letztlich austauschbar.

geworden, sich mit Juden anzulegen – insbesondere, aber sicher nicht ausschließlich, mit denen, die sich auf die Seite Israels stellen –, solange Juden als rassistisch oder zumindest als Leute dargestellt werden können, die soziale, religiöse und ethnische Vermischung ablehnen. Juden werden zusehends stigmatisiert und sowohl verbal als auch physisch als Befürworter von Diskriminierung, Ausgrenzung und Rassismus angegriffen. Der jüdische Staat wurde als der rassistischste Staat der Welt bezeichnet und als solcher delegitimiert und dämonisiert – als das neue Apartheid-Südafrika (dies geschah auf der Rassismuskonferenz in Durban, und der Geist von Durban verbreitete sich in allen radikalen Kreisen des Westens).[11] Taguieffs Beweisführung, die sich auf empirische Belege, aber auch auf Ideologie- und Diskursanalyse stützt (er ist sowohl Theoretiker als auch Historiker des Rassismus), war so überzeugend, dass sie alle folgenden theoretischen Erörterungen des neuen Antisemitismus und alle Versuche, die neuen Erscheinungsformen dieses Phänomens zu beschreiben und zu verstehen, beeinflusst hat. Taguieff steht am Anfang eines Paradigmenwechsels in unserem Verständnis des modernen Antisemitismus. Alain Finkielkraut, der bereits in den 1980er Jahren den kommenden Antisemitismus im Gewand der »Verurteilung Israels«[12] voraussah, veröffentlichte eine Broschüre mit dem Titel »Im Namen des Ande-

11 Ich beziehe mich hier auf die berüchtigte Weltkonferenz gegen Rassismus, die 2001 in Durban stattfand. Die Veranstaltung wurde von israelfeindlichen Aktivisten gekapert und in eine Plattform für antizionistische und antisemitische Propaganda verwandelt.

12 Alain Finkielkraut, La réprobation d'Israël, Paris 1983. Tatsächlich hatte Finkielkraut einen berühmten Vorgänger in dem bedeutenden Antisemitsmushistoriker Léon Poliakov; siehe dessen Schrift: De l'antisionisme à l'antisémitisme, Paris 1969 [Vom Antizionismus zum Antisemitismus, Freiburg 1992].

ren«,[13] in der er eine pseudo-antirassistische Rhetorik anprangerte, die ihr reinigendes rassistisches Unbewusstes auf die Juden projiziert. Die neuen Judenfeinde, selbsternannte Antirassisten, machen die Juden zu den ewigen Gegnern ethnischer und religiöser Unreinheit, zu Feinden ethnischer und kultureller Vermischung und aller Formen von *métissage*. Im Namen des Anderen, des Fremden, des Ausländers, des Immigranten, projizieren die neuen Antisemiten ihre eigenen Ängste angesichts des Reinen und Unreinen auf die Juden und verewigen nicht nur den religiösen Antijudaismus (Juden wurden im Westen schon immer als Feinde der Menschheit angesehen), sondern paradoxerweise auch den rassistischen Antisemitismus, der nach Reinigung strebt und einen Sündenbock braucht. Die Verdrehung besteht darin, dass das postnationale Europa, das Europa nach dem Kalten Krieg, nicht von seinem angeblich »unreinen« Element gesäubert werden müsse, sondern von denen, die angeblich für Reinheit einstehen. Die Juden sind, wie Finkielkraut es ausdrücken würde, nicht länger eine Rasse, die als schmutzig gilt. Sie sind schmutzige Rassisten geworden. Wie auch immer, sie bleiben der Feind der Menschheit.

Dieser Paradigmenwechsel sollte uns nicht überraschen.

In der Geschichte des Antisemitismus wurden die Juden systematisch als Anachronismus betrachtet, stets hätten sie sich in zeitlich misslicher Lage unter den Völkern befunden. Sie hielten am Buchstaben des Gesetzes fest, obwohl Paulus es für überwunden und veraltet erklärt hatte, sie

13 Alain Finkielkraut, Au nom de l'autre: Réflexions sur l'antisémitisme qui vient, Paris 2003 [Im Namen des Anderen. Reflexionen über den kommenden Antisemitismus, in: Doron Rabinovici/Ulrich Speck/Natan Sznaider (Hg.): Neuer Antisemitismus? Eine globale Debatte, Frankfurt a.M. 2004, S. 119–132].

waren Revolutionäre (»jüdische Bolschewisten«), als die vorherrschende Ideologie faschistisch und reaktionär war, sie waren konservativ und plutokratisch, als die allgemeine Stimmung progressiv war, und sie sind nationalistisch, obwohl der Nationalstaat angeblich kollabiert – mal zurückgeblieben, mal gefährlich weit voraus: ein anachronistisches oder unzeitgemäßes Volk.[14] Was kann das bedeuten? Vielleicht hatte Freud, wie später auch Lyotard, mit seinen metaphysischen bzw. metapsychologischen Spekulationen über den Antisemitismus recht. Allerdings sind diese Erklärungen als metaphysische weder falsifizierbar noch unterliegen sie der Beweislast. Wenn sie auch nicht den Kriterien historischer Evidenz unterworfen werden können (wir wissen, dass Freud seinen »Moses« einen »historischen Roman« nannte), so sind sie doch faszinierende theoretische Konstruktionen. Als Repräsentanten eines Ur-Ereignisses (der verdrängten Ermordung des Vaters, des Moses'), als lebende Erinnerung an die Verdrängung dieses archaischen Ereignisses leben die Juden in einer Zeit, die aus den Fugen geraten ist. Ihr Fortbestehen über die Jahrhunderte hinweg zeugt von einer archaischen Verdrängung, die nie vergessen werden kann. Gewiss, in Lyotards Neufassung der Freud'schen Theorie steckt viel Pathos, das typische philosemitische Pathos der Nachkriegszeit, aber diese Theorie mag auch die stets sonderbare Stellung der Juden in der westlichen Geschichte erklären.

Auch wenn ich behaupte, dass das französische Denken den neuen Antisemitismus nicht vorweggenommen hat, so ist doch klar, dass die Theorie nach wie vor einen wichti-

14 Siehe die Ausführungen über die Juden als »prismatische Gruppe« in Kapitel 4.

gen Beitrag leisten kann, ihn zu analysieren und zu bekämpfen. Ich muss zugeben, dass ich als reueloser Theoriesüchtiger eine Vorliebe für die metaphysischen und theoretischen Überlegungen zum Phänomen des zeitgenössischen Antisemitismus habe. Empirische Forschung ist natürlich unverzichtbar, da Tatsachen, wie Hannah Arendt einmal sagte, zugleich hartnäckig und verletzlich sind und darum ermittelt und vor der Politik des Vergessens, d.h. vor der Politik im Allgemeinen, bewahrt werden müssen.[15] Das heißt, Fakten und historische Wahrheit müssen stets vor der Politik geschützt werden. Aber empirische Studien, sofern ihre Ergebnisse nicht ohnehin vorhersehbar sind, finde ich intellektuell weniger anregend, wiewohl sie eine solide Grundlage aller möglichen erfinderischen Theorien liefern. Wenn es darum geht, theoretisch zu denken, sind die französischen Intellektuellen allerdings unübertroffen. Wie immer gaben sie auch auf den neuen Antisemitismus erstaunlich vielfältige und kreative Antworten (ja, man kann sogar kreativ sein, wenn man über ein so finsteres und stets wiederkehrendes Phänomen wie den Antisemitismus nachdenkt). Die Antworten waren indes so kreativ, dass man sich manchmal fragt, inwieweit man sie nicht lieber mit Vorsicht genießen sollte.

Nehmen wir den Soziologen und jüdischen Denker Shmuel Trigano. In einem hochinteressanten Aufsatz[16] beruft er sich auf den Anthropologen Ernst Kantorowicz, um zu zeigen, dass hinter dem neuen Antisemitismus ein aus der theologisch-politischen Tradition Europas ererbtes Paradigma am Werk sei. Dieser neue Antisemitismus, so Tri-

15 Zu Hannah Arendts »Wahrheit und Politik« siehe das Postkriptum.
16 Shmuel Trigano, Les frontières d'Auschwitz: Les ravages du devoir de mémoire, Paris 2005.

gano, feiere den toten Juden auf Kosten des lebenden Israeli, der als Objekt der Abscheu betrachtet werde. Dergestalt verewige er die paulinische Spaltung des Juden in Geist und Fleisch, in ein *corpus mysticum* (das jüdische Opfer des Holocaust) und den verächtlichen realen Körper des Juden (den Israeli, den Zionisten). Wenn die Metaphysik der mittelalterlich-christlichen Monarchie Kantorowicz zufolge auf der doppelten Person des Königs beruhte (aufgeteilt in einen politischen und einen natürlichen Körper), so beruhe die Metaphysik der Erinnerung an den Holocaust in Europa auf dem doppelten Körper des Juden (dem »anbetungswürdigen Körper des Opfers« und dem fleischlichen, organischen Körper der realen Juden und Israels). Natürlich kann keine Theorie alles erklären, aber die von Trigano ist frappierend. Jedenfalls liefert sie ein nützliches Konzept für das Verständnis der europäischen Psyche nach dem Holocaust, insbesondere der Idealisierung des Juden als Opfer und der Dämonisierung des Juden als Herr seines eigenen Schicksals (nämlich der politischen Souveränität der Juden).

In einem zugleich polemischen und abstrakten, nichtsdestoweniger beeindruckenden Buch[17] dekonstruiert der lacanianische Linguist Jean-Claude Milner die Pax Europea der Nachkriegszeit (nach dem Vorbild der Pax Romana und der Pax Americana), um zu zeigen, dass das europäische Nachkriegsprojekt des immerwährenden Friedens auf der unbewussten Verdrängung (Lacans *forclusion*) der Juden und des jüdischen Staates als Europas *objet a* beruht. In Milners metaphysischen Spekulationen über die Zukunft des europäischen Judentums (oder den Mangel ei-

17 Jean-Claude Milner, Les penchants criminels de l'Europe démocratique, Paris 2003.

ner solchen, wenn man sich seine Weltuntergangsprophezeiungen zu eigen macht) könnte man als faszinierende Variante von Lyotards Theorie des Antisemitismus betrachten, allerdings ohne das unstete, deterritorialisierte Moment, das der postmodernen Theorie und der Dekonstruktion so wichtig ist. In gewisser Weise stellte Milner Lyotards metaphysische Analyse des Antisemitismus auf den Kopf. Während Europa für Lyotard, der vor dem Ende des Kalten Krieges schrieb und noch vom Zeitgeist des Kalten Krieges beherrscht wurde, ein durch nationale Grenzen limitierter und das Andere ausschließender Kontinent war – ein Raum, der ganz auf nationaler Identität und nationalem Narzissmus beruhte –, ist es für Milner, der sein Buch zu Beginn des dritten Jahrtausends schrieb, ein unbegrenzter, offener Raum, der die »Namen« Jude und Israel als negative Embleme der Begrenzung ausschließt. So erscheint der jüdische Staat im Europa nach dem Kalten Krieg als der ultimative Anachronismus und als ein Fossil, das es zu überwinden gilt: nationalistisch, besessen von Grenzen und gefangen in seiner in sich geschlossenen Identität. Daher müssten Israel und die Juden (zumindest symbolisch) abgeschafft werden, um den ewigen Frieden zu sichern. Wie Lyotard, wenn auch mit der eben erwähnten Wendung, behauptet Milner, das moderne Europa – das Europa der Aufklärung, des Fortschritts, der Offenheit; das Europa, dessen raison d'être darin besteht, alle Grenzen zu überschreiten, auch generationelle und sexuelle – könne die Juden, die für ein Prinzip der Begrenzung, generationellen Übertragung und sexuellen Differenz stehen, nicht tolerieren.

Wieder einmal sind Israel und die Juden der Sündenbock Europas, aber diesmal nicht als diejenigen, die Traditionen und Grenzen zersetzen, sondern als anachronistische, versteinerte Elemente, die sich genau der Zersetzung aller Abstammungen und Überlieferungen widersetzen, die ein vermeintlich pazifistisches Europa anstrebt. Milners Theorie sollte ernsthaft in Betracht gezogen werden, wenn sie auch problematisch ist: vor allem deshalb, weil Milner, nicht anders als Lyotard, Moderne und Emanzipation als etwas dem europäischen Judentum Feindliches hinstellt – historisch gesehen eine der Intuition zuwiderlaufende Vermutung, die die Juden als Prinzip des Widerstands gegen Autonomie idealisiert (mehr zu Lyotard und der Kritik der Emanzipation später).

Doch der geläufige antisemitische Tropus, der sich durch die westliche Geschichte zieht, besagt, dass Juden nie dort seien, wo sie sein sollten, und sich immer in einer ungünstigen, etwas anachronistischen Lage gegenüber der vorherrschenden Ideologie befänden: kosmopolitisch in einem nationalistischen Europa, kapitalistisch im kommunistischen Russland, bolschewistisch in Nazideutschland, nationalistisch im postnationalen Europa usw. Eine den Juden eigentümliche Unbeholfenheit und Unzeitgemäßheit gäben dem westlichen Antisemitismus Nahrung. Nicht verwunderlich daher, dass Milners Analyse des Antisemitismus derjenigen Lyotards ähnelt – wenn auch in einem anderen historischen und ideologischen Kontext, in dem das Böse nicht mehr mit Kosmopolitismus und Entwurzelung, sondern mit Wurzeln und Nationalismus verbunden ist.

Éric Marty hat in einer bahnbrechenden Interpretation von Jean Genets Schriften über Israel, den Libanon und Palästina gezeigt, dass dessen metaphysischer Hass auf Israel kaum von antisemitischer Angst zu unterscheiden ist, einer Angst, die Marty geschickt als eine vor dem Guten charakterisiert (die gnostische Rebellion gegen die Schrift und das Gesetz, gegen den Gott des Alten Testaments).[18] Mit dieser hermeneutischen Glanzleistung entzauberte er den von Jean-Paul Sartre geschaffenen Mythos vom Pseudoantisemiten Genet, der sich das ganze 20. Jahrhundert hindurch hielt. Wer den Antisemitismus Genets nicht ernst nehme und bloß als Spiel erachte, übersehe ganz und gar dessen Metaphysik des Bösen, die nämlich in der Verachtung der Juden als Inkarnation des Gottes der hebräischen Bibel wurzele. Genets Hass auf Israel, der sich in seinen späteren Schriften zeigt, sei keineswegs von der Sehnsucht des revolutionären Schriftstellers nach sozialer Gerechtigkeit, von seiner Ablehnung willkürlicher Macht und des Kolonialismus bestimmt gewesen, sondern die natürliche Folge seines metaphysischen Antisemitismus. Marty hat überzeugend dargelegt, dass die Interpretation von Genet als Verfechter sozialer Gerechtigkeit auf einer Fehlinterpretation oder vielleicht einer Wunschvorstellung beruht.

Enttäuscht hat mich, wie Jacques Derrida und die Historikerin der Psychoanalyse Élisabeth Roudinesco auf das Wiederaufleben des Antisemitismus reagierten. In einem gemeinsam verfassten, 2001 erschienenen Buch über den Zeitgeist taten die beiden Gesprächspartner sich schwer damit, einen Begriff von Antisemitismus zu entwickeln, insbesondere dessen, was sie als »kommenden Antisemitismus« bezeichneten.[19] Kurzsichtig blieben sie dem alten Paradigma treu und wollten sich, um es geradeheraus zu sagen, in ihrer intellektuellen Bequemlichkeit partout nicht erschüttern lassen. Die Auseinandersetzung auch mit dem neuen Antisemitismus bestand für sie immer noch in

18 Éric Marty, Bref séjour à Jerusalem, Paris 2003.
19 Jacques Derrida/Élisabeth Roudinesco, De quoi demain … Dialogue, Paris 2001.

der Dekonstruktion von Phantasien nationaler Herkunft und Reinheit. Sie prangerten weiter die alten Dämonen an, das Frankreich von gestern, das von seiner Kultur und seinem nationalen Erbe besessen war. Der Jude war das unreine Element, der Umherschweifende, der Exilierte, der Vertriebene, der Paria; und der Antisemit ein Nationalist oder Faschist, der zwanghaft nach Verwurzelung und Zugehörigkeit strebte. Indem sie die alten Klischees des nationalistischen und/oder rassistischen Antisemitismus wieder aufwärmten, übersahen Roudinesco und Derrida jedoch eine Wendung in der Geschichte des Antisemitismus: nämlich einen Antisemitismus, der sich selbst in einen Antirassismus verwandelt hat, eine Auswirkung jahrzehntelanger Reue und »westlichen Masochismus«, um es mit Pascal Bruckners Worten zu sagen.[20] Doch es war gewissermaßen auch eine Auswirkung der jahrzehntelangen Dekonstruktion des sogenannten »Phallogozentrismus« und der zum Dogma gewordenen Vorstellung, dass Ausgrenzung, Bigotterie und Diskriminierung nur von den weißen und mächtigen Europäern, den ehemaligen Kolonisatoren und Neokolonialisten usw. ausgehen können. Demnach sind Minderheiten strukturell Opfer, sie werden unterdrückt und können ihrerseits nicht zu Unterdrückern werden. Darüber hinaus neigt dieses Dogma im Falle des zeitgenössischen Antisemitismus dazu, den Täter gar als ontologisches Opfer zu betrachten.

Und so konzentrierten sich Derrida und Roudinesco in ihren oberflächlichen Gesprächen, in denen es um den neuen Antisemitismus – und zwar den von morgen – gehen sollte, auf einen unbedeutenden obskuren Schriftsteller,

20 Siehe Pascal Bruckner, La tyrannie de la pénitence: Essai sur le masochisme occidental, Paris 2006 [Der Schuldkomplex. Vom Nutzen und Nachteil der Geschichte für Europa, München 2008].

nämlich Renaud Camus. Dieser ehemalige Schüler Roland Barthes', ein produktiver Essayist, Tagebuchschreiber und Romancier, der aber nur wenigen bekannt ist, hatte die dumme Idee, in sein Tagebuch zu schreiben, die jüdischen Literaturkritiker und Journalisten des öffentlichen französischen Kulturradios (France-Culture) sprächen zu viel über jüdische und israelische Themen auf Kosten solcher von allgemeinem Interesse.[21] Renaud Camus kritisierte jüdische Journalisten dafür, dass sie die meisten ihrer öffentlichen Diskussionen auf ihre Gemeinschaft beschränkten, anstatt sich an die säkulare, ungeschriebene Charta des französischen öffentlich-rechtlichen Rundfunks zu halten (der so neutral sein solle wie die Französische Republik). Sicherlich waren Camus' Tagebucheinträge nicht unantisemitisch, doch waren sie nur ein winziger Tropfen im Ozean der neuen Bedrohung – und übrigens in Camus' gigantischem Gesamtwerk nur eine oder zwei Seiten in einem 350seitigen Tagebuch, das wiederum nur ein Band von insgesamt zehn (2000) bzw. dreißig (2015) Ausgaben seines Tagebuchs ist. Die Skandalisierung dieses Autors war bestenfalls zwecklos.

In seinem Tagebuch lässt Renaud Camus auch den alten literarischen Antisemitismus wieder aufleben, den Sartre einst analysiert hat. Der Antisemit, meinte Sartre, halte es für schwieriger, wenn nicht gar unmöglich, dass französische Juden eine organische Verbindung mit der literarischen französischen Kultur hätten, dass sie Racine oder Marcel Proust auf die gleiche Weise empfänden und erlebten wie ein Franzose, der eine alte Vertrautheit mit der Nation und dem Boden genieße und die französische Kultur

21 Siehe Renaud Camus, La Campagne de France: Journal 1994, Paris 2000. Die Veröffentlichung dieses Tagebuchs löste eine als »Renaud-Camus-Affäre« bekannt gewordene landesweite Kontroverse aus.

mit der Muttermilch aufgesogen habe. Dieser Sorte Antisemitismus zufolge haben die Juden die französische Literatur nicht im Blut und können sie daher auch nicht in ihrem Fleisch erfahren. Tatsächlich wärmte Renaud Camus, vielleicht ungewollt, diese antisemitischen Klischees wieder auf, indem er andeutete, dass jüdische Journalisten auf France-Culture die Namen von Prousts Figuren aufgrund ihrer historischen Entfremdung von der französischen Hochkultur nicht richtig aussprechen könnten. Aber das war nichts Neues. Er repräsentierte in keiner Weise das Gesicht des heutigen Antisemitismus, erst recht nicht des Antisemitismus von morgen. Er verkörperte nur eine vage, fast rührende Nostalgie für ein homogenes Frankreich – das, wenn es jemals Wirklichkeit gewesen war, im globalen und konsumorientierten Europa zu einem Wunschtraum geworden ist. Derrida und Roudinesco haben ihr Ziel verfehlt, und ihre Analyse der neuen Bedrohung war leichtsinnig. Camus war keine Bedrohung. Vielmehr verkörperte er den Antisemitismus von dazumal, der zumindest in Frankreich, wenn nicht auch in anderen europäischen Ländern, aus der Mode gekommen und seit dem Zweiten Weltkrieg allmählich verblasst war.

Und noch 2009, nach der Folterung und Ermordung von Ilan Halimi durch Muslime, die, um den Journalisten Christophe Barbier zu zitieren, den Antisemitismus wie eine »angehängte Datei«[22] in ihrem Gehirn gespeichert haben – zu einem Zeitpunkt, als niemandem mehr neu war, dass der Antisemitismus sich gewandelt hatte –, beharrte Roudinesco kühn aber vergeblich auf ihrer Besessenheit von Renaud Camus in einem der Judenfrage gewidmeten

22 Christophe Barbier, L'antisémitisme psychique, *L'Express*, 17. Februar 2015.

Buch.[23] Weniger anspruchsvolle Denker als Derrida erwiesen sich als klarsichtiger, indem sie die Bedrohung anderswo ausmachten. Das französische Denken und sein Hauptvertreter Derrida hatten den Test nicht bestanden. Gefangen in seinen eigenen Topoi und Vorurteilen, erwies es sich als unfähig, die neue Bedrohung zu antizipieren oder zu verstehen, geschweige denn ihr etwas entgegenzusetzen.

Toulouse 2012: Ein Wendepunkt

Das Wiederaufflammen des Antisemitismus offenbarte sich in Frankreich im Frühjahr 2012 auf grauenhafteste Weise. Am 11. März jenes Jahres wurde ein Fallschirmjäger in Toulouse vor einem Freizeitzentrum erschossen, am 15. März drei weitere auf die gleiche Weise in der Stadt Montauban ermordet; am 19. März tötete derselbe Täter in der jüdischen Schule Ozar Hatorah in Toulouse zwei jüdische Kinder, Arieh und Gabriel Sandler (5 bzw. 4 Jahre alt), ihren Vater, Rabbiner Jonathan Sandler, und ein drittes Kind, Myriam Monsenego (8 Jahre alt). Der Mörder verfolgte die kleine Myriam, packte sie an den Haaren und schoss ihr in den Kopf. Einen Tag später identifizierte die Polizei den Verdächtigen: Mohammed Merah, 23 Jahre alt, mit französischer und algerischer Doppelstaatsbürgerschaft. Am 22. März belagerte eine Anti-Terror-Einheit seine Wohnung, und als er aus dem Fenster sprang und auf die Spezialeinheit der Polizei schoss, wurde er getötet.

Zwei französische Intellektuelle äußerten sich zu Merahs Motiven. Der Essayist Pascal Bruckner bezeichnete

23 Élisabeth Roudinesco, Retour sur la question juive, Paris 2009.

die Morde kurz nach der Tat als »kapitales Verbrechen«; zum ersten Mal seit dem Zweiten Weltkrieg seien jüdische Kinder ermordet worden, »weil sie Juden waren«.[24] Sodann stellte der Literaturkritiker Éric Marty fest, Merah habe »genau wie die SS-Männer der Einsatzgruppen« gehandelt.[25] Weder Bruckner noch Marty zögerten, in dem Amoklauf dieses jungen Muslims etwas dem Vorgehen der Nazis Ähnliches zu erkennen. Es war klar, dass hinter den Morden eine nihilistische Weltanschauung stand, vergleichbar der »Propaganda der Tat« der russischen Nihilisten.[26]

Noch bevor Merah identifiziert werden konnte, wurde mit dem Finger auf die üblichen Verdächtigen gezeigt: rechtsextreme, neonazistische Elemente europäischer Herkunft, die vielleicht auch Verbindungen zum aufstrebenden Front National hätten. Es war wie beim Anschlag in der Rue Copernic.[27] Die französische Presse war offenbar nicht in der Lage, sich vorzustellen, dass die Anschläge von einem Islamisten verübt worden sein könnten. Selbst nachdem Merah gefasst worden war, betrachteten viele seine Taten als politisch motivierten Terrorismus im Zusammenhang mit dem Nahostkonflikt; sie wollten die Schuld lieber nicht dem islamischen Terrorismus zuschie-

24 Pascal Bruckner, Mohamed Merah: Répétition générale?, *Huffington Post*, 6. April 2012.
25 Éric Marty, Une sainte colère, *L'Arche*, 2. Mai 2012.
26 Die Psychoanalytikerin Hélène L'Heuillet hat die Verwandtschaft von islamistischem Terror und russischem Nihilismus in ihrem Buch »Aux sources du terrorisme: de la petite guerre aux attentats-suicides« (Paris 2009) untersucht.
27 1980, nach den Anschlägen auf die Synagoge in der Rue Copernic in Paris, wiesen Experten auf Rechtsextremisten hin, und Frankreich war schockiert, als es von Hinweisen auf einen nahöstlichen, möglicherweise palästinensischen Ursprung des Verbrechens erfuhr.

ben, der religiös begründet ist und Juden als Juden ins Visier nimmt.

Hier erkenne ich eine Art kollektiver »kognitiver Dissonanz«. Einen Muslim – in diesem Fall ein französisch-algerischer Doppelbürger – kann man sich irgendwie nicht als rassistisch oder antisemitisch vorstellen. Warum nicht? Weil Muslime und Araber, die früher kolonisiert wurden, selbst als Opfer von Rassismus oder ethnischer und religiöser Diskriminierung angesehen werden. Das Motiv für das Blutbad von Toulouse wurde in der französischen Psyche schnell verdrängt, weil Frankreich, so vermute ich, nicht in der Lage ist, ein solches Trauma zu verarbeiten, das auf ein Zusammentreffen von Ereignissen hinweist, die für seine Erinnerung und Geschichte von zentraler Bedeutung sind. Dieses Zusammentreffen bezeichnet Michael Rothberg als »nœud de mémoire«, was so viel wie »Erinnerungsknoten« bedeutet und auf den berühmten Ausdruck des Historikers Pierre Nora »lieux de mémoire« (Erinnerungsorte) anspielt.[28] Ein weiterer wichtiger Grund für diese kollektive Wahnvorstellung ist, dass im französischen und vielleicht auch im europäischen Unbewussten Juden und Araber »Semiten« sind und als solche dieselbe Andersartigkeit teilen. Juden und Araber, so behauptet der Nahostwissenschaftler Gil Anidjar, verkörperten den

28 Siehe Michael Rothberg, Multidirectional Memory: Remembering the Holocaust in the Age of Decolonization, Stanford (Kalifornien) 2009 [Multidirektionale Erinnerung. Holocaustgedenken im Zeitalter der Dekolonisierung, Berlin 2021]; dazu auch die von Michael Rothberg und Debarati Sanyal herausgegebene Sondernummer der *Yale French Studies* von 2010: Nœuds de mémoire. Multidirectional Memory in Postwar French and Francophone Culture. Mehr in Kapitel 3.

Feind Europas, sein Anderes.[29] Es läuft daher der Intuition zuwider, sie als einander feind zu betrachten – trotz allem, was wir jeden Tag in den Nachrichten lesen, und trotz allem, was wir seit mindestens den 1940er Jahren über den Nahen Osten wissen. Mit anderen Worten, Juden und Araber/Muslime sind im kollektiven Bewusstsein der Franzosen nach wie vor wesensgleich und damit austauschbar. Dies verhindert eine klare und aufrichtige Analyse des zeitgenössischen Antisemitismus, der neben anderen Faktoren wie der palästinensischen Sache und dem historischen Antisemitismus der radikalen Linken durch die islamistische Propaganda seit dem Aufstieg von al-Qaida und in jüngerer Zeit durch das Aufkommen des Islamischen Staates bestimmt wird. Die Morde in Toulouse und Montauban, so beispiellos sie auch gewesen sein mögen, gingen im Lärm der letzten Wochen vor den Präsidentschaftswahlen unter, bei denen François Hollande Nicolas Sarkozy ablöste. In einigen offiziellen Kreisen wurden die Verbrechen schnell als isolierte Taten eines »Degenerierten«, eines »einsamen Wolfs«, eines Verrückten usw. abgetan, mit anderen Worten: schnell pathologisiert oder einem Soziopathen zugeschrieben.[30] Die Öffentlichkeit konnte sich beruhigen und wieder gut schlafen. Das Verbrechen wurde als einmaliges, unwiederholbares Ereignis betrachtet – eine erschreckende, aber verrückte Nachricht – und nicht als ein Zeichen für das weltweite Wiederaufle-

29 Siehe Gil Anidjar, The Jew, the Arab: A History of the Enemy, Stanford (Kalifornien) 2003. Auf dieses Buch werde ich in Kapitel 4 zu sprechen kommen.

30 Siehe insbesondere den Artikel von Yves Bordenave: Mohamed Merah, un loup pas si solitaire, *Le Monde*, 23. August 2012, der die von der französischen Polizei und der DCRI (Direction centrale du renseignement intérieur) vertretene These vom »einsamen Wolf« auseinandernimmt.

ben des tödlichen Antisemitismus, das im Europa der Nachkriegszeit sicherlich ohne Beispiel ist.

Der Antisemitismus ist tot, es lebe der Antisemitismus!

> »Der Antisemitismus kann begraben, aber niemals vernichtet werden, solange das jüdische Volk seine alte Stellung als klar definierter Fremdkörper inmitten der Gesellschaften anderer Völker beibehält.«
>
> Julius Margolin

Im Februar 2011 ließ der Creative Director von Christian Dior, der Brite John Galliano, vor verblüfften Touristen in einem Pariser Café eine antisemitische Tirade los. Einige Wochen später reagierte eine Professorin für englische Literatur der Universität von Nebraska darauf mit einem Artikel in der *New York Times*, in dem sie versuchte, eine Verbindung zwischen Mode, Antisemitismus und Faschismus herzustellen: »Es gibt tiefreichende und beunruhigende Verbindungen zwischen der [Mode-] Industrie, besonders in Europa, und der antidemokratischen Ästhetik des Faschismus ... Dem ganzen System liegt ein Kult körperlicher Perfektion zugrunde, der in der Geschichte des Faschismus durchaus heimisch ist.«[31] Diese feierlichen Verlautbarungen und bizarren Analogien, ein typisches Verfahren, das Leo Strauss einmal als »reductio ad Hitlerum« bezeichnet hat,[32] lassen außer Acht, dass Mode

31 Rhonda Garelick, High Fascism, *New York Times*, 6. März 2011.
32 Siehe Leo Strauss, Natural Right and History (basierend auf den Walgrene-Vorlesungen von 1949), Chicago 1953.

kurzlebig ist.[33] Im Gegensatz dazu phantasierte der Faschismus Ewigkeit. Die Modeindustrie entspringt dem bürgerlich-liberalen Individualismus und nicht faschistischem Konformismus oder der Eugenik der Nazis.

Haute couture ist nicht meine Stärke. Doch bevor ich dieses wohl eher frivole Thema beiseite lasse, möchte ich zwei weitere Reaktionen auf Gallianos antisemitischen Ausbruch kommentieren, die vielleicht auf den Punkt bringen, was beim Wiederaufleben des Antisemitismus heute wirklich vor sich geht. Die erste stammt aus einer Kolumne der israelischen Tageszeitung *Haaretz* vom 3. März 2011. In diesem Artikel, der einige Tage nach Gallianos Tirade erschien, wurde behauptet, der Antisemitismus sei quicklebendig. Der Subtext lautete, die israelische Rechte solle sich die falschen Drohungen des iranischen und palästinensischen Antisemitismus nicht zunutze machen, den *echten* Antisemitismus nämlich könnten Touristen in Pariser Cafés erleben. Die zweite Reaktion stammt von dem bereits erwähnten Alain Finkielkraut, der sich im französischen Staatsfernsehen äußerte. In einem Interview zu dem Galliano-Vorfall befragt, erklärte der für seinen Witz bekannte Finkielkraut, dass der nationalsozialistische Antisemitismus ziemlich tot sei und »sein Leichnam sicher nicht von irgendeinem armseligen postmodernen Dandy wiederbelebt« werde.

Während *Haaretz* den uralten Antisemitismus noch immer als eine Bedrohung ansieht, erkennt Finkielkraut die Bedrohung, der Juden heute ausgesetzt sind, woanders. Anstatt sich den Gespenstern der Vergangenheit zuzuwen-

33 Zu Mode und moderner Schönheit siehe Charles Baudelaire, The Painter of Modern Life and Other Essays, London 1995.

den (Nationalsozialismus, Faschismus, Hitler, Marschschritt), sollten wir uns mit den aktuellen Erscheinungsformen des Antisemitismus auseinandersetzen. Finkielkraut warnt uns schon seit langem, dass die Geister der Vergangenheit ein Vorwand sind, um die allzu realen Bedrohungen der Gegenwart zu verschleiern. Man kann sich leicht vorstellen, dass er in der *Haaretz*-Kolumne genau das erkannte: eine Ablenkung von der tatsächlichen Bedrohung. Was wäre, wenn die wirkliche Bedrohung der Juden heute der reflexartigen Beschwörung des Nationalsozialismus, des Faschismus, der Vichy-Kollaboration und der Résistance entspränge, weil diese eine aufrichtige Auseinandersetzung mit der Gegenwart vermeidet? Um es noch deutlicher zu sagen: Was wäre, wenn der neue antijüdische Fanatismus sich das Gewand des Antifaschismus und Anti-Antisemitismus anlegte? Die obsessive Erinnerung an die Besatzung durch die Nazis und die Kollaboration ist in ihr Gegenteil umgeschlagen: in Gedächtnisschwund – die französische Version von Rosenfelds »Ende des Holocaust«.

Ein wandlungsfähiges Vorurteil

Was bleibt über die periodische Wiedergeburt einer der ältesten Formen des Hasses zu sagen? Gibt es etwas Neues an dieser jüngsten Gestalt des französischen und europäischen Antisemitismus? In der griechisch-römischen Welt war das Misstrauen gegen die Juden durch die Angst vor Monotheismus, Aberglauben und jüdischem Exklusivismus (der Lehre vom auserwählten Volk) begründet. Die gesamte christliche Ära hindurch prangerten Judenhasser die Ablehnung der universellen Botschaft der Kirche seitens der Juden an. Erinnern wir uns der berühmten Forderung des Paulus von Tarsus, die Juden sollten das Gesetz überwinden. Nach dem paulinischen Einspruch gegen den jüdischen Partikularismus drückte sich das noch mit heidnischen Überbleibseln behaftete antijüdische Christentum des Mittelalters in abergläubischen Vorstellungen wie dem Vorwurf des Ritualmords und Gottesmords aus. Der moderne Antisemitismus artikulierte sich politisch und ökonomisch, er war besessen vom Schreckgespenst jüdischer Verschwörungen und gipfelte in rassistischen Theorien, die durch die Nürnberger Gesetze, die den Juden als maßgeblichen Feind definierten,[34] und das Vichy-Statut über die Juden in die Praxis umgesetzt wurden. Judenhass ist trotz all dieser unterschiedlichen Beweggründe eine innige Leidenschaft der europäischen Geschichte und Kultur geblieben.[35]

Das Problem bei der Untersuchung des Antisemitismus sowie der Erforschung des damit verbundenen Phänomens der Holocaustleugnung besteht darin, dass man sich im besten Fall langweilt, im schlimmsten aber verzweifelt. Ein Antisemit ist ein Antisemit ist ein Antisemit. Die Erforschung des Antisemitismus kann mühsam sein, und man muss dem britischen Rechtsanwalt Anthony Julius, der eine hervorragende 800seitige Geschichte des britischen Antisemitismus veröffentlicht hat, Anerkennung zollen und gleichzeitig Mitgefühl für ihn empfin-

34 Zu den Nürnberger Gesetzen siehe Yves-Charles Zarka, Un détail nazi dans la pensée de Carl Schmitt: La justification des lois de Nuremberg du 15 septembre 1935, Paris 2005.
35 Einen Überblick über die Geschichte des Antisemitismus gibt Philippe Burrin, From Prejudice to the Holocaust: Nazi Antisemitism, New York 2005.

den.[36] Ebenso verdient Robert Wistrich alle Hochachtung für sein grundlegendes Werk über die Geschichte des Antisemitismus von der Antike bis zum globalen Dschihad.[37]

Dennoch möchte ich an ein Bonmot Georges Bernanos' erinnern, eines katholischen französischen Schriftstellers: »Hitler hat den Antisemitismus ein für alle Mal diskreditiert.«[38] Diese zynische Äußerung entbehrt nicht eines gewissen Scharfsinns. Der Antisemitismus ist zwar nicht verschwunden, aber er musste sich wandeln und an neue Zusammenhänge und neue ideologische Erfordernisse anpassen. Heutige Antisemiten müssen einige Phantasie aufwenden. Ich will damit nicht sagen, sie hätten ihre Sprache mit Bedacht abgewandelt, um nicht des Antisemitismus bezichtigt zu werden. Ein beständiger Kern ist erhalten geblieben, während der Diskurs sich derart gewandelt hat, dass Antisemitismus kaum mehr zu erkennen ist. Antisemitische Reden und Taten sind immer noch allgegenwärtig. Dazu braucht man keine Statistiken über physische Angriffe auf Juden und jüdische Stätten in Frankreich und Europa, die zweite Intifada oder den Beginn des Irakkriegs zu bemühen. Eine Wiederholung der Morde von Toulouse ereignete sich 2014 im Jüdischen Museum in Brüssel. Wir haben Vorfälle wie die »Comedy«-Shows von Dieudonné M'bala M'bala gesehen, die ein breites Publikum anzogen, ehe sie von den französischen Behörden verboten wurden. Am sogenannten »Tag des Zorns«, einer Demonstration gegen den französischen Präsidenten und das gesamte »System«, die Zehntausende auf die Straßen von Paris

36 Anthony Julius, Trials of the Diaspora: A History of Antisemitism in England, Oxford 2010.
37 Robert Wistrich, A Lethal Obsession: Antisemitism from Antiquity to the Global Jihad, New York 2010.
38 Georges Bernanos, Le Chemin de la croix-des-âmes, Paris 1948.

strömen ließ, nutzte eine Randgruppe von Demonstranten die Gelegenheit, um Sprüche wie »Juden, verschwindet, Frankreich gehört euch nicht« zu rufen, wovon ein Video auf Youtube schnell die Runde machte.[39] Die Dauerkrise im Nahen Osten dient der Entfesselung antisemitischer Umtriebe als Vorwand. Und nun schreibe ich diese Einleitung einige Monate nach dem Massaker von *Charlie Hebdo*, gefolgt von der Ermordung jüdischer Kunden eines koscheren Lebensmittelladens in Paris am 7. und 9. Januar 2015. Das ist keine bloße Rhetorik mehr. Das ist eine neue Welle eines in die Tat umgesetzten Antisemitismus.

Um sich aus der Asche von Auschwitz zu erheben, musste sich der Antisemitismus, dieser Phönix der europäischen Leidenschaften, an das politische, ideologische und moralische Klima der Nachkriegszeit anpassen. Dieses Klima wurde zunächst durch die frühe Anerkennung von Verbrechen gegen die Menschheit geschaffen. Die Nürnberger Prozesse sollten über den Genozid aufklären und ein barbarisches Ereignis wie der Holocaust sich dank diesem neuen Bewusstsein nicht mehr wiederholen. Obschon

39 Die fatalen Auswirkungen des Nahostkonflikts auf die jüdische Gemeinde in Frankreich wurden in mehreren Büchern und offiziellen Dokumenten belegt. Eine frühe Einschätzung des wiederaufflammenden Antisemitismus gibt der Bericht »Chantier sur la lutte contre le racisme et l'antisémitisme«, den der Schriftsteller und für zahlreiche humanitäre Hilfsorganisationen tätige Arzt Jean-Christophe Rufin dem Innenminister am 19. Oktober 2004 vorlegte (einsehbar auf der Website des französischen Innenministeriums). Siehe auch Pierre-André Taguieff, Rising From the Muck: The New Antisemitism in Europe, Chicago 2004. Einen scharfsinnigen Beitrag zur Geistes- und Kulturgeschichte dieses vermeintlich »neuen Antisemitismus« liefert Jeffrey Mehlman, Sad News. L'antisémitisme nouveau est arrivé, *Contemporary French Civilization* 27 (Sommer/Herbst 2003), S. 277–296. Siehe auch Jonathan Judaken, So What's New? Rethinking the »New Antisemitism« in a Global Age, in: *Patterns of Prejudice*, 42/4–5 (Herbst 2008), S. 531–560.

seit Beginn des Jahrtausends bemerkenswert viele französische Juden nach Israel ausgewandert sind, deutet bislang nichts darauf hin, dass sich in Europa ein Ereignis von der Größenordnung des Holocaust anbahnt. Außerdem geht der neue Antisemitismus von der Gesellschaft und nicht vom Staat aus. Die sozialen und liberalen Demokratien Europas bekämpfen den Antisemitismus, statt ihn zu schüren. Frankreich hat Gesetze gegen Antisemitismus und Holocaustleugnung erlassen. Die staatliche Politik in Frankreich und Europa ist durch und durch anti-antisemitisch. Die Situation unterscheidet sich also stark von der der 1930er Jahre. Und dies gilt nicht nur für die Juden, sondern auch für die Muslime, trotz der unredlichen Versuche, eine Diskriminierung der Muslime im heutigen Frankreich der Verfolgung der Juden in den 1930er Jahren gleichzusetzen.[40] Obwohl einzelne Juden oft bedroht werden, scheinen sie als Gruppe sicher zu sein. Die Gesetze der Republik schützen sie, und die Gesetzgebung zur Erinnerung und Geschichte erkennt ihr vergangenes Leid an und bestraft diejenigen, die es leugnen. Und doch hat sich diese Erinnerungspolitik als unzureichend erwiesen, um das Wiederaufleben des Antisemitismus zu verhindern. Das französische Trauerspiel, die Unfähigkeit dieser Nation, die Vergangenheit zu betrauern, zeitigt perverse Auswirkungen.[41]

40 Siehe etwa Esther Benbassa, L'idéologie antimusulmane se construit pierre à pierre (erschienen auf Mediapart, April 2011). Benbassa ist eine von vielen, die die Wahrnehmung der Muslime heute mit der der Juden im Frankreich der 1930er Jahren vergleicht.

41 Zum postmodernen französischen Trauerspiel und seinem Verhältnis zu Auschwitz siehe Elisabeth J. Bellamy, Affective Genealogies: Psychoanalysis, Postmodernism and the »Jewish Question« after Auschwitz, Lincoln (Nebraska) 1997. Pointierter noch, vor allem, was die Unterschiede und Gemeinsamkeiten im Denken über den Tod bei

Nach dem Krieg wollte Westeuropa eine Art kantianischen ewigen Friedens schaffen. Europa, das seinen nihilistischen Tendenzen zum Opfer gefallen war, hatte im 20. Jahrhundert zwei bedeutende Selbstmordversuche unternommen. Es ist legitim, diese beiden über den gesamten Kontinent sich erstreckenden Selbstaufopferungen dem Patriotismus und Nationalismus, dem kollektiven Narzissmus (Freuds »Narzissmus der kleinen Unterschiede«) und dem Hass auf das Andere, das Fremde zuzuschreiben. Die europäische Ideologie der Nachkriegszeit erhob daher erwartungsgemäß und vielleicht auch klugerweise den Anspruch, nationale Grenzen, Provinzialismus und Patriotismus zu überwinden und eine säkularisierte Version der christlichen Agape zu befördern. Natürlich betrieb man auch weiterhin Realpolitik, der Kalte Krieg löste den Zweiten Weltkrieg ab, und es kam zu Kolonialkriegen, arabischem und linkem Terrorismus. Mit der Unabhängigkeit seiner Kolonien ab den 1960er Jahren jedoch glaubte Europa, Krieg, Massengewalt und das Böse seien abgeschafft: Nationalismus, Imperialismus, Rassismus und Kolonialismus waren zwar nicht völlig verschwunden, aber ideologisch fortan diskreditiert. Frankreich und das säkulare Westeuropa sagten sich vom christlichen Antijudaismus und vom nationalen Narzissmus los, von den Rassentheorien gar nicht zu reden. Selbst die sogenannte »zivilisatorische Mission« der Französischen Republik, die die Kolonisierung ein Jahrhundert lang mit der Behauptung rechtfertigte, die Prinzipien der Republik seien universell (dies war das französische Äquivalent zu Kiplings »Bürde

Maurice Blanchot und Emmanuel Levinas betrifft, Gillian Roses faszinierendes Buch: Mourning Becomes the Law. Philosophy and Representation, Cambridge 1996.

des weißen Mannes«), verteidigt außer einem kleinen Kreis krankhaft nostalgischer Franzosen niemand mehr.

Was also bleibt? Wenn der Antisemitismus noch lebendig ist und man sogar behaupten kann, wie es der Historiker Pierre-André Taguieff in den ersten Jahren des dritten Jahrtausends getan hat, dass er »aus dem Dreck aufsteigt«, auf welchem Boden gedeiht er dann? Französische Essayisten, Experten und Philosophen haben behauptet, der Antisemitismus, ein äußerst anpassungsfähiges soziales Virus, könne sich von einem Kompost aus Antirassismus und Postnationalismus ernähren. Einige meinten sogar, Anti- oder Postnationalismus und Antirassismus hätten eine noch nie dagewesene Form des Antisemitismus hervorgebracht, ein mutiertes Virus. Seit mindestens zehn Jahren ist jedem aufmerksamen Beobachter der europäischen Gesellschaft klar, dass Antisemitismus nicht mehr mit Rassentheorie, Nationalismus, Ausgrenzung des anderen und Homogenisierung der Gesellschaft zusammenhängt – ganz im Gegenteil. Philosophen und Historiker wie Finkielkraut oder Taguieff haben überzeugend dargelegt, dass Europa heute ein Judenproblem hat, und zwar nicht weil die Juden als heterogenes Element in der Nation, als Virus oder als auszurottende Krankheit angesehen werden, sondern weil sie angeblich an einer bestimmten Vorstellung von Identität und an Wurzeln festhalten, die der neuen, streng universalistischen Weltanschauung widersprechen. Das heißt, die Juden, wie die neuen Antisemiten sie sich vorstellen, haben sich in die exklusivistischen Antisemiten von einst verwandelt. Wurden Juden in der Zeit des politischen und wirtschaftlichen Antisemitismus als allzu moderne »wurzellose Kosmopoliten« (um es in Stalins Worten auszudrücken) betrachtet, so werden sie im europäischen Antisemitismus heute gerade deshalb als obsolet angesehen, weil sie ihren Wurzeln, ihrem Land, ihrer Gemeinschaft und ihrer Herkunft verbunden bleiben. Der angebliche Anachronismus der Juden wird als reaktionäre Kraft wahrgenommen, die den Fortschritt der Menschheit auf dem Weg zum Multikulturalismus behindere, nämlich zu einer friedlichen, unendlich reichhaltigen Koexistenz von Ethnien, Religionen und Kulturen auf ein und demselben Gebiet. Während der Antisemit von einst die Juden als minderwertige Rasse ansah, hält er sie heute für rassistisch.

Einige meinen, die Antisemiten in Europa seien heute afrikanischer oder muslimischer Herkunft und wir hätten es daher nicht mehr mit der alten europäischen Borniertheit zu tun. Manche finden sogar Trost in dem Glauben, die Einwanderer seien allein für das Wiederaufleben des Antisemitismus verantwortlich. Da heißt es in herablassendem Ton, diese jungen Muslime, Nachkommen von Einwanderern aus dem nördlichen und subsaharischen Afrika, seien antisemitisch, weil sie von der weißen europäischen Mehrheit ausgeschlossen würden. (Dabei wird allerdings selten die Frage gestellt, warum ausgerechnet die Juden als Sündenbock für muslimische Jugendliche herhalten müssen, die über ihre Diskriminierung durch weiße Europäer verbittert sind.) Diese Kultur der Entschuldigung beruht auf der Entschuldigung der »Kultur«, auf dem Recht auf eine angeblich »eigene Kultur«, was nur ein anderer Name für Multikulturalismus ist. Muslimische Jugendliche seien kulturell anders, und Aufgabe der Französischen Republik sei es, sich um diese junge Einwanderergeneration (oft Nachfahren von Einwanderern) zu kümmern, ihnen Verständnis entgegenzubringen und sich ihrer Kultur anzupassen. Das ist nicht weniger bevormundend als die Vorstellung vom edlen Wilden aus dem 18. Jahrhundert. Daher die mangelnde Bereitschaft, antisemitische

Handlungen zu verurteilen, oder vielleicht die verlegene Zurückhaltung, mit der man das tut; daher brauchten die großen französischen Zeitungen so viel Zeit, um zuzugeben, dass, was sich während der zweiten Intifada in den französischen Vorstädten und Großstädten abspielte, eindeutig antisemitisch war. Die französischen Intellektuellen sahen sich mit einer kognitiven Dissonanz konfrontiert: Arabische »Semiten« können nicht antisemitisch sein; oder wenn Antisemitismus Rassismus ist, können die Hauptopfer des Rassismus, nämlich die muslimischen Araber, nicht antisemitisch sein. Ganz zu schweigen von anderen Variationen der gleichen logischen und lexikalischen Trugschlüsse.[42]

Andere, die ebenfalls meinen, die Ursache des neuen Antisemitismus sei allein ein muslimisches Lumpenproletariat, geben darauf jedoch eine radikal entgegengesetzte Antwort: Frankreich hätte niemals so viele Einwanderer aus Afrika aufnehmen sollen, die heute für die Wiederkehr jenes alten Fanatismus verantwortlich seien, den das französische Volk angeblich vollständig überwunden habe.[43] Es stimmt zwar, dass Gewalt und antisemitische Vorfälle vor allem von ausgegrenzten muslimischen Jugendlichen ausgehen, aber die ausgeklügelten Reden, die diesen neuen Antisemitismus anheizen, stammen nicht aus diesen Kreisen, sondern von Schriftstellern, Politikern, Essayisten und Intellektuellen. Bei jedem Versuch, die Ursachen

42 Mit diesen Trugschlüssen werde ich mich in Kapitel 4 auseinandersetzen.

43 Überflüssig zu erwähnen, dass rechtsextreme Bewegungen in Europa sich den muslimischen Antisemitismus machiavellistisch zunutze machen. In Frankreich ist der Front National zwischen Vater und Tochter Le Pen gespalten. Während jener die Juden mehr hasst als die Muslime, bemüht sich diese, jüdische Wähler zu umwerben, indem sie den muslimischen Antisemitismus ausbeutet.

von Gewalt und Fanatismus zu verstehen, sollte man von den Taten zu den Worten übergehen. Denn die Taten ereignen sich in einer ideologischen Atmosphäre, die niedere Instinkte erst freisetzt. Es besteht kaum ein Zweifel daran, dass die Intellektuellen eine gewisse Verantwortung für die Notlage tragen, in der sich die französischen Juden seit Beginn des Jahrtausends befinden.

*

Ich versuche, die Verdrängung, Verzerrung, Perversion oder völlige Leugnung des Holocaust im spezifischen Kontext der französischen Geistes- und Kulturgeschichte zu verstehen. Indem ich auf die Entstehung eines theoretischen Diskurses über Trauma, Opfer und Leiden, den Holocaust und die Juden in Literatur, Philosophie und Literaturtheorie zurückblicke, untersuche ich die kulturellen Ursachen, die den französischen Reaktionen auf den neuen Antisemitismus zugrunde liegen. Damit unternehme ich den ersten Versuch, die kulturellen, intellektuellen, literarischen und ideologischen Wurzeln der französischen Auseinandersetzung mit dem globalen und lokalen Aufschwung des Antisemitismus im 21. Jahrhundert offenzulegen; mithin auch den ersten Versuch, die französischen Reaktionen auf diese neue Krise zu analysieren – die ihren Teil zu deren Entstehung beigetragen haben.

Das vorliegende Werk ist das Ergebnis von zehn Jahren, in denen ich geforscht, Vorträge auf internationalen Konferenzen (Frankreich, USA, Israel, Deutschland) gehalten und über den Zusammenhang zwischen dem postmodernen Verständnis des Holocaust, der Stellung der Juden in Dekonstruktion und Literaturtheorie (der Jude als Tropus), den Auswirkungen des arabisch-israelischen Konflikts in

Frankreich und dem Wiederaufleben des Antisemitismus geschrieben habe. Meines Wissens hat bisher noch kein Buch versucht, den metaphysischen, literarischen und ästhetischen Wurzeln der französischen Reaktionen auf diese neue Erscheinungsform des Antisemitismus nachzugehen. Obwohl meine Analyse sich zuweilen auf aktuelle Ereignisse bezieht, habe ich mich bemüht, in meiner Reflexion über den Antisemitismus im weiteren Kontext des französischen kulturellen, literarischen und historischen Gedächtnisses über die *actualité* hinauszugehen. Der Historiker Marc Bloch schrieb: »Die Gegenwart formuliert die Fragen der Vergangenheit, und die Vergangenheit wirft ein Licht auf die Besonderheiten der Gegenwart.«

Ich plädiere nicht für eine klare Trennung zwischen »neuem« und »altem« Antisemitismus oder gar für einen radikalen Paradigmenwechsel. Ehrlich gesagt ist diese Debatte über neu und alt sinnlos geworden. Stattdessen möchte ich herausstellen, wie Vergangenheit und Gegenwart sich wechselseitig beeinflussen, wenn es darum geht, die Reaktionen auf das Wiederaufleben des Antisemitismus zu verstehen. Ich behaupte, dass die französischen Reaktionen selbst auf die tödlichsten Erscheinungsformen des Antisemitismus nur verstanden werden können, wenn wir folgendes berücksichtigen: (a) die französische Konstruktion des »figuralen Juden« (Hammerschlags Formulierung) und die Dekonstruktion des empirischen (politischen und historischen) Juden; (b) die Art und Weise, wie Frankreich in den letzten 45 Jahren an den Holocaust erinnert, ihn ästhetisiert und idealisiert hat; (c) das schwierige Verhältnis Frankreichs zu seiner kolonialen Vergangenheit; und (d) die französische Ästhetik der Moderne, die Gesetzlosigkeit und Gesetzesübertretung feiert. Ich verfolge mit diesem Buch nicht die Absicht, das Thema zu erschöpfen, und erhebe nicht den Anspruch, alle Ausdrucksformen des neuen Antisemitismus und alle Reaktionen darauf darzustellen; es fehlen Namen und Werke. Ich hoffe jedoch, dass mein Buch zu weiteren Überlegungen und Untersuchungen anregen wird, wie Theorie und französisches Denken sich mit den Juden, dem Holocaust und den aktuellen Erscheinungsformen des Antisemitismus auseinandersetzen.

Ich musste eine Auswahl treffen und habe mich für illustrative Schnappschüsse entschieden. Das ist die Art und Weise, wie ich denke und schreibe. Ich habe keine gelehrte Summa verfasst. Es handelt sich auch nicht um die Arbeit eines Historikers, sondern um ein Buch, das ein unheilvolles aktuelles Phänomen durch das Prisma der Theorie zu verstehen und das französische Denken theoretisch und historisch neu zu bewerten sucht. Das Nachdenken über den neuen Antisemitismus gab mir Gelegenheit, auf Erfolge und Aporien des französischen Denkens zu reflektieren.

Kompendium

»Ist Theorie gut für die Juden?« teilt sich in vier Abschnitte. Das erste Kapitel befasst sich mit dem postheideggerianischen Denken und dem unerträglichen Vermächtnis Heideggers in Frankreich und anderswo. Die Dezentrierung des Subjekts, die Umkodierung der Heidegger'schen Ontologie zu einer Ethik des Anderen, die Idealisierung der Juden zu Diasporawesen und ontologischen Fremden (vermittels einer Judaisierung des Daseins[44]), das metaphysi-

44 [Im Original deutsch; gemeint ist Dasein im Sinne Heideggers.]

sche Verständnis des Holocaust als eines Ereignisses außerhalb der Geschichte, die Feier von Nomadismus und Deterritorialisierung – all das macht es schwierig, wenn nicht geradezu unmöglich, an einen souveränen jüdischen Nationalstaat und jüdische Normalität zu denken. Darum war das postmoderne französische Denken nicht imstande oder nicht willens, sich mit dem Wiederaufkommen des Antisemitismus auseinanderzusetzen, und zwar eines Antisemitismus, der nicht in ihr theoretisches, ideologisches und metaphysisches Konzept passt.

In einem Meinungsartikel, der (abermals, mehr als zehn Jahre nach Daniel Lindenbergs Pamphlet über neoreaktionäre Intellektuelle)[45] den Rechtsruck der französischen Intelligenz herausstellen soll, hat Nicolas Weill den bleibenden Einfluss Heideggers auf das französische Denken betont: »Die jüngste [sic] Entdeckung des Nationalsozialismus und Antisemitismus des Philosophen […] hat den Einfluss dieses Denkens nicht völlig zunichte gemacht.«[46]

Zwar hat Weill recht, wenn er auf den Einfluss (»l'emprise«) hinweist, den Heidegger auf bestimmte Teile der französischen Intelligenz nach wie vor ausübt (vor allem auf diejenigen, die sich auf das Erbe von Maurice Blanchot und Emmanuel Levinas berufen), aber er irrt, wenn er die konservative oder reaktionäre Wende einiger französischer Intellektueller (wie Finkielkraut) darauf zurückführt. Tatsächlich beschränkt sich der Einfluss Heideggers nicht auf das konservative Denken. Ich behaupte,

45 Daniel Lindenberg, Le Rappel à l'ordre: Enquête sur les nouveaux réactionnaires, Paris 2002.

46 Nicolas Weill, Pourquoi le débat intellectuel penche à droite, *Le Monde*, 10. Dezember 2015.

dass die radikale Linke, wenn es um Heidegger geht, sich schwerlich übertreffen lässt und gewiss nicht weniger im Bann des deutschen Denkers steht als rechte Intellektuelle. Ich würde sogar sagen, dass Heideggers Einfluss sich bei linksradikalen Denkern noch stärker bemerkbar macht als bei reaktionären. Der einzig bedeutsame Gedanke, den beispielsweise Finkielkraut Heidegger entlehnt, betrifft die Kritik der Technik und der Unterhaltungsindustrie – und in dieser Hinsicht steht er der Frankfurter Schule und Hannah Arendt (vor allem in Bezug auf die Krise der Kultur) vielleicht näher als Heidegger. Ich vermute, dass Finkielkrauts Heideggerianismus eher seiner Loyalität zu Arendt, Blanchot und Levinas als Heidegger selbst geschuldet ist, denn mit der philosophischen Tradition der Dekonstruktion oder der Existentialontologie hatte er nie viel zu schaffen. Andererseits sprechen die Anhänger Derridas, wie ich zeigen werde, auch weiterhin die Sprache der Existentialontologie, wenngleich aus kritischer Distanz oder mit folgenschweren Verzerrungen – eine Sprache, die nur noch in literatur- und kulturwissenschaftlichen Fakultäten in den USA gesprochen wird und nun den neuen Antisemitismus nährt.

Das zweite Kapitel untersucht die von mir so genannte moralistische Wende in der französischen Literatur und im gesellschaftspolitischen Denken, insbesondere die Verkehrung von Opfern und Tätern, die ich auf das Aufkommen einer neuen Form radikaler Gesellschaftskritik zurückführe. Die französische literarische Moderne (z.B. Bataille, Genet, Duras) verherrlichte das Böse und die Antimoral und huldigte der Überschreitung von Grenzen und der Rebellion. Die »Modernen«, wie Marty die französischen Nachkriegstheoretiker (1950–1980) nennt, feierten gar den Gesetzesübertreter als literarische Figur, als privilegierten Vertreter subversiven Schreibens.[47] Indem sie die Grenze zwischen Opfern und Tätern verwischten, erkannten sie auf gefährliche, aber aufrichtige Weise die uns allen gemeinsame Unmenschlichkeit an. Desillusioniert durch den Krieg, rehabilitierten sie Verwerflichkeit und Entmenschlichung als Teil unserer (Un-)Menschlichkeit und, wenn man so will, als eine Art Homöopathie. Im Gegensatz dazu hat unsere Zeit den Moralismus in die Literatur und das gesellschaftspolitische Denken zurückgebracht. Die französische Literatur rehabilitiert den Übeltäter im Namen einer moralistischen Soziologie, die ihre Faszination für das Böse hinter einem Diskurs über soziale Gerechtigkeit und Viktimisierung verbirgt. In den letzten Jahren hat sich eine Ideologie der Empörung breitgemacht. Wie der Philosoph François de Smet bin ich der Auffassung, dass diese Ideologie als ein psychischer Schutzschild fungiert, der die Wiederkehr des Verdrängten verhindern soll, nämlich die menschliche Neigung, den anderen zu entmenschlichen, die Herdenmentalität, für welche die Nazizeit ein Beispiel gegeben hat. Außerdem behaupte ich, dass dieser Mechanismus, anstatt unsere eigene Unmenschlichkeit zu überwinden (wie es die französische literarische Moderne tat, wie problematisch und durchschaubar auch immer), wiederholt, was er eigentlich abwehren sollte, nämlich die unreflektierte und konformistische Aussonderung der Juden. Die Ideologie der Empörung und die ihr zugrunde liegende *reductio ad Hitlerum* sind zum Scheitern verurteilt, weil sie auf einer psychischen Struktur der Wiederholung und nicht der Aufarbei-

47 Éric Marty, Pourquoi le vingtième siècle a-t-il pris Sade au sérieux? Paris 2011.

tung beruhen. Sie behindern nicht nur jede Analyse des gegenwärtigen Antisemitismus, sondern haben diesen im Schwinden begriffenen Hass sogar neu entfacht.

Im dritten Kapitel setze ich mich mit der von Literaturwissenschaftlern in Europa und den USA vorgetragenen Theorie multidirektionaler Erinnerung auseinander, die im Anschluss an den sogenannten *colonial turn* in den Literaturwissenschaften und der Holocaustforschung entstanden ist. Vertreter der Postcolonial Studies befassen sich zunehmend mit dem Holocaust, um sich so der Geschichte des Kolonialismus und der Sklaverei, insbesondere der Ereignisse des Algerienkriegs, und der Erinnerung daran zu nähern. Ihr erklärtes Ziel ist es, durch die Geschichte und Erinnerung des Holocaust ein Licht auch auf den Kolonialismus, insbesondere in seiner französischen Ausprägung, zu werfen und die kollektiven Erinnerungen in einen Dialog treten zu lassen. Ich stelle allerdings fest, dass trotz des löblichen Versuchs, jedwede Opferkonkurrenz zu vermeiden, genau dieses Dilemma in der multidirektionalen Erinnerung immer wiederkehrt. Um das Bemühen um einen Konsens durch die Vereinigung kollektiver Erinnerungen an Leid und Verfolgung zu legitimieren, spielt die multidirektionale Erinnerung die Besonderheit des Holocaust herunter, was dazu führt, dass komplexe Aspekte des Algerienkriegs (insbesondere widersprüchliche Erzählungen von Opfergruppen) sowie neuere Erscheinungsformen des islamischen Terrorismus und Antisemitismus unbeachtet bleiben. Diese blinden Flecken verhindern nicht nur eine entschlossene Auseinandersetzung mit dem wiederauflebenden Antisemitismus, sondern machen dessen Wiederaufleben sogar völlig unkenntlich.

Das vierte Kapitel, vielleicht das polemischste, befasst sich mit der von mir in Anlehnung an Philip Roths Roman so genannten »Operation Shylock« der Theorie, d.h. der jüngst bekundeten Begeisterung für das Diasporajudentum, der irrationalen Verteufelung des Zionismus und des jüdischen Staates und, schlimmer noch, der unbegründeten Verurteilung eines zeitgenössischen Judentums, das aufgrund seiner Parteinahme für die USA und Israel reaktionär geworden sei. Beeinflusst von Postcolonial Studies und Dekonstruktion und geblendet von ihrer idealisierten Ansicht des Diasporajudentums, die sich hauptsächlich auf mystisch-marxistische Modelle (wie Kafka, Martin Buber oder Walter Benjamin) stützt, delegitimieren diese Theoretiker den Zionismus als bloßes Produkt europäisch-kolonialen Denkens und als Perversion jüdischen Geistes, während sie die neuen Ausprägungen des Antisemitismus nicht wahrhaben wollen. Der philosophische oder religiöse Antizionismus hatte bereits vor der Gründung des Staates Israel bei einigen bedeutenden jüdischen Intellektuellen in Europa moralisch Anklang gefunden. Weder stelle ich die ethische und metaphysische Tiefgründigkeit der Kritik eines souveränen jüdischen Nationalstaats in Frage, die einige große Geister in der ersten Hälfte des 20. Jahrhunderts geübt haben, noch nehme ich die so bedeutsame Debatte, die die europäischen Juden in Bezug auf den Zionismus gespalten hat, auf die leichte Schulter. Ich behaupte jedoch, dass sich mit der Entstehung Israels die Lage radikal geändert hat. Das Erbe jener illustren Kritiker zu reklamieren, um Israel heute für illegitim zu erklären und die Zerschlagung eines international anerkannten Nationalstaats fordern, erscheint zumindest unaufrichtig. Ich würde sogar sagen, dass Enzo Traverso und Judith Butler sich in ihren jüngsten Veröffentlichungen mit Geschichtsfälschung und Verrat an den grundlegendsten Prinzipien der Hermeneutik behelfen, um ihren Glauben an die politische und intellektuelle Überlegenheit eines (ethisch hypostasierten) Diasporajudentums gegenüber dem (als partikularistisch, imperialistisch und rassistisch konstruierten) Zionismus zu rechtfertigen.

Mein Postskriptum, das der sogenannten »Dieudonné-Affäre« gewidmet ist, zeigt, dass man den neuen Antisemitismus nicht untheoretisch verstehen kann. Daher mein Versuch, das antisemitische Gelächter theoretisch zu deuten, wobei ich mich auf eine (A-)Theologie des Gelächters stütze, die auf Baudelaire und Bataille zurückgeht. Wenn man das Böse mit Baudelaire und Bataille neu denkt, gelangt man zu einem originellen Verständnis des Gelächters, das nämlich in der gnostischen Rebellion gegen die Juden als Träger der hebräischen Bibel wurzelt.

Es ist nicht möglich, sich mit einem so brennenden Thema bloß auf distanziert akademische Weise zu befassen. Man wird bemerken, dass mein Ton manchmal bissig klingt – obwohl ich Ironie dem Zorn und *ad rem-* den *ad hominem*-Argumenten vorziehe, selbst wenn es Grund für Ärger und persönliche Angriffe geben mag. Zwar wissen wir, zu welchen Extremen eine ungehemmte antisemitische Ideologie führen kann, doch gibt es geeignetere Orte für Wut und persönliche Angriffe, etwa Zeitungen und Pamphlete. In einem wissenschaftlichen Buch sind ungezügelte Emotionen sicherlich nicht am Platz. Ich habe daher versucht, mich in den Grenzen rationaler Argumentation zu bewegen, und mich dabei insbesondere an eine genaue Textanalyse gehalten. Die ich kritisiere, mögen mir vorwerfen, ich hätte sie falsch verstanden, jedoch nicht, dass ich sie verleumdet hätte. Ich kann mir nicht vorstellen, dass ich jemals Leute überzeugen werde, die das Wiederaufleben des Antisemitismus leugnen oder die Täter im Namen des Antikolonialismus oder einer pervertierten

Vorstellung weltweiter sozialer Gerechtigkeit entschuldigen. Diese Leute würden es freilich nie wagen, dergleichen Entschuldigungen oder Rechtfertigungen vorzubringen, wenn es um rechte Antisemiten in Vergangenheit oder Gegenwart geht. Darum spreche ich nicht *mit* Leugnern oder Apologeten des Antisemitismus, sondern ausgiebig *über* sie. Ich wende mich an Leser guten Willens, die Tatsachen anerkennen; die auch von anderswoher kommende neue Erscheinungsformen des Antisemitismus zur Kenntnis nehmen und nicht sicher sind, wie sie das Phänomen deuten oder, schlicht und einfach, *was sie damit anfangen sollen.*

1

Heideggers Gespenster

> »Ich werde nie sicher sein, die Argumente der Juden gehört zu haben, bis sie einen freien Staat, Schulen und Universitäten haben, wo sie frei sprechen und gefahrlos streiten können. Nur dann können wir wissen, was sie zu sagen haben.«
>
> Jean-Jacques Rousseau

Die Tränen der Souveränität

Ich habe nicht die Absicht, der tränenreichen Geschichtsschreibung des jüdischen Volkes ein weiteres Kapitel hinzuzufügen. Die Tränen, von denen hier die Rede ist, wurden nicht durch Jahrhunderte der Verfolgung, Unterdrückung und des Exils hervorgerufen. Auch sind sie nicht der sogenannten Passivität eines gedemütigten Volkes zuzuschreiben. Vielleicht sind sie sogar das genaue Gegenteil des Klischeebildes der jüdischen Diaspora, ihrer Bekehrung oder Metanoia.

Kehren wir zurück zur Gründung des jüdischen Staates, zum Moment des Zweifels und der Ungewissheit, als das Schicksal der jüdischen Heimstatt in Palästina in den Händen der Nationen der Welt lag. Der Jischuw, die dort lebende jüdische Bevölkerung, war den Großmächten ausgeliefert, die kurz nach dem Zweiten Weltkrieg den Globus unter sich aufteilten. Etwa so wie ein paternalistischer Pädagoge, der ein Kind an der Hand zum Licht führt, emanzipierten die Vereinten Nationen am 29. November 1947 das jüdische Heimatland Israel, indem sie dieser jungen Nation durch ein Votum für die Teilung des britischen Mandatsgebiets Palästina den Status eines Erwachsenen zuerkannten. Allerdings stieß die UN-Abstimmung auf die Ablehnung der Araber, und der Unabhängigkeitskrieg war die Folge. Doch bevor es zu größeren Kampfhandlungen kam, bot der UN-Beschluss die großartige Möglichkeit von Sieg und Befreiung.

Der israelische Romancier Amos Oz, der damals Amos Klausner hieß, war acht Jahre alt. Niemand hat besser als er geschildert, was in jener entscheidenden Nacht auf dem Spiel stand, als die Juden in Palästina plötzlich von der Kindheit zur Souveränität übergingen: eine Situation, in der Tränen sich mit Staatsräson mischen und Pathos und politischer Logos aufeinandertreffen.

Wir befinden uns in der Nacht vom 29. auf den 30. November 1947. Die Generalversammlung der Vereinten Nationen, die damals im Bundesstaat New York tagte, entscheidet über das Schicksal des Jischuw und eines künftigen unabhängigen Staates. In seiner »Geschichte von Liebe und Finsternis«, einem wahren Amarcord zionistischer Inspiration, erinnert sich Amos Oz an die dichte Menschenmenge, die wie versteinert, ängstlich und stumm auf dem Jerusalemer Platz direkt unter dem Fenster des Kindes steht, das er damals war. Gebannt lauscht sie der Stimme des Radiosprechers, der das Ergebnis der Abstimmung verliest: »United Kingdom: abstains. Union of Soviet Socialist Republics: yes. United States: yes. Uruguay: yes. Venezuela: yes. Yemen: no.«[1] Die Endabstimmung:

1 Amos Oz, Eine Geschichte von Liebe und Finsternis, Frankfurt a.M. 2006, S. 561.

»Dreiunddreißig Jastimmen. Dreizehn Neinstimmen. Zehn Enthaltungen, und ein Staat ist der Versammlung ferngeblieben. Der Vorschlag ist angenommen.«[2] Auf die Annahme der Resolution folgt eine Stille, die bald von patriotischen Gesängen unterbrochen wird, ein Schweigen, das in lauten Jubel übergeht.

Doch der komische Kontrapunkt vor diesem erhabenen Hintergrund ist: Der Vater des Autors, ein von Freude überwältigter Intellektueller, versierter Redner in mehreren Sprachen, erliegt den unverständlichen Lauten und dem Pathos der Menge. Diese Szene zeigt, dass Souveränität beides bedeutet, nämlich die Kindheit sowohl hinter sich zu lassen als auch zu ihr zurückzukehren: »Aber mein Vater, der nicht singen konnte, vielleicht nicht einmal die Texte dieser Lieder kannte, mein Vater blieb nicht still, sondern schrie aus voller Lunge sein langes Aaaahhhh, und als ihm die Luft ausging, holte er erneut Atem, wie ein Ertrinkender, und schrie weiter, dieser Mann, der ein berühmter Professor werden wollte und dessen auch würdig war, jetzt aber ganz und gar nur Aaaahhhh war.«[3] Spät in der Nacht legt sich der Vater neben den Jungen ins Bett und erzählt ihm von den täglichen Demütigungen, die er als Kind in der Ukraine erlebt hat:

> Dann erzählte er mir flüsternd … was ihm und seinem Bruder David Straßenjungen in Odessa angetan hatten und was ihm gojische Jungs im polnischen Gymnasium in Wilna angetan hatten … als am nächsten Tag sein Vater, Großvater Alexander, in die Schule gekommen sei, um sich zu beschweren, hätten ihm die Rowdys nicht

2 Ebd., S. 562.
3 Ebd., S. 563.

> etwa die zerrissene Hose wiedergegeben, sondern seien vor seinen Augen auch über seinen Vater, den Großvater, hergefallen, hätten ihn mit Gewalt aufs Pflaster geworfen und auch ihm mitten auf dem Schulhof die Hose ausgezogen, und die Mädchen hätten gelacht und unflätig dahergeredet, die Juden seien alle so und so, und die Lehrer hätten zugesehen und nichts gesagt oder vielleicht sogar mitgelacht.[4]

Diese Kindheit in der Ukraine, in der ein jüdischer Erwachsener gleichaltrigen Christen gegenüber so nackt und hilflos wie ein Kind sein konnte, wird durch das Votum für politische Souveränität ausgelöscht und erlöst. Trotz der Risiken, die damit einhergehen, sollten wir uns nicht fürchten, den Zionismus im Sinne einer Erlösung aufzufassen, sofern wir denn das Wort in einem anderen als messianischen Sinne verstehen. Hier kann der Leser die lebenswichtige Bedeutung politischer Souveränität ermessen, die in diesem Moment wie eine nationale Pubertät affektiv besetzt wird:

> »Aber von jetzt an, von dem Augenblick, in dem wir unseren eigenen Staat haben werden, von nun an werden dir Rowdys niemals mehr zusetzen, weil du Jude bist und weil die Juden so und so sind. Das – nicht. Niemals. Von dieser Nacht an ist hier Schluß damit. Schluß für immer.« Und ich streckte schläfrig die Hand aus, um sein Gesicht zu berühren, etwas unterhalb seiner hohen Stirn, und statt der Brille spürten meine Finger plötzlich Tränen. Kein einziges Mal in meinem Leben, nicht vor dieser Nacht und nicht nach dieser Nacht, nicht einmal

4 Ebd., S. 566 f.

> beim Tod meiner Mutter, habe ich meinen Vater weinen gesehen. Und eigentlich auch in jener Nacht nicht: Es war dunkel im Zimmer. Nur meine linke Hand hat es gesehen.[5]

Der Anblick des weinenden Vaters ist kaum leichter vorstellbar als das Antlitz Gottes. Nur undeutlich kann das Kind das Weinen des Vaters begreifen, so als würde dieser – eine Synekdoche für das jüdische Volk – gleichzeitig in die Kindheit zurückkehren und sie ein für alle Mal verlassen. Das sind die Tränen der Souveränität.

*

Zwar konzentriert sich das vorliegende Buch auf französische Kultur und Literatur, aber es betrifft durchaus auch das amerikanische und europäische Geistesleben, insofern das, was hier »französisches Denken« oder schlicht »Literaturtheorie« genannt wird, seit den 1960er Jahren die akademische Kultur der englischsprachigen Welt, ja des gesamten Westens durchdrungen hat. Wenngleich es freilich immer etwas willkürlich ist, einer kulturellen Bewegung ein Geburtsdatum zuzuweisen, kann man den Einfluss des französischen Denkens auf die anglophone Welt und insbesondere die amerikanischen Geisteswissenschaften wohl auf die Vorlesung »Struktur, Zeichen und Spiel im Diskurs der Wissenschaften vom Menschen« zurückführen, die Jacques Derrida vor mehr als fünfzig Jahren an der Johns Hopkins-Universität gehalten hat.[6] Sein Auftritt in

5 Ebd., S. 566 f.
6 Jacques Derrida, Die Schrift und die Differenz, Frankfurt a.M. 1976, S. 422–442.

Baltimore, der die amerikanischen Literaturwissenschaften mit dem Poststrukturalismus bekanntmachte, löste ein Erdbeben aus.[7] Zwar lag das Epizentrum des Bebens an der Ostküste, doch breiteten sich seine seismischen Wellen bald über die Literatur- und Geisteswissenschaften der ganzen westlichen Welt aus, von wo sie schließlich nach Frankreich zurückkehrten. Daher lassen sich »Theorie« oder »französisches Denken« ins Französische gar nicht übersetzen. »Literaturtheorie« (*literary theory*) bleibt ein amerikanischer Begriff.

»Französisches Denken« bezieht sich hier nicht auf ein geographisch umschriebenes intellektuelles Territorium. Der Ausdruck umfasst theoretische Diskurse, die vom Erbe Nietzsches und Heideggers durchdrungen sind, nämlich Dekonstruktion, Strukturalismus, Poststrukturalismus und Lacan'sche Psychoanalyse. Ein so weit gefasster, länderübergreifender Begriff französischen Denkens schließt etwa auch den italienischen Philosophen Giorgio Agamben ein, den ich als Essayisten und Rhapsoden durchaus schätze, dessen Analyse des Holocaust und der Moderne ich jedoch äußerst mangelhaft finde. Agamben hatte, neben Jacques Rancière und Alain Badiou, als radikaler Denker in den USA großen Einfluss (und hat ihn noch immer, soweit sich das objektiv messen lässt).[8] Mit seiner Interpretation Foucaults, insbesondere der Begriffe Biomacht und Biopolitik, die er zu einem Gegensatz von *bios* und *zoe*, *nomos* bzw. *logos* und »nacktem Leben« umdeutete, hat er etliche Wissenschaftler und Studenten inspiriert;

7 Siehe die Biographie von Benoît Peeters, Derrida, Paris 2010; dazu auch François Cusset, French Theory: Foucault, Derrida, Deleuze & Cie et les mutations de la vie intellectuelle aux États-Unis, Paris 2003.
8 Siehe Razmig Keucheyan, Hémisphere gauche: une cartographie des nouvelles penseés critiques, Paris 2013.

dies betrifft vor allem seine Auffassung von Gewalt im Allgemeinen und des Holocaust im Besonderen sowie der demokratischen Moderne und des liberalen Nationalstaats als Fortsetzung des Totalitarismus.

In diesem Kapitel befasse ich mich auch mit einem von dem italienischen Philosophen und Politiker Gianni Vattimo mitherausgegebenen Sammelband über Dekonstruktion und Zionismus, der Anspruch auf das Vermächtnis Derridas erhebt; der Band ist dem Begründer der Dekonstruktion sogar persönlich gewidmet.[9] Gewisse Tendenzen der postkolonialen Theorie erachte ich tatsächlich als Erbe französischen Denkens, das gilt insbesondere für die Popularisierung von Foucaults Begriffspaar Macht/Wissen. (Was ist der Kerngedanke von Edward Saids »Orientalismus« anderes als die Verflechtung von Macht und Wissen, die Vorstellung nämlich, wissenschaftliche Erkenntnis sei durch Macht und koloniale Herrschaft geprägt?)

In den nächsten Kapiteln werde ich mich mit Jacqueline Roses Buch über Marcel Proust, Samuel Beckett, Jean Genet, die Juden und den arabisch-israelischen Konflikt (das ebenfalls der postmodernen französischen Tradition verpflichtet ist),[10] Michael Rothbergs Begriff multidirektionaler Erinnerung,[11] Judith Butlers Auseinandersetzung mit französischem Denken, Zionismus und Judentum[12] sowie

9 Gianni Vattimo/Michael Marder (Hg.), Deconstructing Zionism: A Critique of Political Metaphysics, New York 2014.

10 Jacqueline Rose, Proust Among the Nations: From Dreyfus to the Middle East, Chicago 2011.

11 Michael Rothberg, Multidirectional Memory: Remembering the Holocaust in the Age of Decolonization, Stanford (Kalifornien) 2009 [Multidirektionale Erinnerung. Holocaustgedenken im Zeitalter der Dekolonisierung, Berlin 2021].

12 Judith Butler, Parting Ways: Jewishness and the Critique of Zionism, New York 2012 [Am Scheideweg. Judentum und die Kritik am Zionismus, Frankfurt a.M. 2013].

Enzo Traversos polemischem Buch über das Ende der jüdischen Moderne und die »konservative Wende« beschäftigen.[13] Mit der bedeutenden Ausnahme des marxistischen Erbes und der Frankfurter Schule (insbesondere Adorno, Horkheimer, Walter Benjamin und im weiteren Sinne auch Hannah Arendt) kann man mit Sicherheit sagen, dass, was in den USA als »Theorie« bezeichnet wird, vor allem der französischen Nachkriegsphilosophie und den intellektuellen Experimenten mit Literatur, Ethik und Politik zu verdanken ist.

Was sind die charakteristischen Figuren und Topoi der hier bisweilen nonchalant und ungenau so genannten »Postmoderne« und »Dekonstruktion«? Wie haben sie die Auseinandersetzung mit dem wiederauflebenden Antisemitismus – im besten Fall – behindert oder – im schlimmsten – die Bedingungen der Möglichkeit eines solchen Wiederauflebens geschaffen?

Zunächst einmal würde ich behaupten, dass das französische Denken eine ausgeklügelte Dekonstruktion individueller ebenso wie kollektiver Subjektivität auf den Weg gebracht hat. Damit steht es dem Anspruch auf Souveränität im politischen Sinne des Wortes entgegen. Denn politische Souveränität setzt die Möglichkeit subjektiver Emanzipation voraus, und diese wiederum definiert das Projekt Moderne als solches, einen Prozess, den das französische Denken zum Teil unterbrochen hat.

Daher der Begriff »Postmoderne«, den ich hier im französischen Kontext und insbesondere im Sinne Lyotards

13 Enzo Traverso, La fin de la modernité juive: Histoire d'un tournant conservateur, Paris 2013 [Das Ende der jüdischen Moderne. Geschichte einer konservativen Wende, Hamburg 2017].

verstehe: als Überwindung aller Emanzipationserzählungen und jeglicher Teleologie, sei sie christlich, wissenschaftlich, marxistisch, national oder liberal-demokratisch. Derridas Dezentrierung des Subjekts und seine Kritik der Handlungsfähigkeit, die er in seiner Baltimore-Vorlesung ankündigte, versinnbildlicht in gewisser Weise den Zusammenbruch jedweder Philosophie der Emanzipation im Sinne der Aufklärung, die ihrerseits jeden Versuch individueller und kollektiver Emanzipation, einschließlich der antikolonialen Kämpfe, bestimmt hat (kein antikolonialer Kampf wäre ohne die Aufklärung denkbar).

Es steht daher zu erwarten, dass, wer sich auf das Erbe der Dekonstruktion beruft – wie wir bei der Auseinandersetzung mit dem Band »Deconstructing Zionism« sehen werden –, sich nicht ohne weiteres auf eine Erzählung nationaler oder kollektiver Emanzipation einlassen kann. Und wenn die Dekonstruktion sich doch auf kollektive Emanzipation einlässt, dann nur zu dem Zweck, sie als Erzählung zu karikieren, zu verzerren und als Teil der Geschichte eurozentrischer Unterdrückung abzutun.

Natürlich sind Dekonstruktion und Postmoderne an solchen Verzerrungen nicht allein schuld. Auch Antijudaismus und Antisemitismus spielen bei der heutigen Verurteilung des Zionismus eine wichtige Rolle. Noch wichtiger und perverser aber ist, dass die Dekonstruktion oft im Namen der »Juden« eine Kritik »politischer Metaphysik« und nationaler Souveränität – jüngst zumal jüdischer – formuliert. Im Namen der »Juden« wird die palästinensische Geschichte zur neuen »jüdischen« Sache erklärt – was allerdings eine Entleerung jüdischer Identität voraussetzt (die bestenfalls als abstrakt universalistische, schlimmstenfalls aber als verächtliche bzw. erhabene verstanden wird) und mit der Vorstellung einhergeht, sie widersetze sich der Moderne (ein post- oder antimodernes Verständnis jüdischer Identität).

Noch einmal: Ich behaupte nicht, dass Dekonstruktion und postmodernes Denken für das Wiederaufleben des Antisemitismus verantwortlich, sondern dass sie strukturell schlecht gerüstet sind, um sich dieser Entwicklung entgegenzustellen. Anders ausgedrückt, die Beziehung zwischen Dekonstruktion und dem Wiederaufleben des Antisemitismus ist keine kausale, sondern eine korrelative. Meiner Ansicht nach hat die postmoderne Idealisierung des Juden als Figur des Exils und des Widerstands gegen individuelle und kollektive Emanzipation, aber auch als eine der Ränder und Zwischenräume, angemessene Antworten auf das Wiederaufleben des Antisemitismus verhindert. Sicherlich ist die Grenze zwischen Antisemitismus und Philosemitismus in diesem wie in früheren Fällen bisweilen fließend. Die Idealisierung des Juden in der Nachkriegszeit, seine Hypostasierung zum Tropus, zum Sinnbild oder abstrakten Begriff, kann perverse Auswirkungen haben und zum Fortbestand antijüdischer Klischees beitragen.

*

Französisches Denken und Literaturtheorie im oben beschriebenen Sinne entstanden in der Nachkriegszeit, vor allem mit dem Werk Maurice Blanchots, das einen großen Einfluss auf Jacques Derrida, Michel Foucault, Jean-François Lyotard, Gilles Deleuze, Jean-Luc Nancy und Philippe Lacoue-Labarthe ausgeübt hat, um nur einige Philosophen der zweiten Hälfte des 20. Jahrhunderts zu nennen. Es sei daran erinnert, dass dieses Denken im Schatten von Nietzsche und Heidegger herangewachsen ist. Die Dekonstruktion ist sowohl eine Kritik als auch eine Fortführung von Heideggers Destruktion.[14] Sie ist eine qualvolle und rastlose Auseinandersetzung mit Heidegger.

In den folgenden Abschnitten gebe ich einen Überblick über einige bedeutende Gestalten französischen Denkens, das weniger homogen ist, als man es sich oft vorstellt. Diese Kategorie muss ich insofern vereinfachen, als ich weniger an der Einzigartigkeit einzelner philosophischer Werke interessiert bin als an Überschneidungen und gemeinsamen Tendenzen in Bezug auf die Juden und/oder den Holocaust. Um die Relevanz französischen Denkens und seiner Auseinandersetzung mit der Figur (oder Figuration) des Juden herauszustellen, möchte ich mich auf bestimmte Topoi konzentrieren, die in der akademischen Kultur und Politik Nordamerikas Verbreitung gefunden haben. Im Kontext von »Minority«, »Subaltern«, »Gender«, »Queer« und »Postcolonial Studies« wurde französisches Denken rezipiert, adaptiert, wiederaufbereitet und umcodiert (oft auch verzerrt). Homi Bhabha, Gil Anidjar, Peggy Kamuf, Gayatri Spivak, Edward Said, Judith Butler, Daniel und Jonathan Boyarin und Shoshana Felman sind nur einige der einflussreichen nordamerikanischen Geisteswissenschaftler, die Dekonstruktion und Postmoderne ernst genommen haben.

Mir ist klar, dass so manche meine Reduktion von »Theorie« und »französischem Denken« auf bestimmte Bilder und Begriffe als antiintellektuelle Vereinfachung auslegen und somit als illegitime Kritik abtun werden. Die Diskreditierung aller Kritiker, die sich der Dekonstruktion als Außenstehende nähern, war schon immer die Haupttaktik ihrer Anhänger. Ich halte es für eine Taktik der Einschüch-

14 [Im Original deutsch.]

terung aus einer Position der Autorität, zu behaupten, dass, wer sich außerhalb der Dekonstruktion positioniert, deren Komplexität und produktiven Paradoxien übersehe. In der Tat sind etwa die Argumente Derridas oder auch Blanchots, sofern sie dazu neigen, ihre Argumente *via negationis* vorzubringen – nämlich das, was sie gerade behauptet haben, immer wieder rückgängig zu machen und zu widerrufen – perfekt geeignet, gegen Kritik immun zu bleiben.

Französisches Denken kann man wohl als einen Fallout des Zweiten Weltkriegs im Bereich der Kultur und intellektuellen Spekulation bezeichnen; seinen Ursprung hat es in der von dem Essayisten Pascal Bruckner treffend so genannten »Tyrannei der Bußfertigkeit«.[15] Die Niederlage von 1940, die Kollaboration des Vichy-Regimes und die Vernichtung eines Viertels der jüdischen Bevölkerung haben Frankreich verständlicherweise tief getroffen. Die Entkolonialisierung in den 1950er und frühen 60er Jahren stürzte die französischen Intellektuellen wohl oder übel in eine schwere Krise, die ihren Glauben an die Wahrheit, den Klassenkampf, nationale Identität und nicht zuletzt ihren Glauben an jedwedes kollektive Unterfangen erschütterte. Über die »Tyrannei der Bußfertigkeit« hinaus kann man im französischen Denken der Nachkriegszeit Symptome einer schweren Krise der Gewissheit und der bis dahin geltenden Werte diagnostizieren, die an Nihilismus, intellektuelles Dandytum oder gar Ästhetizismus grenzt.

Sicherlich erlebte das marxistische Emanzipationsversprechen nach dem Krieg seine Blütezeit, und es ist auch heute noch sehr lebendig – in Frankreich gibt es eine revo-

15 [Pascal Bruckner, La Tyrannie de la pénitence: Essai sur le masochisme en Occident, Paris 2006; Der Schuldkomplex. Vom Nutzen und Nachteil der Geschichte für Europa, München 2008.]

lutionäre Linke, eine Kommunistische Partei, eine Neue Antikapitalistische Partei, eine Linksfront, eine Sozialistische Partei, die es ablehnt, sich in eine sozialdemokratische umzubenennen, usw. Ich möchte mich jedoch auf eine intellektuelle Bewegung konzentrieren, die weniger von Marx als von Nietzsche und Heidegger beeinflusst ist, eine Bewegung, die sich von Emanzipationsversprechen gelöst hat und gleichwohl einer Linken treu bleibt, die nicht mehr im Glauben an Fortschritt oder Emanzipation verwurzelt ist. Den Philosophen Alain Badiou lasse ich in diesem kurzen Überblick außen vor, obwohl er mit seiner unerschrockenen Rückbesinnung auf einen säkular und revolutionär umgestalteten paulinischen Universalismus eine wichtige Rolle im zeitgenössischen Antizionismus, wenn nicht gar Antisemitismus spielt und obwohl er sich selbst als Erben der Lacan'schen Psychoanalyse und Heideggers versteht. Über Badiou, die Juden, den Holocaust und Israel hat Éric Marty bereits ein eloquentes Buch verfasst; Maurice Samuels hat sich mit Badious reduktivem Universalismus und dessen antisemitischen Auswirkungen beschäftigt und Maxime Decout dargelegt, mit welchen rhetorischen Mitteln Badiou seinen Antisemitismus verschleiert.[16]

Weit entfernt von Badious Ideal von Universalismus und Emanzipation haben die postmodernen Denker, auf die ich mich hier konzentriere, Widerstand und Revolution in idiosynkratischen, oft unübersetzbaren Begriffen neu be-

16 Éric Marty, Radical French Thought and the Return of the »Jewish Question«, Bloomington (Indiana) 2015; Maurice Samuels, Alain Badiou and Antisemitism, in: Lia Brozgal/Sara Kippur (Hg.), Being Contemporary: French Literature, Culture and Politics Today, Liverpool 2016; Maxime Decout, Écrire la judéité: Enquête sur un malaise dans la littérature française, Paris 2015.

stimmt, meistens in Bezug auf Literatur, die sie mit manchmal mystischen Untertönen auch »Schrift« nennen.

Wie Sarah Hammerschlag gezeigt hat, machte das französische Denken sich die Juden und zuweilen auch den Holocaust als metaphysische Tropen zunutze.[17] Als erhabene Figur stand der Jude für Schrift, Denken, Infragestellung, Beunruhigung und Entwurzelung. Diese Inanspruchnahme, die sie in ihrem Buch kritisiert, verfolgt Hammerschlag bis Charles Péguy (im Zusammenhang der Dreyfus-Affäre) und Jean-Paul Sartre (nach dem Zweiten Weltkrieg) zurück. In den letzten Kapiteln jedoch, in denen sie Blanchots und Derridas Auffassung des Judentums als einer diasporischen, entwurzelten, umherschweifenden und im Grunde literarischen Identität feiert, bestätigt sie selbst jene figurative Inanspruchnahme. Umgekehrt begreift Hammerschlag das Schreiben von Literatur als eine jüdische Praxis. Dieser Chiasmus (Judentum = literarisch, Literatur = jüdisch), den eine nordamerikanische Religionswissenschaftlerin somit bekräftigt, bringt auf den Punkt, was sich seit den 1960er Jahren in der französischen Philosophie abspielt. Hammerschlags Analysen von Levinas, Blanchot und Derrida erscheinen mir zwar äußerst gründlich, doch nimmt sie einige der problematischsten Prämissen der Dekonstruktion für bare Münze und macht sie sich unkritisch zu eigen. Ich denke dabei insbesondere an die Begriffe Identität und Gemeinschaft (die stets nur *via negationis* zur Sprache kommen) und an die Metaphysik des Exils, der Zerstreuung, Entwurzelung und Entfremdung – Wegmarken französischen Denkens nach Heidegger. Mit anderen Worten, Hammerschlags histori-

17 Sarah Hammerschlag, The Figural Jew: Politics and Identity in Postwar French Thought, Chicago 2010.

sche Rückverfolgung und Neuzuordnung des verbildlichten Juden greift zu kurz, um die theoretischen Prämissen der Dekonstruktion historisch in Frage zu stellen. Das französische Denken feiert den Juden als eine Figur des Exils und der Diaspora. Da die französischen Denker der Nachkriegszeit sowohl die Juden (oder zumindest eine bestimmte Vorstellung des Judentums als einer Identität des Exils und des Leidens) als auch die Literatur (oder zumindest eine bestimmte Vorstellung von Literatur als selbstreferentiellem Spiel von Signifikanten) idealisierten, judaisierten sie die Literatur und/oder die Schrift und machten den Juden zu einem literarischen Tropus.

Die Dekonstruktion entwickelte eine Theorie der »Schrift«, die auf einer immer wieder verschobenen, fragmentierten und umherschweifenden Bedeutung beruht (ein Signifikant, der von seinem Signifikat verbannt, eine Sprache, die von ihrem Ursprung abgeschnitten ist) – als ob Literatur zu allen Zeiten und an allen Orten eine Form des Widerstands gegen nationale Grenzen und eine Praxis der Subversion von Macht und Souveränität gewesen wäre. (Wir werden in Jacqueline Roses Buch über Proust sehen, zu welchen Extremen uns das postmoderne Konstrukt der Schrift als einer Subversion von Grenzen führt.) Ebenso wies die Dekonstruktion dem Juden die unhaltbare Position zu, für ein *désœuvrement* der Schrift zu zeugen, nämlich das Schreiben gleichsam funktionsuntüchtig zu machen. Seit ihrem Auszug aus Ägypten war es den Juden aufgegeben worden, das Gesetz und die Heilige Schrift zu bezeugen. Die philosemitischen französischen oder frankophilen Intellektuellen aber betrachteten sie nun als Repräsentanten der Literatur schlechthin. Nachdem sie das Volk des Buches gewesen waren, wurden die Juden in der postmodernen französischen Vorstellung zum Volk des

Textes, das einstehen sollte für *différance*, Grenzüberschreitung, Exil und – um den eingängigen, wenn auch wenig eleganten Neologismus von Gilles Deleuze zu verwenden – »Deterritorialisierung«. Ich werde kurz auf den besonderen Einfluss eingehen, den Maurice Blanchot, Michel Deguy, Gilles Deleuze, Jean-François Lyotard und Giorgio Agamben in einem Zeitraum von fast dreißig Jahren, nämlich von den 1960ern bis die 90er Jahre, ausgeübt haben. Was das Verhältnis zu den Juden betrifft, vermitteln sie ein getreues Bild des französischen Denkens und des Postheideggerianismus.

Heideggerianismus nach dem Holocaust

Vorab sei betont: Ich möchte nicht unterstellen, dass Blanchot nach dem Krieg unverändert geblieben und sein Philosemitismus etwa nur ein Feigenblatt gewesen wäre, das seinen Vorkriegsantisemitismus verdecken sollte, oder dass seine Idealisierung des Diasporajuden einem als Antizionismus getarnten Antisemitismus den Weg geebnet hätte. Blanchot ist nicht Heidegger. Dass dieser nach dem Krieg in seinem politischen Engagement ohne Scham und Reue blieb, ist inzwischen klar bewiesen. Es wäre jedoch ein großer Irrtum, bei jenem eine analoge subjektive Entwicklung zu vermuten. Maxime Decout hat uns dankenswerterweise daran erinnert, dass Blanchot zu Israel und dem Zionismus eindeutig Position bezog, wie Levinas' Erläuterung eines an ihn gerichteten Briefes von Blanchot zeigt.

Darin stellt dieser die, wie Decout es nennt, »visionäre« Diagnose, dass »der Antisemitismus von nun an [nach dem Sechstagekrieg] diejenigen als Verbündete haben wird, die des Antisemitismus beraubt sind.«[18] Offenkundig hat seine Idealisierung jüdischer Identität ihn, was die neue Form des Antisemitismus betrifft – einen *Antisemitismus ohne Antisemitismus*, wie ich ihn in Anlehnung an Blanchots *via negationis* nennen würde –, weder geblendet noch objektiv zu dessen Komplizen gemacht, wenngleich Blanchot sich über den neuen Antisemitismus keineswegs im Klaren war; dabei sollte man meinen, dass er, der diesem Wahn in einem kritischen historischen Moment selbst erlegen gewesen war, in der bestmöglichen Position hätte sein müssen, Antisemitismus in all seinen Formen wahrzunehmen.

Ich möchte mich hier seinem Essay »Être juif« von 1969 zuwenden. In Anlehnung an den französisch-jüdischen Philosophen André Neher und den tunesisch-jüdischen Schriftsteller Albert Memmi schreibt Blanchot: »Jüdischsein existiert, damit auch die Idee des Exodus und des Exils als einer Bewegung der Gerechtigkeit existiert; Jüdischsein existiert durch das Exil und durch die im Exodus ergriffene Initiative, damit die Fremdheit neben uns in irreduziblen Begriffen erfahren werden kann.«[19] Hinter der verschwurbelten Syntax kann man die politischen Implikationen einer solchen angeblich »irreduziblen«, in Wirklichkeit aber ziemlich reduktiven Auffassung jüdischer Identität leicht erkennen. Der Zweck und die Legitimität des Judentums sieht Blanchot darin, dass die Juden das privilegierte Medium der »Idee« des Exils, der Entfremdung und des Fremdseins bleiben. Ein verwurzeltes Judentum

18 Maxime Decout, Écrire la judéité: Enquête sur un malaise dans la littérature française, Paris 2015, S. 273.

19 Maurice Blanchot, Being Jewish, in: The Infinite Conversation, Minneapolis 1993, S. 123–130. Der Band enthält außer diesem Essay auch Blanchots erste bedeutende Dialoge mit Levinas.

liefe lediglich auf neues Heidentum und Götzendienst hinaus. Die Idee eines territorialisierten Judentums steht Blanchots Verbildlichung der Juden in der Nachkriegszeit entgegen, die dem negativen Mythos des umherwandernden Juden mehr verdankt, als sie zugeben möchte, auch wenn der Mythos hier, insofern Schreiben und Wandern in eins gesetzt werden, ins Positive gewendet wird. Blanchot nimmt also Levinas' Philosophie der Entwurzelung für bare Münze, während er die Unterstützung des jüdischen Philosophen für Israel und den Zionismus übersieht oder kleinredet.[20] Auch dies bedeutet nicht, dass Blanchot »Antizionist« gewesen wäre. Stattdessen nahm er, was ihm bei Levinas und Neher zupass kam, nämlich den Juden als Figur des ewigen Exils, und spielte die nationale und politische Dimension des Jüdischseins herunter, nämlich die Idee der Selbstbestimmung und Souveränität, deren Bedeutung Neher, Memmi und Levinas bekräftigt haben.[21]

20 Zu Levinas' Verhältnis zum Zionismus siehe Pierre Bouretz, Témoins du futur: Philosophie et messianisme, Paris 2003; Emmanuel Levinas, Difficile liberté: Essais sur le judaïsme (überarbeitete Neuauflage), Paris 2006. Eine Kritik des Levinas'schen Paradoxons (Ethik der Entwurzelung vs. Unterstützung des Zionismus) findet sich bei Hammerschlag. Siehe dazu auch den Abschnitt über Judith Butler in Kapitel 4, in dem ich zeige, wie sie der Spannung zwischen jüdischem Universalismus und Zionismus in der Philosophie Levinas' begegnet. Die offensichtlichen Widersprüche, die Levinas' universalistisches und entwurzeltes Judentum erschüttern, sind meiner Ansicht nach jedoch weniger der »Heuchelei« (Hammerschlag) als vielmehr einer tragischen Auffassung von Politik und Geschichte geschuldet. Diese Widersprüche bestimmen Levinas zufolge auch die Dialektik der jüdischen Existenz, die zugleich entfremdet (der Hebräer) und verwurzelt (der Israelit) ist.

21 Albert Memmi betrachtete die nationale jüdische Emanzipation im Zusammenhang der antikolonialen Kämpfe. In Anlehnung an Jean-Paul Sartres Existentialanalyse der Entfremdung des Juden und des Kolonisierten verstand Memmi den Zionismus eindeutig als eine nationale Befreiungsbewegung.

Und doch sind die Dinge, wie immer bei Blanchot, komplizierter. Aus seinen vor kurzem veröffentlichten maschinengeschriebenen Notizen über André Neher geht hervor, dass er sich sehr wohl mit der das Judentum bestimmenden Spannung zwischen Exil und Königreich, Wanderschaft bzw. Diaspora und Bindung an das Land auseinandergesetzt hat. Darauf vor allem konzentrieren sich seine Notizen, seien es direkte Zitate von Neher oder persönliche Anmerkungen: »lh juif est celui qui assume ces trois noms, dt le judaïsme est simultanémt un isréelisme et un hébraïsme«.[22]

Blanchots Notizen zeigen auch, wie klar er die paradoxe Identität des jüdischen Staates und vielleicht auch die Außergewöhnlichkeit Israels in der Familie der Nationen erkannt hat – eines Staates, dessen Berufung darin bestehe, gleichzeitig säkular und religiös zu sein, und zwar aufgrund einer Spannung, die sich nicht in einer dialektischen Synthese auflösen lasse:

> Si l'Etat d'Israël arrive à se créer de manière à n'être ni laïc ni religieux, il sera »prophétique«: Le scandale d'une dimension simultanément sacrée et laïque, spirituelle et temporelle, éternelle et provisoire, mais de laquelle simultenéité signifie co-présence active de l'une

22 Maurice Blanchot, Prises de notes, in: L'Herne Blanchot (Cahiers Maurice Blanchot), hg. v. Éric Hoppenot u. Dominique Rabaté, Paris 2014, S. 28: »Jude ist derjenige, der diese drei Namen annimmt, d.h. das Judentum ist zugleich ein Israelismus und ein Hebraismus.« Die Herausgeber haben Blanchots Aufzeichnungen in ihrer hier übernommenen Originalschreibweise belassen. Nehers Buch »L'existence juive« erschien 1962. Blanchots Notizen dürften etwa zur selben Zeit entstanden sein.

> à l'autre, ce scandale est inscrit au cœur de l'évolution religieuse juive.[23]

Trotz seines profunden Verständnisses jüdischer Identität und des Paradoxons Israel bleibt die Rhetorik, deren Blanchot sich zur Beschreibung jüdischer Identität bedient, eine existentialontologische, wenn auch in Begriffe des Philosemitismus und der Levinas'schen Ethik übersetzt. Peter Trawny hat gezeigt, wie sehr die Motive der Fremdheit, des Fremden und der Entfremdung Heideggers Existentialontologie durchdringen.[24] Ich möchte an dieser Stelle gleich anmerken, dass ich mich im Folgenden auf Trawnys Analyse von Heideggers Antisemitismus stütze, von dem Trawny selbst meint, dass er dessen Philosophie als ganze nicht kompromittiere. Ich hätte mich stattdessen auf Emmanuel Faye oder Jean-François Rastier berufen können, die Trawny entgegnen, dass Heideggers Philosophie durch und durch nazistisch und antisemitisch sei, aber ich halte es nicht für sinnvoll, dem Fall hier zu großes Gewicht beizumessen. An dieser Stelle genügt die Analyse eines Heidegger-Apologeten und -Herausgebers, die allerdings belastend genug ist.

Trawny zufolge gibt es bei Heidegger zwei Arten von Fremdheit: die erste, ursprüngliche, ist die ontologische,

23 Ebd., S. 29: »Wenn es Israel gelingt, einen Staat zu schaffen, der weder laizistisch noch religiös ist, so wird er ›prophetisch‹ sein: Der Skandal einer zugleich sakralen und säkularen, spirituellen und zeitlichen, ewigen und vorläufigen Dimension, wobei diese Gleichzeitigkeit jedoch eine aktive Kopräsenz des einen und des anderen bedeutet – ein solcher Skandal ist der religiösen jüdischen Entwicklung im Innersten eingeschrieben.«

24 Peter Trawny, Heidegger et l'antisémitisme: Sur les »Cahiers noirs«, Paris 2014; siehe dazu auch Emmanuel Faye (Hg.), Heidegger, le sol, la communauté, la race, Paris 2014.

die zweite die ontische Fremdheit. Wie immer bei Heidegger ist das Ontologische das Ursprüngliche. Mit der Fremdheit des Seins habe die Ontologie als erste Philosophie sich zu befassen. Demgegenüber verbindet Heidegger ontische Fremdheit mit ethnisch Fremden (den Juden). Die positive Fremdheit sei die ursprüngliche Fremdheit des Seins (der griechische Anfang, der Ursprung der Philosophie), wohingegen er die negative demjenigen zuschreibt, der dem germanischen und erst recht dem griechischen Geist fremd sei – dem fremden Element. Es kommt einem so vor, als sei bei Blanchot die ethnische bzw. ontische Fremdheit in die ontologische verkehrt. Denn bei ihm verwandelt sich der Jude, der Inbegriff des Fremden, in die eigentliche Fremdheit des Seins – *Ek-sistenz* als Bewegung des Exils. Infolgedessen wird der Grieche oder Deutsche verdrängt und durch den Juden ersetzt, der nun seinerseits, wie der Grieche oder Deutsche bei Heidegger, die ontologische Dimension verkörpert.

Was ich als »französisch-jüdischen Tropus« bezeichnen würde, ist, wie sich hier zeigt, wohl eine Überkorrektur des französisch-heideggerischen »Tropismus«. Ein solches Verfahren beschreibt auch Michel Surya in seinem Buch über Blanchot, insbesondere wo von dessen Hinwendung zu den Juden und zum jüdischen Messianismus die Rede ist.[25] François Brémondy geht sogar so weit, von einem »imaginären Judentum« Blanchots zu sprechen, was ironisch an Finkielkrauts selbstkritische Memoiren erinnert.[26] Surya schreibt: »Es scheint mir unzweifelhaft, dass Auschwitz für Blanchot einen *Bruch* darstellen konnte, ähnlich wie der Mai 1968 zuvor.«[27] Es gibt also zwei

25 Michel Surya, L'autre Blanchot: l'écriture de jour, l'écriture de nuit, Paris 2015.
26 Ebd., S. 93; siehe auch den Prolog im vorliegenden Buch.
27 Ebd., S. 98.

Bruchstellen, zwei Zäsuren: Auschwitz und den Mai ’68. In Blanchots subjektiver Wahrnehmung folgt das Bewusstsein von Auschwitz der Erfahrung des Mai ’68. Und tatsächlich ähnelt die durchaus messianische Rhetorik, deren Blanchot sich bedient, um den Mai ’68 heraufzubeschwören, den Tropen, in denen er über die unerfüllte und auf unbestimmte Zeit verschobene Verheißung des Landes im Exodus spricht. Der nie vollendeten Revolution des Mai ’68 stellt er das unaufhörliche jüdische Exil zur Seite, die Unmöglichkeit, die Heilige Schrift zu vollenden, die Wanderschaft und Verlorenheit der Figuren Kafkas usw.[28] Surya durchschaut Blanchots »Bekehrung« als eine Art philosemitischer Buße:

> »In gewisser Weise ist mir das Judentum so nahe, dass ich mich unwürdig fühle, davon zu sprechen …« In seiner halbherzigen Bekehrung, seinem bußfertigen Halbphilosemitismus scheint er jedoch noch nicht genau zu begreifen, was es dreißig Jahre zuvor in Europa bedeutete, Jude zu sein – wie jüdisch man auch immer gewesen oder für wie jüdisch man gehalten worden sein mag. Und was es heute noch bedeutet: nämlich zu wissen, dass man jederzeit vernichtet werden kann.[29]

Ich möchte behaupten, dass Blanchot in Frankreich eine Reihe fragwürdiger Gleichsetzungen und Analogien in Gang gesetzt hat: zwischen dem Holocaust, der Revolution vom Mai ’68, dem aus der hebräischen Bibel stammenden Motiv der Gebote und der Gesetzesübergabe auf dem Berg Sinai sowie der realen und imaginären Geschichte der Verlassenheit der Juden in der Diaspora.

28 Ebd., S. 91.
29 Ebd., S. 102.

Auch wenn ich diese Hypothese hier nicht weiter ausführen möchte und in diesem Buch nur sporadisch darauf anspiele,[30] so vermute ich doch, dass Blanchots »imaginäres Judentum« auf einer gnostischen Bewältigung des Holocaust und der Krise der Nachkriegszeit beruht, die mit der Veröffentlichung von »L'écriture du désastre« im Jahr 1980 ihren Höhepunkt erreichte. In seinem Aufsatz »The Impact of ›Exile‹ on Thought« deutet Stefan Rossbach die Metaphysik der Dekonstruktion als eine des Exils und der Entfremdung von der Welt.[31] (Er konzentriert sich dabei auf Derrida, aber viele seiner Argumente gelten auch für andere dekonstruktivistische oder postmoderne Denker und Schriftsteller). Die gnostischen Erzählungen und Heterodoxien der Spätantike, so schreibt Rossbach in Anlehnung an Hans Jonas, den Philosophen und Historiker des Gnosis,[32] seien durch die gewaltige geopolitische Destabilisierung hervorgebracht worden, zu der die Eingliederung antiker Städte in das Imperium geführt habe – und behauptet, ebenso könne man die Entwicklung der Dekonstruktion auf eine Desorientierung und die Erfahrung von Entfremdung und Exil (sowohl existentiell als auch physisch) zurückführen: den Holocaust, die Globalisierung, neue Technologien, den Zusammenbruch des Nationalstaats, den Aufstieg eines neuen »Empire« (Negri/Hardt) und den Verlust des Gefühls, Teil eines Ganzen zu sein. Träfe das zu, dann wäre Blanchots »imaginäres Judentum« eher ei-

30 Mit dieser Frage werde ich mich hoffentlich in meinem nächsten Buch eingehender beschäftigen.

31 Stefan Rossbach, The Impact of »Exile« on Thought, in: *History of the Human Sciences* 20/4 (2007), S. 27–52.

32 Siehe insbesondere Hans Jonas, The Gnostic Religion, Boston 1958. Der mit »Gnosticism, Nihilism and Existentialism« überschriebene Epilog bereitet einer diachronen Analyse der Gnosis den Weg.

ner Wiedergeburt der Gnosis als dem Judentum zu verdanken.

Dasselbe gilt meines Erachtens für die meisten französischen Autoren der Nachkriegszeit, die die Figur des Juden neu gestaltet und auf ihre existentiellen Ängste sowie ihre moralische und politische Schuld zugeschnitten haben. Und es gilt auch für eine bestimmte Art der Rückbesinnung auf das Judentum im postmodernen und dekonstruktivistischen Kontext heute. Der Jude des französischen postmodernen Denkens hat mehr mit dem Baudelaireschen Kain gemein, dem Rebellen oder verfluchten urbanen Flaneur, als mit realen historischen Juden.[33] Eine derart romantische Judaisierung von Rebellion und sozialer Marginalität findet sich etwa bei der philosemitischen Schriftstellerin Marguerite Duras: »sont juifs: les juifs eux-mêmes. L'insoumission. Le voyage. Le rire. Les enfants. Les fous. Les amants. Les hippies. La jeunesse. La forêt. La mer.«[34]

Auch wenn ich Decouts These, dass die Judaisierung der Schrift und des Schreibens in der Nachkriegszeit zu einer Erneuerung der französischen Literatur geführt habe, für

33 »Eine der maßgeblichen Strategien der gnostischen Texte … bestand darin, die biblische Tradition zu untergraben. Mittels einer umgekehrten Exegese setzten die Gnostiker den hebräischen Gott herab, indem sie ihn mit dem bösen Demiurgen identifizierten, während sie zugleich biblische Figuren wie Kain oder die Schlange im Garten Eden als Träger des gnostischen Erbes aufwerteten.« Kirsten J. Grimstad, The Modern Revival of Gnosticism and Thomas Mann's Doktor Faustus, Rochester (NY) 2001, S. 10.

34 Zitiert bei Maxime Decout, Écrire la judéité, S. 245: »sind Juden: die Juden selbst. Die Widerspenstigkeit. Die Reise. Das Lachen. Die Kinder. Die Narren. Die Liebenden. Die Hippies. Die Jugend. Der Wald. Das Meer.« Beruhigend immerhin, dass Duras, wenn auch tautologisch, beteuert, dass Juden jüdisch sind.

richtig halte, so beunruhigt mich doch die leichtfertige und morbide Identifizierung des Schriftstellers (und eigentlich aller Instanzen existentieller und politischer Rebellion, Marginalisierung oder Überschreitung) mit dem Juden, welche die jüdische Identität selbst allzu oft auflöst und sie zu einem ständig austauschbaren positiven Objekt der Erniedrigung macht.

Und doch, um auf Blanchot zurückzukommen, hat die letzte Fußnote seines Essays »Être juif« einige unserer Einwände schon vorweggenommen; dies betrifft insbesondere die metaphysische Auffassung jüdischer Identität, wohingegen die materiellen, historischen und politischen Bedingungen der Juden übersehen werden. Zwar weiß Blanchot, wie wichtig es ist, jüdische Identität politisch und historisch zu betrachten, hält dem jedoch entgegen, dass der Antisemitismus tatsächlich metaphysische Wurzeln habe und dessen eigentliche Ursachen ohne ein metaphysisches Verständnis des Judentums nicht zu begreifen seien. Obwohl ich die Bestimmung jüdischer Identität im Sinne einer Metaphysik des Exils, des Nomadentums und der Entfremdung für zu kurz gegriffen halte, glaube ich doch, dass Blanchot (ebenso wie später Lyotard) durchaus hellsichtig war, als er den westlichen Antisemitismus als ein metaphysisches Phänomen erkannte und nicht als ein ökonomisches, soziologisches und politisches. Sein Fortbestand auch nach der Unabhängigkeit Israels zeugt davon, dass der Antisemitismus über die materiellen Existenzbedingungen der Juden hinausgeht und die politische »Lösung« überlebt hat.

Die problematischen Vermengungen, die wir in Blanchots Essay festgestellt haben (und die Lyotard 1988 wieder aufgreift), kulminieren in einem dem Film »Shoah« von Claude Lanzmann gewidmeten Band, den der Dichter und Essayist Michel Deguy 1990 herausgegeben hat.[35] Das folgende Beispiel ist alles andere als trivial, denn es verbindet eine bestimmte postheideggerianische Deutung des Holocaust mit einem abstrakt universalistischen, post- oder antijüdischen Verständnis jüdischer Identität, das uns heute in der verzerrten Aneignung des Apostels Paulus in einem säkularen, neomarxistischen Kontext mit aller Macht wiederbegegnet.

Doch wenden wir uns Deguys überschwänglichem Essay über Lanzmanns Film zu. In elliptischer, kryptischer, schwärmerischer und impressionistischer Prosa unterwirft Deguy den Holocaust dem Gesetz des Schweigens. Durch einen metonymischen Trick wird das historische Ereignis (die Shoah) mit dem Kunstwerk (»Shoah«) vermengt. Lanzmanns Film, da er nichts zeige oder erläutere, biete sich dem Zuschauer als negative Gabe dar:

> »Shoah« gibt uns die Tragödie des Westens. Warum eine Gabe? Weil das Tragische uns entschlüpft, entflieht; wir können seiner nicht habhaft werden. Eine Gabe ist es, weil es (das Werk), während es sich an das Gesetz einer Unmöglichkeit der Darstellung hält, das *Gesetz des Schweigens*, wenn man so will, dieses Gesetz sich selbst zum Trotz hier merkwürdigerweise überwindet und uns wie jemand, der aus der Verbotszone zurückkehrt und nicht weiß, wie er »das geschafft hat«, ohne das Gesetz

35 Michel Deguy (Hg.), Au sujet de Shoah, le film de Claude Lanzmann, Paris 1990. Zur Auseinandersetzung um die Darstellbarkeit des Holocaust siehe – neben zahlreichen anderen Texten – Georges Didi-Huberman, Images malgré tout, Paris 2003 [Bilder trotz allem, München 2007].

zu übertreten, darbietet, was er aus jener Zone mitbringt.[36]

Deguy greift implizit auf das unübersetzbare Heidegger'sche »Es gibt«[37] zurück und überträgt es auf den Holocaust. Dieser wird somit zum Sein selbst, und zwar als Opfergabe: als das, was gibt. In Heideggers nihilistischem Denken kann das Sein sich ins Nichts verkehren, wie in »Was ist Metaphysik?« nachzulesen ist. Der Holocaust verwandelt sich in die Offenbarung des Seins, die ursprüngliche Opfergabe, die allen Wesen zu sein erst ermöglicht. Das Sein als gebender Mutterboden erinnert an Platons kosmogonische Figur der Chora im »Timaios«, die Derrida im dritten Abschnitt seiner Trilogie über den Namen ausführlich erläutert.[38] Nicht überraschend, dass die Chora auch für Heidegger ein wichtiger Topos ist, nämlich die eigentliche Stätte der ontologischen Differenz.[39] Es würde sich lohnen, Derridas Interpretation der Chora einmal mit der Darstellung von Auschwitz in Bezug auf Ort oder Nicht-Ort (*lieu/non-lieu*), Stattfinden oder Nichtstattfinden (*avoir lieu/ne pas avoir lieu*) näher zu vergleichen. Wie der Holocaust in Deguys Essay zum Nicht-Ort und Nicht-Ding wird, erinnert nicht nur an Platons »Timaios«, sondern ebensosehr an das Lacan'sche Reale[40] und die

36 Michel Deguy, Une œuvre après Auschwitz, in: Au sujet de Shoah, S. 36.
37 [Im Original deutsch.]
38 Jacques Derrida, Sauf le nom, Paris 1993 [Über den Namen. Drei Essays, Wien 2000].
39 Siehe Martin Heidegger, Was heißt Denken? Gesamtausgabe, Bd. I.8, Frankfurt a.M. 2002, S. 231 f.
40 Zur Kritik der dekonstruktivistischen Interpretation von »Shoah« siehe Dominick LaCapra, History and Memory After Auschwitz, Ithaca (NY) 1998.

gnostische Tradition des Ungrunds,[41] jener ursprünglichen Leere, aus der alle Wesen hervorgehen.

Eine solche mystische Deutung des Holocaust verwandelt ein historisches Ereignis in ein ontologisch-historisches – ein Ur-Ereignis.[42] Diese Ontologisierung überkompensiert Heideggers Verachtung für ein Ereignis, das er als des Seins unwürdig erachtete und lediglich in den Bereich des Ontischen verwies, nämlich der Entwicklung der technisch-wissenschaftlichen Zivilisation.

Im weiteren Verlauf des Aufsatzes von Deguy wird die inverse Gleichsetzung des Holocaust mit Gott deutlich:

> Der Gott der Bibel, dem Mose nicht ins Gesicht schauen kann, zwingt ihn, sich abzuwenden, sich hinter einer Mauer zu verstecken und aus dem *Brennen* die Macht seiner »vorübergehenden Anwesenheit« zu folgern – darf ich hier zu behaupten wagen, dass in ähnlicher und doch entgegengesetzter Weise die unvorstellbare Gewalt des Bösen, Auschwitz, um indirekt noch einmal angeschaut zu werden, um sich *in* der Erinnerung zu wiederholen, sich »eine Mauer« suchte?[43]

So verschmilzt Auschwitz auf merkwürdige Weise mit dem Gott der hebräischen Bibel, die jüdische Asche (Einäscherung) mit dem Brennen als der Spur oder dem Ab-

41 Zu Jakob Böhmes Begriff des Ungrunds siehe Steven Rossbach, The Impact of Exile on Thought, in: *History of the Human Sciences* 20/4 (2007), und Wolfgang Smith, Christian Gnosis: From St. Paul to Meister
Eckhart, Tacoma (Washington) 2008.

42 [Im Original deutsch.]

43 Deguy, Une œuvre après Auschwitz, S. 49 f.

druck der vorübergehenden Anwesenheit Gottes.[44] Auschwitz wird so zu einer negativen Theophanie, das unendlich Gute verschmilzt mit dem unendlich Bösen und das Erhabene mit dem Verächtlichen, wodurch die Grenzen zwischen Gut und Böse verwischt werden. Eine solche Verwischung kennzeichnet den posthumanistischen Nihilismus, der mit Nietzsche beginnt, wie Hans Jonas im letzten Kapitel seines bahnbrechenden Buches gezeigt hat. Deguys Rhetorik klingt wie ein postmoderner Synkretismus aus Gnostizismus, Paulinismus und Heideggerianismus. François Rastier bemerkte, dass, »sobald man das Dritte Reich und den Holocaust nicht mehr als politisches, sondern als theologisches Ereignis betrachtet, das prophetische Pathos legitimiert und zugleich notwendig wird.«[45] Was auf Deguy genau zutreffen würde.

Am Ende seines Aufsatzes stellt er die rhetorische Frage: »Wenn ich ›die Juden‹ ausspreche und ›sie‹ somit von außen unter diesem Namen versammele, ist das nicht eine ›antisemitische‹ Anrede oder Bezeichnung? Wie kann man ›die Juden‹ sagen?«[46] Der Name »Jude« an und für sich gilt als unaussprechlich. Wie das Tetragrammaton ist er das Unnennbare selbst. Folglich wird der Name »Jude« durch eine Reihe metonymischer Verschiebungen mit dem Holocaust und dem Gott der hebräischen Bibel vermengt. Ein erhabener Name jenseits von Darstellbarkeit und Sprache, der darum nicht ausgesprochen werden kann. Deguy hält allein die Tatsache, dass er »die Juden« sagt, schon für

44 Zur Kritik dieser Interpretation des Holocaust und ihrer christologischen und mystischen Implikationen siehe Bruno Chaouat, In the Image of Auschwitz, in: *Diacritics* 36/1 (2006).

45 François Rastier, Naufrage d'un prophète: Heidegger aujourd'hui, Paris 2015, S. 33.

46 Deguy, Une œuvre après Auschwitz, S. 61.

eine Blasphemie, für eine Schändung und sogar eine antisemitische Aufwiegelung. »Die Juden« müssten fortan in Anführungszeichen gesetzt, wenn nicht gar durchgestrichen werden – wie das Sein beim späten Heidegger.

Wie um den Verdacht des Lesers zu bestätigen, dass es sich hier um eine Opferhandlung oder Opfergabe handelt (das Opfer der echten, der leibhaftigen Juden für eine neopaulinische Neubestimmung jüdischer Identität, für eine symbolische Auslöschung der Juden), fragt Deguy schließlich:

> Ist die Bedeutung des Juden, wie man ihn gewöhnlich nennt, heute nicht die eines wiederkehrenden Archaismus? Ist der Jude nicht archaisch, wenn er am Motiv der Auserwähltheit festhält und es sich von neuem zu eigen macht, selbst wenn es durch Auschwitz ins Gegenteil verkehrt wurde? Archaisch auch insofern, als er den Unterschied zwischen Juden und Nichtjuden wirklich und wortwörtlich nimmt?[47]

In seiner verworrenen Sprache ermahnt Deguy die wirklichen Juden, sich nicht mehr auf die Doktrin der göttlichen Auserwähltheit (des Bundes) zu berufen, auch wenn es sich um die negative Auserwähltheit zur Vernichtung handelt.[48] Solange »der Jude« seinen Ausnahmestatus nicht überwinde und die Doktrin der Auserwähltheit nicht auf-

47 Ebd., S. 62.

48 Deguys Sprache ist verworren und mehrdeutig, doch erscheint mir meine Interpretation richtig, wenngleich sie andere Deutungen freilich nicht ausschließt. In Anbetracht der herausragenden Stellung Deguys in der postheideggerianischen Philosophie und Literatur Frankreichs würde ich eine weniger belastende Interpretation sogar begrüßen.

gebe, bedeute »Jude« heute die Wiederkehr eines veralteten Glaubens, ein Gespenst, ein Archiv. Mit anderen Worten, wenn wirkliche Juden auf dem Buchstaben des Gesetzes bestehen und den Unterschied zwischen Juden und Nichtjuden ernst nehmen, verurteilen sie sich selbst zu ihrem allmählichen Verschwinden. Deguy folgt der paulinischen Unterscheidung zwischen Buchstabe und Geist, zwischen Gesetz und Glaube. Die Dialektik des Paulus begründet das Christentum, indem sie den Juden entweder als virtuellen Christen oder als Fossil definiert und den Alten Bund aufhebt:

> Was zählt, ist das »Es wird weder mehr Jude noch Heide, weder Sklave noch Römer geben …« Was muss getan werden, um nicht die Juden oder die Araber zu unterdrücken, sondern den buchstäblich-realistischen, den fundamentalistischen Unterschied zu beseitigen? Denn das beim Wort Nehmen ist es, das den Realismus ausmacht, und die buchstäbliche Identifikation führt zum Gemetzel. Diesen Unterschied muss man zugunsten eines Zusammenlebens durch das *Wie* beseitigen.[49]

Deguy geht es nicht darum, Juden und Araber *buchstäblich* zu unterdrücken (sie können also beruhigt sein); seine Assoziation beider zeugt von der europäischen Tradition, sowohl das Judentum als auch den Islam, den Juden und den Araber als den Anderen, den Feind des christlichen oder postchristlichen Europa zu begreifen. Unterdrückt werden soll vielmehr, was die Juden zu Juden macht, nämlich ihre Treue zum Gesetz. Es geht darum, den jüdischen Buchstabenglauben aus der Welt zu schaffen. Die jüdische

49 Ebd., S. 62 f.

Unterwerfung unter das Gesetz und den Buchstaben (man denke an Paulus' Wort: »Der Buchstabe tötet«) müsse überwunden werden, damit sie der Bildung einer Gemeinschaft nicht im Weg stehe. »Zusammenleben durch das Wie« – das französische *comme*, in dem das lateinische *cum* (mit) anklingt, bedeutet »wie« und »als/da/weil«, und es ist auch die erste Silbe des Wortes *communauté* (Gemeinschaft). Eine solche kann für Deguy nur auf Ähnlichkeit beruhen; das *cum* sollte im *comme* aufgehoben sein. Es ist in der Tat das Ende der Differenz, wie ich in meiner Einleitung angedeutet habe.[50]

Noch wichtiger aber für Deguy ist, dass die Unterwerfung unter das Gesetz das Gemetzel (»le carnage«) verursacht. Was darauf hinausläuft, dass die Juden, solange sie sich an den Buchstaben des Gesetzes halten, für ihre eigene Ausrottung verantwortlich sind. Eine solche Rhetorik gehört eindeutig zum klassischen christlichen Antijudaismus. Es ist nicht ohne eine gewisse Ironie, dass man ihn in einem Buch wiederfindet, das sich als Hommage an Lanzmanns Meisterwerk präsentiert. Und rätselhaft ist, dass Deguys Essay im intellektuellen Kontext Frankreichs unbemerkt blieb. Hingegen forderte eine von Lanzmann und keinem Geringeren als Deguy unterzeichnete Petition die Ächtung Renaud Camus'.[51] Ich kann nur vermuten, dass Deguys antijudaistische Rhetorik im französischen Mikrokosmos deshalb niemand bemerkte, weil sie in Heideggers apokalyptisches Gewand gekleidet ist.

50 Zur Unfähigkeit der Theorie, sich mit der Einzigartigkeit des Namens »Jude« und synonymen Sprachbildern auseinanderzusetzen, siehe Éric Martys Fazit in: Radical French Thought and the Return of the »Jewish Question«, Bloomington (Indiana) 2015.
51 Siehe Einleitung.

Eine andere Version entwurzelter jüdischer Identität, die nicht mit der Gravität des Leidens und des Exils, sondern mit revolutionärer, subversiver Energie und einer gleichsam heidnischen Intensität daherkommt, findet sich in Gilles Deleuzes und Félix Guattaris 1975 erschienenem Buch über Kafka und die »kleine Literatur«.[52] Darin wenden Deleuze und Guattari die in ihrem Hauptwerk, dem »Anti-Ödipus«[53], formulierte Theorie des Nomadentums, der Schizophrenie und der Deterritorialisierung auf Literatur und künstlerisches Schaffen an. An dieser Stelle sei angemerkt, dass die Deleuze'sche Philosophie, als Kriegsmaschine gegen den Platonismus erbaut, den Vorrang des Ursprünglichen und jedweden Prinzips (*arche, logos*) leugnet. Alles ist für Deleuze Kopie, jedoch eine Kopie, für die es kein Original gibt. Das Simulakrum ist nicht einfach eine Reproduktion, sondern seinerseits mit Autonomie ausgestattet und unabhängig von jedem Modell. Deleuzes Auseinandersetzung mit dem Bild des Juden und der »kleinen Literatur« beruht auf einer radikalen Dekonstruktion des Originals. Kafkas Fiktionen (andere Schriftsteller unterzieht er später der gleichen ontologischen Reduktion)[54] seien ein Beispiel für die Absage an Transzendenz und die Immanentisierung des Seins, das somit auf die Immanenzebene (*plan d'immanence*) verwiesen bleibt,

52 Gilles Deleuze/Félix Guattari, Kafka: Pour une littérature mineure, Paris 1975 [Kafka. Für eine kleine Literatur, Frankfurt a.M. 1976].
53 Gilles Deleuze/Félix Guattari, Capitalisme et schizophrénie: l'anti-Œdipe, Paris 1972 [Anti-Ödipus. Kapitalismus und Schizophrenie I, Frankfurt a.M. 1974].
54 Gilles Deleuze, Critique et Clinique, Paris 1993 [Kritik und Klinik, Frankfurt a.M. 2000].

was eine fortwährende Flucht (*fuite*) durch ein Regime des Werdens und des Nomadentums bedeute.[55]

In der Interpretation Deleuzes und Guattaris, zweier bedeutender Vertreter des postmodernen französischen Denkens, verunsichert und untergräbt Kafka, der politisch außerhalb sowohl der Prager jüdischen Gemeinde als auch der herrschenden deutschen und österreichisch-ungarischen Machtstruktur steht, alle herrschenden Kulturen und begründet eine Form des Widerstands durch die Sprache – was die beiden »kleine Literatur« nennen. Kafkas Judentum wird seiner Fähigkeit zur politischen Subversion gerühmt, und zwar der herrschenden Kultur ebenso wie der repressiven Macht des Nationalstaates oder des Reiches. Deleuzes und Guattaris Philosophie der Subversion verleiht der dezentrierten, marginalen oder »kleinen«, minderen Position innerhalb jeder Machtstruktur einen politischen, ethischen und ästhetischen Wert. Kafkas Vater verkörpert zunächst eine positive Figur der Deterritorialisierung (der Jude vom Lande, der in die Stadt zieht), doch muss er sich in seinem Geschäft und natürlich in der bedrückenden ödipalen Familie immer wieder reterritorialisieren.[56] Die Rebellion des Sohnes bestehe in der Ablehnung aller Formen der Reterritorialisierung; daher Kafkas »langes Mißtrauen gegenüber dem Zionismus (als einer geistigen und physischen Reterritorialisierung).«[57] Dass Deleuze und Guattari in ihrer Kafka-Interpretation Metapher und Allegorie eine Abfuhr erteilen und die Metamorphose[58] hochhalten – die ihrerseits für nichts anderes steht

55 Zur Kritik der Deleuze'schen Dekonstruktion siehe Jean-François Mattéi, L'homme dévasté, Paris 2015.

56 Siehe Deleuze/Guattari, Kafka. Für eine kleine Literatur, S. 19.

57 Ebd., S. 124.

58 [So auch der englische bzw. französische Titel der Erzählung »Die Verwandlung«.]

als für sich selbst –, verdeutlicht ihre Absage an Transzendenz und jedweden externen (esoterischen, kabbalistischen) Sinn. Literatur verweise auf keinerlei Bedeutung außerhalb ihrer selbst. Sie sei nicht vertikal-transzendent, sondern horizontal-immanent – eine Kraft lateraler, nomadischer Verschiebung.

Es überrascht nicht, dass Deleuze sich die palästinensische Sache zu eigen machte und in einem 1982 in der französischen Tageszeitung *Libération* veröffentlichten Artikel die Palästinenser als »Indianer Palästinas« bezeichnete[59] (in seiner Vorstellung bewegen sich die »Indianer« seitlich, nomadisch; sie stellen vertikale Begriffe wie Nationalstaat, Territorialität und Grenzen in Frage). In einem anderen Artikel, der 1984 in der *Revue d'études palestiniennes* erschien,[60] geht er gar so weit, Jassir Arafat als großen Führer zu preisen. Deleuzes Unterstützung der Palästinenser zu Beginn der 1980er Jahre ist der Jean Genets vergleichbar. Ebenso wie Genet sah auch Deleuze im palästinensischen Volk eine handlungsfähige Macht, die Gesetze und Grenzen überschreite und der Errichtung eines Nationalstaats entgegenstehe.[61] Das Bild des Palästinensers hat ihm die subversive Figur des Juden bald ersetzt.

Das Bild des Juden ließ wiederum Lyotard in mehreren Aufsätzen und Büchern aus den 1980er und frühen 90er Jahren wiederaufleben. Wenn Deleuze und Guattari den Juden aus der Familie herausgeholt hatten, so führte Lyotard das Jüdische heim in den Freud'schen Ödipus-

59 Gilles Deleuze/Elias Sanbar, Les indiens de Palestine, in: *Libération*, 8./9. Mai 1982.
60 Gilles Deleuze, Grandeur de Yasser Arafat, in: *Revue d'études palestiniennes* 10 (1984).
61 Zu Deleuze und den Palästinensern siehe Éric Marty, Radical French Thought.

komplex. Lyotards »Juden« erscheinen nicht als ein freudvolles Mittel zur Unterwanderung der neurotischen Familienromanze. Stattdessen sind sie die entsagenden und privilegierten Vertreter der westlichen Neurose. Für Lyotard bedeutete Postmoderne das Ende der Metaerzählungen der Emanzipation. Im Kontext der »Heidegger-Affäre« (nach der Veröffentlichung des Buches von Victor Farias)[62] sowie unter dem Eindruck der während der ersten Amtszeit François Mitterrands eingeführten offiziellen Erinnerung an den Holocaust veröffentlichte er »Heidegger und ›die Juden‹« und einige Jahre später einen Aufsatz über Paulus von Tarsus und die Frage der christlichen Emanzipation.[63] Beide Werke deuten die Juden als Figuren des Widerstands gegen die Moderne (hier als subjektive Autonomie im kantischen Sinne verstanden). Darin besteht der große Unterschied zwischen Lyotard und Badiou.[64] Dieser behauptet, der Widerstand der Juden gegen den paulinischen Universalismus, gegen die Aufhebung des Gesetzes, mache sie aufgrund ihrer Einzigartigkeit – und erst recht aufgrund des jüdischen Staates – zu Hindernissen auf dem Weg zu einer egalitären Weltrevolution. Lyotards Juden hingegen treten als positive Figuren der Postmoderne hervor, als das Bewusstsein des Scheiterns der Emanzipation und jeden Versuchs, subjektive Autonomie zu erlangen. In seinem Aufsatz über Paulus mit dem Titel »La mainmise« (Der Zugriff) lobt Lyotard den jüdischen Widerstand gegen die

62 Victor Farias, Heidegger et le nazisme, Paris 1987 [Heidegger und der Nationalsozialismus, Berlin 2003].
63 Jean-François Lyotard, Heidegger et »les juifs«, Paris 1988 [Heidegger und »die Juden«, Wien 1990]; Un trait d'union, Québec 1993.
64 Siehe Alain Badiou, Saint Paul: la fondation de l'universalisme, Paris 1998, S. 63 [Paulus. Die Begründung des Universalismus, Zürich/Berlin 2002]; Portées du mot »juif«, Paris 2008.

Aufhebung des Gesetzes und die supersessionistische Theologie. In der Tat ist der Fortbestand des Judentums hauptsächlich auf diesen Widerstand zurückzuführen. Die Schlussfolgerung des Lyotard'schen Philosemitismus lautet jedoch, dass die Juden für politische Emanzipation irgendwie nicht geschaffen seien, geschweige denn für den Aufbau eines auf nationaler Souveränität beruhenden Staates. Auch wenn man Lyotard zugute halten muss, dass er zwischen Fremdenfeindlichkeit und Antisemitismus unterschieden hat[65] – eine Unterscheidung, die heute vielleicht dringender ist denn je –, haben ihn sein anti-antisemitischer Enthusiasmus sowie seine metaphysische und metapsychologische Auffassung des Antisemitismus bedauerlicherweise dazu verleitet, antijüdische Topoi zu reproduzieren. In einer 1988 in »Heidegger und ›die Juden‹« veröffentlichten Darstellung des Antisemitismus bestreitet er, dass die Juden ein Volk seien – eine befremdliche Behauptung, die voraussetzt, dass man weiß, was ein Volk *ist*. Wie Elizabeth Bellamy am Beispiel von Philippe Lacoue-Labarthe gezeigt hat,[66] macht Lyotard sich die Hegel'sche Behauptung zu eigen, die Juden seien antiästhetisch, antitragisch und antiheroisch: »›Die Juden‹ sind ohne alle Tragik, sind keine Helden.«[67] Lyotards Philosemitismus bzw. sein Anti-Antisemitismus kehrt die Topoi des Antisemitismus lediglich um. Diese allzu häufigen und vorhersehbaren Umkehrungen aber stehen der Formulierung rationaler Antworten auf das Wiederaufleben des Antisemitismus im

65 Siehe Jean-François Lyotard, Europe, the Jews, and the Book (1990), in: J.F.L., Political Writings, Minneapolis 1993, S. 159–162.
66 Elisabeth J. Bellamy, Affective Genealogies: Psychoanalysis, Postmodernism and the »Jewish Question« after Auschwitz, Lincoln (Nebraska) 1997.
67 Lyotard, Heidegger und »die Juden«, S. 42.

Weg. Die französische Philosophin Elisabeth de Fontenay hat das postmoderne und dekonstruktivistische Pathos kritisiert, das der Unmöglichkeit der Emanzipation und dem Zusammenbruch subjektiver Autonomie innewohnt. Zwar könne es keine vollständige Emanzipation des individuellen Subjekts geben, doch ohne den Glauben an eine kollektive Emanzipation sei keine Politik möglich. Sie stellt zunächst die Frage, wie man »behaupten kann, dass Subjektivität und Souveränität endgültig dekonstruiert und die Metaerzählungen der Emanzipation und Autonomie obsolet geworden seien«, während man gleichzeitig versucht, diese Werte den ausgeschlossenen Völkern und Gemeinschaften zugute kommen zu lassen. Während sie die Existenz Israels und das Selbstbestimmungsrecht kleiner Nationen, einschließlich Palästinas, unterstützt, sagt sie zu der politischen Sackgasse, zu der sich das französische Denken selbst verdammt hat:

> Die Entscheidung, sich mit einer kollektiven Subjektivität zu identifizieren, mit ihrer besonderen Geschichte und ihrem demokratischen Projekt, verbunden mit einem ausgeprägten Gefühl der Zugehörigkeit zu einer Gruppe – all das kann das Leben umso lebenswerter machen, der Existenz eine größere Bedeutung verleihen durch das Bewusstsein, das man im Bereich des Symbolischen im Laufe der Zeit gewonnen hat. Aus der notwendigen Dekonstruktion der Souveränität des Subjekts schließe ich darum nicht auf eine Kritik politischer Souveränität.[68]

68 Elisabeth de Fontenay, Actes de naissance: Entretiens avec Stéphane Bou, Paris 2011, S. 195 f.

1995, einige Jahre nach Lyotards Überlegungen zum Judentum, veröffentlichte Giorgio Agamben einen Aufsatz mit dem Titel »Was ist ein Volk?«.[69] Darin legt er dar, was man als den ontologischen Unterschied zwischen einem groß und einem klein geschriebenen Volk bezeichnen könnte. Agamben behauptet, die Juden seien das (klein geschriebene) Volk par excellence, da sie beispielhaft für den »biopolitischen Bruch« stünden, der den Begriff des Volkes selbst definiere. (Wenn es um die Frage jüdischer Identität geht, ist die Logik der Beispielhaftigkeit, wie Derrida gesagt hat, stets problematisch.)

Agamben zufolge ist ein solches Anti-Volk[70] »*das, was nicht eingeschlossen werden kann in das Ganze, dessen Teil es ist, und was der Gesamtheit nicht angehören kann, in die es immer schon eingeschlossen ist.*«[71] Nach dieser paradoxen Definition ist ein Volk authentisch, insofern es unauthentisch ist. Ein exemplarisches Volk ist unauthentisch, wenn es seine Internalität außerhalb eines Ganzen umschreibt, wenn es das ist, was das Ganze daran hindert, sich selbst einzuschließen. Demnach verkörperten die Juden im nationalsozialistischen Deutschland das Volk schlechthin, weil sie die Integration in den nationalen Körper, das (groß geschriebene) Volk[72], das sich als authentisch und in sich geschlossen verstand, ablehnten. Indem sie sich der Integration angeblich verweigerten, hätten die Juden den politischen Körper praktisch zersetzt und den

69 In: Giorgio Agamben, Mittel ohne Zweck. Noten zur Politik, Zürich/Berlin 2001, S. 35–40.
70 [Im Original deutsch.]
71 Ebd., S. 37, Hervorhebung im Original.
72 [Im Original deutsch.]

Begriff des Volkes, das als ein integraler nationaler und kultureller Körper verstanden worden sei, untergraben: »Als Volk, das die Integration in den nationalen politischen Körper verweigert … sind die Juden die Repräsentanten schlechthin, ja beinahe das lebende Symbol des Volkes [*popolo*]«.[73] Agambens Begriff der Juden meint ausdrücklich die des nationalsozialistischen Deutschland, die in eine Internalität außerhalb des Reichs und im weiteren Sinne außerhalb des christlichen Europa verbannt und in Lagern und Ghettos untergebracht wurden – eine unerträgliche Situation, die der Zionismus gerade dadurch zu berichtigen gelobt hatte, dass er die jüdische Internalität in ein jüdisches Ganzes verlegte.

Agambens Dekonstruktion des Volkes, eine Reaktion auf den Nationalsozialismus und nicht so sehr auf den Heideggerianismus, ist einigermaßen verstörend, da sie die Negation der Juden als Volk im Namen des Antifaschismus und des Anti-Antisemitismus aufrechterhält. Die Umkehrung eines Stereotyps – ein im postheideggerianischen Philosemitismus nur allzu bekanntes Verfahren – bedeutet nicht dessen Überwindung. Übrigens waren es nicht die Juden, die die Integration verweigerten: *sie wurde ihnen vom Dritten Reich verweigert.* Die Rassengesetze richteten sich nicht nur gegen sichtbare Juden, sondern auch gegen die »Assimilierten«. Das Problem war also nicht, dass die Juden die Integration abgelehnt hätten, sondern dass die Deutschen sich weigerten, die jüdische Minderheit in den politischen Körper einzubeziehen. Der Holocaust war nicht das Ergebnis einer Politik der Integration, sondern der Weigerung, bestimmte Gruppen von Menschen zu integrieren, die als untauglich und ontologisch fremd angesehen wurden.

73 Ebd., S. 39.

Meine Analyse widerlegt theoretisch sowohl wie historisch alle Analogien zwischen dem Schicksal der europäischen Juden in den 1930er Jahren und den europäischen Muslimen heute, insbesondere den französischen. Tatsächlich ist die Politik der Französischen Republik gegenüber Muslimen eine der Integration, die darauf zielt, Unterschiede unkenntlich zu machen (darum ist die Burka im öffentlichen Raum und das Kopftuch in Schulen verboten), während die nationalsozialistische und ganz allgemein antisemitische Politik darin bestand, Unterschiede besonders zu betonen und die Juden aus der nationalen Gemeinschaft auszuschließen. Jedwede Analogie ist polemisch, unaufrichtig und intellektuell wertlos.

Agamben tut so, als wisse er nichts von der Zwickmühle, in der sich das europäische Judentum über Jahrhunderte befand und die es bis ins frühe 20. Jahrhundert hinein zerrissen hat. Innerhalb der Grenzen des Ghettos waren die Juden etwas bedrohlich Anderes, doch außerhalb wurden sie als ebenso bedrohlich wahrgenommen, wenn nämlich dieses Andere in das christliche Europa eindrang – der berüchtigte »innere Feind« Carl Schmitts oder Heideggers.

Wenn man Agambens Unterscheidung zwischen groß und klein geschriebenem Volk akzeptiert, wird einem der jüdische Nationalismus sogleich als das Böse erscheinen, das früher der Nationalsozialismus war. Aus Agambens Perspektive kann es keinen strukturellen Unterschied zwischen Nationalsozialismus und Zionismus geben, insofern jede nationale Selbstbestimmung und Identifikation von Natur aus totalitär sei; jeder nationale politische Körper strebe nach Reinheit und Unterdrückung seines inneren Außen. Darum sei es besser, ein *popolo* zu sein als ein Volk[74], besser eine verfolgte Minderheit zu bleiben als eine

74 [Im Original deutsch.]

verfolgende Macht, besser eine deleuzianische Kraft der Desintegration und seitlichen Verschiebung als eine tödliche Macht der Selbstabschottung.

Diese dekonstruktivistische Analyse der Begriffe »Volk«, »Nationalstaat« und »Körperpolitik« lässt nur die Dichotomie zu: Unterdrücker oder Unterdrückte, unmenschlicher Henker oder Opfer. Kraft solcher Polarisierung verwandeln sich die einstigen Opfer des Reiches geradezu schematisch in die Henker der Palästinenser. Da den Palästinensern in den 1960er Jahren das schreckliche Privileg zuteil wurde, fortan das klein geschriebene Volk zu verkörpern, verwundert es nicht, wenn derselbe Agamben schreibt, dass ein palästinensischer Nationalstaat zur Lösung dieses Problems ebenso »unzureichend« bleiben würde wie die Gründung Israels als Heilmittel für das Dilemma der Juden (was an die Haltung Jean Genets erinnert, der die Palästinenser nur als Staatenlose unterstützen mochte). Für Agamben müssen Juden und Palästinenser das Außen bleiben, das sich der Integration in ein nationales Ganzes widersetzt. Bemerkenswert, dass er in seinem Aufsatz »Jenseits der Menschenrechte«[75] die Palästinenser ebenso beschreibt wie die Juden in »Was ist ein Volk?«, nämlich als ein Außen, das die israelische Politik des Nationalkörpers, die wiederum unheimlich an Nazideutschland erinnert, als Ganzes durchlöchert.

Tatsächlich entspricht Agambens Begriff des klein geschriebenen Volkes, das Diasporajuden und palästinensische Flüchtlinge beispielhaft verkörpern sollen, dem des »Homo sacer« (so der Titel des ersten Teils seines mehrbändigen anthropologischen Hauptwerks): einem Menschen, der zwar getötet, jedoch nicht rituell geopfert

75 Ebd., S. 23–32.

werden kann.[76] Indem er sie zum metapolitischen Volk schlechthin erklärt, sakralisiert er die Juden nicht nur auf fragwürdige Weise, sondern macht sie zugleich zu Sündenböcken. Dieses Verfahren, das ich als »positive Erniedrigung« bezeichnen würde, führt Agamben in »Was von Auschwitz bleibt«[77] exemplarisch vor Augen. Philippe Mesnard und Claudine Kahan haben es gründlich entzaubert.[78]

Agambens Philosemitismus säkularisiert die antizionistischen Lehren der jüdischen Mystik, wonach die Juden ein symbolisches Volk seien, ein Opfer, das sich den Grausamkeiten der Welt zum Wohle der Erlösung der Menschheit hingebe: »Wie die Taube für die Sünden büßt, so büßen die Juden für die Völker«.[79] Während einige orthodoxe Juden an einer solchen Auffassung verständlicherweise festhalten, ist es doch merkwürdig, dass ein postheideggerianischer Philosoph, ein Anhänger Guy Debords und der Frankfurter Schule, sie sich zu eigen macht, ohne ihren mystischen Ursprung auch nur einzugestehen.

76 Siehe Giorgio Agamben, Homo Sacer. Die souveräne Macht und das nackte Leben, Frankfurt a.M. 2002.

77 Giorgio Agamben, Was von Auschwitz bleibt. Das Archiv und der Zeuge, Frankfurt a.M. 2003.

78 Philippe Mesnard/Claudine Kahan, Giorgio Agamben à l'épreuve d'Auschwitz, Paris 2001. Auf all die theoretischen und ethischen Probleme, vor die einen Agambens Buch über Auschwitz stellt, möchte ich nicht eingehen – noch das geringste ist, dass Agamben die Juden kaum einmal erwähnt in einem Buch, das deren Vernichtung zu begreifen sucht.

79 Zitiert nach Michael Selzer, Zionism Reconsidered: The Rejection of Jewish Normalcy, New York 1970, S. XV f. Selzer zufolge entstammt der Ausspruch einem Midrasch-Kommentar aus dem 12. Jahrhundert.

Was ist von der Dekonstruktion übrig geblieben? Was wird heute in ihrem Namen über Juden, Israel und den Zionismus gesagt? War die Kritik der Metaphysik der Präsenz, ein Grundsatz Derrida'schen Denkens, dazu verdammt, in Antizionismus und Antijudaismus abzugleiten, oder schlimmer noch – in einen vulgären Antisemitismus? Ist der Geist Heideggers, den Blanchot, Levinas und Derrida so behutsam im Zaum gehalten haben, nun im Begriff, die Theorie heimzusuchen?

Was die Rückkehr von (und zu) Heidegger bedeutet, kann man in »Deconstructing Zionism« sehen, einer von Gianni Vattimo und Michael Marder herausgegebenen Aufsatzsammlung.[80] In diesem Buch wird man Zeuge einer Wiederaneignung Heideggers, deren erklärter Zweck darin besteht, die Verbrechen und Ungerechtigkeiten des »Zionismus« anzuprangern. An sich ist es durchaus konsequent, sich auf Heidegger zu berufen, um einen intellektuellen und ideologischen Krieg gegen den jüdischen Staat zu führen. In Anbetracht der neuen Erkenntnisse über Heidegger, die Juden und den Antisemitismus besteht kein Zweifel, dass die Herausgeber und Autoren dieses Bandes ihren Schutzpatron passend gewählt haben.

In ihrer Einleitung erklären Marder und Vattimo, die Dekonstruktion hebe »die diasporische Bedingung aller Wesen hervor, die sie mit dem Begriff *dissémination* [Zerstreuung] bezeichnet«, und weise »Annahmen, die der Zionismus für unantastbar hält, zurück«.[81] Der Leser soll die

80 Gianni Vattimo/Michael Marder (Hg.), Deconstructing Zionism: A Critique of Political Metaphysics, New York 2014.
81 Ebd., S. XIII.

Dekonstruktion mit all ihren bevorzugten Topoi und Tropen (*dissémination, différance*, Grenzüberschreitung, Exil usw.) als Prophylaxe gegen eine »Metaphysik der Präsenz« verstehen, deren lehrbuchhafte Illustration oder vielleicht ultimative Inkarnation in der heutigen Welt der Zionismus sei. Die Figuren der Derrida'schen Dekonstruktion, die einst dazu gedacht waren, die Gegensätze zwischen Stimme und Phänomen, Logos und Schrift, intentionalem Bewusstsein bzw. innerer Stimme und deren Transkription oder *supplément* (Ergänzung, Anhang) durch Zeichen, gesprochene und geschriebene Worte zu untergraben, werden nun zu einem Angriff auf den Zionismus gerüstet: ein Emblem des »Phallozentrismus«, eine Macht, die ihr Anderes unterdrücke und kolonisiere, nämlich den Palästinenser, der seinerseits als »Spur«, *dissémination, différance* usw. figuriert. Eine solche Idealisierung und Ästhetisierung der Palästinenser erinnert an Jean Genets Wort von den schwarzen Amerikanern als »Buchstaben auf der weißen Seite Amerikas«. Aber auch die Idealisierung des Juden im französischen Denken und in der Literatur der Nachkriegszeit findet sich hier wieder.

Wenn die Herausgeber ihren Band Derrida widmen (der sich im Grabe umdrehen müsste), haben sie sicherlich eher eine sehr freie Adaption der Heidegger'schen Destruktion[82] als die Dekonstruktion Derridas im Sinn. Die darin versammelten Beiträge ebenso wie die Einleitung der Herausgeber führen einem die Unfähigkeit der Theorie deutlich vor Augen, es mit dem neuen Antisemitismus aufzunehmen, der oft nur als Denunziation des jüdischen Partikularismus, der Zugehörigkeit, der Sehnsucht nach Herkunft, Heimstatt, Wurzeln, Grenzen usw. daherkommt –

82 [Im Original deutsch.]

allesamt Begriffe, welche die Dekonstruktion einer gefährlichen politischen Metaphysik zurechnet, die ihrerseits mit Nationalismus und Faschismus, ja sogar mit dem Nationalsozialismus in Verbindung gebracht wird, mit dem, was Jean-Luc Nancy und Philippe Lacoue-Labarthe als »Mythos« bezeichnet haben.[83] Der Mythos steht seit Blanchot im Gegensatz zur »communauté désœuvrée« (Nancy). Auch die Literatur sei gleichsam funktionsuntüchtig, *désœuvrée* – sie mache die Heilige Schrift und jede teleologische Erzählung zunichte, sei eine unendliche Wanderung zu einem schwer fassbaren Ursprung. Für Blanchot und all diejenigen, die sich mit ihm auseinandergesetzt haben, von Nancy und Lacoue-Labarthe bis hin zu Martin Crowley,[84] stellt die Schrift eine Alternative zum Mythos dar; ebenso sei die untüchtige Gemeinschaft die Alternative zu jeder Form sozialer und kultureller Verschmelzung. Darunter mag man sich eine nicht organische (*anorganon*) Gemeinschaft vorstellen, die keine gemeinsame Arbeit (*anergon*) zu verrichten hat. Im Gegensatz dazu behauptet der Mythos, in der natürlichen Welt der Nation verwurzelte Menschen hätten etwas durch Tradition, Sprache, Geschichte, Kultur usw. Gemeinsames zu vollbringen. Nancy zufolge gründet die untüchtige Gemeinschaft auf dem Mangel einer solchen Tradition und auf der Unterbrechung eines Mythos, der durch den Nationalsozialismus und Faschismus kompromittiert worden sei. Ohne gemeinsame Vergangenheit sei die untüchtige Gemeinschaft auch ohne gemeinsame Zukunft. Hammerschlag erinnert daran, dass

83 Siehe vor allem Jean-Luc Nancy, La communauté désœuvrée, Paris 1986.
84 Martin Crowley, L'homme sans: Politiques de la finitude, Fécamp 2009.

Nancy im Anschluss an Blanchot die Juden als antimythisches Volk betrachtet,[85] als Inbegriff des untüchtigen Volkes – ein Beispiel für eine weitere philosemitische Umkehrung eines antisemitischen Topos.[86]

Wie Rossbach überzeugend dargelegt hat, erinnert die dekonstruktivistische Metaphysik des Exils und der Diaspora an bestimmte Merkmale der Gnosis; Verwurzelung und Zugehörigkeit lehnt sie kategorisch ab. Darum ist der dekonstruktivistischen Idealisierung des Juden als einer Figur des ewigen Exils der Zionismus ein Dorn im Auge. Während Derrida in seinem Denken beweglich genug war, diese Herausforderung anzunehmen, neigen seine erklärten Anhänger dazu, allem auszuweichen, was sie als Bedrohung ihrer philosemitischen Idealisierung ansehen, die selbst nicht selten als Feigenblatt für einen regelrechten Antisemitismus herhalten muss.

Die Dekonstruktion des Zionismus offenbart den intellektuellen und moralischen Bankrott der Dekonstruktion.

85 Sarah Hammerschlag, The Figural Jew, S. 167.

86 Wie wäre es, wenn man den Juden erlaubte, sich über Mythos und Physis zu täuschen? Wie wäre es – schreckliche Vorstellung –, wenn sie auf dem Lande lebten und das Leben dort genössen? Von solchen Juden träumte der Abbé Grégoire, als er am Vorabend der Französischen Revolution und der ersten Emanzipation der Juden in seinem »Essai sur la régénération physique, morale et politique des Juifs« einen naiven, jedoch wohlmeinenden Vorschlag zu ihrer Regeneration unterbreitete. Alles in allem war seine Vorstellung von Juden viel weniger abstrakt, viel konkreter als die der postmodernen Philosemiten. War nicht der Kibbuz eine nicht heideggerianische tüchtige Gemeinschaft mit gemeinsamer Arbeit, einem bestimmten Land verhaftet und dennoch immun gegen den Faschismus? Die Juden aus der Stadt zu vertreiben, um sie auf dem Lande wieder anzusiedeln – darum geht es auch in Philip Roths satirischer Parabel »Verschwörung gegen Amerika«. In diesem Roman handelt es sich freilich um eine faschistische Aktion. Doch sollten wir uns daran erinnern, dass der urbane kosmopolitische Jude ein antisemitischer Topos ist und nicht alle Juden eine solchermaßen »entwurzelte« Existenz anstreben.

Ich bin nach wie vor der vielleicht etwas naiven Überzeugung, dass ein solcher Ruin vermeidbar gewesen wäre, und es ist beunruhigend zu sehen, wie Derridas Denken solcherart vereinnahmt wird. Das soll nicht heißen, dass Derridas Theorie der Schrift und seine zwanghafte und systematische Überschreitung von Grenzen (innen/außen, Stimme/Schrift, Philosophie/Literatur usw.) nicht politisch und etwa für eine radikal antinationalstaatliche Politik ungeeignet gewesen wären. Natürlich waren sie das, wie man in »Voyous« sehen kann.[87] Aber Derridas Schriften waren nie manichäisch im vulgären Sinne des Wortes. In der Tat wäre Derrida entsetzt darüber, wie die Autoren dieses Bandes die »guten« Palästinenser und die »bösen« Israelis einander gegenüberstellen; entsetzt über die Vereinfachung des arabisch-israelischen Konflikts, dessen metaphysische, religiöse und symbolische Implikationen hier auf den palästinensischen Widerstand gegen jüdischen Kolonialismus reduziert werden, auf den schlichten Gegensatz von Kolonisiertem und Kolonisator, Opfer und Täter, Schwachem und Starkem. Es genügt zu lesen, was Derrida, wenn auch nur andeutungsweise, über Israel und den Zionismus geschrieben hat, um zu erkennen, dass er die Dekonstruktion der politischen Metaphysik, der Metaphysik der Präsenz und Identität, nie dazu benutzt hat, Israel zu delegitimieren oder den Zionismus in hochtrabenden theoretischen Begriffen zu attackieren. Derrida wusste es besser; vielleicht auch weil er der jüdischen Katastrophe zeitlich näherstand.

Seinem Biographen Benoît Peeters ist die Veröffentli-

87 Jacques Derrida, Voyous: deux essais sur la raison, Paris 2003. Darin wird staatliche Souveränität als strukturell gefährlich dargestellt, als eine über dem Gesetz stehende Macht.

chung wichtiger Dokumente zu verdanken, die von Derridas differenzierter und mitunter verzweifelter Haltung zu Israel und dem Zionismus zeugen – darunter ein Brief aus dem Jahr 2001 an keinen Geringeren als Claude Lanzmann.[88]

Darin äußert Derrida seine Besorgnis über einen nach dem 11. September 2001 in *Les Temps Modernes* veröffentlichten polemischen Essay von Robert Redeker, in dem Israel von jeder Verantwortung für die Massaker von Sabra und Chatila freigesprochen wird. Gleichwohl lässt sich diesem Brief schwerlich eine Ablehnung des Zionismus und Israels entnehmen. Zwar wird die israelische und amerikanische Politik im Nahen Osten scharf verurteilt, nicht minder scharf auch der Terrorismus; Derridas rastlose Forderung eines moralischen und gerechten Israel, in das er seine Hoffnung setzt, erinnert an Levinas. Doch findet sich in seinem Brief weder eine Dämonisierung des zionistischen Projekts noch eine Delegitimierung des jüdischen Staates Israel.

Derridas ausgewogene linkszionistische Position bezeichneten einige Kritiker dennoch als voreingenommen, jüdäozentrisch und eurozentrisch. Christopher Wise, einer der Autoren von »Deconstructing Zionism«, hatte ihn bereits 2001 des Judaismus und Zionismus bezichtigt, als er behauptete, Derridas Interpretation des arabisch-israelischen Konflikts in »Marx' Gespenster« stehe in jüdisch-messianischer Tradition und nehme die infrastrukturellen und materiellen Umstände nicht zur Kenntnis, unter denen die Palästinenser Anspruch auf das Land erhöben. In seinem hier vorliegenden Aufsatz »The Spirit of Zionism:

88 Siehe Benoît Peeters, Derrida, Paris 2010 [Derrida. Eine Biographie, Berlin 2013].

Derrida, *Ruah*, and the Purloined Birthright« wiederholt Wise seine Anklage aus dem Jahr 2001 und macht Derrida einmal mehr zu einem euro-judäozentrischen Orientalisten, wobei es ihn anscheinend nicht in Verlegenheit bringt, dass der Band Derrida gewidmet ist. Geschenk oder Gift? Der Verrat des Erbes (oder die Ermordung der Väter) ist bei dieser Generation von Theoretikern offenbar endemisch, wie wir bei Judith Butlers Beschäftigung mit Levinas noch sehen werden.

Ironischerweise aber hat Wise mit seiner Einschätzung recht. Von ferne betrachtet, ähnelt Derridas Haltung zu Israel und dem Zionismus tatsächlich der von Levinas: eine kritische Loyalität, die an Israel höhere moralische Maßstäbe anlegt als an andere Nationalstaaten (da sowohl Levinas als auch Derrida in Israel einen Leuchtturm der Gerechtigkeit sehen wollten, was mit heftiger Kritik der israelischen Politik einherging), und zugleich eine kräftige Unterstützung des jüdischen Staates, der als solcher überleben sollte. Heute wäre Derrida, um es etwas banal auszudrücken, wahrscheinlich eher J Street als AIPAC zugeneigt.[89] Jedenfalls erinnert seine Position nicht nur an Levinas, sondern ebenso an die von Amos Oz und der zionistischen Linken. Von den in »Deconstructing Zionism« vertretenen Thesen war er weit entfernt.

Ich möchte, vielleicht weniger spekulativ, hinzufügen, dass Dekonstruktion im Sinne Derridas mit binären Oppositionen, wie sie in diesem Band oder auch in Butlers »Am Scheideweg« zu finden sind, nichts im Sinn hat. Solche Entgegensetzungen (auch wenn sie in Butlers Buch wohl

89 [Jüdisch-amerikanische Lobbyorganisationen: J Street tendenziell linksliberal, das American Israel Public Affairs Committee tendenziell konservativ.]

subtiler erscheinen)[90] sind genau das, wovor das gesamte Werk Derridas warnt, und übrigens auch der Grund, warum so viele seiner Kritiker (mich selbst eingeschlossen) frustriert sind. Ein gewissenhafter Leser Derridas könnte Zionismus und Judentum nicht gegeneinanderstellen und würde verstehen, dass der Zionismus sich von sich selbst stets unterscheidet. Wie ich in meiner Auseinandersetzung mit Butler im vierten Kapitel dieses Buches zeigen werde, ist es bestenfalls naiv, das Judentum mit einem positiven und den Zionismus mit einem negativen Zeichen zu versehen. Auch wenn seine Dekonstruktion sich dazu eignen mag, den Zionismus als politische Metaphysik aufzuheben, konnte Derrida selbst jüdische Identität nur im Plural (»judéités«) denken. Insofern jüdische Identität für ihn nicht mit sich selbst identisch ist oder im Singular geschrieben wird, ist der Zionismus ein Teil von ihr. Die »judéités« schließen den politischen Zionismus als eine ihrer Möglichkeiten, als eine ihrer Richtungen ein. In der Derrida'schen Hermeneutik umfasst jüdische Identität Exil ebenso wie Zugehörigkeit – solange der Zionismus sich bewusst ist, dass die Zugehörigkeit durch das Exil unweigerlich beschädigt ist. Der Israeli steht, wie André Neher es ausdrückte, in einem Komplementärverhältnis zum Hebräer.[91] Die Derrida'sche Hermeneutik kann Zugehörigkeit und Exil nicht als Gegensatzpaar denken, weil sie überhaupt nichts in Begriffen binärer Opposition denken kann. Es geht nicht um »Judentum« oder »Zionismus«. Vielmehr würde ich behaupten, dass Zugehörigkeit immer durch die Erfahrung des Exils verunsichert wird, die das

90 Mit einem Kapitel ihres Buches »Am Scheideweg. Judentum und die Kritik am Zionismus« (Frankfurt a.M. 2013) ist Judith Butler auch in »Deconstructing Zionism« vertreten.
91 Siehe André Neher, L'existence juive, Paris 1962.

Selbst bzw. die Heimat dem Anderen, der Zukunft öffnet. Daher ist Derridas Hermeneutik jüdischer Identität näher an Levinas' Überlegungen zum Judentum als an denen der Autoren von »Deconstructing Zionism«. Das soll nicht heißen, dass ich Derridas Hermeneutik jüdischer Identität befürworte. Ich möchte lediglich auf den Verrat Derridas durch selbsternannte dekonstruktivistische Antizionisten und auf den Schaden hinweisen, der im Namen des Antizionismus angerichtet werden kann.

Zunächst aber sollten wir einen genaueren Blick auf die neuen Erkenntnisse über Heidegger, die Juden und den Antisemitismus werfen, denn »Deconstructing Zionism« hat, wie ich glaube, Heidegger mehr zu verdanken als Derrida. Mir ist es nicht darum zu tun, den Fall Heidegger wiederaufzunehmen, seinen Nationalsozialismus und seine Leitung der Universität Freiburg noch einmal aufzuwärmen – ein Fall, der meiner Hilfe dazu gar nicht bedürfte, da er mit jedem neuen Fund und jeder Veröffentlichung bisher unveröffentlichten oder redaktionell gesäuberten Materials selbst regelmäßig dafür sorgt. Ich möchte keine Empörung hervorrufen, indem ich abermals im Gefühl moralischer Überlegenheit mit dem Finger auf einen notorischen Nazi zeige, sondern darauf aufmerksam machen, dass es bei Heidegger, wie die neuen Erkenntnisse deutlicher als je zuvor zeigen, einen ontologischen Antisemitismus gibt, dass die Geschichte des Seins selbst auf einer antisemitischen Weltanschauung beruht (weit mehr, als wir vor der Veröffentlichung der »Schwarzen Hefte« dachten) und dass es bestenfalls fragwürdig ist, sich auf Heidegger zu berufen, um den jüdischen Staat oder angeblich den Zionismus anzuprangern. Dies wird noch deutlicher, wenn wir die Gewalt der Denunziationen und die rhetorische Wendung von einer überschwänglichen philosemitischen Begeisterung für das Diasporajudentum und die Metaphysik des Exils hin zu blankem Antisemitismus und Verschwörungstheorien betrachten.

In seinem bereits erwähnten Buch über Heidegger und den Antisemitismus weist Trawny auf eine rätselhafte Umkehrung hin, die sich auch in der zeitgenössischen postheideggerianischen Theorie wiederfindet und die erklären könnte, warum der Postdekonstruktivismus jüngst so sehr auf den Zionismus und Israel fixiert ist. Heidegger betrachtete die Juden als das berechnende Volk schlechthin. Nichts Neues unter der Sonne: Im modernen Antisemitismus (der vage daher rührt, dass Wucher und Bankwesen, von der katholischen Kirche missbilligt, auf die Juden projiziert wurden) sind die Juden das Volk des Geldes und Vorboten des Materialismus und Kapitalismus. Unfähig, sich einem höheren Gut (Nation, Transzendenz) hinzugeben, reduzierten Juden die Welt auf materiellen Reichtum und Eigennutz.

So sagte es Hitler in »Mein Kampf«. Nichts Neues also, außer dass Berechnung und Technik für Heidegger nicht nur ein moralisches, soziales und politisches Problem darstellten, sondern auch metaphysische und ontologische Implikationen hatten. In der Tat stand die Berechnung im Zentrum der sogenannten »Seinsvergessenheit«, in der zwischen Essenz und Existenz, Seiendem und Sein nicht mehr unterschieden werde. Die Metaphysik sei durch Technik und Berechnung missraten, und den Juden wird vorgeworfen, die westliche Metaphysik an sich gerissen zu haben, die ursprünglich zwischen Sein und Seiendem unterschieden habe. Davon freilich lesen wir nichts in Heideggers Vorkriegsvorlesung »Was ist Metaphysik?« oder in seinen Nachkriegsschriften zur Technik. Dort findet sich von Juden keine Spur, obwohl er seine eigene fragwürdige

Theorie darüber hatte, was zu den Vernichtungslagern geführt habe – nämlich das *Ge-stell*, die Unterwerfung der Welt unter Technologie: die Nazis waren also nur ein willenloses Instrument der Technisierung der Welt. Das nämlich lesen wir in den »Schwarzen Heften« – und hier folge ich der Analyse Trawnys, der Heidegger im Großen und Ganzen wohlgesinnt ist.[92] Noch wichtiger ist, dass die Juden die ersten gewesen seien, die dem Ge-stell gemäß gelebt hätten. Als solches bezeichnet Heidegger die totale Unterwerfung der Welt unter Bemessung und Berechnung, die Reduktion der Natur auf bloße Ressourcen. Das Gestell gründe auf der Abwesenheit von Grund und Boden. In ihrer Machination (was sowohl als Machenschaft als auch als Mechanisierung des Lebens zu verstehen ist) seien die Juden das entwurzelte Volk schlechthin. Zwar entspricht Heideggers Antisemitismus den trivialsten antisemitischen Klischees seiner Zeit (Geld, Wurzellosigkeit, Wanderer, Städter, Kaufleute usw.),[93] doch trügen die Juden nicht nur die Verantwortung für Technisierung und Entwurzelung, sie hätten außerdem das Sein unter eine dem Rassenprinzip entsprechende Organisation des Lebens »gestellt«. Mit anderen Worten, die Juden haben das Rassenprinzip erfunden, das ultimative Beispiel für ein Ge-stell. Also seien sie sowohl das Werkzeug gewesen, das die Metaphysik verdorben habe, als auch die Ursache der Seinsvergessenheit.

Ein Fall von Projektion aus dem Lehrbuch: Heidegger, der Nazi und Antisemit, der an die »Protokolle der Weisen

92 Ich verweise auf die Nummer 61 (2015) der Zeitschrift *Cités*, in der Heideggers Antisemitismus in viel vernichtenderer Weise dargestellt und dessen gesamte Existentialontologie verurteilt wird.
93 Siehe Rastier, Naufrage d'un prophète, S. 88.

von Zion« und an eine jüdische Weltverschwörung glaubte,[94] projiziert die Erfindung der Rassifizierung des Lebens und der Rationalisierung des Seins, die auf Seinsvergessenheit hinauslaufe, auf die Juden. Die Machinationen der Nazis (Verschwörungen, Rassifizierung und Rationalisierung des Lebens) werden auf die Juden übertragen. Diese lehnten das Rassenprinzip (den Nationalsozialismus) nicht etwa deshalb ab, weil sie gegen Rassismus wären, sondern weil es ihre eigene Erfindung sei und sie einen Konkurrenten fürchteten, durch den sie ihr eigenes Rassenprivileg verlieren würden. Das heißt nicht, dass Heidegger selbst gegen das Rassenprinzip gewesen wäre, sondern, wie Trawny in seinem Kommentar überzeugend darlegt, dass er den Ursprung dieses Prinzips (die Rassifizierung des Lebens) den Juden zuschreibt und ihnen damit auch die Verantwortung für die Entrassifizierung der Völker Europas zuschiebt, die sie zur Abwehr der als Konkurrenz wahrgenommenen nationalsozialistischen Rassenpolitik ersonnen hätten. Trawny geht in seiner Interpretation sogar noch weiter: Heidegger habe den von der NS-Bewegung eingeschlagenen Irrweg selbst als Ergebnis einer Manipulation, einer Intrige des Weltjudentums betrachtet. Zugegebenermaßen eine etwas gewundene Argumentation, aber sie trifft den Kern antisemitischen Denkens. Im Grunde nur die alte Leier, die Juden hätten das Prinzip der Auserwähltheit und rassischen Überlegenheit erfunden und auf diesem Gebiet keinen Konkurrenten geduldet. Diese *perversa imitatio* oder perverse Nachahmung (eine Formulierung von Alain Besançon und Pierre Vidal-Naquet) ist ein Gemeinplatz des nationalsozialistischen Antisemitismus – die Juden seien das auserwählte Volk,

94 Wie Trawny selbst eingesteht.

und die Arier müssten sie als auserwähltes Volk ersetzen. Zu diesem Zweck aber müssten sie nicht nur die Juden selbst vernichten, sondern auch alle Spuren dieser Vernichtung. Diesem peinlich trivialen und tödlichen antisemitischen Topos (das Bestreben der Juden, die überlegene Rasse und das auserwählte Volk zu bleiben) fügt Heidegger eine Fußnote in ontologischem Jargon hinzu.

Das gilt auch für die Autoren von »Deconstructing Zionism«. Tatsächlich scheinen einige von ihnen, wie bereits angedeutet, Heidegger eher als Derrida verpflichtet, der dessen »Schwarze Hefte« wahrscheinlich nicht viel anders gelesen hätte als Trawny. Hingerissen von ihrer Verbundenheit mit Heidegger, diesem »Meister aus Deutschland«, den sie mit missionarischem Eifer zu rehabilitieren suchen (Santiago Zabala bezeichnet Heidegger in seinem Beitrag peinlicherweise tatsächlich als »Meister aus Deutschland«, ohne das unheimliche Echo von Paul Celans berühmtestem Gedicht zu hören),[95] sehen sowohl Vattimo als auch Zabala in Emmanuel Fayes Angriffen auf Heidegger eine zionistische Verschwörung. Sie setzen alles daran, die Erinnerung an den »Meister aus Deutschland« vor Juden und Zionisten zu retten, die ihn auf sein politisches Engagement während der Nazizeit reduziert hätten. Allerdings: wenn die Dekonstruktion als legitime intellektuelle Praxis fortbestehen soll, muss die Figur Heideggers um jeden Preis rehabilitiert und gegen die angeblich unfairen jahrzehntelangen Angriffe verteidigt werden. Keine Dekonstruktion ohne Destruktion[96] – auch wenn die Dekonstruktion, zumindest zur Zeit Derridas, gewiss auch als eine Überwindung Heideggers gedacht war. (Levinas ist ein

95 Vattimo/Marder (Hg.), Deconstructing Zionism, S. 147. In Celans »Todesfuge« ist der »Meister aus Deutschland« allerdings der Tod.
96 [Im Original deutsch.]

ganz anderer Fall, da er sich weder der Postmoderne noch der Dekonstruktion verschrieben hat, und erst recht nicht dem Antihumanismus, wiewohl er Heidegger treu blieb; aber wie Derrida stand er nicht nur Heideggers nationalsozialistischem Engagement sehr kritisch gegenüber, sondern auch dessen Kritik der Technik und der Vorherrschaft der Ontologie über die Ethik. Die gesamte Ethik Levinas' seit den 1930er Jahren ist eine qualvolle Auseinandersetzung mit Heidegger.)[97]

Es wäre ratsam, das Wort »Zionismus« in Anführungszeichen zu setzen, wenn von »Deconstructing Zionism« die Rede ist, denn ich bin nicht davon überzeugt, dass die Autoren des Bandes wirklich diese spezifische politische und historische Bewegung oder den Moment der nationalen Emanzipation der Juden und deren Anspruch auf Souveränität im Sinn haben. Es ist nicht einmal klar, ob sich »Zionismus« in dem von Vattimo und Marder herausgegebenen Band auf ein historisches und politisches Phänomen bezieht. Ich würde behaupten, dass »Zionismus« hier für etwas anderes steht; tatsächlich scheint es sich um eine bloße Synekdoche, nämlich um eine andere Bezeichnung dessen zu handeln, was die Autoren abfällig »politische Metaphysik« nennen. Anders gesagt, wenn die politische Metaphysik, was auch immer die Autoren dieses Bandes darunter verstehen, beseitigt werden soll, dann muss der »Zionismus« als deren letzte und hartnäckigste Erscheinungsform zuerst verschwinden. Der »Zionismus« ist also nur ein Glied der Gattung politische Metaphysik, und beunruhigend ist, dass die Autoren, wenn ich überhaupt verstehe, was sie mit ihrer dringenden Kritik politischer Me-

97 Siehe das Kapitel über Levinas in: Sarah Hammerschlag, The Figural Jew.

taphysik im Schilde führen, diesen Fall als emblematischen beibehalten – wo doch so viele andere Fälle in der heutigen Welt ihrer Aufmerksamkeit würdig gewesen wären. »Politische Metaphysik« definiert Vattimo in seiner Einleitung einigermaßen verwirrend als etwas, das »starken Kategorien« Vorschub leiste, etwa einer »begrifflichen Grenzpolizei und idealen Trennzäunen zwischen dem ›Innen‹ und dem ›Außen‹«, während »Dekonstruktion und schwaches Denken sich der zerbrechlichen, bedrohten, endlichen Existenz am Rande des Verschwindens annehmen, die weder ganz anwesend noch ganz abwesend ist«.[98] Die politische Metaphysik, so wird einem zu verstehen gegeben, nämlich die Metaphysik der Präsenz und Identität, stehe aufseiten der Sieger, der Imperialisten, der Kolonialisten, der Starken – der Sieger der Geschichte, die Grenzen errichten, Menschen nach ihrer Religion, Rasse usw. trennen und an klar definierte Identitäten und fest umrissene Territorien glauben, der Verfechter der bösartigen Mission des Nationalstaats, dessen letzte und schlimmste Gestalt Israel sei. Demgegenüber erheben Dekonstruktion und *pensiero debole* (schwaches Denken, Vattimos philosophisches Markenzeichen) den Anspruch, aufseiten der Opfer zu stehen, die sie angeblich repräsentieren – als diejenigen, die verschwinden oder zwischen dem Sein und dem Nichts hängen, Geister, gespenstische Existenzen, Spuren (ein sehr problematisches, weil zugleich herablassendes und ästhetisierendes Verständnis von »Opfer«). Die ersteren, die Sieger nämlich, seien die zionistischen Juden, und die letzteren, die Opfer, die Palästinenser.

Natürlich hat eine solche Verwendung der Kategorien Derridas und der Bilder und Begriffe der Dekonstruktion

98 Vattimo/Marder (Hg.), Deconstructing Zionism, S. XII.

wie Spur, Erscheinen/Verschwinden, Hauntologie usw. etwas Karikaturistisches; und es hat auch etwas Unaufrichtiges, die Dekonstruktion in eine Kriegsmaschine gegen Israel zu verwandeln. Eine derartige Parodie der Dekonstruktion möchte man als eine vergebliche Übung in Böswilligkeit und als angeberischen Versuch abtun, sie für polemische Zwecke einzuspannen, wäre es nicht so, dass der Band von Jean-Luc Nancy (einem quasi-offiziellen Erben Derridas und Sprecher der Dekonstruktion) und dem britischen Philosophen Simon Critchley gebilligt wird und Beiträge bedeutender Intellektueller wie Gianni Vattimo, Slavoj Žižek, Judith Butler, Christopher Wise und Luce Irigaray enthält (gelinde gesagt, keine Versammlung von Doktoranden). Deren Stimmen verleihen einem Band Glaubwürdigkeit, der sein »Judenproblem« hinter einer Kritik sogenannter politischer Metaphysik kaum verbergen kann.

War die Dekonstruktion dazu verdammt, in den Antisemitismus abzudriften? Gibt es etwas inhärent Antisemitisches im Postheideggerianismus – eine Hypothese, die den Angriffen Emmanuel Fayes und François Rastiers auf Heidegger und seine Anhänger recht gäbe –, oder machen sich die Autoren dieses Bandes die Dekonstruktion für ihre eigene, potentiell antisemitische Agenda zunutze?

Da ich von Antisemitismus nicht leichtfertig spreche, möchte ich begründen, warum ich meine, dass dieser Band die Grenze zwischen einer Kritik des Zionismus und politischer Metaphysik einerseits und Antisemitismus andererseits überschreitet. Und vielleicht sollte ich vorab einräumen, dass die Bezeichnung »antijudaistisch« auf einige der Beiträge besser zuträfe. In der Tat glaube ich nicht, dass die Autoren des Bandes mehrheitlich Antisemiten sind (im rassistischen und damit historisch sehr begrenzten

Sinne des Wortes), aber ich würde behaupten, dass ihre »Dekonstruktion« des »Zionismus« ein Deckmantel für ihren Antijudaismus ist und es aufrichtiger gewesen wäre, ein Buch gegen jüdischen Partikularismus oder Exzeptionalismus zu schreiben, als vorzugeben, den Zionismus als politische Metaphysik zu dekonstruieren, und zwar als diejenige, die einer Dekonstruktion heute am dringendsten bedürfte. Auf jeden Fall gibt es etwas Beunruhigendes in dieser Entwicklung, und damit meine ich nicht so sehr, dass der Band als Verrat an Derrida und den subtilen, manchmal zu subtilen Windungen seines Denkens gelesen werden kann. Wir haben es hier mit einer Theorie zu tun – der Dekonstruktion –, die als neue, säkularisierte Form jüdischer, ja sogar talmudischer Lektüre und des Rabbinats daherkommt, als neue jüdische Diaspora, und sich doch weniger als jüdisch denn als heideggerisch und gewiss mehr als antijudaistisch denn als jüdisch erweist.

Tatsächlich zielt Vattimo nicht so sehr auf Israel und die Verbrechen des Zionismus als auf das Judentum an sich. Nach der vorhersehbaren Analogie zwischen dem Völkermord an den amerikanischen Ureinwohnern und dem Schicksal der Palästinenser (die uns zu Deleuze zurückführt) widmet er sich in seinem Aufsatz (dessen Titel »How to Become an Anti-Zionist« an ein Selbsthilfebuch erinnert) den Verschwörungstheorien über den 11. September 2001 (»mit all der Mythologie, die dieses Datum umgibt, angefangen bei der unglaubwürdigen offiziellen, von der US-Regierung gelieferten Version der Fakten«) und beklagt sich dann darüber, dass sein Fach, die Philosophie, von analytischen, »angelsächsischen« Philosophen übernommen worden sei – was er für das Ergebnis einer Verschwörung gegen Heidegger hält, nämlich gegen die kontinentaleuropäische, postnietzscheanische Philosophie. Man hat es also mit zwei Verschwörungen zu tun: Da gibt es einerseits die US-Regierung und ihre »Lügen« über den 11. September, andererseits die »angelsächsischen« Philosophen und ihre »Lügen« über Heidegger. Die Übernahme der Philosophie, so wird behauptet, hätten »Leute wie Faye« angezettelt, die »den Zionismus in seiner im Wesentlichen rachsüchtigen Bedeutung in Erinnerung rufen. Noch immer soll jemand für seine Sünden gegen das Volk Israel büßen, selbst diejenigen, die längst keine wirkliche Bedrohung mehr darstellen.«[99] Was Vattimo mit dieser nebulösen Behauptung (die eher eine Schmährede als ein rationales Argument ist) sagen will: Emmanuel Faye, Autor eines polemischen, jedoch gut dokumentierten Buches über Heidegger,[100] wolle, dass dieser für seinen Nationalsozialismus »büßt«, so wie die Zionisten wollten, dass alle (insbesondere die Palästinenser) für den Holocaust büßen. (Ob Faye nun Jude ist oder nicht: Heidegger und dessen Anhänger hat er sicherlich nicht als Jude und schon gar nicht als Zionist attackiert; es gibt heute auch andere, nichtjüdische Denker, die ihm zustimmen, man solle Heidegger aus der Geschichte der Philosophie ausschließen.) Faye, der hier für all die Kritiker steht, die Heidegger des Antisemitismus anklagen, sei wie die Zionisten »rachsüchtig« – das heißt, er fordert, Auge um Auge, sein Pfund Fleisch, das Blut des Feindes (im übertragenen Sinne, wenn es um die Antiheideggerianer geht, oder wörtlich, wenn von den Zionisten die Rede ist). Die es wagten, das

99 Vattimo/Marder (Hg.), Deconstructing Zionism, S. 20.
100 Emmanuel Faye, Heidegger, l'introduction du nazisme dans la philosophie: autour des séminaires inédits de 1933–1935, Paris 2005 [Heidegger. Die Einführung des Nationalsozialismus in die Philosophie. Im Umkreis der unveröffentlichten Seminare zwischen 1933 und 1935, Berlin 2009].

Denkmal Heideggers zu beflecken, seien rachsüchtige zionistische Juden, die einen der größten Denker des 20. Jahrhunderts delegitimierten, um die Aufmerksamkeit auf den Holocaust zu lenken und Sympathien für Israel zu wecken. Derrida wäre, wie übrigens auch Levinas, entsetzt darüber gewesen, Heidegger auf seinen Nationalsozialismus zu reduzieren, und hätte sich von Faye und den Antiheideggerianern distanziert, doch wir können uns vorstellen, was er von Vattimos und Marders Verschwörungstheorie gehalten hätte. Dieses kontrafaktische Argument (»Derrida hätte …«) führe ich hier überhaupt nur an, weil der Band ihm gewidmet ist; die Autoren nehmen sein Vermächtnis in Anspruch und machen die Dekonstruktion indes zu einem bloßen Schlagwort (denn »Deconstructing Zionism« ist nichts weiter als ein Schlagwort – was Derrida am meisten scheute).[101]

Heidegger hielt die Vernichtung der Juden für das logische Resultat von Technologie und Ge-stell. Darum, so die Schlussfolgerung Michael Inwoods,[102] sei der Holocaust lediglich ein Akt der Selbstzerstörung gewesen, insofern die Juden ein technikfixiertes Volk seien, das sich mit Seiendem und nicht mit dem Sein beschäftige. Diese beängstigende Logik begegnet einem auch in Marders und Vattimos Einleitung zu »Deconstructing Zionism«, die Vorstellung nämlich, dass dem Zionismus etwas Selbstzerstörerisches innewohne – eine Absolution sowohl für die Täter als auch für die Feinde der Juden und Israels: »Es ist zwingend notwendig, den Zionismus zu dekonstruieren, nicht

101 Siehe Gert J.J. Biesta/Denise Egéa-Kuehene (Hg.), Derrida and Education, London 2011, S. 179.
102 Michael Inwood, Was Heidegger a Semitic Nomad?, in: *Marginalia*, 17. Februar 2015 (http://marginalia.lareviewofbooks.org/heidegger-semitic-nomad/).

etwa aus Hass, sondern aus tiefer Sorge um die jüdischen Israelis, die sich durch die Unterdrückung und Dezimierung ihrer palästinensischen Nachbarn auf einen Weg der Selbstzerstörung begeben haben.«[103] Das kann man natürlich als großmütigen Appell an das moralische Gewissen der Juden lesen – der Kolonialismus, die Siedlungen und der ständige Krieg, den die Besatzung mit sich bringe, zerstörten die Seele Israels (wie die zionistischen Linken tatsächlich meinen), nur ist es in diesem Fall der Zionismus, der die Juden vernichte, und nicht die Besatzung des Westjordanlandes. Der Zionismus sei also die Ursache der programmierten Vernichtung der Juden. Ausgerechnet die Bewegung, die die Juden emanzipiert und Millionen von ihnen mit politischer Souveränität ausgestattet hat, soll sie Marder und Vattimo zufolge nun vernichten. Hinter dem moralischen Urteil verbirgt sich eine Drohung: Wenn Israel vernichtet werde, seien die Zionisten schuld und nicht die Feinde Israels. Die zionistischen Juden würden sich das selbst zugefügt haben. Hört man aus diesem Appell an das jüdische Gewissen nicht die antizionistische Schadenfreude[104] heraus, nämlich die hoffnungsvolle Vorfreude auf die Vernichtung Israels?

Dass der Zionismus ein Feind der Juden sei, meint auch Slavoj Žižek, ein anderer berühmter Autor dieses Bandes, der in seinem Aufsatz »Anti-Semitism and its Transformations« mit einer Theorie des »zionistischen Antisemitismus« aufwartet. Wenn der Jude als der Rest definiert wird, als das *objet a*, eine Zwischenfigur, ein Außenseiter, der zwischen den Identitäten lebt, dann ist der Zionismus, so-

103 Vattimo/Marder (Hg.), Deconstructing Zionism, S. XV.
104 [Im Original deutsch.]

fern man diesen wiederum ebenso wie Israel als eine organische und pseudonatürliche Totalität auffasst, ontologisch antisemitisch. Die wichtigste Eigenschaft der Juden, behauptet Žižek, bestehe nämlich darin, sich jeder »organischen nationalstaatlichen Gemeinschaft« zu widersetzen:

> Kein Wunder, dass mit der Gründung des jüdischen Nationalstaates eine neue Figur des Juden entstand: ein Jude, der sich der Identifikation mit dem Staat Israel widersetzt, der sich weigert, den Staat Israel als seine wahre Heimat zu akzeptieren, ein Jude, der sich vom Staat »abzieht« und der Israel als einen der Staaten betrachtet, zu denen er beharrlich Abstand hält, um in ihren Zwischenräumen zu leben. Und dieser unheimliche Jude ist das Ziel dessen, was man nur als »zionistischen Antisemitismus« bezeichnen kann, der fremdartige Auswuchs, der die Gemeinschaft des Nationalstaates stört.[105]

Der Jude als das Unheimliche, als Lücke oder »Zwischenraum« in einem organischen sozialen Gefüge, insbesondere dem des Nationalstaats, ist ein Gemeinplatz der Dekonstruktion – und dieser wiederum ein Spiegelbild eines antisemitischen Gemeinplatzes. 1973 widmete Sarah Kofman Derrida einen Text, in dem sie den *pharmakos* (Sündenbock), den Bastard, das Unheimliche[106] und den Juden miteinander verband. Darin forderte sie die Rehabilitierung aller Formen von Marginalität, Anarchie und Atopie: »l'indécidable est par excellence *unheimlich*: atopique,

105 Ebd., S. 6.
106 [Im Original deutsch.]

sans foyer ni patrie, ne revenant jamais au père«.[107] In der dekonstruktivistischen Vulgata wird der Jude als Inbegriff der Erniedrigung, Ortlosigkeit, Deterritorialisierung und Defamiliarisierung (kein Vaterland, kein Vater) aufgefasst. Der Jude gehört zum Unheimlichen, abermals eine Umkehrung von Heideggers negativer Figur des Fremden, »des fremdartigen Auswuchses«. Er ist die Instanz, die es der Gemeinschaft ermöglicht, als solche zusammenzufinden, doch nicht durch Affirmation eines Prinzips, eines gemeinsamen Ursprungs, einer gemeinsamen Abstammung, sondern im Gegenteil als Dekonstruktion jedweden Prinzips und Ursprungs, jedweder Macht und Abstammung. Der Jude ist ein Synonym für *pharmakos/pharmakon*, eine von jeglichem Prinzip, Ursprung und Autor abgeschnittene Schrift – Antilogos und *an-arche*. Ich würde behaupten, dass der dekonstruktivistische, postheideggerianische Antizionismus eine neue Form des Antijudaismus, ein Wiederaufleben der Gnosis in der Postmoderne darstellt. Und das sollte uns nicht überraschen, wenn Kirsten Grimstad recht hat, dass die Gnosis Heideggers verborgene Theologie gewesen sei.[108]

Ich habe bereits angedeutet, dass hinter Vattimos antizionistischer Tirade und seinem ganzen Bemühen um die Herausgabe dieses Bandes Antijudaismus, wenn nicht gar

107 »Das Unentscheidbare ist schlechthin unheimlich: atopisch, ohne Heim und Vaterland, nie zum Vater zurückkehrend«, in: Lucette Finas/Sarah Kofman/Roger Laporte/J.-M. Rey, Ecarts: Quatre essais à propos de Jacques Derrida, Paris 1973, S. 179.

108 Kirsten J. Grimstad, The Modern Revival of Gnosticism and Thomas Mann's Doktor Faustus, Rochester (NY) 2001, S. 61. Zu Heideggers Immanentisierung der antiken Gnosis siehe die erhellende Analyse von Josephine Donovan, Gnosticism in Modern Literature: A Study of the Selected Works of Camus, Sartre, Hesse and Kafka, New York 1990.

Antisemitismus steckt. Es ist nämlich eine typisch antisemitische Taktik, die Juden der Verschwörung zu bezichtigen und dem intellektuellen Gegner (in diesem Fall Faye) eine jüdische Identität zuzuschreiben. Die zweifelhafte Verbindung zwischen der Ablehnung Heideggers seitens französischer Intellektueller und dem Vorwurf, Israel führe den Holocaust an, um Mitgefühl zu erregen und die Unterstützung der Welt zu gewinnen, ist an und für sich antisemitisch. Und ich bitte den Leser, hier genau zu lesen: Ich behaupte keineswegs, dass die Erinnerung an den Holocaust in Israel nicht auch für politische Zwecke genutzt würde. So etwas ist weit verbreitet, sowohl auf der Rechten als auch auf der Linken. Die Erinnerung an den Holocaust wird überall vereinnahmt und pervertiert, und es gibt keinen Grund, warum das in Israel nicht der Fall sein sollte. Hanebüchen aber finde ich, dass Vattimo die Verurteilung von Heideggers Philosophie einer zionistischen List zuschreibt. Eine solche Zuschreibung hat etwas von antisemitischer Einbildung.

Dieselbe Verbindung stellt auch Santiago Zabala her, ein begeisterter Anhänger des »Meisters aus Deutschland«:

> Die Tatsache, dass brillante Philosophen wie Hannah Arendt, Jacques Derrida und Rainer Schurmann die Begriffe des Meisters aus Deutschland weiterentwickelt haben, ohne Hass zu schüren, deutet darauf hin, dass Faye entweder annimmt, Rassismus sei zwangsläufig ein Merkmal der Gegenaufklärung, oder dem Interesse des politischen Zionismus dient, den Antisemitismus mit allen Mitteln am Leben zu erhalten.[109]

109 Vattimo/Marder (Hg.), Deconstructing Zionism, S. 147.

So argumentieren heute Theoretiker, die das Erbe Derridas für sich in Anspruch nehmen: Weil »brillante Philosophen« (Zabala hätte auch Levinas in seine Liste aufnehmen können) Heidegger ernst genommen haben, verdankt sich dessen Ablehnung einer zionistischen Verschwörung. Wenn es dem Zionismus dient, den Antisemitismus am Leben zu erhalten, dann dienen diejenigen, die Heideggers Nationalsozialismus anprangern (nicht einmal Antisemitismus, denn Fayes Buch konzentriert sich viel mehr auf Heideggers Absage an die universalistischen Bestrebungen westlicher Philosophie als auf dessen Antisemitismus), den Interessen des jüdischen Staates. Einer solchen Argumentation zufolge müsste es unter analytischen Philosophen von Mossad-Agenten nur so wimmeln.

Vattimos vulgäres Dementi (*ich bin kein Antisemit*, denn »die Verquickung von Zionismus und Judentum ist ein grober Fehler«) ist nicht überzeugend (oder besser gesagt: überzeugend nur, dass es ein Dementi ist) und wird durch seinen eigenen Aufsatz »How to Become an Anti-Zionist« widerlegt, der mit einer naiven und antisemitischen Interpretation des zeitgenössischen amerikanisch-jüdischen Kinos (Woody Allen und die Coen-Brüder) endet. In diesen Komödien sieht Vattimo die gesunde Einsicht einiger aufgeklärter Juden, dass das Judentum, »genauso wie« das Christentum, nichts anderes sei als eine politische, unterdrückerische Ideologie, die das Blut Unschuldiger vergieße.

Es bedarf eines längeren Zitats, um die Ausrutscher in Vattimos antijüdischer Logik zu verstehen, die er mit seiner grundsätzlichen Ablehnung der Religion als Opium des Volkes rechtfertigt. Sie geht etwa so: *Wenn wir Katholiken in der Lage waren, uns vom Joch der verwahrlosten Kirche zu befreien, worauf warten dann die Juden, um sich von der grausamen Ontologie des Judentums zu emanzipieren, die Zionismus, Kolonialismus und Rassismus rechtfertigt?*

> So wie die Korruption und der Geld- und Machthunger der Kirche … uns (Ex-)Katholiken nicht nur all die inquisitorischen und kolonialen Verwerfungen der Vergangenheit, sondern auch die Absurdität heute entdecken ließen … so bringt vielleicht auch die blutige rassistische Politik des Staates Israel die amerikanisch-jüdische Community – ihren besseren Teil jedenfalls, angefangen mit Chomsky – allmählich dazu, zur Kenntnis zu nehmen, dass die sehr lobenswerte und Tiefgründigkeit [sic: the very praiseworthy and profundity] der jüdischen Tradition nur faulige heiße Luft ist, von der man sich befreien muss, um zu verhindern, dass wegen des Grabes von Rachel, des Tempelbergs oder der heiligen Rechte der Juden auf das Gelobte Land Blut vergossen wird. Die hohlen schulmeisterhaften Rabbiner der Gebrüder Cohen [sic] und Woody Allens sind genau wie unsere Bischöfe und Kardinäle. Sie sind nichts anderes als riesige Luftballons, gefüllt mit »mystischer« Rhetorik, die uns [sic] für die Liebe Gottes einnehmen soll – des Gottes, der Hiob, seine Familie und die Tiere aufgrund einer absurden Wette mit dieser anderen komischen Figur, dem Teufel, quält (wird jemand diese elementare Überlegung veröffentlichen?). [Die Antwort auf Vattimos rhetorische Frage lautet: er selbst, der Herausgeber des Bandes.][110]

Dass der Antijudaismus, den man nur als Angst vor dem jüdischen Exzeptionalismus und dem Anspruch auf das

110 Ebd., S. 21.

Vorrecht göttlicher Auserwähltheit, aber auch vor dem Archaischen und »Regressiven« verstehen kann, im Zentrum von »Deconstructing Zionism« steht, lässt sich an dem Beitrag von Christopher Wise belegen, der noch einmal bekräftigt, was derselbe Autor in einem früheren, oben schon erwähnten Aufsatz über Derrida und den Zionismus gesagt hat: dass nämlich Derridas Zionismus eurozentrisch und letztlich rassistisch sei. Wises Schlussfolgerung lautet:

> Es hat keinen Sinn, die Tatsache zu ignorieren, dass weder Frieden noch Sicherheit für eine der beiden Parteien außerhalb des Rahmens des geltenden Völkerrechts erreicht werden können, das zwar fehlerhaft ist und dekonstruiert werden muss, aber dennoch auf liberal-demokratischen und republikanischen Idealen und nicht auf regressiven Theologien der Blutwahl beruht. [111]

Der absonderlichste Aufsatz in diesem Band stammt allerdings von Zabala: »Being Discharged at the Margins of Political Zionism«. In diesem vor Jargon nur so triefenden Text behauptet Zabala, das »Sein« – das er mit den »Rändern«, den »Übersehenen«, der bloßen Existenz der Marginalisierten assoziiert – werde durch den Zionismus ausgelöscht, vergessen, »entsorgt« und ausgeschlossen. Dieser Strudel von Gleichsetzungen (Sein = Palästinenser = Verdammte der Erde) hat etwas Lächerliches, zudem bekundet er ein völliges Missverständnis sowohl Heideggers (kann man sich vorstellen, dass dieser das »Sein« mit Randgruppen gleichsetzt? mit dem deutschen Volk[112],

111 Ebd., S. 127.
112 [Im Original deutsch.]

zweifellos) als auch von Derridas Dekonstruktion der Metaphysik der Präsenz. In diesem Aufsatz werden jedoch auch einige von Heideggers bösartigen polemischen Äußerungen über Hiroshima und die Vernichtungslager sinngemäß wiederholt. »Ackerbau ist jetzt motorisierte Ernährungsindustrie«, erklärte Heidegger, »im Wesen das Selbe wie die Fabrikation von Leichen in Gaskammern und Vernichtungslagern, das Selbe wie die Blockade und Aushungerung von Ländern, das Selbe wie die Fabrikation von Wasserstoffbomben.«[113] Und nun Zabalas »ontologische Interpretation« des Zionismus:

> Der politische Zionismus steht nicht nur für »die massiven Enteignungen von Palästinensern im Jahr 1948, die Landnahme im Jahr 1967 und die wiederkehrenden Konfiszierungen palästinensischen Landes, die jetzt mit dem Bau der Mauer und der Ausweitung der Siedlungen fortgesetzt werden«, sondern auch für die Entsorgung des Seins. Wenn das Sein aus Sicht der zionistischen Nationalisten, die dann mit ihrem Programm der Besatzung und Segregation fortfahren können, entsorgt werden muss, dann hat die Philosophie die Pflicht, seine Reste zu bergen.[114]

Das Beunruhigendste an diesem Band ist, dass radikale Theoretiker heute die Dekonstruktion der Metaphysik

113 Martin Heidegger, Das Ge-Stell (1949), Gesamtausgabe, Bd. 79, Frankfurt a.M. 1994, S. 27. Das sei ein Nazi-Gemeinplatz, bemerkt Rastier dazu: »Die Vernichtung der Juden wird getilgt und nicht weiter thematisiert; die eigentliche Bedrohung gehe von Amerika aus« (Naufrage d'un prophète, S. 97). Ebenso verfährt Salim Bachi in seinen Romanen und seiner Rede von islamischem Terrorismus (siehe Kapitel 2).
114 Vattimo/Marder (Hg.), Deconstructing Zionism, S. 150.

ebenso als Deckmantel benutzen, wie Heidegger es seinerzeit getan hat, um auf verschlagene Weise gegen aktuelle Ereignisse zu polemisieren. Lyotard lag sicher nicht ganz falsch, als er meinte, Heidegger könne mit dem Holocaust in keinerlei Verbindung gestanden haben, da dieser mit Seiendem und nicht mit dem Sein zu tun hatte – der Holocaust gehöre zur Geschichte, nicht zur Geschichte des Seins.[115] Aber er fasste es zu wohlwollend auf und spielte Heideggers List und Doppelzüngigkeit herunter. In einem sehr überzeugenden Aufsatz, der sich mit der Wiederkehr Heideggers im zeitgenössischen radikalen Denken befasst, hat François Rastier dessen Deckmantel gelüftet. In seiner Analyse der berüchtigten Analogie zwischen moderner Landwirtschaft und Vernichtungslagern stellt er Heideggers semantische Verkehrungen allesamt heraus. Statt von Krieg spreche Heidegger von Frieden, statt von der Vernichtung der Juden von Landwirtschaft, und vor allem: statt von der Vernichtung lebender Menschen von der Fabrikation von Leichen. Auch die Rede von einer »Blockade«, fügt Rastier hinzu, beziehe sich nicht etwa auf die Nazi-Blockade des Warschauer Ghettos, sondern auf die West-Berlins durch die Russen im Jahr 1948. Letztlich »wird die nationalsozialistische Judenvernichtung so umgedeutet, dass sie *ihrem Wesen nach* dasselbe sei wie die russische und amerikanische Politik … dieses Motiv blüht auch in allen zeitgenössischen Radikalismen wieder auf.«[116] Derlei Umkehrungen, meint Rastier, stünden in

115 Siehe Jean-François Lyotard, Heidegger and »The Jews«. A Conference in Vienna and Freiburg, in: Political Writings, Minneapolis 1993, S. 135–148.
116 François Rastier, Heidegger aujourd'hui – ou le mouvement réaffirmé, in: Emmanuel Faye (Hg.), Heidegger, le sol, la communauté, la race, Paris 2014, S. 281.

einer antinomischen Tradition: »Die Identität der Gegensätze wird bekräftigt und mündet in einer einer Absurdität, die sich indes als überlegene Einheit erweist.«[117] Die ultimative Botschaft von Heideggers antinomischer Logik laute, die Deutschen seien die Opfer (der Alliierten und der Juden) und die Juden (und die Alliierten) die Täter.

Es ist nicht schwer, im heute wiederauflebenden ontologischen Jargon die gleichen Umkehrungen zu erkennen: nun sind die Palästinenser die echten Juden, die Zionisten die Antisemiten und die Antisemiten die Philosemiten. Was sonst tut Agamben, wenn er behauptet, Guantánamo sei schlimmer als Auschwitz?[118] Der selbsternannte dekonstruktivistische Antizionismus beruht auf einem System von Umkehrungen, das sich mit einer Ethik des »Anderen« und einer Politik der Unterdrückten rechtfertigt. Das ist allerdings der moralische und intellektuelle Bankrott der Dekonstruktion.

117 Ebd.

118 Siehe das Kapitel »On Giorgio Agamben's State of Exception: Guantánamo and Auschwitz« in: Éric Marty, Radical French Thought and the Return of the »Jewish Question«, S. 96–108.

2

Die moralistische Wende

Radikale Gesellschaftskritik, literarischer Terror und Antisemitismus nach Toulouse

»Il s'est formé une petite secte de théoristes de Terreur, qui n'a d'autre but que la justification des excès révolutionnaires; espèces d'architectes en ossements et en têtes de mort ...«[1]

François-René de Chateaubriand, Études historiques (1831)

Eine Anmerkung zum Bösen

In ihrem Buch »L'esprit du mal« schreibt die Psychoanalytikerin Nathalie Zaltzman, zum Selbstverständnis des Menschen gehörten auch »Darstellungen des Bösen und der Beziehung des Menschen zu ihm«; das Böse sei selbst »ein Kennzeichen der Humanisierung«.[2] Zudem erinnert sie an den Gründungsmythos der Menschwerdung in der westlichen Welt, nämlich die Erbsünde: den Sündenfall von Adam und Eva unter dem Einfluss Satans.[3] Mit ande-

1 [»Es hat sich eine kleine Sekte von Theoretikern des Terrors gebildet, die nichts anderes im Sinn hat als die Rechtfertigung revolutionärer Exzesse; eine Art Architekten von Gebeinen und Totenköpfen ...«]
2 Nathalie Zaltzman, L'esprit du mal, Paris 2007, S. 39 u. 43.
3 Siehe ebd., S. 44.

ren Worten, der Mensch und das Böse erscheinen gleichzeitig in der Welt. Der Prozess der Humanisierung ist daher zugleich als der Versuch zu verstehen, das Böse aus der Definition des Menschen auszuschließen.

Dieser Prozess gipfelt wohl in der Idealisierung der Menschheit nach dem Zweiten Weltkrieg, nach Nationalsozialismus und Holocaust, als der Begriff des »Verbrechens gegen die Menschheit«[4] ins Völkerrecht aufgenommen wurde. Als ein solches Verbrechen gilt jede der folgenden Handlungen, die als Teil eines absichtlichen und umfassenden oder systematischen Angriffs auf die Zivilbevölkerung begangen wird:

- Mord
- Ausrottung
- Versklavung
- Deportation oder gewaltsame Umsiedlung der Bevölkerung
- Freiheitsentzug
- Folter
- Vergewaltigung, sexuelle Sklaverei, Zwangsprostitution, erzwungene Schwangerschaft, Zwangssterilisation sowie jede andere Form sexueller Gewalt von vergleichbarer Schwere
- Verfolgung einer identifizierbaren Gruppe aus politischen, »rassischen«, nationalen, ethnischen, kulturellen, religiösen oder das Geschlecht betreffenden Gründen

4 [»… woraus dann in der deutschen Übersetzung die bekannten ›Verbrechen gegen die *Menschlichkeit*‹ geworden sind; als hätten es die Nazis lediglich an ›Menschlichkeit‹ fehlen lassen, als sie Millionen in die Gaskammern schickten, wahrhaftig *das* Understatement des Jahrhunderts.« Hannah Arendt, Eichmann in Jerusalem, München 1986, S. 399.]

- gewaltsames Verschwindenlassen von Personen
- Apartheid
- andere unmenschliche Handlungen ähnlicher Art, die vorsätzlich großes Leid oder schwere körperliche oder geistige Schäden verursachen.

Zaltzman betrachtet diese juristische Definition als einen Fortschritt im Prozess der Humanisierung oder Zivilisation bzw. Kulturarbeit[5]; der Mensch sei auf der Leiter seiner eigenen Vermenschlichung höher geklettert, sobald er festgestellt, dass es Vergehen oder Verbrechen gibt, die außerhalb des Bereichs der Menschheit liegen – »unmenschliche Taten« –, und sie in den Gesetzeskorpus aufgenommen habe.

Im Prozess gegen Klaus Barbie in den 1980er Jahren erklärte der Staatsanwalt, Verbrechen gegen die Menschheit kennten keine Grenzen, da »die Menschheit als solche das Opfer« sei und nicht die Bürger eines Landes oder die Angehörigen einer ethnischen Gruppe. Weder Amnestie noch nationale Grenzen könnten daher den Angeklagten schützen oder die Vollstreckung der Strafe verhindern, da der Menschheit weder geopolitische noch zeitliche Grenzen gesetzt seien. Der vom Universalismus der Aufklärung inspirierte juristische Begriff der Verbrechen gegen die Menschheit geht noch einen Schritt weiter als die Erklärung der Menschen- und Bürgerrechte, indem er den Menschen aus seiner Verwurzelung in der *polis*, der *res publica*, löst und unterstellt, es gebe so etwas wie den Menschen schlechthin, bar aller empirischen, politischen und historischen Bedingungen: eine transzendentale Idee des Menschen. Rätselhaft am Begriff der Verbrechen gegen die

5 [Im Original deutsch.]

Menschheit ist die Vorstellung, bei dieser Art von Verbrechen sei *»die Menschheit als solche das Opfer«*. Was genau bedeutet das? Welcherart Metaphysik bestimmt, dass *eine Idee des Menschen, eine Darstellung des Menschen* und nicht eine bestimmte Bevölkerung oder Person versehrt, vernichtet oder in ihrem innersten Wesen getroffen werden kann? Handelt es sich dabei um eine verjüngte jüdisch-christliche Vorstellung, der zufolge der Mensch nach dem Bilde Gottes geschaffen sei, das nun durch eine bestimmte Art oder Qualität von Verbrechen verunstaltet werde? Sollen wir glauben, die Menschheit habe Gott ersetzt? Ist die »Menschheit« im Begriff der Verbrechen gegen die Menschheit also nur eine andere Bezeichnung für das Heilige oder Sakrale in einer säkularen Zeit? Das sind schwierige Fragen, die durch die Einführung des Begriffs der Menschenwürde in das französische Recht noch komplizierter geworden sind, denn dieser Begriff setzt eine klare ontologische Unterscheidung zwischen Mensch und Tier und vor allem eine klare Definition des freien Willens voraus.

Da Verbrechen gegen die Menschheit weder Verjährungsfristen noch gerichtliche Beschränkungen kennen, meint Zaltzman, transzendiere dieser Begriff der Menschheit »Zeit und Raum: weder bestimmte Staaten noch das Vergessen haben irgendeinen Einfluss auf ihn«. Ein so reiner Begriff von Menschheit müsse *sub specie aeternitatis* gedacht werden, ähnlich den platonischen Ideen. »Verbrechen gegen die Menschheit«, sagt der Philosoph Bernard Edelman, »richten sich nicht gegen die Freiheit, sondern gegen die Eigenschaft, die die Zugehörigkeit einer Person zur menschlichen Gattung ausmacht. Mit anderen Worten, negiert wird die Gattungszugehörigkeit.«[6]

6 Zitiert bei Zaltzman, S.75.

In diesem Zusammenhang erinnert Zaltzman an das Zeugnis Robert Antelmes in »L'espèce humaine«[7], einem Bericht über seine Haft in den Konzentrationslagern der Nazis, den er nach seiner Rückkehr verfasste und 1947 erstmals veröffentlichte. Antelmes ethische, politische und historische Botschaft lautet: Wie extrem die Lebens- und Überlebensbedingungen auch sein mögen, kein Mensch kann aus der menschlichen Gattung herausfallen. Anders ausgedrückt: Nichts, was ein Mensch einem anderen antut und nichts, was einem Menschen von einem anderen angetan wird –, kann als außermenschlich betrachtet werden. Es gibt kein Verbrechen, kein Übel, kein Vergehen, das nicht zur Menschlichkeit des Menschen gehört, das nicht von der Menschheit des Menschen zeugt.

Aber Antelmes Zeugnis ist heikel. Einerseits schreibt er über den Versuch der SS, gerade die Idee der Menschheit im Menschen und nicht den Menschen an sich zu vernichten: »Die SS kann einen Menschen töten, aber sie kann ihn nicht in etwas anderes verwandeln.« Eine steile These, zu der sich Kritiker von Maurice Blanchot bis Martin Crowley und Fethi Benslama vielfach geäußert haben. Das bedeutet, dass, wenn es nur menschlich sei, seinen Mitmenschen entmenschlichen zu wollen und ihn zu etwas weniger Menschlichem zu machen, es jedoch nicht weniger menschlich sei, sich der Entmenschlichung zu widersetzen. Es gebe im Menschen einen Keim des Widerstands gegen das Böse, nämlich gegen den Versuch, den anderen zu entmenschlichen. Das behauptet sinngemäß auch Albert Camus in seinem nur wenige Jahre nach Antelmes Bericht

7 Robert Antelme, L'espèce humaine, Paris 1947 [Die Gattung Mensch, Berlin 1949].

veröffentlichten Buch »L'homme révolté«.[8] Während gemäß der Definition des Verbrechens gegen die Menschheit die Taten der Nazis als unmenschlich gelten, fordert Antelme uns auf, über die Menschheit, d.h. Gattungszugehörigkeit der SS und der Täter im Allgemeinen nachzudenken. Genau das meint er mit dem Titel seines Buches: die menschliche Gattung ist unteilbar. Wenn das stimmt, bleiben die Opfer der Entmenschlichung unzerstörbar menschlich und werden nicht zu Untermenschen, die entmenschlichende Phantasie der SS stößt auf eine Grenze der Unveränderlichkeit der Spezies – denn der tote Körper ist nicht weniger menschlich als das Leben, das ihn beseelt hat. Aber auch die Täter bleiben eher verzweifelt menschlich als übermenschlich. Der SS-Mann ist ebensowenig Übermensch wie der Häftling Untermensch.[9] Für den Menschen gibt es kein Jenseits der Menschheit. Antelmes Botschaft hat etwas zutiefst Demütigendes. Indem sie uns der Begrenztheit des Menschen versichert, offenbart sie eine tragische Ansicht der Geschichte, nämlich einer durch die Endlichkeit des Menschen begrenzten Geschichte.[10]

In ihrer Interpretation Antelmes weist Zaltzman auf eine Aporie oder einen inneren Widerspruch im juristischen Begriff des Verbrechens gegen die Menschheit hin:

> Die Vorstellung einer gemeinsamen Gattung, die keinen Ausschluss duldet, in deren Namen jedoch das Verbrechen, das dieser Gattung nicht zugehören soll, als unmenschlich bezeichnet wird, macht den Begriff der Menschheit widersprüchlich, aporetisch.[11]

8 Albert Camus, L'homme révolté, Paris 1951 [Der Mensch in der Revolte, Hamburg 1953].
9 [»Übermensch« und »Untermensch« im Original deutsch.]
10 Siehe dazu Crowley, L'homme sans.
11 Zaltzman, L'esprit du mal, S. 76.

Ich will versuchen, diesen etwas verschachtelten Satz zu erläutern: Der Begriff der Menschheit ist in der rechtlichen Definition der Verbrechen gegen die Menschheit unklar und sogar widersprüchlich. Denn entweder gibt es eine Gattungsgemeinschaft, eine menschliche Spezies sozusagen, oder es gibt ein Außerhalb – nämlich die Urheber der Verbrechen gegen die Menschheit, deren Taten als unmenschlich gelten. In Übereinstimmung mit Antelme stört sich Zaltzman an dieser Trennung zwischen Mensch und Nichtmensch innerhalb ein und derselben Gattung, insbesondere wenn es darum geht, im Namen einer gemeinsamen Gattung zu urteilen. Sie weist darauf hin, dass in der juristischen Fassung der Verbrechen gegen die Menschheit eine idealisierte Vision der Menschheit »über die realistische Annahme des mörderischen Charakters der menschlichen Gattung triumphiert … anstatt den kriminellen Aspekt des menschlichen Daseins zu berücksichtigen, verweist der idealisierte Begriff der Menschheit diese Dimension in die Vorhölle des Unmenschlichen«.[12]

Zaltzman will das Böse in die Gemeinsamkeit der menschlichen Gattung zurückführen. Dies entspricht dem Geist von Antelmes philosophischen und moralischen Reflexionen über seine persönlichen Erfahrungen mit dem Bösen im Nationalsozialismus. Im Gegensatz zu manch anderen Richtungen französischen Denkens, mit denen ich mich weiter unten befassen werde, glaube ich keineswegs, dass die Rückführung des Bösen in die Gemeinsamkeit der menschlichen Gattung die Unterscheidung zwischen Opfern und Tätern in Frage stellt. Weil der SS-Mann ein

12 Ebd., S. 76–83.

Mensch ist, sollte er für seine Verbrechen nicht entschuldigt werden. Ganz im Gegenteil, gerade weil er ein Mensch ist, sollte er zur Verantwortung gezogen werden. Anstatt zwischen Zugehörigkeit und Nichtzugehörigkeit zur Gattung (menschlich/nichtmenschlich) zu unterscheiden, sollten wir in Begriffen moralischer und politischer Wahl (Widerstand/Faschismus) denken, so wie Antelme über das Böse der Nazis dachte. Wenn das Böse nicht außermenschlich ist, besteht die Herausforderung darin, die moralische Unterscheidung zwischen Opfern und Tätern nicht zu trüben. Die Existenz des Bösen (des Unmenschlichen) im Menschen sollte weder die moralische Beurteilung delegitimieren noch die Grenzen zwischen Opfern und Tätern verwischen.

Mit der Forderung, die gemeinsame Menschheit von Opfern und Tätern anzuerkennen, ohne letztere freizusprechen, stehen Antelme und Zaltzman in ihrem Verständnis des Bösen der gegenwärtig zu beobachtenden Tendenz entgegen, die Menschheit vom Bösen zu reinigen. Das Böse wird hinwegerklärt durch Mechanismen der Unterdrückung (der Terrorismus reagiert auf Ungerechtigkeit) und durch Projektion der Barbarei auf Abstraktionen (die Barbarei des »Systems«, des Westens, des Kapitalismus usw.).[13] Der daraus resultierende moralistische Diskurs neigt dazu, Täter geradezu krankhaft-pathetisch zu Opfern zu erklären und somit zu entlasten. Die französische Moderne von Baudelaire bis Genet und Duras verherrlichte Immoralismus, Gesetzlosigkeit und Verwerflichkeit (Literatur als das Böse, das Opfer so schändlich wie der Täter, das Böse als Literatur). Heute erleben wir eine Rückkehr

13 Siehe Christian Godin, Légitimité du concept de barbarie, in: *Cités* 61 (2015), S. 19.

des Moralismus und das Aufkommen einer Ideologie der Empörung. Eine solche moralistische Ideologie sorgt dafür, dass vergangene Traumata mechanisch wiederholt und nicht erinnert und verarbeitet werden.

Kultur der Empörung

> »Und niemand lügt soviel als der Entrüstete.«
> Friedrich Nietzsche, Jenseits von Gut und Böse

> »Nehmt euch vor diesen Kosmopoliten in Acht, die in ihren Schriften aus weiter Ferne Pflichten herholen, deren Erfüllung sie in Bezug auf ihre eigene Umgebung verächtlich zurückweisen. Ein solcher Philosoph liebt die Tataren, um dessen überhoben zu sein, seine Nachbarn zu lieben.«.
> Jean-Jacques Rousseau,
> Émile oder Über die Erziehung, Buch 1

Im Jahr 2010 veröffentlichte der damals 93jährige französische Diplomat Stéphane Hessel, ein privilegierter Zeuge der oben angedeuteten Pax Europea,[14] ein Manifest mit dem Titel »Indignez-vous!«[15] Nachdem er in der Résistance heldenhaft gekämpft hatte und in den Konzentrationslagern Buchenwald und Dora gelandet war, schlug Hessel 1946 eine diplomatische Karriere ein. Eigenen Angaben zufolge gehörte er auch dem Komitee an, das mit der Ausarbeitung der am 10. Dezember 1948 von der UNO ratifizierten Allgemeinen Erklärung der Menschenrechte beauftragt war. Diese Behauptung allerdings stellte Pierre-

14 Siehe meine Auseinandersetzung mit Milners »Penchants criminels de l'Europe démocratique« in der Einleitung.
15 Stéphane Hessel, Indignez-vous!, Paris 2010 [Empört Euch!, Berlin 2011].

André Taguieff in seinem Buch »Israël et la question juive« in Frage.[16] Er entzauberte den Mythos eines pazifistischen Hessel, dem es nur um Frieden im Nahen Osten gegangen sei, und verwies auf die perverse Dialektik zwischen einer Rhetorik des Friedens und der Humanität einerseits und der Unterstützung des Terrors andererseits. Die objektive Komplizenschaft von Terrorismus und Humanitarismus legt uns das Kofferwort »Humaniterrorismus« förmlich in den Mund. Ich sage das nicht um der Polemik willen oder weil ich Freude an Bonmots habe, sondern weil ich glaube, dass der zeitgenössische humanitäre Diskurs, indem er das Böse verdrängt oder auf abstrakte Gemeinplätze verschiebt, unweigerlich dem Terror in die Hände spielt.[17]

Nach Angaben der *New York Times* vom 7. Juni 2011 wurden von »Indignez-vous!« seit seiner Veröffentlichung im Oktober 2010 bis zum Frühjahr 2011 über drei Millionen Exemplare in Europa verkauft. Zugegeben, weder Preis noch Gewicht wirken sonderlich abschreckend (3 Euro, 30 Seiten). Dennoch erreichen nicht alle so schmalen preiswerten Bändchen ein so erstaunlich großes Publikum. Man könnte sich fragen, warum diese Broschüre, die bereits ins Englische, Spanische, Deutsche, Chinesische und andere Sprachen übersetzt wurde, fast überall, wo sie erschienen ist, eine so begeisterte Aufnahme fand.

Als Diplomat stand Hessel nie ganz vorn auf der politischen Bühne. Der Erfolg seines Manifests lässt sich nur

16 Pierre-André Taguieff, Israël et la question juive, Saint-Victor-de-Morestel 2011.

17 Farhad Khosrokhavar, ein für seine Forschungen zum Islamismus bekannter Soziologe, hat das Verhalten radikalisierter junger Menschen untersucht, die humanitäre Belange gleichsam als Übergang zum Terrorismus befürworten. Siehe seinen Aufsatz: Le héros négatif, in: Fethi Benslama (Hg.), L'idéal et la cruauté, Paris 2015, S. 39.

dadurch erklären, dass es Erwartungen entspricht, die mit dem Autor wenig zu tun haben – einem zumindest bis vor kurzem eher diskreten Mann. Wenn er seinen literarischen Erfolg schon nicht seiner Bekanntheit zu verdanken hat, dann erst recht nicht dem Ruf seines Verlegers, eines Samisdat-Verlags namens Indigène (übrigens ein Anagramm von *indignée*: empört). Indigène widmet sich, wie der Name schon sagt, Minderheitenkulturen, die durch die Globalisierung unterdrückt würden. Die ideologischen Farben des Verlags sind grün-rot und »antifaschistisch«. Politisch ist er der sogenannten Nouveau Parti Anticapitaliste zugetan, der 2009 gegründeten Neuen Antikapitalistischen Partei.

Bereits 1987 diagnostizierte der Historiker Henry Rousso in Frankreich eine politische Pathologie, für die er den inzwischen berühmten Begriff »Vichy-Syndrom« geprägt hat.[18] Dieser metaphorische Ausdruck besagt, dass Frankreich von seiner Kollaboration mit Nazideutschland noch immer nicht loskommt und diese Vergangenheit in regelmäßigen Abständen in öffentlichen Bekundungen von Reue, Scham, Schuld und Empörung auslebt. Vichy sei gleichsam zu einem Filter geworden, der jede klare Analyse der Gegenwart verhindere. In der Tat kommt in Frankreich kaum eine Äußerung der Empörung ohne expliziten oder impliziten Bezug auf den Kampf zwischen Kollaboration und Widerstand aus. Hessels Aufruf entspricht einem nur allzu vorhersehbaren Paradigma. Der bemerkenswerte Erfolg von »Indignez-vous!« könnte als Nachträglichkeit[19] im Freud'schen Sinne aufgefasst wer-

18 Henry Rousso, Le Syndrome de Vichy à nos jours, Paris 1987. Englisch: The Vichy Syndrome: History and Memory in France since 1944, Cambridge (Mass.) 1991.
19 [Im Original deutsch.]

den, als Spätfolge des Traumas des Zweiten Weltkriegs, des Holocaust und des Vichy-Regimes. Hessel, der selbst einst im Untergrund gegen die Nazibesatzung gekämpft hat, war der Sohn eines jüdischen Vaters, der mit Walter Benjamin befreundet war und das Vorbild für den deutschen Juden Jules in dem Roman abgab, auf dem François Trauffauts Film »Jules und Jim« basiert. Mit solchen Referenzen scheint Hessel vom Verdacht des Antisemitismus Lichtjahre entfernt zu sein. Wie der Soziologe Edgar Morin konnte er sich sowohl auf seine jüdische Herkunft als auch auf seine Teilnahme am Widerstand berufen. Doch wenn der Griff zu den Waffen im Kampf gegen die Nazibesatzer aus Hessels ursprünglicher Empörung resultierte, stellt sich die Frage: Wer sind die Faschisten, Besatzer und Nazis von heute? Wenn der Widerstand gegen den Naziterror wirklich heldenhaft war, was verlangt Hessel dann von einem Helden unserer Zeit?

In seiner monokausalen, oberflächlich marxistischen Geschichtsdeutung wurde der faschistische Terror in den 1930er Jahren durch die eigennützige Angst der Bourgeoisie vor dem Bolschewismus ausgelöst – eine ziemlich kurzgegriffene Erklärung für den Aufstieg des Faschismus. Der »faschistische Terror« von heute aber sei der globale Markt, den in Frankreich der damalige Präsident Nicolas Sarkozy (den Alain Badiou mit Marschall Pétain verglich) und jenseits der französischen Grenzen eine internationale Plutokratie verkörpere, deren Reichtum in direktem Verhältnis zur Verarmung der sozioökonomischen Außenseiter wachse. Um den Zusammenhang zwischen der ökonomischen Ungleichheit heute und dem Rassismus der 1930er Jahre noch deutlicher zu machen, zieht Hessel einen Vergleich mit der ungerechten Behandlung ethnischer Minderheiten (illegale Einwanderer, Roma usw.) in Sarkozys Frankreich. Zumindest der französische Leser denkt dabei unweigerlich an das von Vichy erlassene Judenstatut. So werden der globale Markt, die allzu reale, immer größer werdende Kluft zwischen Arm und Reich sowie die Diskriminierung von Ausländern und illegalen Einwanderern zu einem typisch französischen Eintopf verrührt.

Nachdem er sich über diese weltweit zu suchenden Gründe zur Empörung ausgelassen hat, konzentriert sich Hessel endlich auf das, was er seinen »Hauptgrund zur Empörung« nennt. Die empörendste konkrete Situation in der Welt sei nämlich das Schicksal der Palästinenser im Westjordanland und im Gazastreifen. Vor sechzig Jahren leistete Hessel dem Nationalsozialismus Widerstand, heute aber begegne uns der Faschismus hauptsächlich in den Gestalten des globalen Marktes, der bestehende Ungleichheiten noch befördere, und des repressiven, kolonialen jüdischen Staates. Hessels Besuch in Gaza und bei der Hamas-Führung zeigt, dass in seinen Augen die islamistische Bewegung den französischen Widerstand von einst verkörpert und Israel der Nazibesatzer ist. Er gibt Lippenbekenntnisse ab zur Verurteilung terroristischer Gewalt, die er aber im gleichen Atemzug mit der »Verzweiflung« der Palästinenser rechtfertigt. Zwar würde man Hessel kaum für einen Antisemiten halten (immerhin sagt er selbst, dass der französische Politiker, den er am meisten bewundert, Jude ist: Pierre Mendès-France, Premierminister Frankreichs in den 1950er Jahren), doch folgt sein Pamphlet einer Logik, die es in die Nähe aktueller Erscheinungsformen des Antisemitismus bringt. Die wählerische »Empörung« des ehemaligen Diplomaten lässt eine Doppelmoral erkennen, wie Pierre Jourde in einer Kolumne feststellt. In ätzender Ironie deutet er an, dass Hessels Beweggründe zumindest verdächtig sind:

> Was Hessels Empörung auslöst, sind weder versklavte Frauen noch blutige, groteske, obszöne und lächerliche Diktaturen, die den Planeten überschwemmen. Und doch: 300.000 Tote in Darfur, ausgeweidete schwangere Frauen … Nein! Hessel hat seine Wahl getroffen, und er hat sicherlich ein Recht darauf. Er hat sich seine Empörung selbst ausgesucht. Aber warum gerade diese? Weil … ach so …[20]

Mehr denn als Prophet seiner Zeit oder rechtschaffener Rebell entpuppt sich Hessel bloß als Sprachrohr des französischen und europäischen Zeitgeistes. Und dieser hat, wie vorauszusehen war, sein Manifest mit größter Begeisterung aufgenommen. Der globale Kapitalismus, die physische Vernichtung von Minderheiten, Faschismus und Nationalsozialismus werden mit dem jüdischen Staat auf eine Stufe gestellt. Diese Gleichsetzungen, die auf einer strukturellen, unbewussten Ebene wirken, können nicht als antisemitisch »in ihrer Absicht« angesehen werden, mit Lawrence Summers zu reden; nichtsdestoweniger sind sie antisemitisch »in ihrer Wirkung«.[21]

Der beeindruckende Erfolg von Hessels Pamphlet spiegelt die weite Verbreitung seiner Argumente wider. In einem sehr interessanten Buch hat der Politikwissenschaftler Danny Trom die Entstehung einer Kultur der Empörung untersucht, die auf zweifelhaften Umkehrungen und einem, wie er es nennt, »Pathos der Viktimisierung« beruhe:

20 Zitiert nach Pierre-André Taguieff, La nouvelle judéophobie, S. 75.
21 Diese nützliche Unterscheidung traf Summers in Bezug auf die Dämonisierung Israels. Siehe seine Auseinandersetzung mit Judith Butler, dargestellt in deren Buch: Gefährdetes Leben, Politische Essays, Frankfurt a.M. 2005.

> Es ist nicht verwunderlich, dass das Pathos der Viktimisierung sich an eine Levinas'sche Vulgata anlehnt, deren Ethik vom Schlimmsten (der Shoah) ausgeht … die dem Bösen unvorstellbare Verantwortung (und Schuld) zuschreibt und unweigerlich im Moralismus endet, weil sie die politische Ebene nie erreicht. Daher ist auch radikale Gesellschaftskritik (bestenfalls) dazu verdammt, in eitler Beschwörungsrhetorik zu verharren.[22]

Und was könnte eine hohlere Beschwörung sein als Hessels wuchtiger Aufruf zur Empörung? Trom zufolge entspricht die Entwicklung einer Kultur der Empörung den Aporien »radikaler Gesellschaftskritik«, zumal in Frankreich. Das von der radikalen Linken formulierte »Erlösungsversprechen« stoße auf ein jüdisches »Hindernis«. Seit den 1970er Jahren habe eine bestimmte französische Rezeption von Hannah Arendts These von der Banalität des Bösen – verstärkt durch den Erfolg von Stanley Milgrams berühmten Experimenten zur Autoritätshörigkeit und von Christopher Brownings Buch über »gewöhnliche Menschen«, die zum Massenmord fähig sind – einer Reihe von Umkehrungen den Weg geebnet, die das Wort »Jude« seiner empirischen Substanz und den Holocaust seiner jüdischen Besonderheit entledigten. Trom führt das »Triptychon Arendt-Milgram-Browning« als Symptom (oder Ursache?) dieser Umkehrungen an. Ob Ursache oder Symptom, jedenfalls legt er überzeugend dar, welch gewaltigen Einfluss dieses »Triptychon« auf die radikale Gesellschaftskritik in Frankreich ausübt. Alle drei theoretischen Bestrebungen (die von Arendt, Milgram und Browning)

22 Danny Trom, La Promesse et l'obstacle: La gauche radicale et le problème juif, Paris 2007, S. 149.

eigneten sich zu einer tendenziösen Deutung des Holocaust; oder besser gesagt, unbestreitbar tendenziös sei die Art und Weise, in der diese drei Wissenschaftler (falsch) verstanden worden seien. Besonders überzeugend ist, was Trom über die perversen Auswirkungen eines »Gewöhnungsprozesses« schreibt, der den Holocaust in ein Ereignis verwandelt habe, das unserer gewöhnlichen Erfahrung nahezukommen scheint: »Die extremsten Nazigräueltaten sind uns vertraut geworden. Außerdem sollen wir durch die außergewöhnlichsten (exotischen) Taten des Nationalsozialismus unsere eigene gewöhnliche Lage am besten verstehen.«[23] Wenn »Jude« lediglich ein Synonym für »Opfer« ist und man aus der Aussage, dass Eichmann ein gewöhnlicher Mensch gewesen sei, folgert, dass jeder gewöhnliche Mensch ein potentieller Eichmann sei,[24] wenn also der Täter selbst das Opfer der Unmenschlichkeit des »Systems« ist, dann kann man Israel und das Dritte Reich, Palästinenser und Juden sowie jüdische Souveränität (Zionismus) und Antisemitismus getrost gleichsetzen. Das »System« kann verschiedene Namen haben.[25] Bei Hessel heißt es »Neoliberalismus«, Globalisierung, strukturelle ökonomische und soziale Ungerechtigkeit zwischen »Süden« und »Norden«. Trom spricht von einer »Nazifizierung der Moderne«. Man denke etwa an Giorgio Agambens berüchtigte Aussage, das Konzentrationslager sei der

23 Ebd., S. 137.

24 »Während Arendt mit ihrer Behauptung, Eichmann sei im Grunde ein gewöhnlicher Mensch, für einen Skandal sorgte, beeindruckte Milgram die Leute, indem er zeigte, dass jeder gewöhnliche Mensch ein Eichmann sei« (ebd., S. 135).

25 Für den antisemitischen Komiker Dieudonné und den selbsternannten Nationalsozialisten Alain Soral ist das »System« ein unmissverständliches Synonym für »Juden«.

Nomos der Moderne.[26] Daher können bestimmte Schriftsteller und Soziologen die Lehre vom auserwählten Volk und den arischen Rassismus gleichermaßen anathematisieren.[27]

Was es mit der »Nazifizierung der Moderne« auf sich hat, mag ein strukturelles Merkmal radikaler Erkenntnistheorie verdeutlichen. Der Soziologe Razmig Keucheyan bestimmt das Wesen radikalen Denkens mit Rekurs auf einerseits die Frankfurter Schule und andererseits den Rechtsphilosophen und (ehemaligen) Nazi Carl Schmitt.[28] Wenn er damit recht hat, beruht radikales Denken allerdings auf einer merkwürdigen Prämisse, die Keucheyan selbst etwa wie folgt formuliert: Um die Wirklichkeit zu begreifen, müsse man extreme Phänomene, historische oder politische Fehlentwicklungen in Betracht ziehen. Von diesen extremen Phänomenen, diesen abweichenden Erscheinungen im Bereich der Politik und Geschichte habe eine allgemeine Theorie auszugehen. Das Problem – doch das sagt Keucheyan nicht, da er sich selbst als radikalen Denker bezeichnet – besteht allerdings darin, dass eine durch solche Extremfälle geprägte allgemeine Theorie nichts taugen kann, da sie den Extremfall extrapoliert und somit die Ausnahme zur Norm macht. Carl Schmitt z.B. behauptete, Politik könne nur vom Extremfall des Krieges

26 Agamben, Homo Sacer, S. 175.

27 So z.B. Sami Nair/Edgar Morin/Danièle Sallenave, Israel-Palestine: le cancer, in: *Le Monde*, 3. Juni 2002: »In den letzten Tagen der Rückeroberung des Westjordanlandes hat sich die israelische Armee der Plünderung und grundlosen Zerstörung, des Mordes und der Exekution schuldig gemacht, wobei das auserwählte Volk sich wie die Herrenrasse aufführte.«

28 Razmig Keucheyan, Qu'est-ce qu'une pensée radicale? Aspects du radicalisme épistémique, in: *Revue du MAUSS permanente*, 19. März 2010 (http://www.journaldumauss.net/./?Qu-est-ce-qu-une-pensee-radicale).

oder des Ausnahmezustandes her verstanden werden. Das Wesen der Politik besteht nach seiner berüchtigten Formulierung in der Unterscheidung von Freund und Feind. Für Agamben, seinerseits stark von Schmitt beeinflusst, ist der Extremfall der Moderne das Konzentrationslager und dieses daher das Wesen der Moderne, ihr Nomos, wie er es nennt. Der Atomkraftgegner Günther Anders und sein Schüler Jaime Semprun reduzieren die Kernenergie auf den Extremfall Hiroshima.[29] Reduziert man sie auf die Atombombe, ist es freilich unmöglich, die Kernenergie zu verteidigen, ohne in den Verdacht zu geraten, sich an der gezielten Ermordung von Zivilisten zu beteiligen. Radikale Erkenntnistheorie (und Gesellschaftskritik) ist auf eine »Hitlerisierung« der Moderne und die Normalisierung des Hitlerismus programmiert.

Was es mit der Empörungsideologie und Hessels erfolgreicher Ansprache an die westliche Leserschaft auf sich hat, erläutert der Philosoph François de Smet mit einigen sehr originellen Überlegungen zum sogenannten »Godwin-Gesetz« und zum Bild Hitlers und der Nazis in der öffentlichen Debatte.[30] Im Jahr 1990 stellte Mike Godwin, ein junger Anwalt, die Hypothese auf, dass die Wahrscheinlichkeit, dass jemand eine Analogie zu Hitler und dem Nationalsozialismus herstellt, umso größer sei, je länger eine Online-Diskussion dauere. Davor hatte Leo Strauss schon lange vor dem Aufkommen des Internets gewarnt, er nannte es eine »reductio ad Hitlerum«: so auch der Titel von de Smets Buch. Ausgehend von Godwins Gesetz stellt

29 Siehe Günther Anders, Wir Eichmannsöhne. Offener Brief an Klaus Eichmann, München 1964; dazu auch Jaime Semprun, La nucléarisation du monde, Paris 1986.

30 François de Smet, Reductio ad Hitlerum: Une théorie du point Godwin, Paris 2014.

de Smet zunächst philosophische Überlegungen zu Ort und Bedeutung des Bösen in unserer liberalen Kultur an. Godwins Gesetz, so behauptet er, sei ein kybernetischer Abkömmling der Verpflichtung, sich an den Holocaust zu erinnern (in Frankreich *devoir de mémoire* genannt);[31] ein Abwehrreflex, der Schutz bieten soll, indem er die Schrecken der modernen Geschichte, insbesondere die Erinnerung an den Totalitarismus in seinen unterschiedlichen Gestalten bannt. Es sei ein Pawlow'sches Gegenstück zur oberflächlich ideologischen Erinnerung an den Holocaust, die Kollaboration (zumindest in Frankreich) und die Gräueltaten des 20. Jahrhunderts. Godwins Gesetz sei nicht nur ein rhetorischer Kniff, sondern »ein Index, der auf eine Verdrängung verweist: nämlich die Verdrängung der Herdenmentalität«.[32] Denn eine solche Mentalität, so die Befürchtung unserer liberalen Gesellschaften, könnte durch eine Art Kettenreaktion wiedererwachen. Diese Angst sei der Grund für die (buchstäbliche oder metaphorische) Zensur kritischer, provokativer oder schockierender Äußerungen über den Holocaust, die Juden, die Ausländer, die Einwanderer usw., von denen man sogleich befürchte, sie könnten zu entsprechenden Handlungen oder gar zu einer Wiederholung der Gräueltaten des letzten Jahrhunderts führen. Auf dieser Angst gründeten die Gesetze zur Beschränkung der Redefreiheit sowie die von de Smet polemisch so bezeichnete »politische Korrektheit« (er bezieht sich hauptsächlich auf Frankreich, wo es tatsächlich solche Gesetze gibt, während in anderen westlichen Ländern zwar keine rechtlichen, doch zumindest soziale und insti-

31 Ebd., S. 22.
32 Ebd., S. 81.

tutionelle Möglichkeiten bestehen, Äußerungen zu verbieten oder zu dämonisieren).[33]

Versteht man den Holocaust als ein beispielloses Zeugnis der Fähigkeit des Menschen, Menschen um der Vernichtung willen zu vernichten, und mithin als einen beispiellosen Fall von ontologischem Nihilismus, so muss die Erinnerung daran, dass die Menschheit in eine solche Barbarei zurückfallen kann, verdrängt werden. Dies ist der Zweck des Godwin-Gesetzes, das als ein Reflex verstanden werden kann, der alles umgehen soll, was die Kulturarbeit[34] zu unterdrücken versucht hat – das, was wir »das Böse« nennen, d.h. den Trieb der Gattung, die Schwachen zu vernichten.[35]

Erinnern wir uns daran, dass der Nationalsozialismus das Überleben des Stärkeren legalisierte, die Eliminierung der Schwachen förderte und das Gebot, nicht zu morden, auf den Kopf stellte, wie Hannah Arendt bemerkte.[36] Das ultimative Vergehen, die Tötung eines Menschen, wurde

33 In den USA bedarf es heutzutage keiner Gesetze, um zu verstehen, dass bestimmte Linien nicht überschritten werden dürfen. Das Phänomen der »Mikroaggressionen« und »Triggerwarnungen« bezeugt die Angst vor Äußerungen, von denen man fürchtet, sie könnten die Herdenmentalität wieder zum Leben erwecken (wobei die zu verdrängende Vergangenheit in den USA weniger mit dem Trauma des Totalitarismus zu tun hat als mit Rassentrennung, Sklaverei, Rassismus, Lynchmorden und letztlich Völkermord). Diese Politik der Verdrängung bedeutet natürlich nicht, dass über die Vergangenheit nicht gesprochen würde – ganz im Gegenteil. Doch wie die »Erinnerungspflicht« (*devoir de mémoire*) in Frankreich dienen die »Tyrannei der Bußfertigkeit« (Pascal Bruckner) und die Selbstgeißelung dazu, eine aufrichtige Auseinandersetzung mit der Geschichte, die frei von Gefühlsduselei und Moralismus wäre, zu vermeiden.

34 [Im Original deutsch.]

35 Siehe ebd., S. 101.

36 Siehe Hannah Arendt, Eichmann in Jerusalem, München 1986, S. 206 f.

im Namen des Ausnahmezustands und unter dem Führerprinzip[37] zum Gesetz. Insofern der Hitlerismus ein Antinomismus war, trat die Legalisierung des Mordes an die Stelle des jüdisch-christlichen Verbots.

Wenn aber die *reductio ad Hitlerum*, der schematische Rückgriff auf Nazi-Analogien, ein kybernetischer Abkömmling des *devoir de mémoire* ist, dann ist letzteres nichts anderes als der Versuch, die Vergangenheit zu verdrängen, anstatt sie aufzuarbeiten. Die im Französischen so genannte Erinnerungspflicht ist also das genaue Gegenteil von Erinnerung. Dass man eine solche Verpflichtung in Anschlag bringt und Äußerungen verbietet, die als rassistisch, antisemitisch usw. aufgefasst werden können, zeugt von der Verdrängung der unerträglichen Erinnerung an unsere eigene Unmenschlichkeit.

Was hat das alles mit Empörung zu tun? De Smet geht in seinen Spekulationen über das Böse als menschliche Neigung, dem Ruf der Herde zu folgen, noch weiter. Zu Hessels Manifest bemerkt er, der Autor fasse nur die üblichen, allzu vorhersehbaren Angriffsziele ins Auge (Banken, Austeritätspolitik, »Neoliberalismus«, »Israel«).[38]

> Hessels Erfolg, nämlich der Erfolg des Pseudogefühls der Empörung, ist Symptom eines Unwohlseins … Empörung ist eine der gegenwärtig üblichen Methoden, die menschliche Sehnsucht, dem Ruf der Herde zu folgen, zu unterdrücken. Sie ist aber zum Scheitern verurteilt, sobald sie zu einem kollektiven Unterfangen wird. … Empörung ist eine Art Schutzschild, eine Form der Ver-

37 [Im Original deutsch.]
38 Siehe de Smet, Reductio ad Hitlerum, S. 134.

drängung, der der moderne Mensch sich bedient, um sich vor dem Ruf der Herde zu schützen.[39]

Aber wenn Empörung eine Verleugnung und Verdrängung bezeichnet, die die Sehnsucht nach der Herde verdeckt, dann ist die auffällige Nennung des Namens Israel in einer Reihe ansonsten eher unspezifischer Bezeichnungen als ein Symptom dafür zu begreifen, dass die Herdenmentalität (eine Kollektivierung der Empörung) wieder einmal die Juden zur Zielscheibe nimmt und sich perverserweise an der Vernichtung Israels durch seine Feinde erfreut (daher die Charakterisierung der Hamas, deren Charta die Vernichtung nicht nur Israels, sondern auch der Juden fordert, als Widerstandsbewegung).[40]

Die Reduktion von Ethik auf Ideologie, die ich Moralismus nenne (und die de Smet als politische Korrektheit be-

39 Ebd., S. 145.

40 Siehe https://www.kritiknetz.de/images/stories/texte/charta%20der%20hamas.pdf. Hier zwei bezeichnende Auszüge aus der Charta der Hamas: »Liegen diese Glieder auch sehr fern und haben auch die Hindernisse, die die Helfershelfer des Zionismus den Dschihad-Kämpfern in den Weg gestellt haben, dazu geführt, dass der Dschihad nicht kontinuierlich fortgeführt werden konnte, so strebt die Islamische Widerstandsbewegung doch danach, Gottes Versprechen wahrzumachen, ganz gleich, wie lange dies dauern mag. Der Prophet – Gott segne ihn und schenke ihm Heil –, sprach: ›Die Stunde wird kommen, da die Muslime gegen die Juden solange kämpfen und sie töten, bis sich die Juden hinter Steinen und Bäumen verstecken. Doch die Bäume und Steine werden sprechen: »Oh Muslim, oh Diener Allahs, hier ist ein Jude, der sich hinter mir versteckt. Komm und töte ihn!« Nur der Gharkad-Baum wird dies nicht tun, denn er ist ein Baum der Juden.‹ (nach den Hadith-Sammlungen des al-Buchari und Muslim).« – »Nach Palästina strebt er [der Zionismus] eine Expansion vom Nil bis zum Euphrat an, und wenn er sich diese Region einverleibt hat, folgt weitere Expansion und so fort. Die Pläne der Zionisten sind in den ›Protokollen der Weisen von Zion‹ nachzulesen und ihre derzeitigen Taten belegen bestens, was wir hier sagen.«

zeichnet), beruht meiner Ansicht nach auf einer Verdrängung und einer Verleugnung – der Weigerung anzuerkennen, dass das Unmenschliche (was de Smet »den Ruf der Herde« nennt, die Faszination für das Starke und die Sehnsucht nach der Zerstörung des Schwachen) Teil unserer gemeinsamen Menschheit ist.

In einer nach dem Erfolg von Hessels Manifest veröffentlichten Studie über Empörung erinnert Jean-François Mattéi im Anschluss an René Girard daran, dass moderne Gesellschaften, um die Abschaffung des Opfers zu kompensieren, »das Böse gewaltsam nach außen zu projizieren versuchen, indem sie periodische Skandale und rituelle Empörungsäußerungen provozieren«.[41] Im Gegensatz zu Camus' authentischem Menschen in der Revolte reagiert der empörte Mensch in künstlicher Entrüstung: »Empörung ist im Niedergang begriffen. Schlimmer noch, sie ist programmiert, äußert sich nach Plan und in nur eine Richtung. Unsere Demonstranten sind halbseitig gelähmt. Sie suchen sich ihre Opfer aus, finden einige liebenswert und andere unanständig.«[42] Nichts Neues unter der Sonne. Schon Descartes, so Mattéi, habe die Ambivalenz eines Gefühls hervorgehoben, das zumeist eines der Selbstzufriedenheit sei: »Die Verbrechen und Fehler der anderen anzuprangern, um die eigene Tugend besser genießen zu können, ist die rhetorische Strategie der schönen Seele; sie schließt von der Schuld des Verbrechers auf ihre eigene Unschuld und leitet ihr Glück aus dem Leiden des Opfers ab, da sie sowohl gegen Schuld als auch gegen Leiden immun ist.«[43] Wichtiger noch: Empörung wird somit zu ei-

41 Jean-François Mattéi, L'homme indigné, Paris 2012, S. 10.
42 Albert Camus, »L'Espagne libre«, in: A.C., Œuvres complètes, Bd. 2, Paris 2006, S. 666; zitiert bei Mattéi, S. 27.
43 Mattéi, L'homme indigné, S. 115 f.

nem Charakteristikum von Theorie und Kritik selbst, die in einem marxistischen Sinne auf dem Gefühl der Empörung beruhen. Tatsächlich schrieb der junge Marx über das Pathos kommunistischer Kritik: »Ihr wesentliches Pathos ist die *Indignation*, ihre wesentliche Arbeit die *Denunziation*.«[44] Theoretische Empörung ist freilich immer irgendwie gekünstelt – denn man leidet nicht, wie Luc Boltanski meint, wenn man mit Statistiken über soziales Elend konfrontiert wird, weil »Allgemeinheit kein Mitleid erregt«.[45] Kollektive, allgemeine, abstrakte oder theoretische Empörung birgt im Gegensatz zum singulären Affekt »die Gefahr, zu einem kollektiven Ressentiment zu werden, welches das rachsüchtige Kollektiv dazu verleitet, seinen Affekt mit der angeblichen Schuld eines gegnerischen Kollektivs zu befeuern ... Sobald aber nicht mehr ein besonderer Fall den Ausschlag gibt, ist Empörung nur ein Vorwand, um die in ihr enthaltene Gewalt des Ressentiments freizusetzen.«[46] Das alles hat Hessels Manifest erreicht. Und es sollte uns kaum überraschen, dass der jüdische Staat zum Brennpunkt kollektiver Ressentiments geworden ist und die hervorgerufene Empörung dem neuen Antisemitismus Munition geliefert hat.

Auch Jean Genet, der unmoralische Dichter, schreckte nicht davor zurück, sich das Unmenschliche auf die Fahne zu schreiben und eine vielleicht letzte Metaphysik des Bösen in der französischen *république des lettres* zu propagieren. Éric Marty hat sich mit einer merkwürdigen Stelle aus Genets letztem autobiographischen Roman »Un captif

44 Karl Marx, Kritik der Hegelschen Rechtsphilosophie. Einleitung [MEW, Bd. 1, S. 380], zitiert bei Mattéi, S. 165.
45 Mattéi, L'homme indigné, S. 207.
46 Ebd., S. 212.

amoureux«[47] beschäftigt, an welcher der Autor beim Anblick eines japanischen Mädchens darüber phantasiert, das Verwundbarste zu vernichten – und damit gegen das Gebot, nicht zu töten, verstößt, das Levinas gerade an der Verwundbarkeit des Gesichts des anderen festmacht. Marty schreibt dazu:

> Genets Bemühen um moralische und psychische Läuterung ist metaphysischer Natur, aber wie immer in seinem Universum ist es konkret mit dem Begehren verbunden, in diesem Fall durch den Kontrast zwischen dem verletzlichen Körper eines japanischen Passagiers, eines einfachen Mädchens, und den muskulösen Körpern der gestiefelten deutschen Besatzer: »Diese Verletzlichkeit ist eine Art von Aggression, die darum bettelt, zerquetscht zu werden.« Aus diesem allgegenwärtigen, stets verfügbaren Bild deutscher Hypervirilität erwächst die Vision der nackten Juden. Die KZ-Juden wiederum werden zur Manifestation der Hölle, zum gespenstischen Bild absoluter Herrschaft, zum Ergebnis der einzigen Form der Unterwerfung – der großen Unterwerfung –, die Genet kennt.[48]

Und was ist die Tragödie von Toulouse, die kaltblütige Ermordung von Kindern auf einem Schulhof, wenn nicht dieselbe Sehnsucht nach der Eliminierung der Schwachen, die Bejahung einer Hypervirilität und »die Manifestation der Hölle … der absoluten Herrschaft«, einer Herrschaft, die die Juden unterwerfen und vernichten soll?

47 [Paris 1986; Ein verliebter Gefangener. Palästinensische Erinnerungen, Köln 1988.]
48 Marty, Radical French Thought, S. 22.

Die Reaktionen auf diese Tragödie zeugen von einer verstörenden Dialektik zwischen Moralismus und Sehnsucht nach der Herde (einer schlecht verborgenen Faszination für die Figur des Terroristen und Judenmörders). Zu dieser Faszination meinte Marty damals, die Medien ersetzten die Gesichter der Opfer durch das Bild des Mörders, so dass die Namen und Gesichter der Opfer augenblicklich aus dem nationalen und internationalen Gedächtnis gestrichen würden (mit Ausnahme von Israel, wo die Opfer begraben wurden). Tatsächlich zeigten die Medien drei Tage nach den Morden ein Video, in dem Mohamed Merah »bei einem Rodeo zu sehen war, wo er in Sonne und Staub mit einem strahlenden, machtvollen Lächeln auftauchte«: »Was da konsumiert wurde, war das in der perfekten Form des Mythos enthüllte Bild des Mörders: eines sonnig leuchtenden wilden Mörders«.[49] Das erinnert an die Faszination Genets für die Black Panthers und die Palästinenser. Das Publikum genoss ein Bild totaler Herrschaft und zugleich die totale Herrschaft als Bild. Dieses Bild löschte die jüdischen Opfer schließlich aus.

Toulouse 2012 in den Medien und in Briefen

Im März 2012 erfuhr die französische Öffentlichkeit – und ein Großteil der Welt – mit Entsetzen, dass Mohamed Merah drei französische Soldaten offenbar muslimischer Herkunft und anschließend drei Kinder und einen Rabbiner in einer jüdischen Schule erschossen hatte. Der französischsprachige algerische Schriftsteller Salim Bachi wurde von *Le Monde des livres*, der Literaturbeilage der

49 Éric Marty, Mohamed Merah en nos miroirs, L'Obs, 3. Juni 2012.

Tageszeitung *Le Monde*, eingeladen, die Morde von Merah zu kommentieren. In seinem Beitrag mit dem Titel »Moi, Mohamed Merah« (Ich, Mohamed Merah) nahm er den Standpunkt des Attentäters ein. Neben Bachis Artikel, der zwischen Fakten und Fiktion changiert, wurden auch kritische Reaktionen der Schriftsteller Olivier Rolin und Marc Weitzmann veröffentlicht.

Jean Birnbaum, der Herausgeber von *Le Monde des livres*, bat Bachi um einen Beitrag, da dieser bereits zwei Romane über Terroristen geschrieben hatte. Der erste, »Tuez-les tous« (Tötet sie alle), der von den Anschlägen vom 11. September handelt, wurde 2006 bei Gallimard, dem wohl renommiertesten französischen Verlag, veröffentlicht. Der zweite, »Moi, Khaled Kelkal« (Ich, Khaled Kelkal), erschien wenige Wochen vor dem Massaker von Toulouse bei Grasset, einem anderen namhaften Verlag; darin geht es um den Bombenanschlag auf die Pariser Metrostation Saint-Michel im Jahr 1995, verübt von einem jungen Algerier, Mitglied des Groupe Islamique Armé. Bachi schien also genau der Richtige zu sein, ein Spezialist für eine »Prosopopöie« des Terrors (auf diesen Begriff werde ich noch zurückkommen). In seinem kurzen Artikel, einer Mischung verschiedener literarischer und journalistischer Genres, setzt Bachi die legitime Tötung eines bewaffneten Terroristen (Mohamed Merah) durch eine Spezialeinheit der Polizei mit der Auslöschung eines ganzen Volkes aus »rassischen« oder religiösen Gründen (Holocaust) gleich.

Indem er den Täter in ein Opfer (des neokolonialen und institutionellen Rassismus) verwandelt und einen antisemitischen Mörder und Terroristen zu einem vernichteten Juden stilisiert, folgt Bachis fiktionaler Text scheinbar den Spuren der modernen französischen Literatur, wodurch er allerdings Merahs Verbrechen symbolisch verdoppelt. Ich würde behaupten, dass über jene literarische Moderne hinaus, die das Böse und das Verbrechen verherrlicht und die Grenzen zwischen Opfern und Tätern verwischt, in der radikalen französischen Ästhetik, insbesondere in der Literatur, etwas Neues entstanden ist. Es wäre falsch oder zumindest zu kurz gegriffen, Bachis literarisches Unterfangen der Tradition der französischen Moderne zuzuschreiben, ohne zu erkennen, wie seine Strategie eben diese Tradition zersetzt, indem sie sich der von mir so genannten moralistischen Wende in der französischen *république des lettres* verschreibt. Diese wiederum hat mit der geradezu zwanghaften Empörung zu tun, von der oben die Rede war: ein Symptom sowohl der Verdrängung der Vergangenheit als auch der Weigerung, über neue Formen der Barbarei nachzudenken. Bachi ist meiner Ansicht nach sogar weit davon entfernt, wie seine Vorgänger vom Marquis de Sade bis Jean Genet und Georges Bataille das Verbrechen zu begrüßen und das Böse unverfroren zu feiern; vielmehr veranschaulicht er den von Danny Trom beschriebenen Paradigmenwechsel. Bachis Text nährt den apologetischen Diskurs, der das Wiederaufleben des Antisemitismus begleitet.

Am 11. März 2012 erschoss der französisch-algerische Doppelbürger Mohamed Merah in Toulouse einen Fallschirmjäger vor einer Sporthalle; am 15. März schoss er in einem Einkaufszentrum in der nahegelegenen Stadt Montauban auf drei weitere Fallschirmjäger und tötete zwei von ihnen. Da all diese Opfer offenbar muslimischer Herkunft waren, nahm man allgemein an, bei dem noch unbekannten Täter handele es sich um einen rechtsextremen Rassisten. Es kann nur noch vermutet werden, dass der islamistische Mörder der Meinung war, die Soldaten hätten durch ihren Dienst für Frankreich ihren Glauben verraten;

dieser Teil des Falls bleibt im Dunkeln. Am 19. März jedenfalls setzte Merah seine Mordserie fort und überfiel Ozar Hatorah, eine jüdische Schule in Toulouse. Er schoss den Rabbiner Jonathan Sandler und dessen zwei Söhne Gabriel und Arieh im Alter von vier und fünf Jahren nieder, dann nahm er sich die achtjährige Myriam Monsenego vor. Wie entschlossen er war, demonstrierte er dadurch, dass er das Mädchen verfolgte, an den Haaren packte und ihm in den Kopf schoss.

Am 22. März wurde seine Wohnung von einer Anti-Terror-Einheit belagert, wobei Merah ums Leben kam, als er aus dem Fenster sprang und auf die Polizisten feuerte. Die finstere und kaltblütige Entschlossenheit des Täters wird allzu deutlich, wenn man sich seine langwierigen Verhandlungen mit der Polizei anhört. Ein öffentlich-rechtlicher Fernsehsender strahlte sie aus, und die Tageszeitung *Libération* veröffentlichte sie – beides ohne Genehmigung.[50]

Kurz nach der Tragödie meinte Mathieu Guidère, ein Experte für islamistischen Terrorismus, das Datum des Anschlags, der 19. März, sei womöglich kein Zufall gewesen. Sollte der Täter Verbindungen zum al-Qaida-Netzwerk gehabt haben – was eine offene Frage bleibt –, könnte der Jahrestag des Abkommens von Évian, das den Krieg in Algerien beendete, mit Bedacht gewählt worden sein, und zwar wegen seiner symbolischen Bedeutung und, so kann ich nur vermuten, in makabrem Gedenken an einen

50 Siehe *Libération* vom 17. Juli 2012: Exclusif – Transcription des conversations entre Mohamed Merah et les négociateurs (http://www.liberation.fr/societe/2012/07/17/transcription-desconversations-entre-mohamed-merah-et-les-negociateurs_833784).

muslimischen Sieg, der möglicherweise den Beginn des Dschihad gegen Frankreich markiert.[51]

Die Reaktionen Éric Martys und Pascal Bruckners sowie die Analogie zu den Einsatzgruppen habe ich bereits in der Einleitung erwähnt. Es wäre ein Leichtes, mir nun vorzuwerfen, dass ich, nachdem ich mit de Smet die Verdrängung und Verleugnung, deren Symptom die reductio ad Hitlerum ist, hoffentlich überzeugend bloßgestellt habe, hier mit Marty und Bruckner einige »Godwin-Punkte« sammle. Diesem scheinbar berechtigten Einwand würde ich entgegnen, dass nicht alle historischen Analogien gleich, nämlich einige relevant und andere einfach wertlos sind. Wenn zum Beispiel Heidegger die motorisierte Landwirtschaft oder die Wasserstoffbombe mit den Vernichtungslagern vergleicht, ist diese Analogie vielleicht weniger eine reductio ad Hitlerum, weniger eine Maximierung des »Bösen« motorisierter Landwirtschaft, als eine Minimierung des Holocaust (insbesondere in Anbetracht des Kalten Krieges, in dessen Kontext Heidegger schreibt). Das war eine dürftige Analogie, die zweifellos Heideggers eigene Verstrickung in den Nationalsozialismus verschleiern und jedwede Verantwortung verwischen sollte. Ebenso würde ich behaupten, dass Agamben, wenn er moderne Demokratien oder Unternehmen mit dem Konzentrationslager und dem Ausnahmezustand vergleicht, die Realität des Konzentrationslagers verharmlost, wenn auch unabsichtlich, vielleicht weil er sich von seiner radikalen Epistemologie hat mitreißen lassen. Seine Analogie ist jedenfalls nicht hilfreich. Zu einem besseren Verständnis der Ungerechtigkeiten, die unsere kapitalistische Moderne

51 Fusillade de Toulouse: »Al-Qaida pourrait reconnaître les attaques« (http://www.lepoint.fr/societe/fusillade-de-toulouse-al-qaida-pourrait-reconnaitre-les-attaques-21-03-2012-1443685_23.php).

plagen, trägt sie nichts bei. Die Ermordung von Kindern auf einem Schulhof, die getötet wurden, weil sie Juden waren, mit der Ermordung von Juden durch Mitglieder der Einsatzgruppen zu vergleichen, ist jedoch keine sinnlose Analogie, kein zweifelhafter Versuch einer reductio ad Hitlerum. Sinnvoll ist sie, weil sie den nihilistischen Kern sowohl der säkularen totalitären Ideologie des Nationalsozialismus als auch des Terrors im Namen eines religiösen Dogmas sichtbar macht.

Eine solche Parallele deutete auch der Schriftsteller Olivier Rolin an, als er zu Bachis literarischer Aneignung der Morde von Toulouse Stellung nahm: »Ich habe gerade die Bücher von Wassili Grossman wieder gelesen. Ich nehme an, dass es unter den Mitgliedern der Einsatzgruppen, die osteuropäische Juden ermordeten, auch junge Leute im Alter Mohamed Merahs gab. Wer würde es wagen, sie ›Kinder‹ zu nennen?« – denn mit dieser liebevollen Bezeichnung hatte Bachi Merah bedacht. Rolin verurteilte die Verharmlosung solcher Verbrechen, die bestimmte soziologische Reaktionen darauf erkennen lassen, die den Terrorismus gegen Juden relativieren, indem sie auf die Entfremdung junger Muslime in Frankreich verweisen – junge Menschen, die einige Soziologen und Journalisten mit einem Hauch paternalistischer und neokolonialer Herablassung und der euphemistischen Rhetorik entsprechend, die das Kennzeichen postkolonialer Schuldgefühle ist, als »gamins« (kleine Jungs) bezeichnen. Einige Experten und Politiker hielten »institutionellen Rassismus« und soziale Ungleichheit (Pseudoerklärungen, die Rolin als »soziologische Fertigprodukte« bezeichnet)[52] für die Ursache der

52 Doch wie Trom zeigt, entstammen diese vorgefertigten Erklärungen einer bestimmten radikalen Gesellschaftskritik.

Tat, mehr als antisemitische islamistische Propaganda. So erklärte Cécile Duflot, die damalige Ministerin für Wohnungswesen und Vorsitzende der Grünen Partei, dass »der Boden, auf dem dieses Verbrechen gedieh, von Politikern fruchtbar gemacht wurde, die bestimmte Gemeinschaften stigmatisieren. Eine solche Stigmatisierung nährt religiösen Fanatismus.«[53] Demnach hat das Problem seinen Ursprung in der französischen, vielleicht auch europäischen neokolonialen und rassistischen Gesinnung (»fracture coloniale«), welche die Assimilierung junger Muslime und/oder afrikanischer Einwanderer behindere, indem sie sie aus der sozialen und politischen Gemeinschaft ausschließe. Duflots Argumentation legt nahe, dass Merahs mörderischer Antisemitismus auf den europäischen Rassismus im Allgemeinen und die diskriminierende französische Kultur im Besonderen zurückzuführen sei.

Noch abwegiger war die Analyse des Philosophen Bernard Stiegler, eines ehemaligen Schülers von Jacques Derrida.[54] Seiner Ansicht nach lagen die Gründe für das Massaker von Toulouse in Konsumismus, Unterhaltungsindustrie und dem Zynismus der Finanzeliten. In seiner Stellungnahme findet sich kein Wort über den in der muslimischen Welt weitverbreiteten Antisemitismus oder die mörderische Rhetorik terroristischer Organisationen.[55] Derlei

53 Affaire Merah: Duflot s'interroge sur les priorités de la DCRI, in: *Libération*, 26. März 2012 (http://www.liberation.fr/politiques/01012398303-affaire-merah-duflot-s-interroge-sur-les-priorites-de-la-dcri).
54 Bernard Stiegler, Ces abominables tueries peuvent s'expliquer par la dérive de nos sociétés, in: *Le Monde*, 29. März 2012.
55 Abdelghani Merah, einer von Merahs Brüdern, sprach über den Antisemitismus in seiner Familie: »Meine Mutter hat immer gesagt, Araber seien dazu geboren, Juden zu hassen. Diesen Satz habe ich in meiner Kindheit immer wieder gehört.« (Abdelghani Merah a ›piégé‹ sa sœur

»soziologische Fertigprodukte« mögen nach dem 11. September 2001 in bestimmten intellektuellen Kreisen neuen Auftrieb bekommen haben. Einem Verständnis des wiederauflebenden Antisemitismus stehen sie jedenfalls im Weg.

In der kurzen Zeit zwischen dem Schulmassaker und der Belagerung von Merahs Wohnung wurde über die ideologischen Beweggründe des Mörders spekuliert. Wie einst nach den Anschlägen auf die Synagoge in der Rue Copernic[56] kamen die üblichen Verdächtigen zur Sprache, nämlich Rechtsextreme und Neonazis; eine Vermutung, die umso näherlag, als nicht nur Juden, sondern auch muslimische Soldaten angegriffen worden waren. Isabelle Kersimon und Jean-Christophe Moreau haben allerdings darauf hingewiesen, dass die erste Reaktion der Medien (die mit dem Finger auf Rechtsextreme und nicht auf Islamisten zeigten) die Behauptung einer ungezügelten Islamophobie in Frankreich widerlegt. Ein islamfeindliches Frankreich hätte zuerst die Muslime verdächtigt.[57]

War es, wie die Wochenzeitung *L'Express* am 19. März 2012 fragte, »eine terroristische oder eine rassistische Tat?«[58] Die Frage war zwar aufschlussreich, aber gelinde

pour dénoncer l'antisémitisme de sa famille, in: *Le Monde*, 12. November 2012; http://www.lemonde.fr/societe/article/2012/11/12/abdelghani-meraha-piege-sa-s-ur-pour-denoncer-l-antisemitisme-de-sa-famille_1789463_3224.html). Zum Antisemitismus europäischer Muslime siehe Günther Jikeli, European Muslim Antisemitism: Why Young Urban Males Say They Don't Like Jews, Bloomington (Indiana) 2015.

56 Bei diesem Anschlag vom 3. Oktober 1980 wurden vier Menschen getötet und mehr als 40 von einer propalästinensischen Terrororganisation verletzt.

57 Isabelle Kersimon/Jean-Christophe Moreau, Islamophobie, la contreenquête, Paris 2014.

58 Toulouse: sur la piste du tueur au scooter (http://www.lexpress.fr/actualite/societe/toulouse-montauban-sur-la-piste-du-tueur-au-scooter_1095295.html).

gesagt ungeschickt, da sie nahelegte, Terrorismus und Rassismus seien grundverschieden, obwohl der Terrorismus – insbesondere, wenn auch nicht ausschließlich, der islamische – in der Rhetorik des Rassismus verwurzelt ist. Ein kurzer Blick in die Schriften Osama bin Ladens und ähnlich gesinnter Leute, die den Dschihad gegen Juden und »Ungläubige« predigen, macht mehr als deutlich, dass sich die Rhetorik des Terrorismus mit der des Rassismus überschneidet, vor allem in der weitgefassten und bisweilen vagen Bedeutung, die das Wort »rassistisch« inzwischen angenommen hat.[59] (Im Französischen wird auch Antisemitismus oft als Rassismus bezeichnet, obwohl man zwischen diesen beiden Übeln sorgfältig unterscheiden sollte). Umgekehrt kann ein rassistisches oder durch Hass motiviertes Verbrechen in gewissem Maße als terroristische Tat angesehen werden, nämlich als Versuch, eine bestimmte Gruppe von Menschen in Angst und Schrecken zu versetzen, wie wir beim Massaker in Charleston in South Carolina gesehen haben, wo Terrorismus und Rassismus zwei Seiten derselben Medaille waren, oder anders ausgedrückt: wo Terrorismus ein Mittel war und Rassismus zugleich Ursache und Ziel (die Errichtung einer segregierten Gesellschaft).[60]

Ich möchte nicht zu viel in eine Zeitungsüberschrift hineininterpretieren, deren einziger Zweck ist, Leser anzulocken. Ich würde jedoch behaupten, dass der Subtext dieser Schlagzeile – »eine terroristische oder eine rassistische Tat?« – etwa bedeutet, der islamische Terrorismus sei nicht

59 Siehe Gilles Kepel/Jean-Pierre Milelli (Hg.), Al Qaeda in its Own Words, Cambridge (Mass.) 2010.
60 Am 17. Juni 2015 erschoss ein von der Überlegenheit der »weißen Rasse« überzeugter Attentäter neun Afroamerikaner vor der Emanuel African Methodist Episcopal Church.

rassistisch, sondern politisch. Woraus folgt, er habe mit Krieg und politischer Gewalt und nicht mit einer rassistischen Ideologie zu tun. Mit anderen Worten, der islamische Terrorismus lasse sich nicht von religiös, ethnisch oder rassistisch motiviertem Hass leiten, sondern beschränke sich auf Krieg und politische Gewalt, und in diesem konkreten Fall handele es sich um eine Reaktion auf den Nahostkonflikt. Rassismus hingegen sei allein Sache von Neonazis oder Rechtsradikalen, d.h. von Franzosen oder waschechten Europäern, Weißen vom Schlage eines Anders Breivik, die gegen jedwede Einwanderung sind.[61]

Allerdings wurde die Unterscheidung zwischen Rassismus und Terrorismus durch die Nazis längst diskreditiert, die ihre Rassenideologie durch Terror ins Werk setzten. Breivik verkörpert die enge Verbindung zwischen Terrorismus und Xenophobie in unserer unmittelbaren Umgebung. Von wenigen Ausnahmen abgesehen, bestreitet auch niemand den Zusammenhang von Rassismus und Terrorismus, wenn es sich um einen weißen europäischen Massenmörder wie Breivik handelt. Ebenso würde ich behaupten, dass Merahs Verbrechen, wie die Anschläge vom 11. September, sowohl ein Hassverbrechen war, dem eine rassistische Ideologie zugrunde lag, als auch eine terroristische Tat, die Angst und Schrecken unter der Zivilbevölkerung verbreiten sollte. Also rassistisch *und* terroristisch.

Doch woher rührt die Neigung, in Frankreich und vielleicht auch in Europa insgesamt, Rassismus von islamischem Terrorismus zu unterscheiden? Meiner Vermutung nach ist diese Tendenz auf eine kognitive Dissonanz zurückzuführen, um einen Begriff aus der Psychologie zu

61 Am 22. Juli 2001 tötete der Norweger Anders Breivik 77 Menschen im Namen seiner faschistischen Ideologie.

verwenden. Ein Muslim – in diesem Fall ein französischer und algerischer Doppelbürger – könne nicht rassistisch sein, weil Muslime und Araber, die ehemals Kolonisierten, selbst Opfer von Rassismus seien. Das Massaker von Toulouse und Montauban wurde aus der französischen Psyche verdrängt, weil Frankreich nicht in der Lage war, dieses traumatische Ereignis zu verarbeiten, in dem sich Geschichte und kollektive Erinnerung des Landes überschneiden: ein *nœud de mémoire* (wörtlich: Erinnerungsknoten)[62]. Obwohl es sich um ein noch nie dagewesenes Ereignis handelte, ging es bald im Lärm des Präsidentschaftswahlkampfs unter. Schnell wurde das Verbrechen als isolierte Tat eines »Degenerierten«, eines »einsamen Wolfs«, eines »Verrückten« usw. abgetan. In einem Vortrag, den er im Juni 2012 auf einem von Philippe Sollers' *La Règle du jeu* veranstalteten Symposium hielt und der sich auf seinen in *L'Arche* veröffentlichten Kommentar stützte, erklärte Éric Marty, das politische Motiv des Verbrechens sei ausgelöscht worden: »In dieser Auslöschung sind sich alle einig: die Polizei, die sich … selbst entlastet, indem sie erklärt, das Problem sei eher klinisch als politisch, und Jean-Luc Mélenchon, für den Mohamed Merah nichts als ein ›Degenerierter‹ ist.«[63]

62 Diesen Ausdruck prägte Michael Rothberg in Anspielung auf die »lieux de mémoire« (Erinnerungsorte) des Historikers Pierre Nora in seinem Buch »Multidirectional Memory«. Siehe auch Michael Rothberg/Debarati Sanyal (Hg.), Nœuds de mémoire: Multidirectional Memory in Postwar French and Francophone Culture, New Haven (Connecticut) 2010. Multidirektionalität ist ein verheißungsvolles Konzept, das jedoch viel hermeneutisches Geschick verlangt, um nicht multidirektionalem Gedächtnisschwund oder abermals einer reductio ad Hitlerum zu verfallen, wie ich im nächsten Kapitel erörtern werde.
63 Éric Marty, Une sainte colère, in: L'Arche, 2. Mai 2012. Mélenchon war 2012 Vorsitzender der französischen Linkspartei (Parti de Gauche) und Präsidentschaftskandidat des Wahlbündnisses Front de gauche.

Die Empathie des Schriftstellers mit dem radikalen Gesetzesübertreter und Verbrecher hat eine lange literarische Tradition, vom Marquis de Sade bis Jean Genet, Charles Baudelaire, Georges Bataille und den Surrealisten. Eine Spur solcher Empathie oder gar Faszination findet man noch in Marguerite Duras' verworrenem Artikel über die mutmaßliche Ermordung des vierjährigen Grégory Villemin durch seine Mutter, den die Tageszeitung *Libération* am 17. Juli 1985 unter dem Titel »Sublime, forcément sublime Christine V.« veröffentlichte. Über die »notgedrungen Erhabene« heißt es dort: »Qu'elle ait été, elle, victime de traitements injustes, oui, mais coupable, non, elle ne l'a pas été.«[64]

In der Darstellung extremer Formen der Grenzüberschreitung oder Psychose, z.B. des Kindermords, hat sich in der französischen Literatur der 1980er Jahre eine Umkehrung von Täter und Opfer vollzogen. Das Verbrechen wird nicht mehr als die ästhetische oder literarische Handlung par excellence gefeiert – man denke an André Bretons berüchtigten Satz aus dem Zweiten Manifest des Surrealismus: »Die einfachste surrealistische Handlung besteht darin, mit Revolvern in den Fäusten auf die Straße zu gehen und blindlings soviel wie möglich in die Menge zu schießen.«[65] Sie ist nun nicht mehr der *acte gratuit* (die grundlose Tat, das Verbrechen ohne Motiv), dessen Theorie André Gide im Gefolge Dostojewskis in »Die Verliese

64 »Sie war ein Opfer ungerechter Behandlung, ja, aber schuldig, nein, schuldig war sie nicht.«

65 André Breton, Die Manifeste des Surrealismus, Reinbek 1977, S. 56.

des Vatikans« (1914) dargelegt hat,[66] sondern eine mechanische Reaktion auf soziale Ungerechtigkeit, die sie durch eine erlösende, wenn nicht gar messianische Form der Gewalt irgendwie wettmachen oder heilen soll.[67]

Wie der Kult des Verbrechens sich gewandelt hat, von einer Tat um ihrer selbst willen zu einer Reaktion auf soziale und politische Ungerechtigkeit, die als Ausgleich einer früheren Urgewalt betrachtet wird, hat Alain Brossat in seinem Buch »La résistance infinie« (Der unendliche Widerstand) auf bemerkenswerte Weise veranschaulicht. Herman Melvilles berühmte Geschichte »Billy Budd« liest er als eine Allegorie der Anschläge vom 11. September 2001. Die Täter seien, wie der Protagonist in Melvilles Geschichte, Opfer eines ihnen zugefügten Unrechts, und zwar eines so überwältigenden Unrechts, dass sie über keinerlei Mittel verfügten, es zu symbolisieren und in Worte zu fassen, und also gezwungen waren, Gegengewalt anzuwenden.[68] Die ursprüngliche Gewalt, die die Terroristen des 11. Septembers erlitten hätten, sei so unmäßig gewesen, dass es für Brossat und seine Leser ebenso schwierig sei, sie genau zu bestimmen, wie für die angeblichen Opfer,

66 André Gides barocke Satire (»Sottie«) veranschaulicht dies in der Figur des Lafcadio, einer Allegorie des Autors, im Roman dargestellt durch Lafcadios Stiefbruder Julius. Während Lafcadio ein grundloses Verbrechen begeht, träumt der Schriftsteller Julius, eine Parodie von Gide selbst, davon, die Figur des Lafcadio in seinem zukünftigen Roman zu erschaffen. Ein ideales literarisches Werk wäre das Abbild eines idealen Verbrechens, d.h. eines Verbrechens ohne jedes Motiv, also eines perfekten Verbrechens.

67 Zum Paradox der gewaltlosen Gewalt, im Unterschied zur gewalttätigen Gewalt des Terrorismus, siehe Walter Benjamins »Zur Kritik der Gewalt« sowie das Kapitel »On Giorgio Agamben's *State of Exception*: Guantanamo and Auschwitz« in: Èric Marty, Radical French Thought and the Return of the »Jewish Question«.

68 Alain Brossat, La résistance infinie, Paris 2006.

sie zu artikulieren. Dieses theoretische Modell – Trauma oder überwältigender Affekt, Unmöglichkeit der Übersetzung in Sprache, Ausagieren – ist lose an die Psychoanalyse angelehnt, genauer gesagt, an Lyotards Begriff des *différend*, der zum Teil auf seiner philosophischen Überarbeitung von Freuds Hysterietheorie beruht.[69] Brossat zufolge besteht die einzige Reaktion auf ein solches Unrecht im Terrorismus, den er als »unendlichen Widerstand« bezeichnet – einen Akt erlösender Wildheit, der die Banalität des Bösen, die unsere liberalen Gesellschaften kennzeichne, durchbrechen und das Politische in eine postpolitische Gemeinschaft, die ihrer *polis* und sozialen Gerechtigkeit beraubt sei, wiedereinführen soll. Die Opfer des angeblichen Staatsterrors der USA – in Melvilles Erzählung symbolisiert durch die lüsterne Figur des Claggart – nehmen ihr Schicksal selbst in die Hand, indem sie drastische Gewalt anwenden, die als ultimative Form des Widerstands verstanden wird. Vergleichbare Erklärungen haben – nur ohne allegorische und literarische Phantasie – bereits Intellektuelle wie Edgar Morin zur Rechtfertigung des palästinensischen Terrorismus und der zweiten Intifada vorgebracht, sowie in jüngerer Zeit auch Hessel zur Entlastung der Hamas.

Ein Jahr nach dem Erscheinen von Brossats Buch veröffentlichte Jonathan Littell, Autor des Bestsellers »Die Wohlgesinnten«, eine Verteidigung von Seung-Hui Cho, des Amokläufers von Virginia Tech. Als Romanautor und Journalist beschäftigt sich Littell seit Jahrzehnten mit der Psyche von Massenmördern und zumal SS-Tätern, er ist

69 Siehe Jean-François Lyotard, Le Différend, Paris 1983; dazu auch das Kapitel »Emma« in: Lyotard, Misères de la philosophie, Paris 2000 [Das Elend der Philosophie, Wien 2004].

ein Kenner der Anatomie des Krieges und des Massenmords. Seiner Ansicht nach hat Cho die Tat verübt, weil seine Mitschüler und Lehrer sich weigerten, seine Stücke zu lesen (er besuchte einen Kurs für kreatives Schreiben) und die literarische Qualität seiner Texte nicht anerkannten. Cho sei daher ein Opfer der normativen und repressiven amerikanischen Gesellschaft, insbesondere einer literatur- und geistfeindlichen Kultur, die künstlerische Genies dazu verurteile, aus »legitimer« oder »verständlicher« Frustration zu töten. Wie Brossats Terroristen vom 11. September die soziale oder politische, so sei ihm die literarische Anerkennung versagt geblieben:

> Niemand kommt auf die Idee, dass er vielleicht deshalb zu einem Mörder geworden ist, weil niemand ihn lesen konnte. ... Bevor er sich Waffen kaufte, versuchte Cho Seung-Hui, Elemente seiner Verunsicherung niederzuschreiben und vor Gleichaltrigen zu inszenieren. Es wurde und wird immer noch behauptet, solches Verhalten gehöre eher in den Bereich der Psychiatrie oder gar der Polizei als in den der Literatur – die jedoch, seit es sie gibt, nichts anderes tut, als zu sagen, was anders nicht gesagt werden kann. Erst als sie ihm verweigert wurde ... schritt er zur Tat.[70]

Man beachte, dass Littell, dessen Erfolg in Frankreich sich zu einem großen Teil seiner innigen Auseinandersetzung mit der modernen und postmodernen französischen Literaturtradition von de Sade und Flaubert bis Beckett, Duras, Blanchot, Bataille und Foucault verdankt, die Literatur

70 Jonathan Littell, Cho Seung-Hui ou l'écriture du cauchemar, in: *Le Monde*, 21. April 2007.

hier mit dem Pathos des Unaussprechlichen und eines literarischen Absoluten in Verbindung bringt, das Zeugnis ablege von dem, was nicht gesagt werden könne, womit er an den Mythos des von der Gesellschaft seiner Mitmenschen abgeschnittenen romantischen Genies erinnert.

Eine solche Apologetik mag einem vor Augen führen, was Marc Weitzmann zu Recht als »obszöne« Überschneidung von Literatur und Zeitgeschehen, als »Wettbewerb zwischen dem Schriftsteller und dem Terroristen« anprangert, wenngleich ich vermute, dass es hier noch um etwas anderes geht, das das von Weitzman in seiner Kritik an Bachi zur Sprache gebrachte Paradigma der französischen Moderne zu erschüttern scheint. Es handelt sich nicht nur um einen Wettstreit der Literatur mit dem Bösen, dem Verbrechen oder dem Terror, sondern um den Versuch, das Böse durch einen sozialen Determinismus zu erklären, wenn nicht gar zu rechtfertigen, und das Verbrechen als eine Reaktion auf Entfremdung zu verstehen (die Abkehr von einer Ästhetik des Bösen und Unmoralischen hin zu einer Gesellschaftskritik, die von radikaler Gewalt fasziniert bleibt, sie aber in den Bereich der Gerechtigkeit zurückführt und somit zähmt). Tatsächlich wird in all diesen Fällen – Duras, Littell und, wie ich noch weiter ausführen werde, Bachi – der Täter in ein Opfer struktureller Entfremdung verwandelt. Duras verherrlicht Christine V. als moderne und »erhabene« Medea, als Opfer männlicher Dominanz in der bürgerlich-kapitalistischen Kultur; Littell betrachtet Cho als einen zum Scheitern verurteilten Schriftsteller, der von seinen Mitschülern und Lehrern missverstanden worden sei; und schließlich werden Bachis fiktive Terroristen und wohl auch Merah selbst als Produkt rassistischer und ökonomischer Marginalisierung gedeutet.

Zwar kann man wohl behaupten, dass die Erklärung von Gewalt durch soziale und kulturelle Entfremdung im Allgemeinen ein linker Tropus ist (Troms Argument), doch hielt das den konservativen Schriftsteller Richard Millet nicht davon ab, sich in seinem augenzwinkernden »Lob« Anders Breiviks ebenfalls jener zweifelhaften Erklärung terroristischer Gewalt zu bedienen, indem er auf dessen Entfremdung in einer globalisierten multikulturellen Gesellschaft hinwies. Millet ringt einerseits mit der modernistischen Neigung, Literatur als Grenzüberschreitung (Mord) und diese wiederum als Literatur zu betrachten, andererseits mit der Logik der Erklärung oder gar Rechtfertigung durch einen sozialen Determinismus. Breivik werde als Mörder angesehen, weil kein Politiker in der Lage oder willens sei, sich mit der Frustration eines jungen weißen Europäers auseinanderzusetzen, der sich mit der radikalen Veränderung der demographischen und kulturellen Landschaft Europas konfrontiert sehe. Auch hier wird der Täter zum Opfer gemacht.[71]

Während man in der französischen Nachkriegszeit eine Ästhetik der Grenzüberschreitung, des Verbrechens, der Verwerflichkeit und der Verwirrung von Opfern und Tätern pries, neigt man heute dazu, extreme Gewalt zu remoralisieren und jene Verwirrung indes beizubehalten.

71 Siehe Richard Millet, Langue fantôme: Essai sur la paupérisation de la littérature, suivi de Éloge littéraire d'Anders Breivik, Paris 2012.

Um einem möglichen Ursprung dieser Umkehrungen in der Nachkriegszeit – und ihrer potentiell schädlichen Auswirkungen auf die theoretische Beschäftigung mit dem Holocaust im postmodernen Denken – auf die Spur zu kommen, möchte ich auf eine geradezu sinnbildliche Buchbesprechung zurückgreifen, die Georges Bataille 1947 unter dem Titel »Réflexions sur le bourreau et la victime« (Überlegungen zu Henker und Opfer) veröffentlichte. Sie erschien als Kommentar zu David Roussets »Les jours de notre mort« (Die Tage unseres Todes) in Batailles eigener Zeitschrift *Critique*. Diesen tausendseitigen Halbroman hatte Rousset ein Jahr nach seiner bahnbrechenden Analyse der SS-Logik vorgelegt.[72]

»Warum sollte man hier nicht sagen«, schreibt Bataille zu Roussets Roman, »dass dieses Buch uns vorkommt wie eine Entdeckung des Bodens (und wohlgemerkt des Schlamms), dem der Mensch entstiegen ist?«[73] Bemerkenswert zunächst, dass der Mensch, vielleicht eine biblische Reminiszenz, aus dem Lehm (*homo*, Humus, hebräisch *adamah*: Lehm, Erde) hervorgegangen sei. Doch was Bataille interessiert, ist nicht die aufsteigende Bewegung vom Lehm (*adamah*) zum Menschen (Adam), sondern die Regression zum Formlosen – das Erniedrigte als das, was keine Form hat (und wie das Erhabene ungebunden ist). Anders ausgedrückt, in Batailles Metaphysik ohne Transzendenz geht es nicht um die Ordnung der Welt oder des

72 David Rousset, L'Univers concentrationnaire, Paris 1946 [Das KZ-Universum, Berlin 2020].

73 Georges Bataille, Réflexions sur le bourreau et la victime, in: Œuvres complètes, Band 11, Paris 1988, S. 262, Fn.

Kosmos, sondern um das Chaos als *immonde*, als Gegenwelt oder Akosmos. Das ist einmal mehr ein typisch gnostischer Tropus, nur ohne außerirdischen Gott, denn Batailles Gnostizismus beschränkt sich auf die Immanenz. In der Erfahrung der Lager findet er seinen gnostischen Glauben an die totale Verlassenheit und Einsamkeit des Menschen in einem anomischen Universum bestätigt.

Nachdem er eine Regression vom Menschen zum Humus, von der menschlichen Form zur Formlosigkeit des Schlamms beschrieben hat, zitiert Bataille den Schluss von Roussets Buch: »dass Opfer und Henker gleichermaßen schändlich waren; dass die Lektion, die man aus den Lagern lernen kann, die der Bruderschaft in der Erniedrigung ist«.[74] Als strenger Leser ist sich Bataille bewusst, dass diese von einer halbfiktionalen Figur geäußerten Worte nicht eindeutig Rousset zugeschrieben werden können. Obschon er erkannt hat, dass man bei der Lektüre der von Rousset zusammengestellten Zeugnisse vorsichtig sein muss, gibt er sich seiner Vorliebe für das Abgründige und Ausschweifende hin: »… in einer Welt des Leidens, der Niedertracht und des Gestanks hatte jeder die *Muße*, den Abgrund, die Grenzenlosigkeit des Abgrunds und diese Wahrheit, die einen verfolgt und fasziniert, zu ermessen.«[75] So verknüpft Batailles Roussets Buch – eine einzige *summa inhumana* – mit seinen zehn Jahre später angestellten Spekulationen über die Beziehungen zwischen Literatur, Exzess, Spiel (Muße), Verschwendung und dem Bösen. Zudem erinnert es an Heideggers Abgrund[76] und lässt Blanchots *désastre*[77] schon erahnen.

74 Ebd., S. 263.
75 Ebd., S. 264.
76 [Im Original deutsch.]
77 Siehe Kapitel 1.

Die Teilhabe an der sinnlosen Erfahrung der Lager löst bei Bataille eine Art Euphorie aus. Über diese euphorische oder ekstatische Erfahrung der Entmenschlichung, die dem Taumel literarischen Schreibens so nahekomme, schreibt er in seinen »Überlegungen zu Henker und Opfer«:

> Nichts Mannhafteres, nichts *Gesünderes*. … auf der einen Seite das Leiden und die Erniedrigung, die es hervorbringt, auf der anderen die ruchlose Grausamkeit des Henkers, die ein Jenseits grenzenloser Möglichkeiten eröffnet … Mit anderen Worten, der Mensch muss ein Jenseits des Normalzustands kennen, die äußerste Grenze des Möglichen. Für diese Erkenntnis aber muss er einen Preis zahlen …[78]

Um die Grenzen des Möglichen zu erfahren, müsse der Mensch, sprich der Mann – Batailles Rhetorik ist eindeutig und aggressiv geschlechtsspezifisch, wie noch zu zeigen sein wird – einen hohen Preis zahlen. An diesem Punkt ist kaum zu erkennen, ob da von den Romanen des Marquis de Sade, einer mystischen Erfahrung oder der eines KZ-Überlebenden die Rede ist. Aber das Rätselhafteste kommt erst noch: Bataille deutet nämlich an, dass das Leben eines Menschen, der nie bis zum Äußersten gelitten habe, vielleicht gar nicht lebenswert sei.

> Aber der Mensch ist aus möglicher Niedertracht, seine Freude aus möglichem Leiden gemacht; und wenn Erniedrigung und Leiden sich ihm, auf welchem Wege auch immer, nicht vollständig offenbaren, ist er nur ein

78 Bataille, Réflexions sur le bourreau et la victime, S. 264.

als Mensch verkleideter Waschlappen, ein Pharisäer, ein Clown oder eine alte Jungfer ...[79]

Diese sehr merkwürdigen Äußerungen laufen der Intuition in gewisser Weise zuwider, denn man sollte meinen, dass Erniedrigung die Mannhaftigkeit untergräbt. Bataille jedoch behauptet, dass wahre Virilität (Authentizität) erst durch absolute Resignation, durch totale Entmenschlichung erfahren werde – und das ausgerechnet in einem Konzentrationslager. Das Erdulden völliger Passivität sei eine *épreuve*, ein Test, um Virilität und Authentizität des Menschen auf die Probe zu stellen. Die Rhetorik des Heroismus – die Erfahrung des Extremen als Test für Mut, Handlungsfähigkeit und Mannhaftigkeit – wird indes durch eine Mystik der Passivität à la Blanchot entkräftet und dekonstruiert. Bataille sagt, anders ausgedrückt: um *ein echter Mensch* zu sein, muss man ein Untermensch gewesen sein. Auch wenn die Widersprüche und moralischen Fragen, die dieser Text aufgibt, ungelöst bleiben, würde ich behaupten, dass er, nach dem Ende eines Quasi-Bürgerkriegs zwischen Kollaborateuren und Widerstandskämpfern, zweifelhafte Umkehrungen in die *république des lettres* eingeführt hat.

Wichtiger noch ist, dass Batailles Frohlocken über Roussets Gleichsetzung von Opfern und Tätern der Leugnung des Holocaust Nahrung geben oder sich zumindest auf unheimliche Weise mit ihr überschneiden kann. In einem Kapitel seines hervorragenden Buches über die Konstruktion der Legende von Genet, in dem er sich mit der Verkehrung von Opfern und Tätern im Namen einer allgemeinen Erniedrigung befasst, erwähnt Ivan Jablonka den Erz-Holo-

79 Ebd., S. 265.

caustleugner Paul Rassinier – und legt ihm fälschlicherweise die von Bataille kommentierten Worte Roussets (»Bruderschaft in der Erniedrigung«) in den Mund.[80] Tatsächlich zitiert Rassinier diese Worte in seinem Buch »Die Lüge des Odysseus«[81], einem Meilenstein in der berüchtigten Geschichte der Holocaustleugnung, doch lässt er keinen Zweifel daran, dass es sich um ein Zitat Roussets handelt. Er lobt Rousset sogar ausdrücklich dafür, dass dieser 1947 zugegeben hat, Gräueltaten seien sowohl von Kapos als auch von der SS verübt worden. Wenn der Mensch schlechthin verwerflich ist, warum sollte uns daran gelegen sein, die Täter zu beschuldigen? Es genügt zu beweisen, dass die Verwirrung von Opfern und Tätern, die früh schon in französischen Briefen auftaucht und nicht nur literarisch, sondern eindeutig politisch ist, wenn auch ungewollt zur Relativierung des Holocaust und sogar zu dessen Leugnung (Rassinier) beiträgt.

Eine Quelle von Bachis »Merah«

Um Bachis Reaktion auf Toulouse und den literarischen Trick zu verstehen, der darin besteht, dem Mörder eine Stimme zu geben, sollte man auch Michel Foucault erwähnen. Von seiner monumentalen Geschichte des Wahnsinns[82] bis zu dem Dossier über Pierre Rivière, der im

80 Ivan Jablonka, Les vérités inavouables de Jean Genet, Paris 2004.

81 Paul Rassinier, Le Mensonge d'Ulysse, Paris 1950. [Die erste deutsche Ausgabe brachte 1959 ein kleiner Neonaziverlag in Wiesbaden heraus.]

82 Michel Foucault, Histoire de la folie à l'âge classique, Paris 1961 [Wahnsinn und Gesellschaft. Eine Geschichte des Wahns im Zeitalter der Vernunft, Frankfurt a.M. 1969].

19. Jahrhundert Mutter, Schwester und Bruder ermordete, hat Foucault versucht, denen eine Stimme zu geben, die der Sprache beraubt seien.[83] Im Vorwort zu jenem Dossier hebt er hervor, dass die Mordtaten mit dem Akt ihrer Niederschrift verwoben seien, so als ob Rivières Morde durch ihren schriftlichen Bericht irgendwie verdoppelt würden, als ob die Morde ein Akt literarischer Autorschaft und das Schreiben ein krimineller Akt wären. Als Bewunderer de Sades und Batailles, als Verfechter einer modernen Ästhetik der Grenzüberschreitung und als seinerseits hervorragender Schriftsteller war Foucault der »Schönheit«[84] der Memoiren Pierre Rivières erlegen: »Der Elternmörder mit den roten Augen«, schreibt er, »hatte uns in seinen Bann geschlagen.«[85] Und natürlich war er dem Chiasmus der Moderne zugeneigt: Töten als literarische Darbietung, Schreiben als Mord. Als Gelehrter war Foucault jedoch auch bestrebt, seine Arbeit wissenschaftlich zu begründen, weshalb er klar und deutlich sagte, dass der Zweck der von einem Team von Historikern edierten Memoiren Rivières darin bestehe, die Rede des Verbrechers aus der theoretischen Zwangsjacke zu befreien, in die der Diskurs der modernen Sozialwissenschaften, insbesondere der Psychiatrie, sie gesteckt habe:

83 Michel Foucault, Moi, Pierre Rivière, ayant égorgé ma mère, ma sœur et mon frère … Un cas de parricide au XIXe siècle, Paris 1973. Bemerkenswert, dass Bachi den Titel der Memoiren Pierre Rivières gleich zweimal aufgreift, zunächst in seinem Roman »Moi, Khaled Kelkal« und abermals in seinem Essay »Moi, Mohamed Merah«, und damit eindeutig auf das 1973 von Foucault zusammengestellte Dossier anspielt.

84 Der Fall Rivière herausgegeben von Michel Foucault. Materialien zum Verhältnis von Psychiatrie und Strafjustiz, Frankfurt a.M. 1975, S. 9.

85 Ebd., S. 12.

> Ich glaube, daß wir uns deshalb zur Veröffentlichung all dieser Dokumente entschlossen haben, um gleichsam die Struktur dieser verschiedenen Kämpfe zu klären, um diese Auseinandersetzungen und Schlachten zu rekonstruieren, das Zusammenspiel dieser aufeinandertreffenden Diskurse aufzuspüren, die als Instrumente eingesetzt waren, als Angriffs- und Verteidigungswaffen in den Beziehungen der Macht und des Wissens. … Schließlich läßt sich an diesem Beispiel die Verwirrung ermessen, die ein Diskurs wie der Rivières stiftet; es lassen sich all die Taktiken aufzeigen, mit denen man versucht, sie zu zuzuschütten, ihn einzuordnen, ihn als Diskurs eines Wahnsinnigen oder eines Kriminellen zu qualifizieren.[86]

In den 1970er Jahren nahm man den Elternmörder als einen Menschen wahr, der durch eine Struktur aus Macht und Wissen der Sprache beraubt sei, ein ungebundenes Elektron, das die Machtapparate erschüttere, einen Menschen, dem die repressive und disziplinäre Struktur der modernen Episteme, die sich im Zusammenspiel von Sozialwissenschaften und Recht herausgebildet hätten, das Wort entzogen habe. Die Aufgabe des »Archäologen« – aber auch des postmodernen Philosophen seit Gilles Deleuze und Félix Guattari, die ebenfalls in den 1970er Jahren die Schizophrenie als eine Kraft des Widerstands gegen das ödipale und patriarchale Modell propagierten – bestehe darin, die Sprache derer wiederherzustellen, die von den Disziplinarapparaten und den neuen Disziplinen der Sozialwissenschaften unterdrückt würden.

Ironischerweise ist es also ein gewisser moralischer Antrieb, der Schriftsteller und Denker dazu bringt, das Böse

86 Ebd., S. 11 f.

und die moralische Grenzüberschreitung zu feiern; oder anders ausgedrückt: Schriftsteller und Denker schreiben über Verbrechen im Namen eines sozialen Bewusstseins, nicht weil sie sich mit dem Bösen identifizieren (wie es bei dem Rückgriff auf de Sade in der Vor- und Nachkriegszeit der Fall war), sondern vielmehr aus Empathie mit dem Übeltäter. Verherrlicht wird dieser im Namen der Wiederherstellung sozialer Gerechtigkeit. Sündenböcke wie Kinder, Juden oder unschuldige Studenten werden symbolisch der Verteidigung der Ausgestoßenen geopfert.

Die Zähmung der Immoralisten

Wie Éric Marty und Ivan Jablonka in ihren Büchern gezeigt haben, hatte Genet für die Ausgestoßenen und Underdogs, für die Abschaffung des Kastensystems nichts übrig. Dennoch liefert Jacqueline Rose, die anscheinend weder das eine noch das andere gelesen hat (und übrigens auch Sartres »Genet« nicht),[87] in ihrem Buch, das sich wie ein wenig überzeugendes Hin und Her zwischen Proust und Dreyfus-Affäre einerseits und Israel/Palästina andererseits liest, eine auf die Dritte Welt bezogene moralistische Interpretation Genets. Ihre Darstellung beruht auf dem doppelten Klischee, dass die Gründung Israels eine Folge des Holocaust und diese Staatsgründung »für ein anderes Volk, die Palästinenser, eine Katastrophe war«.[88]

87 Jean-Paul Sartre, Saint Genet: Comédien et martyr, Paris 1952 [Saint Genet, Komödiant und Märtyrer, Reinbek 1982]. Zumindest gibt Rose in ihrer Bibliographie keinen Hinweis darauf, dass sie dieses Buch gelesen hat.

88 Jacqueline Rose, Proust among the Nations: From Dreyfus to the Middle East, Chicago 2011, S.10.

Trotz halbherziger Dementis (»Es gibt keine Symmetrie zwischen diesen Geschichten – es kann keine Gleichsetzung zwischen dem industriellen Völkermord an den Juden und dem ethnischen Transfer der Palästinenser geben –, aber wie diese Geschichten deutlich machen, sind sie unwiderruflich miteinander verwoben«[89]) legt Rose nahe, dass diese beiden Erfahrungen viel gemein hätten und das den Juden widerfahrene Unrecht sich an den Palästinensern noch einmal ereigne (in der gleichen Weise, wie ein traumatisiertes Subjekt sein Trauma wiederholt); hier begegnet uns einmal mehr die Verkehrung von Opfern in Täter, in diesem Fall von Opfern eines Genozids in Täter eines anderen. Mit einer psychologischen Deutung des arabisch-israelischen Konflikts, in der die Palästinenser zu einem neuen Dreyfus und Israel zu einem theokratischen Staat geworden sei, der »versucht, [seine] eigenen Verbrechen zu vertuschen«[90], will ich mich hier nicht aufhalten. Mich interessiert vor allem die Art und Weise, wie Rose sich Genet und Proust – Schriftsteller, die einst als Vorbilder des Immoralismus hingestellt wurden – für eine moralistische und sentimentale Auffassung von Politik zurechtlegt. Zunächst greift sie auf das Freud'sche Modell des Fremden im Innern zurück (dessen sich bereits Julia Kristeva bedient hat).[91] Dass die Psychoanalyse (in Freuds zweiter Topik) die Grenzen zwischen den verschiedenen Teilen des Geistes untergräbt, macht Rose sich als Metapher für die Delegitimierung geopolitischer Grenzen und Trennungen zunutze. Wenn der Geist innerlich durchlässig und von sich selbst verschieden ist, warum sollte es dann

89 Ebd., S. 13.
90 Ebd., S. 61.
91 Julia Kristeva, Étrangers à nous-mêmes, Paris 1988 [Fremde sind wir uns selbst, Frankfurt a.M. 2001].

ein Land, eine Nation oder ein Staat nicht auch sein?[92] Warum gibt es überhaupt verschiedene Nationalstaaten, wenn uns doch die Psychoanalyse lehrt, dass das Andere das Ich verunsichert? Rose interpretiert die Teilung Palästinas als eine Wiederholung der Gewalt gegen das europäische Judentum – der Ausgrenzung der Juden als fremdes Element. Die geopolitische Teilung, sowie eigentlich jede Trennung zwischen Völkern oder Nationen, beruhe also nicht nur auf einer fehlerhaften Epistemologie, sie sei auch moralisch falsch.

Aber wie passt Proust in dieses Bild? Dessen Bedeutung für die Auseinandersetzung um Israel und Palästina macht Rose an einem Zitat fest, das sie falsch versteht oder für bare Münze nimmt und aus dem weiteren Zusammenhang reißt, ohne seinem perversen Gehalt Beachtung zu schenken. Es handelt sich um das berühmte Exordium aus »Sodom und Gomorrha« über Juden und Sodomiten: »hier sollte nur im voraus dem verhängnisvollen Irrtum begegnet werden, den es bedeuten würde, wenn man in der gleichen Weise, wie man eine zionistische Bewegung unterstützt hat, eine sodomitische Bewegung ins Leben rufen und Sodom wieder aufbauen wollte.«[93] Aus diesem Zitat schließt Rose, dass Proust »Gruppenidentität als stets defensiv ansah – wie Homosexuelle, die sich gegen den Hass der Welt zusammentun«.[94] Es hat etwas Naives, Proust als Gegner der Identitätspolitik avant la lettre zu lesen, als

92 Elisabeth de Fontenay hat, wie in Kapitel 1 angedeutet, die Unzulänglichkeiten einer Übertragung subjektiver Entfremdung – insbesondere der strukturellen Unfähigkeit eines Subjekts, sich vollständig zu emanzipieren – auf ein Kollektivsubjekt herausgestellt.

93 Marcel Proust, Auf der Suche nach der verlorenen Zeit, Frankfurt a.M. 2000, Bd. 2, S. 2087.

94 Rose, Proust among the Nations, S. 87.

Verfechter eines globalen Friedens, der auf der Überwindung nationaler Unterschiede und Grenzen sowie jedweder Gruppenzugehörigkeit beruhe. So nämlich verfehlt man das Kainmotiv, das Marty sowohl im ästhetischen als auch im existentiellen Universum Prousts und Genets hervorgehoben hat. Zum Antizionismus der beiden sagt er:

> Genet übernahm die Meinung, die Proust über die Gründung des Staates Israel zweifellos vertreten hätte, ebenso wie eine subversive Metaphysik, die wir mit Sartre als Kainismus bezeichnen wollen. Der Kainismus ist ein romantischer Mythos, den Schriftsteller wie Hugo und Baudelaire in seinen »Blumen des Bösen« geschaffen haben … Sartre [betrachtet die Figur Kains] als Schlüssel zum Verständnis von Genets »Moral« des Betrugs, der Lüge, der Mystifizierung, der Fälschung, der Verkehrung … der Gewalt, des Diebstahls und der Vernichtung. Diese Elemente lassen sich zu einem Konzept zusammenfügen, das sie alle transzendiert und in einem einzigen Wort zusammenfasst: Verrat.[95]

Betrug, Gewalt, Verrat – und kein utopisches, postnationalistisches Szenario – bestimmen Genets (und Prousts) Abneigung gegen die »Teilung« und ihre Vorliebe für den Zustand des Exils. Beider Ablehnung des Zionismus (und Israels) verdankt sich der unerbittlichen Verherrlichung des Antinomismus und keinem politischen Moralismus.

Eine weitere Fehlinterpretation unterläuft Rose mit der Behauptung, Genet habe sich früh schon zu Prousts »Auf der Suche nach der verlorenen Zeit« hingezogen gefühlt, weil Swann darin als ein Paria (*déclassé*) charakterisiert

95 Marty, Radical French Thought, S. 5.

werde.[96] Rose glaubt, Genets mögliche Identifizierung des Diebs, des Ausgestoßenen mit Swann (dem Juden, dem Paria) verweise auf seine Ablehnung sozialer und »rassischer« Trennungen. In Wirklichkeit ist das Gegenteil der Fall. Genets Universum beruht, wie Jablonka in Anlehnung an Bataille gezeigt hat, auf der Sehnsucht nach einem feudalen (vormodernen) Kastensystem, die in gewisser Weise auch seine Faszination für den Nationalsozialismus erklärt und die er in der eingesperrten Gesellschaft der Gefängnisse wiederfindet.[97] Genet selbst (und all die Zuhälter, Verräter und Transsexuellen, die seine Romane bevölkern) verhält sich souverän (heilig, königlich) zu seiner moralischen und sogar körperlichen Erniedrigung. Wer ihn zu einem Gegner des Kasten- sowie jedes hierarchischen und antiegalitären Gesellschaftssystems macht, missversteht sowohl Genet als auch die politischen und ästhetischen Mehrdeutigkeiten der französischen Moderne: sozusagen ein hermeneutischer Verrat am Dichter des Verrats.

Sicherlich muss man bei Genet (wie auch bei Duras) zwischen polemischen und politischen Gelegenheitsarbeiten einerseits und literarischen Werken (Theaterstücken und Romanen) andererseits sorgfältig unterscheiden. Eine solche Unterscheidung lässt sich auch mit Blick auf die Romane Bachis treffen, deren Zweideutigkeit zuweilen im Gegensatz zu dem unmittelbar nach dem Massaker von Toulouse veröffentlichten Artikel zu stehen scheint. Während Genet und Duras in ihren polemischen oder journalistischen Artikeln oft moralisch argumentieren und in gewissem Umfang für Übeltäter und Parias unmissverständ-

96 Siehe Rose, Proust among the Nations, S. 162.
97 Siehe Jablonka, Les vérités inavouables de Jean Genet, S. 185.

lich Partei ergreifen, sind ihre literarischen Werke von moralischen Mehrdeutigkeiten geprägt. In seinem fiktionalen Werk hat Genet die Missetaten seiner Protagonisten und Erzähler unverfroren gutgeheißen. Der Lobgesang auf die Großtaten palästinensischer Terroristen und die »faschistische«[98] Gewalt der Black Panthers hat etwas von einer Ästhetik des Bösen und einer radikal nihilistischen Ablehnung des moralischen Gesetzes und des jüdisch-christlichen Glaubens.

Man kann Genets notorische Identifikation mit Terroristen und Verbrechern und Bachis literarische Behandlung von Terrorismus und Antisemitismus nicht gleichsetzen. Bei Bachi geht es nicht um eine ästhetische Verherrlichung von Terror und Mord oder eine nihilistische Subversion des jüdisch-christlichen Glaubens, schon gar nicht darum, Hass auf Juden und den Westen zu feiern, sondern vielmehr um einen soziologischen und psychologischen Versuch, die Ursachen terroristischer Taten zu verstehen. Von einer Poetik des Bösen und einer bisweilen erotischen Identifikation mit dem Verbrecher ist man zu einer literarischen Soziologie des Verbrechens übergegangen, jedoch mit der ausgeprägten Neigung, das Verbrechen als eine Reaktion auf Diskriminierung oder soziale Ausgrenzung darzustellen. Das Böse erscheint aus dieser neuen Perspektive als eine Folge der Entfremdung, die durch eine Politik sozialer Gerechtigkeit und den Kampf gegen Rassismus und Diskriminierung in einer utopischen Zukunft beseitigt werden soll. Während Genet in der Nachfolge de Sades, Baudelaires und Batailles dreist antimoralisch war und die

98 Dieses Wort benutzte Genet selbst. Siehe meinen Aufsatz »Out of Palestine: Jean Genet's Shooting Stars« in: Nathalie Debrauwere-Miller (Hg.), The Israeli-Palestinian Conflict in the Francophone World, London 2010.

Partei des Bösen aus »Angst vor dem Guten« (Éric Marty) ergriff, will sich Bachi mit dem Bösen (Batailles *part maudite*) keineswegs gemein machen; stattdessen strebt er nach moralischer Überlegenheit, zumal in seiner Reaktion auf das Massaker von Toulouse. Man sollte also unterscheiden zwischen Genets erotischer und metaphysischer Identifikation mit den Parias (Transsexuellen, Palästinensern, Afroamerikanern, Black Panthers, Dieben und Attentätern in den früheren Romanen usw.) und Bachis Darstellung seiner Pariafiguren.

Das Klagelied des Mörders

Ehe ich auf Bachis Artikel zu sprechen komme, ein paar Worte zu den beiden zuvor veröffentlichten Romanen. Es wäre unaufrichtig, theoretisch naiv und geradezu verleumderisch zu behaupten, dass Bachi die Ideologie seiner Figuren gutheiße. Dennoch ist die Stimme des Autors in bestimmten immer wiederkehrenden Themen nicht zu überhören. Auch wenn die Romane und kurzen literarischen Texte nicht völlig apologetisch sind (sie feiern den islamischen Terrorismus keineswegs, sondern erheben den Anspruch, die Psychologie des Täters zu analysieren, indem sie sich in seinen Kopf hineinversetzen), bleibt Bachi doch von demselben Thema und derselben Figur besessen: dem radikalisierten jungen Araber, dessen Ziel es ist, Juden und Christen zu vernichten, um sich für die Demütigung der Muslime zu rächen.

> Khalid sagte ihm immer wieder, sie seien nur Ohnmächtige, sie hingegen seien Kinder der Macht, bereit für die kommende Welt, sie würden ihm das Leben im Tod

> schenken, das sagte Khalid ihm immer wieder, während er ihm erklärte, er wolle mehrere Flugzeuge entführen und sie als Raketen benutzen, um Juden und Christen zu vernichten …[99]

Das erste »sie« bezieht sich auf die »Ungläubigen«, Juden und Christen gleichermaßen, die hier als machtlos oder impotent charakterisiert werden, denn das Wort »impuissant« hat im Französischen auch eine sexuelle Konnotation, es deutet auf einen Verlust der Potenz, der in den Augen des radikalen Islam den Westen kennzeichnet – »Okzidentalismus« nennen es Avishai Margalit und Ian Buruma. Das erste »sie« steht also im Gegensatz zu dem »sie«, das die Muslime bezeichnet, die »Kinder der Macht«, deren apokalyptisches Vorhaben eine neue Ära zeitigen soll – ohne Juden und Christen. An dieser Stelle beweist Bachi Klarsicht, indem er die millenaristische Rhetorik ernst nimmt, die den islamischen Terrorismus antreibt, insbesondere die Ökonomie des Märtyrertums sowie die Männlichkeits- und Allmachtsphantasien, die sich durch alle Formen des islamistischen Terrors ziehen.

»Moi, Khaled Kelkal«, einen Monat vor dem Massaker von Toulouse (und einen Monat vor »Moi, Mohamed Merah«) erschienen, basiert auf der Geschichte eines jungen Algeriers. Geboren 1971 (interessanterweise im selben Jahr wie Salim Bachi, was auf eine zweifelhafte Identifikation oder Empathie schließen lässt), hat er sich im Gefängnis radikalisiert und an Terroranschlägen in Paris sowie auf den Hochgeschwindigkeitszug Paris–Lyon 1995 beteiligt.[100] Zuvor war er wegen Autodiebstahls verhaftet

99 Salim Bachi, Tuez-les tous, Paris 2006, S. 119 f.
100 Bachi fügt seinem Roman eine Chronik im Anhang hinzu, die von

worden. Als eine versuchte Einigung scheitert, landet Khaled im Gefängnis. In der folgenden Bemerkung, die der Autor seinem Protagonisten zuschreibt, spürt man den Einfluss Genets: »Sie haben meine Akte im Laufe der Ermittlungen aufgeblasen … kein Wunder: gute französische weiße Christen bekommen ihre Rache.«[101] Die Entscheidung zum Verbrechen sei also durch soziale Ungerechtigkeit und rassistische Diskriminierung in Frankreich herbeigeführt worden: ein Thema, das im Roman immer wieder auftaucht und auch im Mittelpunkt von »Moi, Mohamed Merah« steht. Ein Ausgestoßener, Krimineller oder Terrorist werde man in Reaktion auf soziale oder rassistische Ausgrenzung. »Man kann einen klugen Jungen nicht für vier lange Jahre ins Gefängnis stecken, ohne dafür eine obszöne Gegenleistung zu bekommen«[102], heißt es in einem der letzten Sätze des Romans.

Der Monolog des Terroristen in »Moi, Khaled Kelkal« erinnert an die millenaristische Rhetorik der russischen Nihilisten. Eine solche durchaus überzeugende Genealogie hat die Psychoanalytikerin Hélène L'Heuillet in ihrer Studie über die psychologischen Wurzeln des Terrorismus dargestellt.[103] »Ich sehe keinen Grund, euch zu verschonen. Ich werde euch alle töten …«[104] Totale Zerstörung, um die Ungerechtigkeiten der Welt zu rächen und diese zu reinigen, so lautet der zentrale Grundsatz der millenarischen Rhetorik. Die Welt zerstören, um sie zu retten, die

der Geburt Kelkals bis zur langen Geschichte des Prozesses gegen seine Komplizen reicht: womit er ein offensichtliches Interesse an historischer Genauigkeit bekundet.

101 Salim Bachi, Moi, Khaled Kelkal, Paris 2012, S. 52.

102 Ebd., S. 127.

103 Hélène L'Heuillet, Aux sources du terrorisme: de la petite guerre aux attentats-suicides, Paris 2009.

104 Bachi, Moi, Khaled Kelkal, S. 56.

Menschheit ausrotten, um sie zu erlösen – ein Nullsummenspiel, mit dem Richard Landes sich ausgiebig befasst hat.[105] Interessanterweise deutet Bachi, wenn auch mit einem Hauch von Ironie, an, der nihilistische Antrieb seiner Figur sei rational motiviert und rühre gar aus radikaler Gesellschaftskritik. Ihr Handeln, selbst in seiner extremen Form (der Wunsch, jeden willkürlich zu töten), beruhe auf einer Ablehnung des westlichen Konsumverhaltens und Individualismus im Allgemeinen und einer Abneigung gegen die Unterhaltungsindustrie im Besonderen. Bachi porträtiert den jungen algerischen Terroristen als eine gewalttätige und exotische Version der Ablehnung, die Guy Debord und die Situationistische Internationale in den 1960er Jahren der »Gesellschaft des Spektakels« entgegenbrachten, oder gar als gewalttätige Verkörperung der neomarxistischen Kritik der Moderne, wie sie die Frankfurter Schule übte (freilich gibt es merkwürdige Überschneidungen zwischen der linken Kritik der Moderne, dem islamischen Fundamentalismus seit dem Aufkommen der Muslimbruderschaft und den faschistischen Bewegungen der Zwischenkriegszeit in Europa). Bachis Kelkal erzählt:

> Ich bevorzugte meine Zelle und all die Muslime, die Sport, Reichtum, Macht und Frauen, alle Arten von Unterhaltung verachten und sich dem Gebet und der Verbesserung der Menschheit widmen, selbst wenn dies zu deren Vernichtung führt … Wenn wir Glück haben, explodiert [die Bombe] und tötet all die, die sich lieber mit Fußball als mit den wahren Problemen des Planeten beschäftigen.[106]

105 Richard Landes, Heaven on Earth: The Varieties of the Millennial Experience, New York 2011.
106 Bachi, Moi, Khaled Kelkal, S. 56.

Die Ich-Erzählung driftet bald in einen Bewusstseinsstrom ab. Der Leser soll sich in die Gedanken des Terroristen hineinversetzen. Dieses Verfahren – Bachis Signatur, zumindest in einem Teil seines fiktionalen Werks – kann man als »Prosopopöie« bezeichnen; diesen rhetorischen Begriff gebrauchte Jean Birnbaum in einer redaktionellen Notiz zur Ankündigung des Dossiers Merah in *Le Monde des livres*. In »Moi, Khaled Kelkal« ebenso wie in »Moi, Mohamed Merah« gibt die Prosopopöie einem Toten Stimme und Gesicht: »Niemand wird je etwas erfahren, denn ich bin tot, abgeschlachtet von drei Polizisten, um mich für immer zum Schweigen zu bringen.«[107] Die Stimme, die spricht, ist also eine posthume Stimme. Foucault hat in seinem Essay über Pierre Rivières Memoiren das »Klagelied« des Mörders aus dem 19. Jahrhundert erörtert, die man in Zeitungen oder Flugblättern vor oder nach einer öffentlichen Hinrichtung lesen konnte, und den lyrischen Aspekt dieses Genres hervorgehoben, den sicherlich auch Bachis für seine fiktionalen Darstellungen des Terrors wiederentdeckt hat:

> Damit wird der – freilich fiktive – Ort eines Subjekts erkennbar, das zugleich Sprechender und Mörder ist. … Das sprechende Subjekt trägt sichtbar einen Mord in sich, kapselt sich in ihm ab, ruft das Gesetz an, beschwört zugleich sein Andenken und den Abscheu vor ihm. Es ist gleichsam die lyrische Position, die von außen definiert wird von denen, die mit der Abfassung der Flugblätter betraut waren.[108]

107 Ebd., S. 84.
108 Michel Foucault, Der Mord, den man erzählt, in: Der Fall Rivière, S. 239.

Darüber hinaus kündigt der Tod des fiktiven Khaled Kelkal auf unheimliche Weise den Tod des realen Mohamed Merah an, der schließlich zu einer fiktiven Figur in dem kleinen Text wird, der in *Le Monde des livres* erscheint – jenem Text, der so viel mit dem Klagelied des Mörders aus dem 19. Jahrhundert gemein hat. Wie Merah starb auch Kelkal mit der Waffe in der Hand, als er sich gegen das ihm zu Leibe rückende Polizeiaufgebot wehrte. Die Prosopopöie ist der Tropus in Bachis Schriften über den Terrorismus. In Anlehnung an Paul de Mans Theorie des autobiographischen Schreibens könnte man sogar sagen, die Prosopopöie sei *der* Tropus der autobiographischen Stimme als der des lyrischen Subjekts – eine Stimme aus dem Jenseits.[109] Wenn Baudelaire ein Lyriker im Zeitalter des Hochkapitalismus war, könnte man unter Vorbehalt sagen, dass Bachi ein Lyriker im Zeitalter des globalen Terrorismus ist. Nach seinem Tod bekommt der Täter in diesem Roman eine Stimme. Bachis Schriften über den Terrorismus dienen islamischen Terroristen als literarischer Kenotaph. Der algerische Schriftsteller errichtet seine Tätern einen verbalen Grabstein.

Durch das rhetorische Verfahren der Prosopopöie gleitet Bachi in eine Apologie ab (oder in eine Eulogie, eine Grabrede, wie man sie nach dem Tod erwarten sollte), und seine Täter werden zu Opfern, wenn nicht gar zu Helden gemacht. »Macht ihn fertig, macht ihn fertig!«[110] schreit die Polizei, bevor sie Kelkal abschlachtet – eine reale Tatsache, die Bachi mit literarischem Pathos versieht. Dieser brutale Tod erinnert an den einer berühmten literarischen

109 Siehe Paul de Man, Autobiography as De-facement, in: The Rhetoric of Romanticism, New York 1984.
110 Bachi, Moi, Khaled Kelkal, S. 84.

Figur, nämlich keines Geringeren als Josef K., geschlachtet »wie ein Hund«, für ein unbekanntes Verbrechen, sieht man von seiner ontologischen Schuld einmal ab. Die Darstellung von Kelkals Tod und die Entmenschlichung des Terroristen durch die Polizei vermitteln ein Gefühl quasi-ontologischer Viktimisierung. Bachi möchte den Leser glauben machen, dass Kelkal, wie später auch Merah, durch die Willkür der Polizei, die ihrerseits eine Metonymie für die als von Natur aus rassistisch dargestellte Französische Republik ist, wie ein Hund »fertiggemacht« worden sei. Bachi verwendet das Vokabular des Rassismus und der Animalisierung, das einer anderen Epoche angehört, nämlich der des kolonialen Frankreich und des Algerienkriegs: »Ich reiße mir die Haare aus und weine und heule in der Nacht mit den anderen wilden Bestien, mit den Zombies unter dem Mond, mit dem Teufel, der mein dreckiges arabisches Gesicht nicht ausstehen kann, mein Gesicht einer Ratte, einer Ziege, eines Niggers«.[111] Diese Entmenschlichung erinnert an die sogenannten *ratonnades* (»Rattenjagden«) und insbesondere an die blutige Repression vom Oktober 1961 in Paris. Auch wenn die Erinnerung an den Algerienkrieg auf französischem Boden im Zusammenhang mit der »fracture coloniale«[112], die die Behauptung eines fortwährenden kolonialen Rassismus nährt, durchaus relevant sein mag, so ist allerdings die Holocaust-Analogie in diesem Zusammenhang viel verstörender und, wie ich meine, auch unredlich. Ein solcher Vergleich zwischen der Unterdrückung der Algerier in Paris mit dem Holocaust wurde jedoch inmitten des Algerienkriegs selbst schon gezogen. Während Repression und

111 Ebd., S. 61 f.

112 Siehe Pascal Blanchard, La fracture coloniale: La société française au prisme de l'héritage colonial, Paris 2005.

Ausgangssperre noch andauerten, überlagerte die Ereignisse vom Oktober 1961 bereits die Erinnerung an den Holocaust: »Während ihrer mehrtägigen Inhaftierung waren viele Algerier weiteren Gewalttätigkeiten und/oder mangelnder medizinischer Versorgung und Ernährung ausgesetzt. In dieser Situation waren einige davon überzeugt, die französische Polizei versuche, sie zu ›vergasen‹«.[113] Diese Adaption der Holocaust-Erinnerung während des Algerienkrieges und der französischen Repression gegen die FLN hat in der Darstellung jenes Krieges nachgewirkt. Während man Michael Rothberg noch zustimmen kann, dass es in dieser Überlagerung eine Form produktiver multidirektionaler Erinnerung gibt (wie in vielen Überlagerungen, die, indem sie ein anderes kollektives Trauma wachrufen, ein Bewusstsein erzeugen können), ist der Rekurs auf den Holocaust in Bachis Roman jedoch weit weniger überzeugend, zumindest wenn es um das Unrecht geht, das die französische Polizei 1961 begangen hat. Die Handlung dieses Romans spielt viele Jahre nach dem Algerienkrieg (nämlich während des algerischen Bürgerkriegs der 1990er Jahre), und die Erinnerung an den Holocaust wird hier vielmehr zum Vorwand genommen, um den Erzähler von seinen verbrecherischen Taten reinzuwaschen und seine Beteiligung am Terrorismus zu rechtfertigen. Zu diesem Zweck bedient sich Bachi der Geschichte nicht nur des Holocaust, sondern auch des Algerienkriegs und der Unterdrückung der Algerier in Frankreich.

Im weiteren Verlauf des Romans bezeichnet der Erzähler das Gefängnis als »l'anus du monde«, als den Anus der

113 Jim House, Memory and the Creation of Solidarity During the Decolonization of Algeria, in: *Yale French Studies*, 118/119 (2010), S. 29.

Welt: »Wenn du einmal im Gefängnis bist, holt dich niemand mehr heraus. Ich war in einem Kerker. Ein dunkles und schwarzes Loch, der Anus der Welt.«[114] *Anus mundi*, diesen von dem Nazi-Arzt Heinz Thilo geprägten Ausdruck für Auschwitz, verwendet Bachi als Metapher für Kelkals Gefängnis und für die Behandlung von Arabern im Frankreich der 1990er Jahre. In einem Augenblick der Tagträumerei, in dem er sich einen Zug vorstellt, der mit der gesprengten Métro Saint-Michel verschmilzt, sagt Kelkal: »Ich konnte nicht anders, als in den Zug zu steigen, in dem ein leeres Abteil auf mich wartete, so groß wie die Baracken eines Konzentrationslagers.«[115]

Die Analogie zwischen dem Lagerinsassen und dem islamischen Terroristen wird, wenn auch nur konnotativ, noch einmal bekräftigt, als Kelkal seinen Übertritt zum Islam im Gefängnis erwähnt. Diese Konversion wird als Wiedergeburt nach einem zombiehaften Leben oder nur Überleben geschildert: »Wir waren die lebenden Toten, und nachts erwachte ich zum wahren Leben: dem Islam.«[116] Während die französische Polizei, die den arabischen Kriminellen jagt, mit einem auf den Algerienkrieg bezogenen Tropus beschrieben wird (»C'est un ratissage Karim. La guerre d'Algérie«[117]), wird der Algerienkrieg seinerseits durch das Prisma der Holocaustbilder heraufbeschworen.

Bachis 2006 veröffentlichter Roman »Tuez-les tous« (Tötet sie alle) ist keine Ich-Erzählung eines Toten, son-

114 Bachi, Moi, Khaled Kelkal, S. 57.
115 Ebd., S. 88.
116 Ebd., S. 58.
117 Ebd., S. 103: »Es ist eine Durchkämmung, Karim. Der Algerienkrieg.« [Das französische Wort *ratissage* (Durchkämmung) – *raton*: Ratte, *ratier*: Rattenfänger – lässt zugleich an eine Rattenjagd denken.]

dern in freier indirekter Rede verfasst. Er erzählt von der letzten Nacht eines Terroristen vom 11. September, eines jungen Mannes aus der imaginären antiken Stadt Cyrtha, der sich in Paris und Kandahar radikalisiert. Die Geschichte verdichtet sich wie in einer klassischen französischen Tragödie auf einen Tag, den 10. September 2001, und endet mit dem verhängnisvollen Flug vom 11. September. Der Protagonist hatte sich in Afghanistan Bin Laden angeschlossen und war sein Protegé geworden. In einer Tagtraumlogik mischt der Autor die Gegenwart in der amerikanischen Stadt Portland in Oregon am Vorabend des 11. September mit Erinnerungen an Paris und Spanien. Aufgelockert durch einige Sophisterei über die Existenz Gottes und andere eschatologische Überlegungen, erzählt der Roman von der moralischen, existentiellen und psychologischen Verwirrung des Protagonisten. In mancher Hinsicht ist dessen Angst und Unsicherheit der der Protagonisten der existentialistischen französischen Literatur näher als der Weltanschauung des Dschihadismus. Es sei noch einmal daran erinnert, dass diese Bücher bei Gallimard und Grasset erschienen sind und dass Bachi, nicht anders als Yasmina Khadra, eindeutig der französischen Tradition der existentialistischen Literatur zuzurechnen ist. Außerdem ist Bachis Terrorist ein begeisterter Leser Shakespeares, den er aus dem Stegreif kommentiert.

Bachi stellt einen Zusammenhang her zwischen der Ausgrenzung und Entmenschlichung von Einwanderern in der französischen Gesellschaft, der islamischen Radikalisierung und der Entscheidung für den Terrorismus als Mittel zur Wiedererlangung des eigenen Stolzes und zur Rache für die angebliche Demütigung des Islam in der Welt. Gleichzeitig legt er eine Analogie zwischen der Behandlung der Armen und der Schwarzen im heutigen Amerika und der Situation der Muslime im Westen nahe, was sich mit Genets politischen Schriften der 1970er Jahre über die Palästinenser, die Black Panthers und die USA sowie mit der antiamerikanischen und antikapitalistischen französischen Tradition im Allgemeinen deckt: »Die CIA verkaufte Dope in den Ghettos, um ihre riesigen Budgets zu rechtfertigen, Kriege zu führen und die Neger und die Armen auszurotten, die beiden Plagen Amerikas, aber Amerika war die Welt …«[118] In derselben antiamerikanischen Manier zieht Bachi Vergleiche zwischen den USA, die er als Hauptverursacher von Völkermorden darstellt, und Nazideutschland, dem in Vietnam eingesetzten Napalm und den Gaskammern, und schließlich Hiroshima und Auschwitz:

> Und so war er selbst nur ein Mensch unter Menschen, die der Bombe zum Opfer fielen, *Hiroshima mon amour*, ein übler Titel für einen Film, gesehen in einem dunklen Saal in Paris … Auschwitz mon amour, verbrannt, verstrahlt, riesige offene Wunden, von denen nichts übrig blieb … und die qualvoll starben, während amerikanische Ärzteteams – *aber das sind ja keine Nazis, nein, das sind keine Nazis* – die Folgen der Erfindung untersuchten, die den Krieg beendete …[119]

Durch die Stimme seiner Figur deutet Bachi an, dass die islamische Radikalisierung und die Entscheidung für den Terrorismus eine Folge der französischen Politik der Integration der zugewanderten Bevölkerung sei – einer Politik, welche die »zivilisatorische Mission« Frankreichs wi-

118 Bachi, Tuez-les tous, S. 20.
119 Ebd., S. 49.

derspiegele, die Integrität der muslimischen Gesellschaft verderbe und somit die Identität der Zuwanderer »zersetze«. Von Khalid heißt es, dass »er sich syphilisierte und anschickte, einer von ihnen zu werden, ein unauffälliger Schmutzfink, ein gestörter junger Mann, ein Integrierter auf dem Weg zum Zerfall ...«[120] Auch hier handelt es sich um eine scharfe Beobachtung der Psychologie der islamischen Radikalisierung und vielleicht der faschistischen Radikalisierung im Allgemeinen (die Angst vor Ansteckung, das Phantasma der Integrität usw.), wäre da nicht die Schwierigkeit, zwischen der Stimme der Figur und der des Autors zu unterscheiden. Tatsächlich ist die Behauptung, die französische Integrationspolitik wende symbolische Gewalt gegen muslimische Einwanderer an, zu einer innerhalb der multikulturalistischen Linken vorherrschenden Ansicht und zu einem theoretischen Topos der mit Frankreich befassten Postcolonial Studies geworden.[121] Die postkoloniale Kritik bringt die Französische Republik in eine Zwickmühle: wenn sie ihre muslimische Minderheit gleich behandelt, wird sie der symbolischen Gewalt und der erzwungenen Akkulturation beschuldigt; behandelt sie sie anders, bezichtigt man sie der Diskriminierung.

Wir müssen uns also fragen, wo Bachi hier steht. Ist er der Meinung, die Französische Republik und ihr säkularer

120 Ebd., S. 36. Noch eine augenzwinkernde Anspielung auf Baudelaire – das Wortspiel mit »Zivilisation« und »Syphilisation«: »Nous avons tous l'esprit républicain dans les veines, comme la vérole dans les os. Nous sommes démocratisés et syphilisés.« [Wir alle haben den republikanischen Geist in den Adern, wie die Syphilis in den Knochen. Wir sind demokratisiert und syphilisiert.] Charles Baudelaire, Pauvre Belgique, Paris 1953.
121 Siehe – nur ein Beispiel unter vielen – Trica Keaton, Muslim Girls and the Other France: Race, Identity Politics and Social Exclusion, Bloomington (Indiana) 2006.

Universalismus, der ihr als bloßes Feigenblatt für kolonialen Rassismus ausgelegt wird, seien für die Entfremdung der jungen Muslime verantwortlich, oder steht er dieser Ansicht kritisch gegenüber? Wenn er dieser Meinung ist, liefert er dann nicht der Verkehrung von Tätern in Opfer rhetorische Munition? Vielleicht kann der kurze Beitrag, den er nach der Tragödie von Toulouse veröffentlichte, diese Frage zumindest teilweise beantworten.

Gleich, ob all diese Analogien dem kranken Geist eines fiktiven bekifften Terroristen entsprungen sind, der zu viele Filme gesehen hat, oder ob der Autor sie insgeheim gutheißt: Bachis Roman jedenfalls würde ich als einen Amoklauf »multidirektionaler Erinnerung« bezeichnen, der auf multidirektionale Amnesie hinausläuft. Das ultimative Klischee – der Jude als Opfer, das zum Täter wird, sowie die idyllische Koexistenz von Juden und Arabern über Jahrhunderte vor der Gründung Israels – begegnet einem, wenn der Erzähler/Terrorist sich mit den von Europa vertriebenen und von Muslimen beschützten Juden identifiziert. Die Identifikation hört jedoch auf, wenn diese ihre vermeintlichen Retter verraten: »er war Opfer und Täter zugleich, und doch hasste er die Juden … ja, sie hatten sie jahrhundertelang aufgenommen … und sie wandten sich gegen sie, um sie zu vernichten, obwohl sie ihrerseits nie versucht hatten, sie auszurotten.«[122]

Während die Analogie zwischen den in den Vernichtungslagern ermordeten Juden und dem inhaftierten Terroristen in »Moi, Khaled Kelkal« implizit bleibt, tritt sie in »Tuez-les tous« eindeutig hervor. Der Autor ist sich der Bedeutung des Wortes »Muselmann« im KZ-Jargon durchaus bewusst – ein Wort, über das sich bereits Giorgio

122 Bachi, Tuez-les tous, S. 80.

Agamben ausgelassen hat: »Sie würden der Welt zeigen, dass sie keine Opfer waren, Palästinenser, Muselmänner – so nannte man diejenigen, die in den Vernichtungslagern aufgaben.«[123] Der Terrorist wird also als jüdischer Deportierter dargestellt, der zur Vernichtung verurteilt ist und, anstatt sich zu ergeben, gegen Nazi-Amerika und Nazi-Israel kämpft. Der islamische Terrorist ist ein Jude in Anführungszeichen (ein figuraler Jude), der echte Juden und sogenannte Ungläubige tötet und somit aus dem Opfer einen Widerstandskämpfer macht. Ähnlich wie bei Alain Brossat begreift zumindest der Erzähler, wenn nicht auch der Autor, Terrorismus als eine Form des Widerstands.

Als er »Moi, Mohamed Merah« schrieb, war Bachis Phantasie offenbar erschöpft. Da sein »Khaled Kelkal« soeben im Druck erschienen war, konnte der Dichter des Terrorismus seine Erfindungen lediglich wiederholen – nur schlimmer, denn hier nimmt er es mit aktuellen Ereignissen auf. Dieser Text ist eine postmoderne »Radical chic«-Version des Klagelieds des Mörders. Gleich in den ersten Zeilen greift Bachi einen Satz aus »Moi, Khaled Kelkal« wieder auf – »À peine né, déjà crevé« (Kaum geboren, schon erledigt) – und bekräftigt damit den Topos des totgeborenen französischen Arabers. Eine Totgeburt sei er, weil die französische Gesellschaft ihre Einwanderer zum symbolischen, wenn nicht gar realen Tod verurteile. Der im späten 20. Jahrhundert in Frankreich geborene Araber sei, mit Agamben zu reden, »nacktes Leben«[124], ein wandelnder Toter, wie ein KZ-Häftling. Diese Konstruktion, in welcher der Täter zum Opfer wird, eine Folge der

123 Ebd., S. 48.
124 Ich beziehe mich hier auf: Giorgio Agamben, Was von Auschwitz bleibt. Das Archiv und der Zeuge, Frankfurt a.M. 2003.

von Rolin so genannten »soziologischen Fertigprodukte«, ist in diesem Text noch deutlicher zu erkennen als in den beiden Romanen, was darauf zurückzuführen sein mag, dass solche Artikel in aller Eile verfasst werden.

Der Erzähler, Mohamed Merah, wurde schon als Kind zum Dieb, um sich gegen die rassistische, neokoloniale Herablassung, die ihm widerfuhr, zu behaupten und so seine missachtete Menschenwürde wiederzuerlangen:

> […] ne plus être le gentil gamin tout souriant tout beau arabe toujours poli merci monsieur au revoir madame vous avez raison allez vous faire foutre mesdames et messieurs et les gens bien de préférence national.[125]

Bachi versteckt eine gegen Le Pen und angeblich auch gegen Sarkozy gerichtete Botschaft (»préférence nationale«)[126] unter stilistischen Mitteln, die sein Manifest als Gedicht in Prosa erscheinen lassen sollen (Verzicht auf Großbuchstaben, Leitmotiv, Nominalphrasen, spärliche Zeichensetzung usw.). Kurzum, wenige Tage nach dem Massaker von Toulouse und Montauban will Bachis Terrorist uns glauben machen, die Tötung jüdischer Kinder

125 Salim Bachi, Moi, Mohamed Merah, in: *Le Monde des livres*, 29. März 2012: »[…] nicht mehr der nette arabische junge zu sein der immer höflich lächelt und danke monsieur und auf wiedersehen madame sagt sie haben recht verpissen sie sich meine damen und herren und national bevorzugte gute menschen.«

126 Das Schlagwort »nationale Präferenz« prägte der Front National 1985, um seiner Forderung Ausdruck zu verleihen, französische Staatsbürger gegenüber in Frankreich lebenden Ausländern, was Beschäftigung und finanzielle Hilfe betrifft, zu bevorzugen. Der ehemalige Präsident Sarkozy wurde von der Linken beschuldigt, der Wählerschaft des Front National entgegenzukommen, als er für eine Rückkehr zur nationalen französischen Identität plädierte.

sei eine direkte Folge des Verrats einer korrupten Französischen Republik, die er »Ripoublique«[127] nennt: »Ich werde diese Heuchler-Ripoublique in die Knie zwingen, indem ich alle ihre Kinder abschlachte. Ich träume von einem ruhmlosen Tag, an dem jeder jeden tötet …« Die Phantasie, dass eines Tages jeder jeden töten werde, schwächt den politischen und spezifisch antisemitischen Aspekt der Attentate ab und ertränkt sie in einer vagen apokalyptischen und nihilistischen Rhetorik, die an Netschajews »Katechismus eines Revolutionärs« erinnert. Als er von der Polizei umstellt wird, sagt der fiktive Merah: »Ich weiß, dass sie nichts anderes wollen, als mich in ein Loch zu stecken, ein Gefängnis oder einen Sarg, das ist die Lösung für das letzte Problem, das ihnen um die Ohren geflogen ist.«[128] Es ist nicht schwer zu erkennen, worauf der Autor hier hinauswill: der Muslim (der Araber, der Einwanderer) ist das »letzte Problem«, für das eine Lösung gefunden werden muss, oder ein »Endproblem«, für das eine »Endlösung« gefunden werden muss. Und die endgültige Lösung dieses Problems kann nur die Vernichtung sein: ein Völkermord der Franzosen an den Muslimen. So setzt Bachi, nicht allzu subtil, die legitime Tötung eines bewaffneten Terroristen durch ein Polizeikommando der Vernichtung eines Volkes im Namen »rassischer« Überlegenheit gleich. Er macht den Täter zum Opfer eines post- oder neokolonialen Rassismus und einen Antisemiten und

127 »Ripou« ist eine Umkehrung von *pourri*: faul, verdorben. Der als »verlan« (*envers*: rückständig) bezeichnete Slang, dessen Bachi sich hier bedient, ist in der französischen Jugendsprache und in den Vorstädten heute weit verbreitet.

128 [Im Original heißt es: »voilà la solution au problème final qui leur a sauté à la gueule.« Die Rede von einem »problème final« spielt offenkundig auf die im Französischen als *solution finale* bezeichnete »Endlösung« an.]

Terroristen zum jüdischen Opfer. Wenn in der Phantasie der französischen Moderne der literarische oder künstlerische Akt mit Mord und Verbrechen gleichgesetzt wurde, so wird hier, im Namen radikaler Gesellschaftskritik, das Verbrechen eines Terroristen im literarischen Akt symbolisch verdoppelt.

3

Gefährliche Parallelen

Holocaust, *colonial turn* und neuer Antisemitismus

1968 warnte Emmanuel Levinas davor, die Lage der Fabrikarbeiter mit dem Holocaust zu vergleichen: »Schon ein populärer Autor reduziert den Völkermord in den Lagern auf die Probleme, die durch die Arbeitsbedingungen in den Renault-Fabriken entstehen.«[1] Levinas fand solche Parallelen wenig überzeugend; selbst vom heuristischen Wert bestimmter Vergleiche zwischen den modernen Arbeitsbedingungen und dem, was er den »Völkermord in den Lagern« nannte, war er nicht überzeugt. Sie erschienen ihm allzu verharmlosend: ein Schritt hin zur Relativierung des Holocaust.

1 Emmanuel Levinas, Difficile liberté: Essais sur le judaïsme (überarb. Neuausgabe), Paris, 2003, S. 311. Sean Hand, obwohl er nicht weniger ratlos war als ich, was die Identität des »populären Autors« angeht, gab mir dankenswerterweise einige wichtige Auskünfte über den Kontext, die ich hier mit seiner Erlaubnis teilweise wiedergebe. Levinas' Aufsatz, aus dem ich oben zitiere, war in dem von Isaac Schneersohn herausgegebenen Sammelband »D'Auschwitz à Israël, vingt ans après la Libération« enthalten, den das Centre de Documentation Juive Contemporaine 1968 in Paris veröffentlichte. In Anbetracht des Erscheinungsjahres und der allgemeinen Ausrichtung der Texte dieses Bandes spielt Levinas offenbar auf die Streiks an, die am 15. Mai 1968 in den Renault-Werken in Cléon, Flins, Le Mans und Boulogne-Billancourt begannen.

Lange vor der Faurisson-Affäre[2] gab Levinas' Kommentar bereits einen Vorgeschmack auf die 1970er und 80er Jahre, in denen die Leugnung des Holocaust in den Vordergrund der öffentlichen Debatte rücken sollte. Tatsächlich wurde Paul Rassiniers 1950 erstmals veröffentlichte »Lüge des Odysseus«[3] in den späten 1970er Jahren neu aufgelegt. Bis dahin war dies ein eher randständiges Phänomen geblieben.[4] Interessanterweise gibt uns Levinas zu verstehen, dass intellektuelle Arglosigkeit den Holocaust schon in den 1960er Jahren in ein Objekt der Unterhaltung und des Spektakels zu verwandeln drohte, also lange vor »Schindlers Liste« (1993) und noch vor der Fernsehserie »Holocaust« (1978). Was er über den Vergleich mit der Fabrikarbeit sagt, deutet an, dass die Erinnerung Mitte der 1960er Jahre bereits im Schwinden begriffen war, was der einvernehmlichen Meinung zuwiderläuft, dass man sich des Holocaust in den 1960er Jahren erst bewusst geworden sei. Dies zwingt uns, die allgemein akzeptierte Chronologie zu überdenken; vor kurzem erst hat François Azouvi in seiner gründlichen Kritik am Mythos des Nachkriegsschweigens gezeigt, dass die Erinnerung an den Holocaust vor den 1960er Jahren authentischer und ungetrübter war und zwanzig Jahre später erst zu polemischen oder Konsumzwecken trivialisiert wurde.[5] Schließlich muss Le

2 [Der französische Literatuwissenschafter Robert Faurisson (1929–2018) veröffentlichte 1980 das Buch »Mémoire en défense«, in dem er die Existenz der Gaskammern bestritt.

3 Siehe Kapitel 2, S …

4 See Henry Rousso, Les racines politiques et culturelles du négationnisme en France (http://chgs.umn.edu/histories/occasional/Rousso_ Roots _ of_Negationism_in_France.pdf).

5 Siehe François Azouvi, Le mythe du grand silence: Auschwitz, les français, la mémoire, Paris 2012.

vinas' Bemerkung im Kontext der Studentendemonstrationen vom Mai '68 verstanden werden. Denn die Trivialisierung des Holocaust hängt indirekt auch mit der Entwicklung eines libertären Klimas zusammen. Die Jahre des studentischen Aktivismus waren eine Zeit, in der die Geschichte des Zweiten Weltkriegs und der französischen Kollaboration (man denke an die Gleichsetzung von de Gaulles Polizei und SS: »CRS = SS«) vielfach verdreht und verkehrt wurde und in der die Erinnerung an Krieg und Kollaboration Amok lief, wie es der junge Patrick Modiano in seinem preisgekrönten Werk »La Place de l'étoile« ebenso witzig wie unverfroren dargestellt hat.[6]

Nach der Faurisson-Affäre meinte Alain Finkielkraut, die linke Holocaustleugnung sei aus solchen Parallelen hervorgegangen, oder vielmehr aus der Unfähigkeit, die »rassischen« und metaphysischen Besonderheiten des Holocaust zu erkennen, sowie der Neigung, ihn dem marxistischen Konzept des Klassenkampfs einzuordnen.[7] Der Holocaust lässt sich jedoch nicht auf die Geschichte sozialer Unterdrückung und ökonomischer Herrschaft beschränken; daher Levinas' sarkastische Bemerkung über den Vergleich mit den Arbeitsbedingungen in den Renault-Werken. Das Konzept des Klassenkampfs, meinte Finkielkraut – ein universelles Paradigma, das alle Schattierungen der Unterdrückung erfassen sollte –, drifte allmählich in eine unverblümte Holocaustleugnung ab.

6 Patrick Modiano, La Place de l'étoile, Paris 1968 [Place de l'Étoile, München 2010]. Zu Modianos subversiven Verkehrungen siehe Bruno Chaouat, La Place de l'étoile quarante ans après, in: Roger-Yves Roche (Hg.), Lectures de Modiano, Nantes 2009, S. 101–122.

7 Alain Finkielkraut, L'avenir d'une négation. Réflexion sur la question du génocide, Paris 1982 [Revisionismus von links. Überlegungen zur Frage des Genozids, Freiburg/Wien 2024].

Die »multidirektionale Erinnerung« lässt sich zu solchen Karikaturen nicht hinreißen. Ihre Verfechter sind klug genug, eine *reductio ad Hitlerum* und vordergründige Analogien zu vermeiden. Jedoch kann der *colonial turn* in der Holocaustforschung leicht dazu verführen, die Besonderheit der Vernichtung der Juden zu verschleiern.

Die Debatte über Universalität und Singularität möchte ich hier nicht wieder aufnehmen. Ich halte auch nichts von der Behauptung einer negativen Exzeptionalität des Holocaust, die gewissermaßen die Kehrseite des jüdischen Exzeptionalismus darstellt.[8] Mit »Besonderheit« meine ich weder »Einzigartigkeit« noch »Ausnahme«, ebensowenig überhöhe ich den Holocaust zu einem sakralen oder mysteriösen Ereignis (*mysterium tremendum*), das gleich-

8 Die Debatte über Universalität und Singularität entbrannte in den Jahren 1980 bis 1984 in der Zeitschrift *Midstream* (siehe insbesondere Jg. 30, Nr. 4, April 1984, S. 14–18) zwischen Pierre Papazian, E. Alexander, Yehuda Bauer, A.L. Eckardt und R. A. Eckardt. Die Eckardts, denen klar war, dass jedes historische Ereignis strukturell einzigartig ist, prägten für den Holocaust den Ausdruck »einzigartige Einzigartigkeit« (unique uniqueness). Jean-Michel Chaumont erwähnt auch das jährliche Symposium der Zeitschrift *Judaism*, das 1967 in New York mit Emil Fackenheim, Richard Popkin, George Steiner und Elie Wiesel stattfand. Chaumont zufolge wurde das Dogma der absoluten Einzigartigkeit auf jenem Symposium nicht historisch, sondern spirituell und religiös begründet. Siehe auch Yehuda Bauer, Die dunkle Seite der Geschichte, Frankfurt a.M. 2001. Bauer lehnt das Dogma der absoluten Einzigartigkeit ab und ist sich zugleich der Gefahr der Trivialisierung bewusst. Der Holocaust sei »beispiellos« (unprecedented), behauptet er, d.h. weder unwiederholbar noch unverständlich. Die Unterschiede zu früheren und nachfolgenden Völkermorden hebt er nicht hervor, um den Holocaust zu sakralisieren, sondern aus Gründen historischer Rechtschaffenheit. Im Unterschied zu Wiesel oder Eckardt verfährt Bauer sowohl säkular als auch dialektisch. Singularität ist ohne die Möglichkeit des Vergleichs nicht denkbar. Der Vergleich erscheint als notwendige Bedingung, um Unterschiede festzuhalten, anstatt sie aufzulösen.

sam außerhalb der Geschichte stünde. Für solche erhabenen Interpretationen des Holocaust bringe ich keine Geduld auf. Vielmehr geht es mir um die metaphysischen und bis zu einem gewissen Grad unbewussten Gründe, die meiner Meinung nach zur Endlösung entscheidend beigetragen haben (freilich neben anderen eher zufälligen Ursachen und historischen, wirtschaftlichen, sozialen und politischen Umständen) – Gründe nämlich, ohne die wir von einem ganz anderen Ereignis sprächen. Mit »metaphysisch« meine ich nicht, dass die Nazis sich als Hand Gottes betätigt hätten und der Holocaust darum einer finsteren Theodizee jenseits oder außerhalb der menschlichen Geschichte zugeschrieben werden sollte. Ich behaupte lediglich, dass die Motivation der Nazis zum Holocaust einer säkularen, wiewohl mit apokalyptischen und millenaristischen Untertönen befrachteten Metaphysik der Erlösung zugehört und dass die biologische, »rassische« Rechtfertigung selbst auf einem »spirituellen«, quasi-religiösen Unbewussten beruhte. Der nationalsozialistische Antisemitismus, der untrennbar mit dem Rassismus verbunden war (Alfred Rosenberg betrachtete die Juden nicht als Rasse, sondern als »Gegenrasse«),[9] war auch eine Reaktion auf eine metaphysische Begründung, die in einer langen Geschichte der Dämonisierung und Bestialisierung der Juden (des »figuralen« oder »begrifflichen Juden«, wie Kenneth Marcus ihn ausführlich beschrieben hat)[10] unter den christianisierten europäischen Nationen wurzelt.

9 Siehe Alfred Rosenberg, Der Mythus des 20. Jahrhunderts. Eine Wertung der seelisch-geistigen Gestaltenkämpfe unserer Zeit, München 1930.

10 Siehe Kenneth L. Marcus, The Definition of Anti-Semitism, Oxford 2015. Über die antisemitische Verbildlichung des Juden heißt es dort:

Es gibt unterschiedliche Lehrmeinungen über die Ursprünge und geschichtlichen Gegebenheiten des Holocaust, die sich ihrerseits mit der Geschichte des Antisemitismus überschneiden. Um nur einige zu nennen: die Schwächung des Nationalstaats, der seinen Höhepunkt überschritten hatte, woraus sich das Problem der Flüchtlinge und Staatenlosen ergab (Arendt); der europäische Modernisierungsprozess, die Bürokratisierung und das Aufkommen moderner Biomacht (Bauman, Agamben);[11] Totalitarismus und Staatsterror als Folge des revolutionären Nihilismus und der Immanentisierung des Endes der Geschichte (Albert Camus, Eric Voegelin, Alain Besançon);[12] europäischer Kolonialrassismus als Probe für die Endlösung (Lindqvist)[13] usw. All diese Umstände mögen notwendig sein, ausreichend aber sind sie keineswegs.

Wenn ich hier vorab recht zügig und nonchalant über die metaphysische Besonderheit der Ursprünge des Holocaust spreche, so deshalb, weil ich nach jahrelangem Studium dieser Geschichte vom literarischen und philosophischen

»Man könnte behaupten, dass der Antisemitismus sich nicht gegen Juden als Juden, sondern gegen Juden als Nichtjuden richtet. Mit anderen Worten, der Antisemitismus konzentriert sich auf das, was Arendt ›das Phantom des Juden‹ nannte« (S. 130). Anders als Hammerschlag sieht Marcus in einer literarischen, dekonstruktivistischen oder philosemitischen Verbildlichung des Juden nichts Positives: »Der begriffliche Jude ist etwas anderes als die Summe der verzerrten Eigenschaften, die der Antisemit mit diesem Begriff verbindet« (S. 145).

11 Zygmunt Bauman, Dialektik der Ordnung. Die Moderne und der Holocaust, Hamburg 1992.

12 Eric Voegelin, The New Science of Politics, Chicago 1987; Alain Besançon, Le Malheur du siècle, Paris 1998. Zum Nationalsozialismus und zur Immanentisierung des Endes der Geschichte siehe auch Albert Camus, Der Mensch in der Revolte, Hamburg 1953.

13 Sven Lindqvist, Exterminate All the Brutes, New York 1997 [Rottet die Bestien aus!, Berlin 2023].

Standpunkt aus mit Parallelen und Analogien sehr vorsichtig umgehe – nicht weil ich eine moralische Überlegenheit bewahren möchte, die einem angeblich zukommt, wenn man mehr als alle anderen gelitten hat (das sogenannte symbolische oder moralische Kapital, das die Juden und Israel, so der Vorwurf, auf Kosten anderer Opfergruppen ausnutzten), sondern aus erkenntnistheoretischen Gründen, die mit historischer und philosophischer Genauigkeit zu tun haben. In diesem Sinne hat Yehuda Bauer in meinen Augen überzeugend dargelegt, dass der Holocaust zwar leider nicht »einzigartig« ist (was ein in der Geschichte, in Vergangenheit und Zukunft schlechthin unwiederholbares Ereignis bedeuten würde), aber womöglich ein *beispielloses Ereignis der aufgezeichneten Geschichte* darstellt (ich wäge hier jedes Wort genau ab).

Multidirektionale Erinnerung auf die Probe gestellt

Die Parallelisierung als Genre oder Methode der Geschichtsschreibung lässt sich bis Plutarch zurückverfolgen. Dessen Verfahren griff im späten 18. Jahrhundert François-René de Chateaubriand in seinem »Essai sur les revolutions« (1797) in größerem Maßstab – nämlich auf Nationen statt auf große Männer bezogen – wieder auf, indem er antike und moderne Revolutionen in eine historische Parallele setzte. Die Annäherung an Geschichte durch historische oder biographische Vergleiche hat mit »multidirektionaler Erinnerung« viel gemein: jedoch nicht nur eine heuristische Stärke, sondern auch erkenntnistheoretische und ethische Schwächen.

Jüngst haben Literaturwissenschaftler und Historiker in den USA und Europa bei der Erforschung der traumatischen Vergangenheit in Kultur, Medien und Literatur neue Wege beschritten, insbesondere im französischen und frankophonen (kolonialen und postkolonialen) Kontext. Michael Rothberg, Debarati Sanyal und Max Silverman schlugen dazu den heuristischen Begriff der multidirektionalen Erinnerung vor. In einer Sonderausgabe der *Yale French Studies*[14] trugen sie umfangreiches Material zusammen, um ein Licht auf unser Verhältnis zur traumatischen Vergangenheit und zur aktuellen politischen Gewalt und Unterdrückung zu werfen.

Der Holocaust als historisches Ereignis und die Holocaustforschung als akademische Disziplin bleiben das Epizentrum dieser neuen Auseinandersetzung mit Gewalt und traumatischer Erinnerung. Aus der Perspektive multidirektionaler Erinnerung dient der Holocaust als Bezugspunkt, durch den vergangene oder gegenwärtige Traumata innerhalb verschiedener Diskursgattungen artikuliert werden. Zwar nimmt der Holocaust in dieser Geschichte eine zentrale Stellung ein, doch wird er zugleich dezentriert und zur Erhellung anderer kollektiver Traumata der Vergangenheit und Gegenwart in verschiedenen geographischen Gebieten herangezogen. Die Aufsätze, und vielleicht auch die mit multidirektionaler Erinnerung befassten Wissenschaftler selbst, gehen davon aus, dass der Bezug auf den Holocaust von Menschen verursachte Katastrophen oder, allgemeiner, von Menschen erlittenes Unrecht wie Kolonialismus, Sklaverei, institutionellen Rassismus, soziale und rassistische Diskriminierung, wirt-

14 Nœuds de mémoire: Multidirectional Memory in Postwar French and Francophone Culture (Sonderausgabe der *Yale French Studies*), hg. v. Michael Rothberg und Debarati Sanyal, New Haven (Connecticut) 2010.

schaftliche Ungleichheit, AIDS usw. erst zu Bewusstsein gebracht habe und ein solches Bewusstsein weiter schärfen werde. So schreibt Jim House in seinem Aufsatz »Memory and the Creation of Solidarity During the Decolonization of Algeria«, dass die Bewegung gegen Rassismus, Antisemitismus und für Frieden (MRAP: Mouvement contre le racisme, l'antisémitisme et pour la paix) in ihren Verlautbarungen 1960 bereits den Holocaust, Faschismus und Antisemitismus mit »Formen des kolonialen Rassismus und der Herrschaft« in Verbindung gebracht habe.[15] Am Anfang des Kampfes gegen den Rassismus in Frankreich stehe also die Erinnerung an den Holocaust. Diese noch frische Erinnerung habe auch andere Formen der Diskriminierung, insbesondere der kolonisierten Bevölkerung, ins kollektive Bewusstsein gehoben.

Ironischerweise aber ist es heute deshalb so schwierig, den Antisemitismus zu bekämpfen, weil er sich als Antirassismus und als Kampf gegen koloniale Unterdrückung tarnt. Der Kampf gegen Antisemitismus und der gegen Rassismus haben sich auseinanderentwickelt. Sicherlich wäre es wünschenswert, diese beiden Kämpfe – dem multidirektionalen Paradigma gemäß – wieder zu vereinen, doch ein so lobenswertes Ziel kann nicht erreicht werden, wenn man diese Spaltung, ebenso wie die Neigung des Antisemitismus, sich neuen kulturellen und ideologischen Trends anzupassen, nicht erst einmal zur Kenntnis nimmt. Das haben die Verfechter multidirektionaler Erinnerung jedoch bisher nicht getan. Es ist bezeichnend, dass weder in Rothbergs Buch noch in der Sonderausgabe der *Yale French Studies* der muslimische Antisemitismus seit der

15 Ebd., S. 15.

Jahrtausendwende oder die Ermordung Ilan Halimis durch die selbsternannte »Barbarengang« im Jahr 2006 erwähnt wird.

Wie Adrien Barrot gezeigt hat, verrät die Skotomisierung des neuen Antisemitismus und der Halimi-Tragödie ideologische Reflexe, die von der revolutionären Linken übernommen wurden.[16] Seit Marx' Aufsatz »Zur Judenfrage« und den französischen utopischen Sozialisten Fourier und Toussenel ist die revolutionäre Rhetorik mit antijüdischen Themen durchsetzt, zuweilen überschneidet sie sich gar mit den schlimmsten antisemitischen Manifesten wie Drumonts »La France juive«. Auf subtilere Weise behauptet Barrot, dass die Verurteilung des Antisemitismus durch die radikale Linke von Marx über August Bebel bis Badiou (man denke an Bebels berühmten Ausspruch, der Antisemitismus sei »der Sozialismus des dummen Kerls«)[17] auf die symmetrische Warnung verweist: »Wenn der Antisemitismus der Sozialismus des dummen Kerls ist, dann ist die Weigerung, die Juden als Juden zu verteidigen, die Kehrseite der Ablehnung des Antisemitismus.«[18] Die revolutionäre Linke ist unfähig zu begreifen, was ich »jüdische Faktizität« nenne, nämlich die faktische Existenz von Juden als Juden. Sie löscht sie vielmehr aus. Wenn Antisemitismus ein Täuschungsmanöver ist – so die Logik der revolutionären Linken –, so deshalb, weil »Jude« ein ideologisches Konstrukt ist. Wenn man dies beweisen

16 Siehe Adrien Barrot, Si c'est un Juif: Réflexions sur la mort d'Ilan Halimi, Paris 2007.
17 [Das sagte August Bebel 1894 in einem Gespräch mit Hermann Bahr. Die Worte stammen allerdings von dem linksliberalen österreichischen Politiker Ferdinand Kronawetter, den er ironisch zitiert.]
18 Ebd., S. 114.

kann: dass der »Jude«, in Badious Worten, nur »ein Nazi-Signifikant« ist,[19] dann kann sich der Antisemitismus nicht gegen Juden als Juden richten – denn das »als Juden«, d.h. die jüdische Faktizität, ist selbst eine Wahnvorstellung. Letztlich, so folgert Barrot daraus, »ist der Antizionismus, wenn nicht der Sozialismus, so doch zumindest der Progressivismus … des dummen Kerls geworden.«[20] Natürlich machen sich die Autoren multidirektionaler Erinnerung solchen Radikalismus nicht zu eigen, sie löschen die jüdische Faktizität nicht aus. Dennoch bleibt es beunruhigend, dass sie den zeitgenössischen Antisemitismus systematisch ausklammern – was ich ihrem Verlangen zuschreiben würde, den Holocaust zu dezentrieren.

Rothbergs Buch »Multidirektionale Erinnerung« ist nicht weniger bedeutsam als die Sonderausgabe der *Yale French Studies*, die er mitherausgegeben hat, und verdient eine sorgfältige Betrachtung. Es hat das Potential, unser Verständnis kollektiver Erinnerung und insbesondere die Art und Weise, wie sich der Westen an den Holocaust erinnert, zu verändern. Alles in allem leistet dieses Konzept einen substantiellen Beitrag zur Reflexion über die Erinnerung an den Holocaust im Zeitalter der Dekolonisierung und darüber hinaus – was Rothberg als die »koloniale Wende in der Holocaustforschung« bezeichnet.[21] Diese Wende soll die Erinnerung an den Holocaust entprovinzialisieren und sie zu einem dynamischen Gegenstand von

19 Badious Auslassungen über das Wort »Jude« widerlegt Éric Marty in seinem hier schon mehrfach zitierten Buch »Radical French Thought«.
20 Barrot, Si c'est un Juif, S. 129.
21 Michael Rothberg, Multidirektionale Erinnerung. Holocaustgedenken im Zeitalter der Dekolonisierung, Berlin 2021, S. 133.

globalem Interesse machen, statt zu einem rein europäischen Problem. Sie soll veranschaulichen, wie die Erinnerung an den Holocaust es anderen kollektiven Traumata ermöglicht hat, zum Gegenstand öffentlichen Interesses zu werden, und wie jene anderen Traumata ihrerseits die Erinnerung an den Holocaust gefördert und verändert haben.

Bevor ich auf die Unzulänglichkeiten des Konzepts multidirektionaler Erinnerung eingehe, möchte ich festhalten, dass es Rothberg gelungen ist, auf die ethischen Probleme aufmerksam zu machen, die sich aus miteinander konkurrierenden Erinnerungen ergeben.[22] Er hat in der Tat recht, wenn er sagt, dass diese Konkurrenz auf einem Nullsummendenken und auf einem begrenzten Verständnis der Dynamik kollektiver Erinnerung beruht. Es gibt nämlich kein endliches Erinnerungsquantum, wie Rothberg durchaus überzeugend darlegt. Sein eigenes Konzept, das darüber hinausgeht, beschreibt er selbst als optimistisch und progressiv, sein Ziel sei globale Gerechtigkeit: »Tatsächlich ist multidirektionale Erinnerung oft die Grundlage dafür, dass Menschen Gerechtigkeitsvorstellungen entwickeln und in die Tat umsetzen.«[23] Rothberg hält es nicht nur für wünschenswert und möglich, das Paradigma konkurrierender Erinnerungen und seine schädliche und spaltende Wirkung auf Gemeinschaften und Nationen in einem multikulturellen, postkolonialen, globalisierten Kontext zu überwinden, sondern er glaubt auch, dass die Überwindung der »Opferkonkurrenz« durch die Anerkennung des von imperialen und kolonialen Mächten begangenen Unrechts schließlich zu mehr Gerechtigkeit führe.

22 Ich denke hier vor allem an das umstrittene Buch von Jean-Michel Chaumont: La Concurrence des victimes, Paris 1997.
23 Rothberg, Multidirektionale Erinnerung, S. 46.

Rothbergs Hoffnung, so löblich sie auch sein mag, ist allerdings einigermaßen utopisch. In der Tat kann die Provinzialismuskritik des einen den Provinzialismus eines anderen zum Ausdruck bringen, und eine Kritik des Eurozentrismus ihrerseits eine eurozentrische Vorstellung verbergen. Auch die Postcolonial Studies erhalten im Namen einer Entprovinzialisierung französischer und europäischer Wissenschaften orientalistische Topoi aufrecht. Allgemeiner könnte man sagen, dass die Kritik des Eurozentrismus seit der Renaissance ihrerseits eurozentrisch oder zumindest europäisch ist.[24] So wie die Kritik der westlichen Moderne der westlichen Zivilisation innewohnt, so steht die westliche Kritik des Eurozentrismus vor einer Aporie – sie kann dem Gegenstand ihrer Kritik nicht entkommen. Der zur Tür hinausgejagte Eurozentrismus kommt durch das Fenster wieder herein.

In seinem Bestreben, die Erinnerung an den Holocaust zu entprovinzialisieren und zu globalisieren, provinzialisiert Rothberg seinerseits die Geschichte ebenso wie die aktuellen Ausprägungen des Antisemitismus. Indem er ihn auf seine christlichen und/oder rassistischen Erscheinungsformen reduziert, lässt er den Antisemitismus außerhalb Europas in Geschichte und Gegenwart außer Acht. Dieses Versäumnis schwächt seinen ansonsten lobenswerten Versuch, kollektive Erinnerungen durch das dynamische Konzept der Multidirektionalität zu vereinen. In der Welt nach dem 11. September 2001, im Zeitalter des globalen islamistischen Terrorismus, ist es in der Tat nicht mehr möglich, den islamischen Antisemitismus herunterzuspielen; ebensowenig kann man behaupten, der islami-

24 Siehe Jean-François Mattéi, Le procès de l'Europe: grandeur et misère de la culture européenne, Paris 2011.

sche Andere sei das einzige Opfer einer vom Westen verübten Gewalt. Der Antisemitismus darf nicht länger auf ein weißes, rassistisch geprägtes europäisches Problem beschränkt werden. Auch er sollte aus einer globalen, postkolonialen und transnationalen Perspektive betrachtet werden. Da er jedoch alles Außereuropäische ausklammert, bleibt Rothbergs Auffassung des Antisemitismus (und damit auch der Erinnerung an den Holocaust) geographisch und historisch beschränkt, und bisweilen gewinnt der Leser den Eindruck, die Dezentrierung des Holocaust laufe einfach darauf hinaus, ihn zu entjudaisieren.

Daraus ergibt sich ein weiterer blinder Fleck in Rothbergs Buch, oder psychologisch gesprochen: eine Skotomisierung, und zwar das Trauma betreffend, das die amerikanische Zivilbevölkerung (und im weiteren Sinne die »Ungläubigen« und die Juden, wie sie in der Rhetorik von al-Qaida genannt wurden) durch den 11. September 2001 und seine Folgen erlitten hat. Während Rothberg den globalen »Krieg gegen den Terror« sogleich als ein Wiederaufleben früherer Fälle von Gewalt und Folter (Algerien, Holocaust) verurteilt,[25] erweist er sich als unfähig oder unwillig, das Trauma anzuerkennen, das der 11. September und der islamische Terrorismus für die Zivilgesellschaften auf globaler Ebene und nicht nur in einem fremden- oder islamfeindlichen Westen bedeuteten (man denke an Tunesien, Algerien und den Terrorismus in Asien oder Afrika) – die quälende Angst, die der Terrorismus, insbesondere in seiner neuen, postmodernen, transnationalen Form, in der Zivilbevölkerung hervorruft, die praktisch überall und jederzeit angegriffen werden kann. Der wichtigste Graphic-Novel-Autor, der sich mit dem Holocaust auseinan-

25 Siehe Rothberg, Multidirektionale Erinnerung, S. 208.

dergesetzt hat, nämlich Art Spiegelman, führt uns eindrucksvoll vor Augen, dass in der mit dem 11. September 2001 angebrochenen Ära durchaus Möglichkeiten multidirektionaler Erinnerung bestehen (Holocaust und 9/11 statt Krieg gegen den Terror, Holocaust und Algerien). Dass Rothberg solche Möglichkeiten auslässt und sich darauf beschränkt, den Holocaust mit dem »Krieg gegen den Terror« und der Unterdrückung der Algerier durch den französischen Staat in Verbindung zu bringen, zeugt von seiner mangelnden Bereitschaft, die vom »Anderen« des Westens verübte Gewalt zur Kenntnis zu nehmen. Diese Unfähigkeit, die er mit anderen postkolonialen Wissenschaftlern teilt, beruht auf einer Idealisierung des »Anderen« (in diesem Fall des Muslims), in der sich die orientalistische Essentialisierung fortsetzt. (Den »Orientalen« als ontologisch unschuldig zu rühmen, ist in der Tat nicht weniger verdinglichend, als ihn als von Natur aus unzivilisiert und grausam herabzuwürdigen; das eine nicht weniger entmenschlichend als das andere – der Engel ist vom Tier nie weit entfernt, wie Pascal sagen würde.)[26]

Ein Argument Rothbergs für den *colonial turn* lautet, dass die Erinnerung an den Holocaust, der dadurch als solcher erst zur Kenntnis genommen werde, durch die Anerkennung kolonialer Gewalt in den frühen 1960er Jahren ausgelöst worden sei.[27] Dabei stützt er sich maßgeblich auf die Theorie, dass der Holocaust vordem nicht als solcher wahrgenommen worden wäre. Die Präsenz des Holocaust im öffentlichen Bewusstsein geht jedoch hinter die 1960er Jahre zurück, wie Azouvi an mehreren Beispielen gezeigt

26 »Der Mensch ist weder Engel noch Tier; und das Unglück ist, dass, wer Engel sein will, Tier wird« (Blaise Pascal, Gedanken über die Religion, I. Teil, Abschnitt 10).
27 Siehe Rothberg, Multidirektionale Erinnerung, S. 233.

hat.[28] Ich habe eingangs den Aufsatz von Levinas erwähnt, der belegt, dass hellsichtige Zeugen (wie Levinas selbst) die 1960er Jahre als den Anfang vom »Ende des Holocaust« erlebten, wie Alvin H. Rosenfeld es treffend ausdrückte. Fraglich, ob das Bewusstsein kolonialer Gewalt die verdrängte Erinnerung an den Holocaust zurückgebracht hat. Ich würde vielmehr behaupten, dass die Inanspruchnahme des Holocaust in der anti- oder postkolonialen Rhetorik unser Verständnis dessen unwiderruflich verschleiert und das Ereignis selbst sogar bis zu einem gewissen Grad in den Hintergrund gedrängt hat.

Die Holocaust-Analogie und insbesondere der angebliche Einsatz von »Gas« durch die französische Polizei waren für die Propaganda der algerischen Nationalen Befreiungsfront (FLN) von entscheidender Bedeutung, und sie liefern einen Beweis dafür, dass die Gaskammern aus dem kollektiven Gedächtnis keineswegs verdrängt worden waren (im Gegenteil brachte man sie ausdrücklich zur Sprache, um de Gaulle und seine Polizei als »Nazis« zu delegitimieren). Die Analogie zwischen der Behandlung der Juden durch die Nazis und der der Algerier durch die Franzosen verwischte den Unterschied zwischen einem Genozid und einem Kolonial- bzw. Antikolonialkrieg und lud erst dazu ein, die Besonderheit des Holocaust zu verwässern. Anstatt Bewusstsein und Verständnis zu fördern, trug sie zum »Ende des Holocaust« bei. Sagen wir, die »Holocaustisierung« des kolonialen Konflikts markiert den Anfang vom Ende, der *colonial turn* mithin eine Abkehr von einer spezifischen Auffassung des Holocaust. Und das beeinträchtigte schließlich die Wahrnehmung des Antisemitismus weltweit.

28 Siehe S. 40 und 227.

Rothbergs Darstellung des Algerienkriegs weist mehrere irritierende Leerstellen auf. Ohne sie wäre sein multidirektionales Modell (Algerienkrieg, Holocaust, Folter in Algerien, Folter von islamischen Terroristen durch die USA) bei weitem nicht so attraktiv. So verschweigt er etwa die gewaltsamen Taktiken der FLN und das Abschlachten europäischer Zivilisten, insbesondere in Sétif (1945) und Philippeville (1955) – strategische Tötungen, die darauf abzielten, Schrecken unter den Europäern zu verbreiten, eine unverhältnismäßige Repression seitens des französischen Staates hervorzurufen und massive Unterstützung für die Unabhängigkeit zu gewinnen. Das Massaker von Philippeville, das der von dem brasilianischen Guerillaführer Carlos Marighella entwickelten Strategie des modernen Terrorismus entsprach, war ein Beispiel für die Politik des totalen Krieges der FLN gegen die gesamte französische Zivilbevölkerung.[29] Entgegen der Vorstellung einer säkularen FLN machten sich bei den Massakern von Sétif und Philippeville auch bereits religiöse Untertöne bemerkbar, wie Horne anhand der Zeugenaussagen von Jacques Soustelle dokumentiert hat.[30] Der Heilige Krieg oder Dschihad hat nicht darauf gewartet, dass Bin Laden vom Dachboden der mittelalterlichen Kuriositäten geholt wurde. Vorwarnungen gab es bereits in den 1940er und 50er Jahren, lange vor der religiösen Radikalisierung der 1990er Jahre und der Tragödie des algerischen Bürgerkriegs. Ich würde vermuten, dass die Angst vor dem Islam im heutigen Frankreich (die gerne als Rassismus oder Fremdenfeindlichkeit abgetan wird) möglicherweise mit der Erinnerung an traumatische Episoden des »heiligen«

29 Alistair Horne, A Savage War of Peace: Algeria 1954–62, New York 1977, S. 118 f.
30 Ebd., S. 120.

Terrors in Algerien zusammenhängt, und erst recht mit dem Trauma des Terrorismus im Frankreich der 1990er Jahre.

In einem hellsichtigen Buch hat Jean Birnbaum gezeigt, dass der Islam seit dem Algerienkrieg der blinde Fleck der antikolonialen Linken blieb, mit der bemerkenswerten Ausnahme Michel Foucaults, der früh schon den theologischen und messianischen Horizont der iranischen Revolution erkannte.[31] Der Algerienkrieg stellt in der Tat die Urszene der Verleugnung der islamischen Komponente des antikolonialen Kampfes seitens der Linken dar – eine Verleugnung, die, wie Birnbaum sagt, auch die aktuelle Einschätzung des globalen Terrorismus beeinflusst. Derrida wandte sich bereits 1961 in einem Brief an Pierre Nora gegen die dogmatische Tendenz, jedes objektive Element, das die Partisanen in Französisch-Algerien sich zunutze machten, ungeachtet seiner Eigenbedeutung von vornherein zu ignorieren, um nicht dem Rassismus und Kolonialismus sowie den Partisanen in Französisch-Algerien in die Hände zu spielen.[32] Die Linke weigerte sich, die religiöse Ideologie zur Kenntnis zu nehmen, die den Terrorismus heute antreibt. In solchem Widerwillen setzt sich ihre dogmatische Neigung fort – die Wahrheit (islamischer Antisemitismus, Fanatismus gegenüber Christen und religiöse Minderheiten, Homophobie und brutale Frauenfeindlichkeit) darf nicht zur Kenntnis genommen werden, wenn sie Gefahr läuft, dem politischen Feind in die Hände zu spielen (heute der extremen Rechten, den Einwanderungsgegnern und der Islamophobie). Die Wissenschaftler,

31 Jean Birnbaum, Un silence religieux: La gauche face au djihadisme, Paris 2016.
32 Ebd., S. 62 f.

die nun einer multidirektionalen Erinnerung das Wort reden, haben das Schweigen der Linken über den radikalen Islam geerbt. Infolgedessen wollen sie den Antisemitismus derjenigen, die sie ausnahmslos als vom Westen unterdrückt ansehen, nicht wahrhaben.

Darüber hinaus stellt Rothberg die Rolle der OAS (Organisation Armée Secrète) nur oberflächlich dar. Diese Organisation französischer Widerstandskämpfer in Algerien, die mit terroristischen Mitteln versuchte, de Gaulle von jeglichen Zugeständnissen an die FLN abzuhalten, hätten als dritte Partei die Gleichung verkompliziert, da die französische Regierung und Polizei sowohl gegen die FLN als auch gegen den Terror der OAS kämpfen mussten. Wenn es eine Gruppierung gibt, deren Ideologie der des faschistischen Frankreich (mit Verbindungen zu Francos Spanien) gleichkommt, dann ist es eher die OAS als de Gaulle und seine Polizei, ungeachtet der finsteren Figur des Polizeichefs Maurice Papon.[33]

Da Rothberg die Massaker an der europäischen Zivilbevölkerung ausspart, vermeidet er jede Auseinandersetzung mit der Erinnerung an die Pieds-noirs[34] (von den schon erwähnten Massakern an der Zivilbevölkerung bis zur Vertreibung von fast einer Million Menschen im Jahr 1962, die euphemistisch als »Repatriierung« bezeichnet wurde), ganz zu schweigen von den Harkis,[35] die sowohl in Frankreich als auch in Algerien auf Ablehnung stießen. Wenn

33 [Vormals ein hoher Beamter des Vichy-Regimes, war Maurice Papon (1910–2007) als Polizeipräfekt von Paris maßgeblich verantwortlich für das Massaker an algerischen Demonstranten im Oktober 1961.]
34 [Franzosen, die sich nach der Eroberung des Landes in Algerien niedergelassen hatten.]
35 Siehe Todd Shepard, The Invention of Decolonization: The Algerian War and the Remaking of France, Ithaca (NY) 2006, S. 52: »Als Harkis bezeichnete man alle muslimischen französischen Bürger aus Algerien,

die Pieds-noirs zu einer Art lebendiger Metonymie für den Untergang des Kolonialreichs wurden, so bleibt die Unterdrückung der Harkis die beschämendste Episode in der Geschichte der Dekolonisierung Algeriens.[36] Die Rückkehr der Pieds-noirs (oder ihre Umsiedlung, da die meisten nie einen Fuß auf die französische Küste gesetzt hatten) erinnert mich an Balzacs Novelle »Oberst Chabert«, in der ein treuer Soldat Napoleons, der auf dem Schlachtfeld von Eylau in Ostpreußen für tot erklärt wurde, zu Beginn der Restauration der Monarchie zurückkehrt und seine ihm entzogenen Besitztümer zurückfordert.[37] Doch Chabert ist zum falschen Zeitpunkt auferstanden, da die restaurierte Monarchie versucht, das Andenken an die Revolution und das napoleonische Reich zu begraben. Als verbitterte Erinnerung daran wäre er besser auf dem Schlachtfeld begraben oder für immer verbannt worden. Ebenso versuchte das postkoloniale Frankreich, seinen Untergang und seine Kolonialgeschichte zu verdrängen, indem es die Erinnerungen der Harkis und Pieds-noirs unterdrückte. Während die Pieds-noirs von der Linken letztlich als rassistische Kapitalisten wahrgenommen wurden, sahen die meisten Franzosen in ihnen dunkelhäutige Afrikaner – daher die

die mit der französischen Regierung sowohl in Frankreich (vor und nach der Unabhängigkeit) als auch in der algerischen Republik verbündet waren.« Shepard hat die Unterdrückung der Harkis und die darauf folgenden Massaker an angeblichen Verrätern eindringlich beschrieben (ebd., S. 229–248).

36 Auch wenn man das schreckliche Schicksal der Harkis nicht mit dem der Pieds-noirs oder der algerischen Juden vergleichen kann, schmälert dies doch nicht die Erfahrung der Entfremdung, die die repatriierten Pieds-noirs gemacht haben.

37 Honoré de Balzac, Le Colonel Chabert (1832) [Oberst Chabert, in: Die Menschliche Komödie, Bd. XI, Zürich 1977].

abfällige Bezeichnung *pieds-noirs* (»Schwarzfüße«).[38] Wenn man den Algerienkrieg mit den Augen der Kolonisierten betrachtet, muss man ihn natürlich auch durch das Prisma französischer Zivilisten sehen, die seit Generationen in Algerien lebten, ohne sich an der Maschinerie kolonialer Unterdrückung zu beteiligen – wie etwa die Familie von Albert Camus. Es sei denn, man hielte alle Franzosen und Europäer in Algerien allein aufgrund ihrer Existenz für schuldig an kolonialer Unterdrückung, weswegen sie den Tod verdient hätten (ich denke an Sartres berüchtigte und absurde Übertreibung, mit der er den Terrorismus feierte).[39] Doch klar ist, dass Sartre in der Algerienfrage gegen Camus gewonnen und das Schwarz-Weiß-Schema, nämlich die Kriminalisierung aller Europäer, sich gegen eine differenziertere, gerechtere Betrachtung behauptet hat.

Meiner Ansicht nach ist Rothberg weder beim Algerienkrieg noch beim 11. September in der Lage, die konkurrierenden und sich gegenseitig ausschließenden Darstellungen wiederzugeben. So beraubt er einige Gruppen (diejenigen, die er von vornherein als Unterdrücker identifiziert:

38 Zum Trauma der Pieds-noirs siehe Emmanuelle Comtat, Les Pieds-Noirs et la politique quarante ans après le retour, Paris 2009, insbesondere Kapitel 2: »Les éléments constitutifs du traumatisme«. Comtat erinnert uns daran, wie Albert Camus die Vorurteile der Metropolenbewohner über die Pieds-noirs angeprangert hat (S. 97); und auch daran, dass das Trauma des Pied-noir bereits vor der Umsiedlung durch die terroristischen Angriffe der FLN während des Krieges entstanden ist. Siehe dazu auch Andrea Smith, Settler Sites of Memory and the Work of Mourning, in: *French Politics, Culture & Society*, Jg. 31, Nr. 3 (2013), S. 67–92.

39 »Einen Europäer erschlagen heißt zwei Fliegen auf einmal treffen, nämlich gleichzeitig einen Unterdrücker und einen Unterdrückten aus der Welt schaffen. Was übrigbleibt, ist ein toter Mensch und ein freier Mensch.« So Sartre in seinem Vorwort zu Frantz Fanon, Die Verdammten dieser Erde, Frankfurt a.M. 1967, S. 18.

Europäer und Amerikaner) des Rechts auf Gedenken. Ohne sich mit den sich gegenseitig ausschließenden Erzählungen der Vergangenheit auseinanderzusetzen, kann es allerdings nicht gelingen, die Erinnerungen in der Gegenwart zu vereinen. Wenn man blindlings den ausgetretenen Pfad der Postcolonial Studies wählt, d.h. den Westen und Amerika als ontologischen Unterdrücker sieht und die Franzosen für grundsätzlich rassistisch hält, die selbst Jahrzehnte nach dem Niedergang des Kolonialreichs an institutionellem Rassismus und neokolonialen Methoden festhielten, dann wird man den vielfältigen Herausforderungen multidirektionaler Erinnerung nicht gerecht – die es allerdings verdienen, dass man sich ihnen stellt. Wenn man die widerstreitenden Schilderungen nicht rigoros wiedergibt und das Unrecht, die Ängste und die Traumata aller in vergangene Konflikte verwickelten Gemeinschaften nicht anerkennt, läuft das Konzept multidirektionaler Erinnerung Gefahr, zu einer weiteren eigennützigen Theorie von Literaturwissenschaftlern zu werden, die es nach vorgefertigten hermeneutischen Formeln und moralischer Überlegenheit verlangt.

Was diesem Konzept fehlt, ist die Auseinandersetzung mit synchronen dissonanten Schilderungen. Indem Rothberg den algerischen Terrorismus und die Erinnerungen anderer Gemeinschaften (Harkis, Pieds-noirs, Juden) ausspart, schwächt er seinen eigenen Ansatz. Dadurch behindert er auch jede Analyse des gegenwärtigen Antisemitismus, weil er dessen Geschichte außerhalb Europas, zumal in der muslimischen Welt, ignoriert. Um etwa die wechselvolle Geschichte der muslimisch-jüdischen Beziehungen, insbesondere in Frankreich von den 1960er Jahren bis heute, zu verstehen, muss man sich daran erinnern, dass die algerischen Juden, obwohl sie die Unabhängigkeit und die FLN befürworteten (mit einigen Ausnahmen, jedoch nicht vielen), 1962 aus Algerien ausgewiesen wurden. Was das Schicksal der tunesischen Juden betrifft, so hat Albert Memmi in seinem autobiographischen Roman von 1953 eindringlich beschrieben, dass sie zu Beginn der Unabhängigkeit einer doppelten Entfremdung ausgesetzt waren: für die Muslime waren sie Europäer, für die Franzosen Afrikaner.[40] Auch während des Algerienkriegs waren die Juden »zwischen zwei Feuern gefangen: zwischen der europäischen und der muslimischen Welt«.[41]

Indem sie widerstreitende Erinnerungen und den algerischen Terrorismus außer Acht lassen, können die Verfechter multidirektionaler Erinnerung tendenziöse Vergleiche zwischen der Behandlung von Muslimen während des Algerienkriegs und der Behandlung von Juden im Zweiten Weltkrieg ziehen. Einen solchen Vergleich zwischen der Pariser Repression vom Oktober 1961 und dem Holocaust stellt etwa Jim House in seinem Aufsatz in der Sonderausgabe der *Yale French Studies* an. Insbesondere erwähnt er, dass die französische Polizei Holocaustbilder als Drohmittel gegen Muslime eingesetzt habe – und einmal sogar, eine Anekdote am Rande, gegen einen jüdischen Arbeiter, der während jener Repressionen fälschlicherweise für einen Muslim gehalten wurde.[42] Was House zur Bestätigung der multidirektionalen Hypothese anführt, deutet jedoch vielmehr darauf hin, dass erstens der Holocaust und zumal die Vernichtung in Gaskammern 1961 bereits in das kollektive Gedächtnis der Franzosen Eingang gefunden hat-

40 Albert Memmi, La statue de sel, Paris 1953 [Die Salzsäule, Köln/Berlin 1963].

41 Horne, A Savage War of Peace, S. 58.

42 Jim House, Memory and the Creation of Solidarity During the Decolonization of Algeria, in: Nœuds de mémoire (Sonderausgabe der *Yale French Studies*), S. 28.

ten und die Rhetorik des Terrors, der Einschüchterung und der Repression sich ihrer bedienen konnte, dass es zweitens eine morbide Nostalgie nach dem Vichy-Regime und seiner antisemitischen Politik gab und dass drittens die Instrumentalisierung des Holocaust bereits zur strategischen Rhetorik der Kolonisatoren und Kolonisierten gleichermaßen gehörte. FLN und französische Regierung, bemerkt House, hätten sich gegenseitig des Nazismus bezichtigt – die französische Regierung unter dem Vorwand der antijüdischen Politik der FLN und diese wiederum unter Berufung auf die Sammellager und die Anwendung von Folter durch die französische Regierung.[43] Dies sagt uns lediglich, dass die Berufung auf den Holocaust im Zusammenhang mit dem Unabhängigkeitskrieg den Blick auf die Sache eher verwischt, als dass sie Licht in diese besondere historische und politische Situation brächte, die, in Hornes Worten, am besten als ein »wilder Friedenskrieg« zu bezeichnen ist.

In seinem Aufsatz erinnert House daran, dass am Ende des Algerienkriegs 1961 die Auseinandersetzung in Frankreich so heftig war, dass Sartre und Beauvoir in einem in *Les Temps Modernes* veröffentlichten Artikel das Vorgehen der deutschen Polizei während der Vel d'Hiv-Razzia[44] am 16. und 17. Juli 1942 herunterspielten, wohingegen sie die grausame Behandlung der Algerier durch de Gaulles Polizei im Palais des Sports hervorhoben: »Die Juden, die man unter der Besatzung im Vel d'Hiv zusammenpferchte, wurden *von der deutschen Polizei weniger brutal* behandelt als die Algerier von der gaullistischen Po-

43 Ebd., S. 35.

44 [Benannt nach dem Vélodrome d'Hiver in Paris, von dem aus mehrere tausend Juden in die Vernichtungslager deportiert wurden.]

lizei im Palais des Sports.«[45] Woraus Sartre und Beauvoir schlossen, dass der Kolonialismus schlimmer sei als Deportation und Vernichtung. Offenkundig wurde der Holocaust und in diesem speziellen Fall die deutsche Besatzung schon früh zu polemischen Zwecken angeführt. Die Verharmlosung von Kollaboration und Okkupation mit dem Ziel, die aktuelle Auseinandersetzung anzuheizen, begegnete einem auch in einem Interview mit Stéphane Hessel aus dem Jahr 2011 wieder, in dem der Bestsellerautor von »Empört euch!«[46] erklärte, dass die Nazibesatzung Frankreichs im Vergleich zur israelischen Besatzung des Westjordanlandes »relativ harmlos« gewesen sei:

> Heute können wir konstatieren: Die durchlässige deutsche Besatzungspolitik gestattete noch am Ende des Krieges eine offene Kulturpolitik. Man durfte in Paris Stücke von Jean-Paul Sartre aufführen oder Juliette Gréco hören. Wenn ich einen kühnen Vergleich als Betroffener wagen darf, so behaupte ich: Die deutsche Besatzung war, wenn man sie vergleicht, zum Beispiel mit der heutigen Besetzung von Palästina durch die Israelis, eine relativ harmlose, von Ausnahmen abgesehen wie den Verhaftungen, Internierungen und Erschießungen, auch vom Raub der Kunstschätze. Das war alles schrecklich. Aber es handelte sich um eine Besatzungspolitik, die positiv wirken wollte und deshalb uns Widerstandskämpfern die Arbeit so schwermachte.[47]

45 Zitiert bei House, S. 27. Hervorhebung von mir.
46 Siehe Kapitel 2.
47 Wie ich Buchenwald und andere Lager überlebte (http://www.faz.net/frankfurter-allgemeine-zeitung/feuilleton/wie-ich-buchenwald-und-andere-lagerueberlebte-1581433.html#Druck).

Ironischerweise wurde Jean-Marie Le Pen, der ehemalige Vorsitzende der rechtsextremen Partei Frankreichs, zu einer dreimonatigen Bewährungsstrafe wegen »Entschuldigung von Kriegsverbrechen« verurteilt, weil er behauptet hatte, die deutsche Besatzung sei »nicht besonders unmenschlich« gewesen, »auch wenn es Schlampereien gab, die in einem Land von 550.000 Quadratkilometern unvermeidlich sind.«[48] Sowohl seine heldenhafte Résistance-Vergangenheit als auch der »multidirektionale« Vergleich zwischen Israel und Nazideutschland zulasten des ersteren dürften Hessel vor einer Strafverfolgung wegen »Entschuldigung von Kriegsverbrechen« bewahrt haben.

Vergleiche mit dem Vichy-Regime und dem Holocaust, meint Rothberg, würfen ein Licht auch auf die Unterdrückung der Algerier in Frankreich. In seiner Beschäftigung mit den Büchern »Auschwitz et après« und »Les belles lettres«[49] der Auschwitz-Überlebenden Charlotte Delbo erwähnt er einen Brief des algerischen Befreiungskämpfers Bousetta Hamou: »Bevor er im Dezember 1960 im Santé-Gefängnis guillotiniert wurde, schrieb Hamou seiner Frau folgenden … Brief: ›Meine liebe Frau, ich werde bald tot sein, weil es die Unabhängigkeit nicht umsonst gibt. General de Gaulle lässt mich hinrichten wie einen Kriminellen, und so sterbe ich *Chahid* [*je meurs Chahid*]. Du kannst stolz auf mich sein und den Leuten um dich herum sagen: Lang lebe die ALN! Lang lebe Algerien!‹« – »*Chahid* bedeutet Märtyrer und geht auf dieselbe Wurzel

48 Propos sur l'Occupation: Jean-Marie Le Pen condamné en appel à trois mois de prison avec sursis (http://www.lemonde.fr/politique/article/2012/02/16/apres-ses-propos-sur-l-occupation-le-pen-condamne-en-appel-a-trois-mois-deprison-avec-sursis_1644570_823448.html).

49 Charlotte Delbo, Les belles lettres, Paris 1961; Auschwitz et après, 3 Bde., Paris 1965 ff. [Trilogie. Auschwitz und danach, Frankfurt a.M. 1990].

zurück wie das Wort für Zeuge«, erläutert Rothberg, »die Übersetzung könnte also lauten: ›Ich sterbe als Märtyrer, aber auch als Zeuge.‹«[50] Somit zieht er eine Analogie zwischen einer Zeugin des Holocaust und dem Helden/Märtyrer der Befreiung Algeriens (dessen Hitler kein anderer als de Gaulle ist). Liest man das so konnotierte Wort *Chahid* nach dem 11. September 2001, wird allerdings deutlich, dass Hamous Helden- und Märtyrertod nichts mit dem Tod in Auschwitz gemein hat – ausgenommen die seltenen Fälle von Hinrichtungen durch Erhängen, bei denen letzte Worte gesprochen worden sein mögen, die aber mit der Massenvernichtung in Gaskammern nichts zu tun hatten. Tatsächlich ist eine Hinrichtung keine Vernichtung (symbolisch bedeutet sie genau das Gegenteil). Das Bild des Märtyrers bzw. Helden (der im Kampf für seine Sache stirbt, oder – nach dem Iran/Irak-Krieg, der zweiten Intifada und dem 11. September – des muslimischen Kamikaze, der als Zeuge Gottes stirbt und tötet) verdeckt eher das von Levinas beschriebene »sinnlose Leiden« der Vernichtung in den Lagern, nämlich einen Tod ohne Erlösung und die Krise der Theodizee.[51] Das heißt, bei allem Respekt vor Lyotard, nicht, dass die Opfer von Auschwitz oder die Juden im Allgemeinen nicht heroisch oder tragisch sein könnten, sondern dass sowohl die Metaphysik als auch die Physik des Völkermords keinen Anlass zu Heldentum bieten. Die Krematorien waren nicht die Guillotine oder der Galgen, und die jüdischen Opfer Hitlers hatten, anders als die von de Gaulle, keine letzten Worte. Auch dieses Schweigen macht die Besonderheit des Holocaust aus.

50 Rothberg, Multidirektionale Erinnerung, S. 257.
51 Emmanuel Levinas, Das sinnlose Leiden, in: Zwischen uns: Versuche über das Denken an den Anderen, München 2007.

In Rothbergs Buch stützt sich der Vergleich der polizeilichen Repression vom Oktober 1961 mit dem Holocaust (bzw. der Deportation der Juden durch Vichy-Frankreich) hauptsächlich auf die Figur des Polizeichefs Maurice Papon und seine aktive Rolle bei der Deportation der Juden. Er steht auch für ein gewisses Maß an Kontinuität zwischen Vichy und dem Frankreich de Gaulles. Diese Kontinuität zwischen Kollaborateuren und Gaullisten deutet Marguerite Duras in »La douleur« an, einer Kriegserinnerung, in der die Autorin erzählt, wie sie auf die Rückkehr ihres Mannes Robert Antelme aus den Lagern gewartet hat.[52] Die angebliche Kontinuität zwischen Pétain und de Gaulle bezeugt jedoch nicht so sehr eine zwischen Vichy-Frankreich und der jungen Fünften Republik – ganz zu schweigen von der Behauptung, die Behandlung der Algerier durch de Gaulles Polizei sei der der Juden unter dem Vichy-Regime vergleichbar –, sondern vielmehr den erbitterten Konflikt zwischen Kommunisten und Gaullisten innerhalb der Résistance und den Kampf um Erinnerung in der Nachkriegszeit.[53] Duras macht keinen wesentlichen

52 Duras' Memoiren, erschienen 1985 in Paris [dt. Der Schmerz, München 1986], sind durchzogen von Klassen-, Geschlechter- und Erinnerungskämpfen – die Gaullisten und die Kommunisten, de Gaulles Versöhnungspolitik, die auf einem Vergessen der Kollaboration (»mythe résistantialiste«) gründet, und die Frauen der Arbeiterklasse, die nicht vergessen können, auf ihre Lieben warten und ihren Verlust beklagen wie die griechischen Mütter, die Nicole Loraux beschreibt (Les mères en deuil, Paris 1990). Amnesie und Amnestie stehen auf der Seite der Männlichkeit und der Rechten, während Erinnerung, Zorn und unmögliche Trauer auf der Seite der Frauen und der Linken stehen. Die fließende Grenze zwischen Kollaboration und Gaullismus wird durch das Wort »Okkupation« angedeutet, das an die Einsetzung einer rechten Regierung nach dem Krieg erinnert.

53 Zur gaullistischen und kommunistischen Erinnerung, insbesondere zur Politik des Vergessens der Niederlage und Kollaboration, siehe Pierre Nora, Gaullistes et communistes, in: ders. (Hg.), Les Lieux de

Unterschied zwischen Kollaborateuren und gaullistischen Widerstandskämpfern. Beide betrachtet sie als bürgerliche Unterdrücker; die gaullistische Machtübernahme in der unmittelbaren Nachkriegszeit deutet sie als Fortsetzung der Unterdrückung und damit als den endgültigen Triumph des Faschismus in Gestalt des Autoritarismus de Gaulles (und die damit einhergehende Niederlage des Kommunismus). Die Gleichsetzung bürgerlicher Demokratien mit dem Faschismus ist seit der Zwischenkriegszeit ein Grundstein kommunistischer Geschichtsauffassung. Wenn man beweisen kann, dass der französische Staat während des Algerienkriegs die Algerier genauso behandelt hat wie die Juden unter dem Vichy-Regime, dann hat man bewiesen, dass de Gaulle Pétain verewigt hat und die Fünfte Republik nichts anderes als ein faschistisches Regime ist, das sich als Demokratie tarnt.[54] Dieses Argument hält sich in der revolutionären Linken bis heute und

mémoire. Les France 1: Conflits et partages, Paris 1992: »Sehr schnell etablieren sich die beiden konkurrierenden Darstellungen der Résistance. Die de Gaulles leugnet die Vichy-Periode und betont die Kontinuität republikanischer Legitimität … Die der Kommunisten dagegen beruht auf der Priorität des Untergrundkampfes, der auf französischem Boden stattfand, woraus der Mythos der ›fünfundsiebzigtausend Erschossenen‹ erwuchs.« (S. 361 f.) De Gaulles Verbindung mit dem Faschismus tritt später als Vertuschungsstrategie und Mittel zur Ablenkung der öffentlichen Meinung vom Stalinismus in Erscheinung (ebd., S. 363).

54 Rothberg stützt sich auf Jean-Luc Einaudis historische Darstellung des Oktobers 1961 (La Bataille de Paris, Paris 1991), insbesondere auf dessen Vergleich zwischen Vichy-Frankreich und der Pariser Polizei von 1961, und macht sich somit die kommunistische Geschichtsauffassung zu eigen, denn Einaudi war, wie Brunet zu denken gibt, von 1967 bis 1982 ein militanter Anhänger der Roten Khmer und Chefredakteur der maoistischen Zeitung *L'Humanité rouge*, die auf der Seite der Khmer stand, und seine Sicht auf den Algerienkrieg ist von der Geschichte seines revolutionären Engagements geprägt. Siehe Rothberg, Multidirektionale Erinnerung, S. 328–330.

findet seinen Widerhall in Badious Theorie des »transzendentalen Pétainismus«, einer Art Geist Pétains, d.h. der Kollaboration, des Autoritarismus und der Xenophobie, der unabhängig von den empirischen politischen Umständen in den genetischen Code Frankreichs eingeschrieben sei – ein Geist, den Badiou im ehemaligen Präsidenten Sarkozy gefunden zu haben glaubt.[55]

Am verstörendsten an der Gleichsetzung des Oktobers 1961 mit Vichy-Frankreich ist die – in Rothbergs Buch zwar nicht explizite und zweifellos unbeabsichtigte, aber dennoch logische und objektive – Schlussfolgerung, dass die Juden sich in den 1940er Jahren im Krieg mit Frankreich befunden hätten. Die Parallele wäre in der Tat überzeugend, wenn die Juden in einem Konflikt mit Frankreich gestanden hätten und die Vel d'Hiv-Razzia und andere Fälle von Gewalt und Demütigung Teil einer unverhältnismäßigen und brutalen Unterdrückung der jüdischen Zivilbevölkerung im Rahmen eines französisch-jüdischen Konflikts gewesen wären. Da dies aber nicht der Fall war, bricht der Vergleich in sich zusammen, und die multidirektionale Erinnerung läuft einmal mehr auf eine Verzerrung der Geschichte des Holocaust und des Vichy-Regimes hinaus.

Das hindert Debarati Sanyal jedoch nicht daran, in ihrem Aufsatz über Sartres Stück »Die Eingeschlossenen von Altona« auf dieser Parallele zu beharren:

> Figuren wie das Opfer, das zum Henker wird, oder der Feind, dessen Gesicht das eigene ist, sollten den antikolonialen Dissens untermauern, indem sie die paradoxe Entwicklung Frankreichs vom Opfer der Nazibesatzung

55 Siehe Alain Badiou, De quoi Sarkozy est-il le nom? Paris 2007.

> zum Täter von Internierungen und Folterungen im Dienste seiner kolonialen Besetzungen hervorhoben. Solche Allegorien deuteten die Nähe zwischen der Französischen Republik und dem Dritten Reich, zwischen Imperialismus und Völkermord an.[56]

Trotz der Beteuerung, »Erinnerungsknoten« und multidirektionales Gedächtnis zielten nicht darauf ab, kollektive Traumaerfahrungen zu vergleichen oder zu hierarchisieren, verrät die als metaphysisch abgelehnte Kategorie der »Einzigartigkeit«, von der immer wieder die Rede ist,[57] ein unter postkolonialen Wissenschaftlern tief verwurzeltes Gefühl, dass die Erinnerung an den Holocaust eine Hierarchie des Leidens geschaffen habe, die die Erinnerung an Kolonialismus und Sklaverei herabsetze. Erstens wird damit all denen, die wie ich selbst auf der Besonderheit des Holocaust bestehen, ein Missverständnis unterschoben (Besonderheit aber, um es noch einmal zu sagen, bedeutet nicht Einzigartigkeit, und wer auf die metaphysischen Ursprünge des nationalsozialistischen Antisemitismus verweist, macht den Holocaust selbst damit nicht zu einem metaphysischen, metahistorischen Ereignis). Zweitens, und das gilt insbesondere für den Aufsatz von Françoise Vergès, ist eine feindselige Stimmung[58] zu spüren, die sich dem Klischee verdankt, der Holocaust habe die moralische Empörung auf Kosten anderer kollektiver Erfahrungen von Unterdrückung und Ungerechtigkeit wie Sklaverei und Kolonialismus monopolisiert:

56 Nœuds de mémoire (Sonderausgabe der *Yale French Studies*), S. 53.
57 Siehe Françoise Vergès, Wandering Souls and Returning Ghosts: Writing the History of the Dispossessed, ebd., S. 136.
58 [Im Original deutsch.]

> Der Diskurs der Einzigartigkeit verlegt die Katastrophe der Shoah auf die Ebene des Glaubens, anstatt einer Vielzahl von Interpretationen der Katastrophe und der kritischen Auseinandersetzung mit ihr Raum zu geben. Der metaphysische Ansatz führt unweigerlich zu einer Hierarchisierung historischer Gewalt. Aus der Perspektive des Südens ist ein Krisenzustand wie die Shoah jedoch nicht die Ausnahme, sondern die Regel, und von Menschen verursachte Katastrophen gehören zur Unordnung der Dinge, wie sie in der Geschichte menschlicher Beziehungen vorherrscht.[59]

Dies entspricht zwar nicht dem erklärten Ziel multidirektionaler Erinnerung, die nicht auf Konkurrenz und Ressentiment, sondern auf gegenseitige Bereicherung aus ist. Doch wie man in Vergès' Essay sehen kann, taucht der verleumderische »Monopol«-Vorwurf dennoch geradezu hinterhältig wieder auf, gleichsam eine Wiederkehr des Verdrängten. Für Vergès ist klar, dass die Bedeutung, die der »Norden« (d.h. der Westen) dem Holocaust beimisst, andere von Menschen verursachte Massaker herabsetzt. Den Holocaust beschreibt sie als einen »Krisenzustand«, der in dem geographischen Gebiet, das sie als »Süden« bezeichnet, eher die Regel als die Ausnahme sei. »Von Menschen verursachte Katastrophen« gehörten zur »Geschichte menschlicher Beziehungen«. Der Holocaust soll als *business as usual* betrachtet werden, nur der provinzielle eurozentrische Verstand sehe ihn als Ausnahme an. Dies jedoch hindere uns letztlich daran, »einer Vielzahl von Interpretationen der Katastrophe und der kritischen Auseinandersetzung mit ihr Raum zu geben.« Was für eine

59 Ebd., S. 136 f.

»Vielzahl von Interpretationen«, so fragt man sich, soll da gefördert werden, und was genau meint Vergès mit »kritischer Auseinandersetzung«? Diese Fragen lässt sie unbeantwortet.

Auch wenn die multidirektionale Erinnerung einen gewissen heuristischen Wert und legitime erkenntnistheoretische und moralische Ambitionen hat, so hat sie doch auch ihre Grenzen und kann, wie Erinnerung überhaupt, auf vielerlei Weise missbraucht werden. Die Grenzen werden besonders deutlich, wenn es darum geht, muslimischen Antisemitismus zu erkennen. Rothberg zitiert einen algerischen Arbeiter, der 1961 gebeten wurde, die Haltung der französischen Arbeiter zu ihren algerischen Kollegen zu beschreiben: »Was den Rassismus angeht, es wird Ihnen nicht schwerfallen, ihn zu finden; er ist überall, auch bei denen, die weinen, wenn sie den Film ›Exodus‹ sehen.«[60] Sicherlich kann man, wie Rothberg, diese Aussage als ein Plädoyer auffassen, der Not der Algerier Gehör zu schenken und die öffentliche Meinung für den Rassismus der Franzosen zu sensibilisieren. Zu diesem Zweck bedient sich der algerische Arbeiter einer Analogie zum Schicksal der Juden, wie es in dem Hollywood-Klassiker »Exodus« dargestellt wird. Man kann es aber auch als Ausdruck von Ressentiment und als unheilvollen Vorläufer der nunmehr verbreiteten Verbitterung der Muslime über die Geschichte des Holocaust und die Unabhängigkeit Israels verstehen – einer Verbitterung, die sich in dem Satz zusammenfassen lässt: *Während alle überempfindlich auf das Leid der Juden reagieren, erhört niemand die Klagen der Muslime*. Letztlich würden die Juden alles Mitgefühl vereinnahmen und es dazu benutzen, ihre kolonialen

60 Rothberg, Multidirektionale Erinnerung, S. 283.

Bestrebungen im Nahen Osten zu verschleiern. Eine solche Interpretation derselben Aussage ist freilich etwas finsterer, und leider passt sie zu der Entwicklung des muslimischen Antisemitismus in den letzten Jahrzehnten (was wir in Ermangelung eines besseren Ausdrucks als »neuen Antisemitismus« bezeichnen).

Mit Blick auf William Gardner Smiths Roman »The Stone Face« (1963) zitiert Rothberg die fiktive antisemitische Äußerung eines Algeriers, der behauptet, er hasse die Juden mehr »als die Franzosen! Ich hasse sie noch mehr als die Kolonialisten!« und bemerkt dazu: »In der Handlung des Romans steht Hosseins Vorurteil im Zusammenhang mit den Widersprüchen des antikolonialen Kampfes in Algerien, *in dem die Juden, obwohl sie jahrhundertelang in Nordafrika gelebt hatten, meist neutral blieben oder sich auf die Seite der Franzosen stellten.*«[61] Hier haben wir einen typischen Fall: der Antisemit wird verharmlost und das Opfer beschuldigt. Wenn der Algerier die Juden hasst, hat er seine Gründe – nämlich den Verrat der Juden. Während Rothberg den »weißen« europäischen Antisemitismus niemals entschuldigen würde, kommt der Antisemit außerhalb Europas immerhin in den Genuss des Zweifels – ein Araber kann kein Antisemit sein, also muss er einen guten Grund haben, auf die Juden wütend zu sein. Und der Grund ist natürlich die angebliche Parteinahme der Juden für den Unterdrücker.[62]

61 Ebd., S. 298 (Hervorhebung von mir) [Übersetzung revidiert].

62 In einem Aufsatz über die Ankunft der Pieds-noirs auf französischem Boden im Jahr 1962 erwähnt Yann Scioldo-Zurcher einen Fall von muslimischem Antisemitismus (Accueillir les Français rapatriés d'Algérie. Histoire d'une régulation sociale par l'évitement des bidonvilles: L'exemple de Paris, 1962–1969, in: *French Politics, Culture & Society*, Jg. 31, Nr. 3, 2013, S. 45–65), wiewohl diese Anekdoten nicht

Die Vorstellung, die Juden hätten sich mit den Kolonialisten verbündet, geht nicht selten auf das Crémieux-Dekret[63] zurück, das den Juden Algeriens im späten 19. Jahrhundert die französische Staatsbürgerschaft verlieh, während Muslime »französische Untertanen« blieben. Das Dekret wird gern herangezogen, um antisemitische Ressentiments muslimischer Araber zu erklären – oder schlimmer noch: zu entschuldigen – und als Antikolonialismus auszugeben. Rothbergs leichtfertiger Kommentar liefert ein bemerkenswertes Beispiel für ein solches Manöver. Wenngleich er das Dekret nicht direkt erwähnt, kann er so bequem zwei Fliegen mit einer Klappe schlagen: den französischen Kolonialismus für den muslimischen Antisemitismus verantwortlich machen und den Opfern die Schuld geben. Wie sich auch bei Horne zeigt, ist es jedoch unredlich, das Crémieux-Dekret zur Erklärung des muslimischen Antisemitismus heranzuziehen. Ein Grund, warum Muslime nicht eingebürgert wurden, ist nämlich, dass die französische Staatsbürgerschaft im Widerspruch zu ihrer Religion stand. Der Ausschluss von der Staatsbürgerschaft sollte ihnen kulturell und religiös Schutz bieten, wie Horne selbst zugibt.[64] Das soll nicht heißen, dass Machiavellismus bei dieser Entscheidung keine Rolle gespielt hätte. Das hat er durchaus. Teile und herrsche, lautete die Devise: Muslime gegen Juden. Aber sicherlich stellt es die

unbedingt das Verhältnis der Muslime zu den Juden zu jener Zeit widerspiegeln. Erwähnenswert ist auch, dass der Antisemitismus in Algerien hauptsächlich von den Europäern ausging. Unzutreffend an Rothbergs Darstellung jedoch ist, dass die Juden auf der Seite der Franzosen gestanden hätten. Im Gegenteil: Horne stellt fest, dass sie den Kampf der FLN gegen das koloniale Frankreich massiv unterstützt haben.

63 [Gesetz von 1871, benannt nach dem damaligen französischen Justizminister Adolphe (Isaac Jacob) Crémieux (1796–1880).]

64 Horne, A Savage War of Peace, S. 35.

Vorstellung in Abrede, die Juden seien »bevorzugt« worden – eine Vorstellung, die den muslimischen Antisemitismus auch im heutigen Frankreich noch schürt. Außerdem gab es erbitterten Widerstand gegen das Dekret seitens französischer Antisemiten (Maurras, Drumont usw.), und Pétain setzte es schließlich außer Kraft. Noch wichtiger aber ist, dass das Crémieux-Dekret den Dhimmi-Status der Juden aufhob. Dank diesem Dekret waren die Juden nicht mehr gezwungen, besondere Kleidung zu tragen oder körperliche und moralische Demütigungen über sich ergehen zu lassen.[65] Für die Juden hat sich der Kompromiss also gelohnt (trotz einiger Vorbehalte, die manche von ihnen hegten) – dadurch, dass sie jüdische Bräuche und Gesetze aufgaben, erlangten sie einen politischen Status, der sie davor bewahrte, wieder unter das muslimische Joch zu geraten. Für die Muslime hingegen hätte die Unterwerfung unter den Code Civil einen Abfall vom Glauben bedeutet, den sie schlichtweg ablehnten. Der Historiker Michel Winock erinnert daran, dass die Muslime die Möglichkeit eines ähnlichen Dekrets fürchteten, das ihre Religion hätte bedrohen können.[66] Wichtiger noch ist, dass Bachagha Mokrani[67] im März 1871 Frankreich den Krieg erklärte, nachdem er sich über die französischen Zivilverwalter beschwert hatte, ohne allerdings das Crémieux-Dekret als *casus belli* zu erwähnen. Im Januar 1871, als Crémieux zum Frieden in Algerien aufrief, entgegnete

65 Isabelle Kersimon/Jean-Christophe Moreau, Islamophobie, la contreenquête, Paris 2014, S. 134.

66 Michel Winock, La France et les Juifs: De 1789 à nos jours, Paris 2004.

67 [Mohamed El-Mokrani – der dem Türkischen entlehnte Titel Bachagha bedeutet etwa Oberbefehlshaber – führte 1871 einen Volksaufstand gegen die französische Besatzung Algeriens an, bei dem er selbst ums Leben kam.]

Mokrani: »Niemals werde ich einem Juden gehorchen. Wenn ein Teil eures Territoriums in den Händen eines Juden liegt, ist es aus!«[68] Offenkundig lag der religiösen Verachtung, welche die Muslime den Juden entgegenbrachten, eine tiefere, strukturelle Feindseligkeit zugrunde und keineswegs nur der zeitweilige Unmut über das Dekret.

Ebenso wie er den algerischen Terrorismus während des Algerienkriegs verdrängt, redet Rothberg den islamischen Terrorismus zusehends klein, wenn er sich mit der Erinnerung an den 11. September 2001 beschäftigt. Sein Vergleich des algerischen Befreiungskriegs mit der französischen Repression auf der einen Seite und des islamischen Terrorismus mit der US-Repression oder des »Kriegs gegen den Terror« auf der anderen ist äußerst fragwürdig, weil er einen antikolonialen Krieg und eine globale nihilistische Bewegung in einen Topf wirft und damit entweder jenen delegitimiert oder diese legitimiert. Den islamischen Extremismus begreift Rothberg als bloßen Anlass für das Wiederaufleben des »amerikanischen Imperialismus«, so wie Papon den Ausnahmezustand mit der Bekämpfung des Kommunismus und des revolutionären Krieges in der Dritten Welt begründete:

> Ähnlich dem Umgang mit dem Islamismus heute ging »ein zentrales Element in der Entwicklung des staatlichen Terrors sowohl in Algerien als auch im metropolitanen Frankreich auf die Weigerung der französischen Regierung zurück, die nationalistischen algerischen Militanten als legitime Kombattanten anzuerkennen.« Papons aufschlussreiche Karriere bietet einen fruchtbaren Boden für multidirektionale Verbindungen, die nicht nur

68 Zitiert ebd., S. 76.

> vom Jahr 1961 zum Zweiten Weltkrieg zurückführen, sondern auch in umgekehrter Richtung zum heutigen »Krieg gegen den Terror«.[69]

Rothberg fordert also, die Islamisten als »legitime Kämpfer« anzuerkennen, und erklärt somit den islamischen Terrorismus für rechtmäßig. Schlimmer noch, er verknüpft das Jahr 1961 (französische Unterdrückung der Algerier in Paris) in die eine Richtung mit Auschwitz und Vichy-Frankreich und in die andere mit dem »Krieg gegen den Terror« und dem »amerikanischen Imperialismus«, wozu er allerdings die islamistische Ideologie vollkommen ausblenden muss. Indem sie das Vichy-Regime und den Oktober 1961 übereinanderlegen, halten die Verfechter multidirektionaler Erinnerung das Vichy-Syndrom am Leben. Auf pathologische, ja geradezu hysterische Art werden so historische Ereignisse vermischt und aufs Äußerste verdichtet (die Kollaboration, die Deportation der Juden und ihre Vernichtung). Doch zeichnet solcherart radikale Erkenntnistheorie sich ja gerade aus, dass sie die Ausnahme zur Regel zu macht. Wenn Rothberg die übertreibende Bemerkung Pierre Noras über den »Terrorismus der Erinnerung«[70] zu Recht in Frage stellt, schwächt er durch die Auslöschung der Erinnerung an den Terrorismus seine eigene Argumentation.

69 Rothberg, Multidirektionale Erinnerung, S. 263 [Übersetzung revidiert]. Das Zitat stammt von Jim House/Neil MacMaster, Paris 1961: Algerians, State Terror, and Memory, Oxford 2006, S. 26 f., 30.
70 Siehe Rothberg, Multidirektionale Erinnerung, S. 311.

Vom Holocaust zum 11. September 2001:
Eine amerikanische Tangente

Im Gegensatz zu Rothberg, der den islamischen Terrorismus und die Erfahrungen seiner Opfer vollständig verdrängt, hat Art Spiegelman das Trauma des 11. September 2001 keineswegs heruntergespielt. Dem Autor der nunmehr schon klassischen Graphic Novel »Maus«[71], einer meisterhaften Darstellung des Holocaust-Bewusstseins der amerikanischen Nachkriegsgeneration (Spiegelman selbst wurde 1948 geboren), ist es gelungen, sowohl Mitgefühl für die Opfer des 11. September als auch Besorgnis über das Wiederaufleben des Antisemitismus zum Ausdruck bringen und zugleich seinen liberalen und universalistischen Idealen treu zu bleiben, indem er sich ebenso besorgt über die unverhältnismäßige Reaktion der USA auf die Anschläge zeigte. Da er die Spannung zwischen der Angst der amerikanischen Juden und einem progressiven Humanismus aushält, bleibt er letztlich auch der dem Judentum innewohnenden Spannung zwischen universellem Humanismus und jüdischer Identität treu. Spiegelmans künstlerische Reaktion auf den 11. September bietet ein faszinierendes Beispiel für eine multidirektionale Erinnerung, die weder vor dem Wiederaufleben des Antisemitismus noch dem Entstehen eines neuen Totalitarismus die Augen verschließt.

»Maus« – ab 1980, zwei Jahre nach der Fernsehserie »Holocaust«, zunächst kapitelweise erschienen – markierte einen Wendepunkt in der Wahrnehmung des Holocaust. Damit hat sich Peter Novick in seinem Buch »The

71 Art Spiegelman, The Complete Maus. A Survivor's Tale, New York 1997 [Die vollständige Maus. Die Geschichte eines Überlebenden, Frankfurt a.M. 2008].

Holocaust in American Life« beschäftigt, in dem er die Erinnerung daran in den USA ebenso auseinandernimmt wie »Le Syndrome de Vichy« die in Frankreich.[72] Es kam nicht überraschend, dass Spiegelman sich mit den Terroranschlägen vom 11. September 2001 befasste. Das Ergebnis war eine Graphic Novel mit dem Titel »In the Shadow of No Towers«.[73] Man denke an den Mythos vom Ursprung des Zeichnens in der »Naturgeschichte« Plinius' des Älteren: an den Moment, in dem eine junge Korintherin namens Kora den Schatten ihres Geliebten an die Wand zeichnet, ehe dieser in die Schlacht zieht; Zeichnen als ein Werk der Trauer, motiviert durch das Verschwinden geliebter Menschen, wie Jacques Derrida bemerkte.[74] Da »In the Shadow of No Towers« eine Katastrophe nicht nur beschreibt, sondern ebenso illustriert, erinnert es unweigerlich an die jüdischen Mäuse, deutschen Katzen und polnischen Schweine aus »Maus«. Das Titelblatt zeigt zwei schwarze Säulen auf schwarzem Grund. Es sind die Schatten der ehemaligen Zwillingstürme, aber auch schwarze Kästen, die ein unmögliches Zeugnis enthalten, das inmitten der Katastrophe verloren gegangen ist – vielleicht sogar die Tafeln des Gesetzes (Abbildung 1). Die Darstellung kann insofern als erhaben bezeichnet werden, als sie eine Art photographisches Negativ der Katastrophe darstellt, trotz des horizontalen Rechtecks in der Mitte des Bildes, das die Schwere der Trauer mildert. »Schwerkraft«

72 Siehe Henry Rousso, Le Syndrome de Vichy de 1944 à nos jours, Paris 1990; Peter Novick, The Holocaust in American Life, Boston 1999.

73 Art Spiegelman, In the Shadow of No Towers, New York 2004 [Im Schatten keiner Türme, Hamburg 2011].

74 Siehe Jacques Derrida, Mémoires d'aveugle: L'autoportrait et autres ruines, Paris 1991 [Aufzeichnungen eines Blinden. Das Selbstporträt und andere Ruinen, München 1997].

Abb. 1: Art Spiegelman, *In the Shadow of No Towers* (2004), Buchcover

ist auch im Sinne des Naturgesetzes zu verstehen, das dieses groteske Bild in Frage stellt. Erinnern wir uns, wie der Renaissancekünstler Giorgio Vasari die Groteske definiert hat:

> Die Groteske ist eine Art frei gestalteten und humorvollen Bildes, das die Alten zur Dekoration leerer Räume verwendeten, und zwar an Stellen, an denen nur hochgelegene Dinge in Frage kamen. Zu diesem Zweck gestalteten sie Ungeheuer, verformt durch eine Laune der Natur oder die Phantasie der Arbeiter, die in diesen grotesken Bildern Dinge außerhalb jeder Regel schufen, indem sie dem feinsten Faden ein Gewicht anhängten, das er nicht tragen konnte, einem Pferd Beine aus Blättern, einem Mann die Beine eines Kranichs und was dergleichen Torheiten und Unsinnigkeiten mehr sind.[75]

75 Giorgio Vasari, Vasari on Technique, London 1907, S. 246.

Dieser Tradition der Groteske – Wasserspeiern und Schimären, hybriden Wesen, die in der Luft schweben und dem Gesetz der Schwerkraft trotzen – bedient sich auch Spiegelman, insofern sein Album eine Art Aufschub in der Zeit darstellt, eine Stillstellung des Traumas im Moment des Einsturzes der Gebäude und des Falls der Körper. Es versucht, die Körper aufzuhalten, ihren Sturz zu verzögern. Zweifellos handelt es sich bei diesem Werk weniger um eine Trauerarbeit als um ein Schauspiel, eine hysterische Wiederholung der Katastrophe, die der Autor unmittelbar miterlebte, da seine Tochter unweit des Unglücksortes zur Schule ging. Es war eine Katastrophe, die er gewissermaßen hätte vorhersehen können, da ihn die Erzählungen seines Vaters über das Verschwinden seiner Angehörigen während des Krieges sein Leben lang verfolgt hatten. In seinem Versuch, die Zeit anzuhalten, ist sein Album eine *epochē*, die von der unmöglichen Historisierung des Traumas zeugt, eine psychische Fixierung auf das *punctum* des Einsturzes der Türme und den Fall der Körper.

In einer gleichsam Proust'schen Erinnerung der Katastrophe überlagern sich der Holocaust und der 11. September durch die Darstellung des Rauchs und des Geruchs brennender Körper. Der Protagonist von »Maus«, mit seiner ewig brennenden Zigarette, wird von Schuldgefühlen geplagt, weil er die Hölle, von der sein Vater erzählt, nicht durchlebt, weil er seinen ermordeten Bruder dank seiner späteren Geburt nach dem Krieg rückwirkend »überlebt« hat. In seiner Einleitung schreibt Spiegelman:

> Ich wies den Herausgeber des *Forward* darauf hin, dass mein Werk im Gegensatz zu »Maus«, das er einst in Serie herausgebracht hatte, keinen spezifisch jüdischen Inhalt hätten. Mit einem Schulterzucken bot er mir ein

»Recht auf Rückkehr« an und sagte: »Das ist okay – Sie sind Jude.«

Das Stück[76] ist eines Woody Allen würdig. Der *Forward*, eine jüdisch-amerikanische Wochenzeitung, die noch immer sowohl in englischer als auch in jiddischer Sprache erscheint (nunmehr online), hat es richtig verstanden. Das Buch hat nichts Jüdisches an sich, aber der 11. September, so wie er von einem New Yorker Juden erlebt und erzählt wurde, kann nur eine jüdische Geschichte sein. Art Spiegelmans autobiographische Figur ist eine Karikatur des in der Entwurzelung verwurzelten Juden, ein unbeweglicher Reisender in der Weltstadt, ein progressiver Jude, der nach dem Universellen strebt. Plötzlich wird er durch den Ausbruch des neuen und alten Antisemitismus geweckt: neu als Produkt des Islamismus, alt insofern, als die Unterstellung einer jüdischen Verschwörung hinter dem 11. September die »Protokolle der Weisen von Zion« aufwärmt (Abbildung 2).

Trotz dieses wiederauflebenden Antisemitismus bleibt der Glaube des New Yorker Juden an seine kosmopolitische Stadt so unerschütterlich wie das Vertrauen des deutschen Juden in das Berlin der Aufklärung. Anstatt den Antisemitismus nach dem 11. September 2001 und die Theorien eines zionistischen Komplotts dahinter anzuprangern, stellt Spiegelmans Protagonist, geprägt von der jüdisch-revolutionären Tradition und einem unerschütterlichen Bekenntnis zu einem progressiven Humanismus und Kosmopolitismus, den Nihilismus der Islamisten demjenigen gegenüber, den er im amerikanischen Imperialismus am

76 [Im Original jiddisch: *shtik*.]

Abb. 2: Art Spiegelman, *In the Shadow of No Towers*, (2004), Seite 6

Werk sieht, insbesondere in der republikanischen Regierung. Viele progressive amerikanische Juden, deren Zahl weitaus größer ist als die der konservativen oder neokonservativen Juden, die oft beschuldigt wurden, Amerika in den Irakkrieg geführt zu haben,[77] halten dies ebenfalls für eine Art von Fanatismus, für eine Form willkürlicher Gewalt gegen eine andere. Diese Aporie führt zu einer psychotischen Auflösung der Persönlichkeit, die in der Erinnerung an den Holocaust in Gestalt der »Maus«-Figur zum Vorschein kommt (Abbildung 3).

Letztlich zeugt »In the Shadow of No Towers« von der starken Identifikation der amerikanischen Juden mit New York und dem Misstrauen der New Yorker Intellektuellen

77 Dies behaupteten Forscher der Universität Harvard und der Universität von Chicago, die den Einfluss der jüdischen Community für eine der Hauptursachen der US-Intervention im Irak hielten. Siehe John Mearsheimer/Stephen Walt, The Israel Lobby and U.S. Foreign Policy, New York 2008.

Abb. 3: Art Spiegelman, *In the Shadow of No Towers*, (2004), Seite 2

gegen den Staat: so als ob die Regierung, der ideale Zusammenschluss einer WASP-Mehrheit, die Zivilgesellschaft spalte, die eine spontane friedliche Vereinigung aller Communitys und Religionen sei, die in der Weltstadt New York zusammenleben. (Natürlich kommen in dieser Vorstellung die Spannungen zwischen den Communitys und den ethnischen Gruppierungen, insbesondere zwischen Juden und Afroamerikanern, zu kurz). Tatsächlich sorgt die Regierung der USA, wie Spiegelmans Protagonisten und zweifellos auch eine beträchtliche Anzahl kosmopolitischer jüdischer Intellektueller sie sich vorstellen,

Abb. 4: Art Spiegelman, *In the Shadow of No Towers*, (2004), Seite 8

für eine Trennung der Kulturen und ethnischen Gruppierungen (Abbildung 4). Die Union verkörpert einen kriegerischen Provinzialismus. In diesem neurotischen Geschichtsbild kann der US-Patriotismus nur eine Gestalt der antisemitischen Nationalismen der letzten zwei Jahrhunderte sein.

Spiegelmans Buch schildert, wie schwer es progressiven Juden fällt, die Neuartigkeit der gegenwärtigen Situation einzuschätzen, und führt den ständigen Wunsch der jüdischen Intelligenz vor Augen, im Kosmopolitischen aufzugehen, so als müsste das Ideal sozialer Gerechtigkeit, dessen messianische Version die mystische Vorstellung von *tikkun olam* oder der Wiedergutmachung der Welt ist, immer über die Analyse der Bedrohungen triumphieren und die universalistische Ausrichtung des Judentums über das Bekenntnis zum eigenen Volk stets den Sieg davontragen. In ihrer politischen und säkularisierten Fassung geht die messianische Tradition auf die Beteiligung der Juden an der Russischen Revolution und ihr Engagement für den Internationalismus zurück. Spiegelmans Graphic Novel lässt die Spannung bestehen, nämlich zwischen dem Streben des liberalen Juden nach sozialer Gerechtigkeit in einer multikulturellen Polis und der Notwendigkeit, angesichts des zunehmenden Antisemitismus wachsam zu bleiben und die Erinnerung an die Katastrophe des vergangenen Jahrhunderts zu bewahren.

Hysterisierung der Geschichte: Die göttliche Linke im Angesicht des weltweiten Antisemitismus

2005, ein Jahr nach dem Erscheinen von Spiegelmans Buch, veröffentlichte die junge Schriftstellerin Nathalie Azoulai den Roman »Les manifestations« (Die Demonstrationen), der in den Medien kaum Beachtung fand. Die in den 1980er Jahren spielende Handlung ist recht simpel. Die Hauptfigur ist eine junge französische Jüdin türkisch-ägyptischer Herkunft, eine Psychoanalytikerin namens Anne Toledano, deren Eltern den Nahen Osten vermutlich nach dem Aufstieg des Nasserismus und der Suezkrise verlassen haben. Zusammen mit zwei Kommilitonen – einem nichtjüdischen Mädchen namens Virginie und einem schwulen jüdischen Jungen namens Emmanuel – hat sie sich Hals über Kopf in die typischen Studentendemonstrationen der 1980er Jahre gegen Rassismus, Antisemitismus, Armut und soziale Ausgrenzung gestürzt.

Allerdings geht es in dem Roman weniger um utopische Hoffnungen als um den Kater nach all dem Engagement für ein multikulturelles und antirassistisches Frankreich – nach einer Orgie der »Empörung« und des ideologischen und moralischen Reduktionismus: »Wir betrachteten die Rechten als Leute, denen es an Herz und Vernunft, Inspiration und Seele fehlte – wie immer man es nennen mag.«[78] Die Enttäuschung wird durch die antisemitische Gewalt, die sich in den Tagen nach dem 11. September 2001 Bahn brach, und durch den Beginn der zweiten Intifada ausgelöst. »Die saubere Trennung, wie sie die Linke in den achtziger Jahren vorgenommen hatte, nämlich zwischen einer rassistischen, antisemitischen Rechten und einer Linken, die sich aus französischen Arbeitern, Einwanderern und Juden zusammensetzte, war in Auflösung begriffen. Es war nicht mehr möglich, jeden, der nicht zur Linken gehörte, zum Feind der Menschheit zu erklären.«[79]

In der Tat wollte der Roman Rache nehmen an dem, was Régis Debray die »göttliche Linke« nannte. In seiner »Petition an die neuen Progressiven des 21. Jahrhunderts« verkündete er, dass er der göttlichen eine »tragische« oder »agnostische Linke« vorziehe, »mit weder Guten noch Bösen«, eine Linke »frei von wurmstichigem tröstlichen Moralismus«.[80] In einem solchermaßen »bescheidenen Progressivismus« sollten »das absolut Gute und das radikal Böse keine Rolle spielen. Wir können nur entscheiden, welche Übel die kleineren sind.« Azoulais Roman deutet an, dass Israel und die Juden, die dieses Land während der zweiten Intifada unterstützten, die Folgen des Manichäismus der göttlichen Linken zu tragen haben, die sie nach der moralistischen Wende in das Lager des radikal Bösen

78 Nathalie Azoulai, Les manifestations, Paris 2005, S. 152.
79 Ebd.
80 Régis Debray, Supplique aux nouveaux progressistes du XXIe siècle, Paris 2006.

verbannt hat.[81] In der Tat bevorzugte die göttliche Linke die Figur der Anne Frank, die der vermeintliche Kriegstreiberstaat Israel zerstört hätte. Demgemäß erklärt eine Figur der »göttlichen Linken« im Roman, die nach einer Entschuldigung für jugendliche antisemitische Täter sucht: »Man kann Anne Frank und Ariel Scharon nicht in einen Topf werfen!«[82]

In diesem linken Philosemitismus zeigt sich einmal mehr die von Shmuel Trigano analysierte Spaltung.[83] Auf die Juden des nachchristlichen Frankreich wird ein zweiteiliges Bild mit gegensätzlichen jüdischen Figuren projiziert: Anne Frank und Ariel Scharon. Die erste ist der mystische Körper des Juden, die zweite rein physisch; die erste hat sich unter der Folter mit dem Tod abgefunden, während die zweite hartnäckig am Leben festhält. Das Ich, sagte Levinas, verrate einen Conatus, der alles zerstört, was sich ihm in den Weg stellt. Daran schließt Anne Toledano an, wenn sie über die Entschuldigungen sinniert, die die Linke für den Antisemitismus vorbringt. Von der göttlichen Linken fordert sie eine moralische Prüfung ihrer selbst, indem sie sie mit deren eigenem antisemitischen christlichen Erbe konfrontiert: »Die Scheidung, die die göttliche Linke in dem Spiegel sieht, den sie der heutigen Jugend vorhält, spiegelt vor allem die göttliche Linke selbst wider: einen Hass auf die Juden, die aufstehen und

81 Dazu bleibt zu sagen, dass die Dämonisierung Israels jedoch mindestens bis zum ersten israelischen Krieg mit dem Libanon und zu den Massakern von Sabra und Schatila zurückreicht. Siehe dazu Alain Finkielkraut, La réprobation d'Israël, Paris 1983. Im nächsten Kapitel werde ich mich mit Levinas' pessimistischer Diagnose einer veränderten Wahrnehmung Israels und der Juden nach dem Sechstagekrieg beschäftigen.

82 Azoulai, Les manifestations, S. 158.

83 Siehe Einleitung.

kämpfen, und eine Vorliebe für die in Lumpen gekleideten, mit Typhus infizierten und von Läusen befallenen Juden.«[84] Der Geschichte des christlichen Antisemitismus gemäß kann dieses jüdische Fleisch nur als Aas oder Aasfresser wahrgenommen werden: entweder als typhus- und läusebefallenes Fleisch, das Erlösung erlangt (Auschwitz), oder als Fleisch, das sich selbst von Beute und damit von Vernichtung ernährt (Israel). Die Autorin spielt auf die klangliche Ähnlichkeit zwischen *charogne* (Aas) und Scharon an: »Viele Nächte träumte ich, Scharon hätte einen anderen Namen als Scharon, einen Namen, der an etwas anderes erinnert als an den Geruch verwesenden Fleisches oder an Geier, die über blutenden Kindern kreisen. Ich bin sicher, dass die Assoziation mit dem Aas in seinem Namen steckt und sein Ruf nicht so beschädigt wäre, wenn er anders hieße.«[85]

Schonungslos rechnet Azoulais Roman mit der Metaphysik der göttlichen Linken ab: einem Mystizismus, der Empörung und Empathie miteinander verbindet und dazu neigt, mit dem idealisierten Anderen zu verschmelzen, eine in hohem Maße ritualisierte oder sogar fetischisierte politische Demonstration. Die mystische Empörung manifestiert sich insbesondere in der obsessiven Beschwörung Vichys in einer zwanzig Jahre später geborenen Generation, die von jener traumatischen Zeit durch die Erzählungen ihrer Eltern und Großeltern erfahren hat. Diese Generation hat nicht nur die Chance verpasst, sich dem Widerstand gegen die Nazis anzuschließen, sondern auch die utopisch-messianischen Studentendemonstrationen des Mai ’68. In dem Gespenst sozioökonomischer oder rassis-

84 Ebd., S. 160.
85 Ebd., S. 136.

tischer Diskriminierung sieht diese Generation zwanghaft einen Völkermord. Man denke nur an die Ereignisse im Zusammenhang mit dem Devaquet-Gesetz von 1986, das eine Verschärfung der Zulassungsbedingungen an den Universitäten vorsah. Die Reaktion der Polizei auf die zum Teil gewalttätigen Demonstrationen gegen die Verabschiedung des Gesetzes führte zum Tod eines französisch-algerischen Studenten; dieser tragische Vorfall wurde sogleich als Wiederkehr der »dunklen Jahre« 1940–1944 überinterpretiert. Die politische und moralische Klarheit dieser Altersgruppe wird durch eine Hypermnesie der Beteiligung der Kollaborateure am Naziterror kurzgeschlossen, Geschichte somit enthistorisiert und hysterisiert.

Auf den Terroranschlag auf die Synagoge in der Rue Copernic im Jahr 1980 reagierte man reflexhaft, vielleicht auch abwartend zynisch, indem man ihn der extremen Rechten zuschrieb, obwohl sich kurz nach dem Ereignis die »Adler der palästinensischen Revolution« dazu bekannten. »Die Gruppe Abou Nidal sagte, sie stecke dahinter, aber das spielte keine Rolle«, heißt es dazu in Azoulais Roman: »noch immer konnte man nur Europa, Deutschland und das Frankreich der vierziger Jahre beschuldigen; andere Bedrohungen gab es nicht.«[86] Plötzlich war der Antisemitismus in einem Bereich aufgetaucht, in dem die MRAP – die antirassistische Bewegung, die eine Demonstration gegen den Anschlag organisierte – ihn nicht erwartet hätte: nämlich unter Arabern, die seit dem Sechstagekrieg von der Linken, doch seit de Gaulles machiavellistischer Rede von 1967 auch von der französischen Außenpolitik unterstützt worden waren.

Die Romanfiguren hatten zunächst keine andere Wahl,

86 Ebd., S. 73.

als die Realität zu leugnen; und als das nicht mehr durchzuhalten war, wuschen sie einfach ihre Hände in Unschuld. Schließlich sei der Terroranschlag nichts anderes gewesen als eine Vergeltungsmaßnahme gegen Israel, einen kolonialistischen Staat, der eine staatenlose Minderheit unterdrücke. Ironischerweise billigte die göttliche Linke damit den Versprecher des damaligen Premierministers Raymond Barre, der einen »abscheulichen Anschlag« verurteilte, »der sich gegen Juden richtete, die in die Synagoge gingen, und unschuldige Franzosen traf, die über die Straße gingen.« Das heißt, die Juden, die Anhänger Israels, mussten mit allem rechnen, was auf sie zukam, da sie sich im Kampf befanden; selbst als Zivilisten konnten sie zur Zielscheibe werden.

Die Reaktion auf den Anschlag in der Rue Copernic stellt wahrhaftig eine Urszene des institutionalisierten Philosemitismus der französischen Linken dar. Sie wiederholte sich bei der riesigen Demonstration gegen die Schändung jüdischer Gräber 1990 in der südfranzösischen Stadt Carpentras. Über diesen Protestzug durch Paris, der von keinem Geringeren als Präsident Mitterrand persönlich angeführt wurde, heißt es in Azoulais Roman hellsichtig: »Carpentras ist die endgültige Weihe dessen, was mit Copernic begonnen hatte.«[87] Einmal mehr gründete der Philosemitismus auf der abrupten Leugnung der Möglichkeit, dass der Anschlag seinen Ursprung irgendwo anders haben könnte als in Le Pens Front National. Obwohl sich bald herausstellte, dass ein paar Skinheads dafür verantwortlich waren, musste in der Eile des Urteils ein makropolitischer Schuldiger gefunden werden, um den Anschlag mit Okkupation und Holocaust in Verbindung zu bringen.

87 Ebd., S. 130.

Darin liegt die phantasmagorische Kontinuität zwischen dem tödlichen Angriff auf die Synagoge in der Rue Copernic und der Schändung des jüdischen Friedhofs in Carpentras.

Der Roman warnt vor der Gefahr eines Philosemitismus, der die Juden dejudaisiert, um sie zum Kampf für ein Weltgericht und einen messianischen Marxismus zu rüsten. Ein solcher Philosemitismus veranlasste bereits Zola mitten in der Dreyfus-Affäre zu der Forderung, wir müssten »die Juden umarmen, um sie in uns aufzunehmen und mit ihnen zu verschmelzen.«[88] Azoulai schreibt: »Die Juden Frankreichs genossen die Sympathie der gesamten Linken. Dank dieser Unterstützung waren sie überzeugt, das Land werde sie wieder verteidigen. Die Juden waren der Kitt, der die Linke zusammenhielt. Mein Horizont weitete sich: ich war nicht mehr nur da, weil ich Jüdin war, ich war da, weil ich zu der großen Bewegung gehörte, in der die Menschheit sich selbst erhob.«[89]

»Der Kitt, der die Linke zusammenhielt«: kein Wort brächte besser zum Ausdruck, wie die Juden schließlich den Zusammenhalt verkörperten, der es einer göttlichen Linken erlaubte, alle Abweichler ins moralische Abseits zu drängen. Jeder, der rechts stand, war eine Gestalt der von Brecht so genannten »schmutzigen Bestie« (d.h. des Nationalsozialismus und Faschismus).[90] Wer nicht auf der

88 Émile Zola, Pour les Juifs, in: Œuvres complètes, Chroniques et Polémiques II, Paris 1969, S. 779.
89 Azoulai, Les manifestations, S. 74.
90 [»The belly is still fertile from which the foul beast sprang«, lautet die letzte Zeile des Epilogs von Brechts Stück »Der aufhaltsame Aufstieg des Arturo Ui« in englischer Übersetzung. Ebenso in der französischen: »Le ventre est encore fécond, d'où a surgi la bête immonde.« Im Original ist von einer Bestie nicht die Rede: »Der Schoß ist fruchtbar noch, aus dem das kroch«, heißt es dort.]

Seite der Linken stand, war ein Feind der Menschheit. Doch die zweite Intifada – begleitet von der Rund-um-die-Uhr-Berichterstattung über Israels brutale Reaktion und den israelischen Einmarsch in Dschenin sowie der Darstellung des israelischen Premierministers Ariel Scharon als Kriegsverbrecher – setzte dem zwanzig Jahre lang einhelligen linken Philosemitismus ein jähes Ende. Wie zahlreiche französische Juden, die mit der Revolution sympathisierten, sah sich Anne Toledano zwischen zwei Imperativen hin- und hergerissen: der Verteidigung der Schwachen und Staatenlosen und der Treue zu Israel, einem souveränen Staat mit einer Armee. Darüber hinaus musste sie sich mit etwas auseinandersetzen, womit sie vielleicht noch weniger gerechnet hatte: dass nämlich die in Frankreich lebende Minderheit nordafrikanischer Muslime, die von der Linken zum Opfer schlechthin erhoben worden war, sich anscheinend dem antisemitischen Lager angeschlossen hatte.

Im Roman tritt ein begabter Schüler arabischer Herkunft auf, dessen Aufsätze eindeutig von rechten Anti-Dreyfus-Autoren einer vergangenen Epoche inspiriert sind. Die ihren Idealen aus den 1980er Jahren unbeirrt verpflichtete Lehrerin Virginie kann sich über die geschickte Argumentation eines Schülers, dessen Zugehörigkeit zu einer Minderheit sie daran hindert, ihn zu kritisieren, nur wundern. Es passt einfach nicht zusammen, dass ein erbliches Opfer des Rassismus sich selbst traditioneller rassistischer Schimpfwörter für Juden bedient.[91] Das ist die Zwickmühle, in die das Wiederaufleben antisemitischer Gewalt

91 In einigen neueren Romanen wird, passend zur Wiederkehr des Verdrängten, auch die Figur des Franzosen nordafrikanischer Herkunft von der des traditionellen französischen Antisemiten überlagert, so etwa in Pierre Jourdes »Festins secrets« (Geheime Gelage, Paris 2005), Éric

die französische Linke gebracht hat: sie kann sich gegen Rassismus oder gegen Antisemitismus aussprechen – doch offenbar nicht gegen beides zugleich.

Der Student arabischer Herkunft ist freilich eine fiktionale Figur, und am Beginn des Romans steht folgender Ausspruch des Aristoteles: »Fiktion ist eine Gewalt, die der Wirklichkeit angetan wird, um eine Hypothese zu erfüllen.« Der Leser fragt sich zu Recht, welche Hypothese durch diese Fiktionalisierung der Erfahrungen französischer Juden mit der zweiten Intifada erfüllt werde. Denn die aristotelische Definition von Fiktion träfe ebenso gut auf jede Theorie zu; auch Theorie ist stets ein imaginäres Gebilde, das der Erfahrung Gewalt antut. Mir scheint, die Fiktion zeugt in diesem Fall eher von der strukturellen Unfähigkeit der Franzosen – ob Juden oder nicht –, die jüngste antisemitische Gewalt anders zu verstehen als in Bezug auf den Holocaust und den traditionellen französischen Antisemitismus, der in der Vichy-Kollaboration gipfelte.

Ein von einem rassistischen Staatsapparat in Gang gesetzter politischer Antisemitismus ist allerdings keine trif-

Bénier-Bürckels »Pogrom« (Paris 2005) und Thierry Jonquets Detektivroman »Ils sont votre épouvante et vous êtes leur crainte« (Sie sind euer Schrecken und ihr seid ihre Furcht, Paris 2006). Ein Beispiel aus fernerer Vergangenheit gibt André Gides Reisebericht über den Maghreb aus den Jahren 1899 bis 1904. Dort wendet sich der junge Araber Athman inmitten der Dreyfus-Affäre an den Maler Edgar Degas, dessen Judenhass er teilt und bewundert. Um die Wende vom 19. zum 20. Jahrhundert finden wir also bereits ein Bündnis von muslimischem und französischem Antisemitismus: eine halluzinatorische Synthese aus kolonialer Akkulturation (Athman liest französische Klassiker und möchte der Kolonialmacht in jeder Hinsicht nacheifern) und der Verachtung, die den Juden in der islamischen Tradition entgegengebracht wird (siehe André Gide, Amyntas, Paris 1994).

tige Analogie. Wer, was heute geschieht, in solche Begriffe zu fassen sucht, fasst es unkritisch auf und läuft Gefahr, die multidirektionale Erinnerung in eine Hysterisierung der Geschichte zu verwandeln, indem er die Realität einer Logik der Wiederholung unterwirft. Der Roman kritisiert eine »göttliche Linke«, die Geschichte hysterisch als Wiederholung betrachtet und die Besonderheit von Juden sowohl wie Arabern im Namen eines gemarterten reinen »Menschen« auslöscht. Darüber hinaus zeigt er einer Wahrnehmung Grenzen auf, die dazu neigt, die jüngsten Ereignisse in erster Linie im Zusammenhang mit dem Holocaust zu sehen – eine Tendenz, die sogar bei französischen Sephardim zu finden ist, Juden hauptsächlich nordafrikanischer, aber auch nahöstlicher Herkunft, deren Familien den Krieg in relativer Sicherheit verbrachten. Die Autorin ist sich der Risiken dieser Wahrnehmung offenbar bewusst, denn Anne, die Protagonistin ihres Romans, wird von Vorstellungen verfolgt, in denen Züge mit Opfern nach Auschwitz abfahren und Kinder ihren Müttern entrissen werden, so als wäre der 11. September 2001 einfach eine Wiederholung des Jahres 1942 und als könnte jedwede antisemitische Gewalt nur durch das Prisma der Endlösung verstanden werden: »Wenn die Geschichte sich wiederholt, liegt die Shoah nicht weit hinter mir, sondern direkt vor mir; sie liegt auf der Lauer, auch wenn es niemand merkt und niemand wissen will.«[92] Hier haben wir eine Vergangenheit, die noch nicht einmal vergangen ist: ein neuer Holocaust steht vor der Tür, das Trauma wird immer wiederkehren. Das würde Derrida als »Hauntologie« bezeichnen, nämlich die Besessenheit von einer ab-

92 Azoulai, Les manifestations, S. 93.

geschlossenen künftigen Vergangenheit. Sie ist der Unmöglichkeit geschuldet, den realen Antisemitismus anders zu erfahren als durch eine fiktive Wiederholung des Schreckens und einen allzu realen Schrecken der Wiederholung.

»Gefährliche Parallelen«

In seinem 2008 erschienenen Roman »Le village de l'Allemand ou Le journal des frères Schiller« schreibt der frankophone algerische Schriftsteller Boualem Sansal, dass Malrich Schiller, einer der beiden Erzähler, sich in seinem Tagebuch »gefährlicher Parallelen« bedient. In einem dem Roman vorangestellten Epigraph dankt der Erzähler seiner Gymnasiallehrerin für das Lektorat und die Überarbeitung seines Buches, das darum nun in »korrektem Französisch« erscheint: »Sie [die Lehrerin] meinte, es gäbe gefährliche Parallelen, die mir Ärger bereiten könnten. Ich pfeife darauf, was ich zu sagen hatte, das habe ich gesagt, Punkt«.[93] In diesem Dementi ist die Stimme des Autors kaum zu überhören, dessen Roman ganz auf eine multidirektionale Dynamik setzt, wenngleich auf politisch unorthodoxe Weise (daher die Warnung an den Leser). In der Tat bietet Sansals Roman einen interessanten Kontrast zu Salim Bachis Auseinandersetzung mit dem islamischen Radikalismus und der *fracture coloniale.* Anstatt den Holocaust als Tropus zu verwenden, um den französischen Kolonialismus und »Neokolonialismus« einer Fortführung des institutionellen Rassismus der Republik gegenüber den Nachkommen der Einwanderer zu bezichtigen, zieht San-

93 Boualem Sansal, Das Dorf des Deutschen oder das Tagebuch der Brüder Schiller, Berlin 2011, S. 5.

sal einen plausibleren, wenn auch noch immer problematischen Vergleich, der die historische Singularität des Holocaust unangetastet lässt. Den Verfechtern multidirektionaler Erinnerung widerstrebt es, sich mit islamischem Radikalismus, Antisemitismus und Terrorismus auseinanderzusetzen; vielmehr sind sie geneigt, aus dem Muslim ein ontologisches Opfer zu machen, oft nach dem Vorbild des jüdischen Opfers des Holocaust und des europäischen Antisemitismus (der Muslim als neuer Jude Europas, Islamophobie als heutiger Antisemitismus). Anstatt den Täter/Terroristen in ein jüdisches Opfer der Französischen Republik zu verwandeln, verweist Sansal hingegen auf mindestens zwei Charakteristika, die der radikale Islam mit der Nazi-Ideologie teilt: die Verachtung menschlichen Lebens (Nihilismus) und einen Erlösungsantisemitismus, der in der Konstruktion einer in sich geschlossenen, hypostasierten muslimischen Identität wurzelt. Auf Grundlage der bahnbrechenden Arbeiten Fethi Benslamas über den radikalen Islam[94] hat die Psychoanalytikerin Amélie Boukhobza die »imaginäre Konstruktion des Juden im islamistischen Diskurs« detailliert beschrieben.[95] Sie selbst hat mit radikalisierten Patienten gearbeitet und eine große Anzahl von Interneteinträgen solcher Personen untersucht. In ihrem Aufsatz weist sie auf die Überschneidungen des »Antijahudismus« (von arabisch *jahud*: Jude, gemeint ist ein von Koranversen inspirierter Antisemitismus) mit der Dämonisierung Israels hin – eine Kombination, die Menschen zum Terrorismus verleite. Aus klinischer Sicht

94 Siehe Fethi Benslama, La Psychanalyse à l'épreuve de l'islam, Paris 2002 [Psychoanalyse des Islam, Berlin 2017]; La Guerre des subjectivités en Islam, Paris 2014.

95 Amélie Boukhobza, L'imaginaire du Juif dans le discours islamiste extrême, in: Fethi Benslama (Hg.), L'idéal et la cruauté, Paris 2015.

könnten Verschwörungstheorie und Antisemitismus einem Subjekt Halt geben, das Boukhobza in Anlehnung an Zygmunt Bauman als »flüchtiges Selbst« bezeichnet, und so »eine Grundlage für gewalttätiges Handeln schaffen.« Der Vorstellung entsprechend, die Juden brächten den Antisemiten um seine erotische Lust (Louis-Ferdinand Célines antisemitische Pamphlete zeugen von der Angst, die Juden eigneten sich französische Frauen an), wird der Jude in der imaginären Konstruktion des islamischen Radikalismus als ein Hindernis auf dem Weg zum vollkommenen Genuss Gottes/des Anderen und zu einer ungetrübten Identität wahrgenommen: »Das verwundete Ideal ist die Ursache des politischen Engagements [der radikalisierten Subjekte] ... es bringt sie dazu, ihre muslimische Identität zu übertreiben, um den Status eines ›Übermuslims‹ zu erlangen, ›eine subjektive Position, die einen Muslim befähigt, seine eigene muslimische Identität zu übertreffen‹«.[96] Das erinnert an die nationalsozialistische Überhöhung der (durch die Demütigung des Ersten Weltkriegs brüchigen) deutschen Identität durch die Hypostasierung des Übermenschen.[97] Was Sansals Parallele in gewissem Maße rechtfertigt.

Wenn das, was wir als Holocaust bezeichnen, der Versuch war, das europäische Judentum auszurotten, das der Verwirklichung einer idealisierten, hermetisch geschlossenen deutschen Identität im Weg gestanden hätte – und zwar ein Versuch, der seinerseits auf einer millenaristischen Geschichtsmetaphysik der Erlösung beruhte –, dann rückt bei Sansal der radikale Islam mit seiner antisemitischen Paranoia, apokalyptischen Rhetorik und dem Ruf

96 Boukhobza, zitiert nach Benslama, La guerre des subjectivités en Islam.

97 [Im Original deutsch.]

nach Läuterung ganz in die Nähe des Nationalsozialismus. Jedenfalls steht ihm der radikale Islam näher als de Gaulles Frankreich während des Algerienkriegs, die USA nach dem 11. September 2001 und die Repression der Unruhen in den französischen Banlieues im Jahr 2005.

Doch wer ist Malrich Schiller, einer der beiden Erzähler in Sansals Roman, und was sind das für »gefährlichen Parallelen«, die er zieht? Die Handlung ist komplex, und kein Ausdruck könnte sie besser charakterisieren als »Erinnerungsknoten«. Der Roman befasst sich mit der komplizierten mörderischen Geschichte dreier Länder – »Deutschland, Algerien und Frankreich, drei befreundete Länder, die einander ausgiebig getötet haben«[98] – und ist auf der Erinnerung an vier Fälle historischer und politischer Gewalt aufgebaut, die er nebeneinanderstellt: a) den Holocaust, b) den Algerienkrieg, c) den algerischen Bürgerkrieg in den 1990er Jahren und d) die damit einhergehende Radikalisierung der französischen Muslime, die allmählich zur aktuellen Krise in den französischen Banlieues geführt hat.

In einem algerischen Dorf werden zwei Söhne eines deutschen Vaters und einer algerischen Mutter in die Pariser Außenbezirke geschickt, in eine sogenannte *zone urbaine sensible*, eine euphemistische Bezeichnung für die brodelnden islamisierten Gebiete am Stadtrand von Paris. Der ältere Bruder Rachel, geboren 1963, entkommt den Sozialwohnungen und macht eine erfolgreiche Karriere als Geschäftsführer eines multinationalen Unternehmens; der jüngere Bruder Malrich ist einer jener faulen Jugendlichen, wie sie einem in allen Fernsehdokumentationen über französische Vorstädte vor Augen geführt werden. Die Namen

98 Sansal, Das Dorf des Deutschen, S. 64.

Rachel und Malrich sind aus deutschen und arabischen Elementen zusammengesetzte Kofferwörter, mit denen Sansal bereits die gespaltene Identität der beiden Brüder sowie die verhängnisvolle Umklammerung Algeriens und Nazideutschlands andeutet. Um die Sache noch komplizierter zu machen, klingt Rachel aber nicht nur weiblich, sondern auch jüdisch. Geschockt von der Nachricht über das Massaker des Groupe Islamique Armé (GIA) an seinen Eltern im algerischen Dorf Ain Deb, beginnt Rachel eine Odyssee, die ihn nach Algerien, Deutschland, in die Türkei, nach Ägypten und schließlich nach Auschwitz führt. Überwältigt von der Entdeckung, dass sein Vater ein Nazi war, verantwortlich für Tausende von Toten in verschiedenen Lagern, begeht Rachel Selbstmord. Sein jüngerer Bruder erfährt von der Geschichte ihres Vaters durch das von Rachel hinterlassene Tagebuch.

Sansal stellt allerdings einige verstörende Vergleiche an, zunächst der FLN mit den Nazis, was weder Sartre noch Fanon gefallen hätte: »als ich klein war, in Aïn Deb, bei der FLN- Jugend des Landes, das war Pflicht … Was ist das, FLN? Der *Front de libération nationale*, die nationalsozialistische Partei des großen Raïs«.[99] (Sansal scheut nicht davor zurück, den zufälligen Gleichklang von Raïs und Reich zu betonen.) Tatsächlich floh Hans Schiller, der Vater des Erzählers, nach dem Krieg aus Europa, fand Zuflucht in der Türkei und in Ägypten und wurde von Nasser nach Algerien geschickt, um FLN-Kämpfer auszubilden. Auch wenn der Vergleich zwischen Nazideutschland und dem algerischen Nationalismus stutzig machen mag, die Verbindung zwischen Nassers Ägypten sowie der arabi-

99 Ebd., S. 66 [»FLN-Jugend« auch im französischen Original deutsch].

schen Welt insgesamt und der antisemitischen Propaganda der Nazis ist eine hinlänglich dokumentierte Tatsache.[100] Der Türkei legt der Erzähler nicht nur ihre Komplizenschaft mit den Achsenmächten zur Last, sondern ebenso ihre Weigerung, Verantwortung für den Genozid an den Armeniern zu übernehmen: »die Türkei war für mich jenes Land, das auf seine Art, politisch neutral, den Holocaust verbürgt hat. Es hat einen Freundschaftsvertrag mit dem Reich unterzeichnet, stand der Achse nahe, hat den Nazioffizieren eine Ausgangstür geöffnet, es hat in seiner eigenen Geschichte einen umso schwerer zu ertragenden Völkermord, als es die fürchterliche Unanständigkeit besitzt, ihn nicht anzuerkennen.«[101]

Die zweite Parallele, die vielleicht noch überzeugender ist als die erste, betrifft den GIA und die Nazis. Hans Schiller wird schließlich vom GIA getötet, somit fällt der Nazitäter ironischerweise einer naziähnlichen Armee, nämlich den Islamisten, zum Opfer.[102] Schließlich, und das ist vielleicht die umstrittenste Parallele, wird der Aufstieg des radikalen Islam in den »sensiblen« städtischen Gebieten

100 Siehe Jeffrey Herf, Nazi Propaganda for the Arab World, New Haven (Connecticut) 2009; Matthias Küntzel, Djihad und Judenhaß. Über den neuen antijüdischen Krieg, Freiburg i. Br. 2002.

101 Sansal, Das Dorf des Deutschen, S. 208.

102 In einem privaten Gespräch mit mir, das ich hier mit seiner Erlaubnis wiedergebe, bestätigte Boualem Sansal, dass sein Roman auf historischen Fakten beruht. Erfunden hat er lediglich das Ende Hans Schillers, der in Wirklichkeit eines natürlichen Todes starb und nicht von der GIA ermordet wurde. Sansal rechtfertigt diese dichterische Freiheit unter Berufung auf eine Form historischer Gerechtigkeit (ein Nazi, meint er, sollte nicht eines natürlichen Todes sterben, sondern von Leuten ermordet werden, die seine extremistischen Ansichten teilen, nämlich von Islamisten). Vor allem aber betont er, dass Schiller kein Einzelfall war: es gab auch andere Nazi-Offiziere, die der algerischen Sache dienten.

Frankreichs mit dem Nationalsozialismus verglichen, die Sozialwohnung mit einem Konzentrationslager, das von SS- oder Kapo-ähnlichen muslimischen Klerikern geleitet wird. Sansals provokante Originalität besteht darin, dass er den Spieß umdreht, indem er einem grob vereinfachenden antirassistischen Diskurs entgegenhält: die Jugendlichen in den Banlieues sind nicht Opfer einer unterdrückerischen neokolonialen Französischen Republik, sondern einer neuen Art von Faschismus – des radikalen Islam. So beschreibt Malrich den Aufstieg des faschistoiden islamischen Antisemitismus, der aus dem algerischen Bürgerkrieg in die französischen Banlieues importiert wurde: »Als wir des Dschihad für würdig befunden wurden, hat der Imam uns den Kuffarkasten geöffnet und jedem mit eindringlicher und entschiedener Stimme einen Namen gegeben: Dieser da ist der Jude, Lihoudi, der Räudige, der Schlimmste von allen«.[103] Die Analogie zwischen den Häftlingen in den Konzentrationslagern und den Bewohnern der Sozialwohnungen löst beim Leser ein gewisses Unbehagen aus. Interessanterweise handelt es sich bei Sansals Kapos und SS-Leuten nicht um die französische Polizei Sarkozys, sondern um Imame, die aus muslimischen Ländern hergeschickt werden, um Schrecken zu verbreiten, zu indoktrinieren, Frauen bei lebendigem Leib zu verbrennen usw. In der Analogie zwischen den Juden in den Fängen der Nazis und der Jugend in den Banlieues erscheinen als die neuen »Nazis« nicht französische Polizisten, sondern Islamisten: »Wir sind wie die Verschleppten von einst, festgehalten in den Fängen der Zeit, der Angst auf den Leim gegangen, vom Bösen bezaubert, wir warten in der geheimen Hoffnung, dass die Folgsamkeit uns retten

103 Sansal, Das Dorf des Deutschen, S. 268 [arab. *kuffar*: Ungläubige].

wird.«[104] Wenn Malrich das Treiben der Islamisten in den Pariser Vorstädten mit einer Form der Kolonisierung vergleicht, bestätigt er neuere Untersuchungen über den Verlust staatlicher Kontrolle über bestimmte Gebiete sowie die Preisgabe der dort lebenden Bevölkerung seitens eines geschwächten französischen Staates[105]: »Die Islamisten haben unsere Cité kolonisiert, und uns das Leben hart werden lassen ... Nach und nach vergessen wir, dass wir in Frankreich leben, eine halbe Stunde von Paris entfernt, seiner Hauptstadt, und wir entdecken, dass seine Werte, die es gegenüber der Weltöffentlichkeit erklärt, in der Realität nur in offiziellen Reden gültig sind.«[106]

Unbeschadet der gefährlichen Parallelen schärft Sansals multidirektionale Erinnerung die dringend nötige Wahrnehmung des neuen Antisemitismus – genau das Gegenteil dessen, was Bachi mit seinem mindestens ebenso fragwürdigen Gedenkkarussell zu erreichen versucht. Während dieser die Erinnerung an den Holocaust als Projektionsfläche nutzt, um den antisemitischen Charakter der Taten Merahs und anderer Terroristen zu verschleiern, bedient sich Sansal eines Vergleichs mit dem Holocaust, um die Bedrohung durch den radikalen Islam deutlich zu machen.

104 Ebd., S. 135.
105 Siehe Emmanuel Brenner, Les territoires perdus de la République, Paris 2004.
106 Sansal, Das Dorf des Deutschen, S. 239.

Radikale Gesellschaftskritik und multidirektionale Erinnerung

Der folgende Fall fasst die Unzulänglichkeiten der multidirektionalen Erinnerung und der radikalen Gesellschaftskritik zusammen. Während diese dazu neigt, einer Kultur der Empörung das Wort zu reden, die Unterscheidung zwischen Opfern und Tätern zu verwischen und die Besonderheit des Holocaust zu verwässern, beruht jene auf der problematischen Überlagerung realer oder vermeintlicher, objektiver oder ideologisch konstruierter Fälle von Unterdrückung. Als besonders fragwürdig erweist sich in dem von mir untersuchten Fall die Überlagerung kapitalistischer Ausbeutung von Arbeitern der oberen Mittelschicht oder, weiter gefasst, des modernen Lebens in einer liberalen oder neoliberalen Demokratie mit dem Holocaust. Sie offenbart in der Tat den Niedergang radikaler Gesellschaftskritik und zeigt die Grenzen der multidirektionalen Palimpseste politischer und sozialer Unterdrückung auf.

Das von mir gewählte Beispiel erinnert an die Äußerungen Ward Churchills, damals Professor für Ethnologie an der Universität von Colorado, der am 12. September 2001 das »Technokratenkorps im Herzen des globalen Finanzimperiums der USA« im World Trade Center mit »kleinen Eichmanns« verglich.[107] Wenn ein solcher Vergleich unmittelbar nach dem 11. September 2001 auch etwas geschmacklos war, so ließ er es an Deutlichkeit jedenfalls nicht fehlen: Täter war das Amerika der großen Konzerne, Opfer waren die vierte Welt und der globale Süden. Im nun folgenden Fall ist die Grenze zwischen Opfern und Tätern

107 Siehe Dan Frosch, Court Upholds Dismissal of Colorado Professor, in: *The New York Times*, 7. Juli 2009.

jedoch unschärfer. Tatsächlich ist die Kategorie des Handelns selbst völlig verschwunden und mit ihr jede mögliche Unterscheidung zwischen Opfer und Täter, die durch vage und anonyme Begriffe wie System, Sprache oder Apparat ersetzt wird.

2008 brachten Nicolas Klotz und Elisabeth Perceval den packenden, wenn auch tendenziösen Film »La Question humaine« heraus, der auf der gleichnamigen Erzählung von François Emmanuel aus dem Jahr 2000 basiert. Der Titel erinnert an Bücher, die sich mit Folter, kolonialer Gewalt und dem Nationalsozialismus befassen (*question* bedeutet schließlich auch Kreuzverhör und im metonymischem Sinne Folter, »peinliche Befragung«). Ich denke dabei insbesondere an »La Question« von Henri Alleg und »L'Espèce humaine« von Robert Antelme. Nicht zuletzt erinnert der Titel an die »Endlösung der Judenfrage«.[108]

Libby Saxton hat den Film eingehend analysiert.[109] Ich teile ihre Ansicht nicht, was die Auseinandersetzung sowohl des Films als auch der Erzählung mit dem Holocaust betrifft, den sie als ultimativen Maßstab für politische Gewalt und Unterdrückung erachtet, etwa koloniale Gewalt und die Situation illegaler Einwanderer in Europa, wie sie insbesondere im Film dargestellt wird. In der Erzählung kommt illegale Einwanderung nicht zur Sprache, sie begnügt sich mit einem Vergleich der Sprache und Kultur kapitalistscher Unternehmen mit der »Endlösung« der Nazis. Dem Film aber, meint Saxton, gelinge es durch den Vergleich mit Holocaust, die Übel des Kapitalismus und der post- oder neokolonialen Unterdrückung vor Augen zu

108 [Im Original deutsch.]
109 Libby Saxton, Horror by Analogy: Paradigmatic Aesthetics in Nicolas Klotz and Elisabeth Perceval's »La Question humaine«, in: *Yale French Studies*, 118/119 (2010), S. 209–224.

führen. Ich allerdings halte den Film ebenso wie die Erzählung für ein Paradebeispiel dessen, was mit multidirektionalen Analogien in radikaler Gesellschaftskritik und Kulturproduktion falsch läuft.

Der Erzähler Simon Kessler ist als Psychologe in der Personalabteilung eines multinationalen deutsch-französischen Konzerns namens SC Farb beschäftigt; das Firmenkürzel erinnert an die IG Farben, das deutsche Chemiekonglomerat, das das berüchtigte Zyklon B hergestellt hat. Von vornherein bringt das Akronym SC Farb den hypermodernen transnationalen europäischen Konzern mit Massenmord in Verbindung. Diesen Zusammenhang bekräftigen unheimliche Aufnahmen rauchender Schornsteine von Fabriken, die jedoch keine Leichen vergaster Menschen einäschern, sondern tatsächlich Waren produzieren. Die tendenziöse Assoziation von Bildern eines Hightech-Konzerns mit verdächtigen Fabrikschornsteinen schließt an die Verkehrungen Heideggers an, dessen irreführende Formulierung »Fabrikation von Leichen« die Realität der Vernichtungslager, nämlich die Vernichtung von Lebewesen verschleiern sollte. Der ganze Film operiert mit keineswegs immer subtilen Nebeneinanderstellungen, die Zusammenhänge suggerieren sollen. Bilder von Hightech-Büros, die von Schornsteinen überblendet werden, deuten an, dass es keinen Rauch ohne Feuer gebe und Fabrikschornsteine an sich schon verdächtig seien, wahrscheinlich etwas mit Buchenwald oder Auschwitz zu tun hätten. In einer anderen Szene träumt der Erzähler, wie Frauen in einer Art Christian-Boltanski-Installation den Boden neben Bergen von Schuhen waschen: eine traumartige Erinnerung an die Reinigung der Gaskammern.

Sowohl der Film als auch die Erzählung warten mit einer Reihe von Zweideutigkeiten und Überschneidungen auf:

zwischen Frankreich und Nazideutschland, zwischen der harmlosen industriellen Ausbeutung der Kohle und der »Fabrikation von Leichen« in Auschwitz und anderen Vernichtungslagern, letztlich zwischen zwei Welten, nämlich einerseits der archaischen, buchstäblich versteinerten Welt der Industrialisierung (Kohle) und andererseits der neuen Unternehmenskultur. Sie suggerieren eine Kontinuität zwischen der Welt der Industrialisierung, in der der Erste Weltkrieg und die ersten Gasangriffe, dann die Vergasungen des Holocaust stattfanden, und der sanften postindustriellen Welt der neoliberalen Unternehmenskultur, die auf New-Age-Techniken der Meditation und zwischenmenschlicher Interaktion basiert. In der Erzählung beschreibt Kessler seine psychologischen Trainingsmethoden in einem Stil, der an Michel Houellebecq erinnert: »Man veranstaltete Rollenspiele, bediente sich Theorien der Gruppendynamik, ja sogar alter orientalischer Techniken, um die Männer dazu zu bewegen, ihre persönlichen Grenzen zu überschreiten.«[110] Leser von Houellebecqs satirischen Romanen werden Themen wie die Kanalisierung menschlicher Aggressionsinstinkte zur Steigerung der Produktion und die sanfte Militarisierung der Belegschaft zur Förderung einer darwinistischen Unternehmenskultur wiedererkennen. »La Question humaine« warnt vor der Gewalt des postmodernen Kapitalismus, in dem solche Methoden vorherrschen. Die Erzählung ist ein politisches Statement, das sich des Holocaust auf radikale, allerdings verzerrte Weise bedient, um neue Formen der Entmenschlichung und Barbarei anzuprangern.

Schließlich wird der Personalpsychologe Kessler, der an einer Umstrukturierung des Unternehmens beteiligt war,

110 François Emmanuel, La Question humaine, Paris 2000, S. 7.

die zur Entlassung von etwa tausend Beschäftigten führte (offiziell wegen Alkoholismus oder Inkompetenz, was im Film jedoch auch nie bestritten wird), von einem der beiden Firmenchefs beauftragt, sich über seinen Kollegen Matthias Jüst zu erkundigen, der im Verdacht steht, dysfunktional und paranoid zu sein und dem Unternehmen dadurch zu schaden (wie der Computer in »2001: Odyssee im Weltraum«). Beide Geschäftsführer, so erfährt man, sind deutscher Herkunft und werden von der Nazivergangenheit ihrer Eltern oder Adoptivfamilien verfolgt. Erzählt wird von der Suche nach einem dritten Mann, einem Musiker, der als Marktanalyst im Unternehmen tätig war und im Verlauf der Umstrukturierung entlassen wurde. Der geheimnisvolle dritte Mann war in der Vergangenheit Mitglied des FARB-Streichquartetts unter dem Vorstandsvorsitzenden Matthias Jüst. Aus persönlicher Rache, vor allem aber um die angebliche Nazifizierung des neoliberalen Systems zu sabotieren, schickt er Jüst und Kessler anonyme Briefe. Dabei handelt es sich um Montagen aus Unternehmenssprache, Personalpsychologie und Nazi-Euphemismen. In diesen nicht unterschriebenen Briefen überlagert Neuman – der geheimnisvolle Dritte – wie in einem Palimpsest Naziworte mit gewöhnlicher Unternehmenssprache. Mit solchen Montagen will er die Auswirkungen der Kontamination (in der Erzählung ist metaphorisch von Krebs, Viren und genetischen Krankheiten die Rede) heutiger Unternehmenskultur mit dem Nationalsozialismus hervorheben und andeuten, dass die Sprache des Dritten Reichs gewissermaßen in die des Neoliberalismus eingedrungen sei. Die von Victor Klemperer beschriebene »Lingua Tertii Imperii« (LTI) der Nazis hat demnach in der Sprache des Neoliberalismus einen Nachkommen gefunden. Eric Hazan nennt sie in polemischer Abwandlung des Titels von Klemperers Meisterwerk »LQR«, die Sprache der Fünften Republik: »Lingua Quintae Respublicae«.[111]

Einer der fünf anonymen Briefe, die Neuman an Jüst schickt, enthält eine Kopie des berüchtigten Geheimberichts vom 5. Juni 1942, in dem die technischen Veränderungen an den Gaswagen in Chełmno (Kulmhof) beschrieben werden. Kessler, dem Jüst die anonymen Briefe anvertraut hat, liest den Bericht eines Nachts bei Kerzenlicht. Die Hell-Dunkel-Szene im Film und die entsprechende Beschreibung in der Erzählung deuten an, dass die abstrakte Sprache des Geheimberichts, die sich euphemistischer Ausdrücke wie »Stückzahl«, »Betrieb« usw. bedient, dieselbe entmenschlichte und beschönigte Sprache sei, die auch in Personalabteilungen und in der heutigen Unternehmenskultur insgesamt verwendet werde. In der gleichen Sprache, deren die neoliberale Bürokratie sich bedient, um Menschen zu entlassen, hätten auch die Nazis über »Euthanasie« und »Endlösung« gesprochen.

Neuman, selbst Sohn eines Nazitäters, nimmt schließlich den jüdischen Vornamen Arie an und identifiziert sich mit den jüdischen Opfern. Er zieht sich in eine Kleinstadt zurück, wo er, wie immer man es betrachten mag, als Einsiedler, Dorftrottel oder Weiser dahinlebt, der sich um Katzen kümmert und sich der neoliberalen und neonazistischen Propaganda widersetzt, indem er das »System« anprangert, das in alle Bereiche des modernen Lebens eindringe.

Da sich »La Question humaine« mit dem Bericht vom 5. Juni 1942 direkt auf Claude Lanzmanns Film »Shoah« bezieht, kommt auch Saxton auf die Szene zu sprechen, in

111 Eric Hazan, LQR: La propagande du quotidien, Paris 2006.

der Lanzmann selbst jenen Text vorliest. Mit seiner »Suche nach Spuren des Genozids in den Industrielandschaften«, meint sie, liefere er »dokumentarische Belege für die Analogie zwischen Nationalsozialismus und Kapitalismus«.[112] Ich würde jedoch behaupten, dass sie Lanzmanns Intention gründlich missversteht, und bezweifeln, dass dessen Auseinandersetzung mit dem Holocaust in irgendeiner Hinsicht der von Agamben, Bauman oder Alain Brossat vergleichbar wäre, die auf je unterschiedliche Weise dazu neigen, den Holocaust in einer allgemeinen Anklage gegen die liberale Demokratie oder den westlichen Modernisierungsprozess zu verwässern, und damit die Autoren des Films »La Question humaine« beeinflusst haben. Lanzmann wollte keineswegs eine Analogie zwischen dem modernen industriellen Deutschland und dem Bericht von 1942 herstellen, sondern vielmehr andeuten, dass die Nazis ihre Verbrechen hinter der gewöhnlichen Sprache der Industrie und der Arbeit verbargen, was aber nicht bedeutet, dass diese Sprache oder gar die Industrie und Arbeit selbst sich mit dem nationalsozialistischen Bösen gemein machten. Die langen Aufnahmen des Ruhrgebiets, die Lanzmanns Lesung des Berichts von 1942 begleiten, und insbesondere die Nahaufnahme des Saurer-Lastwagens – genau die gleiche LKW-Marke, die für die Vergasung menschlicher »Stückzahlen« verwendet wurde – sollen veranschaulichen, wie die Nazis die moderne Industrie für ihre kriminellen Zwecke gekapert haben, und nicht auf das der modernen Industrie angeblich innewohnende ontologische Böse verweisen. Zudem verfehlt diese Analogie den Benjamin'schen Begriff des dialektischen

112 Saxton, Horror by Analogy, S. 222.

Bildes, den Georges Didi-Huberman in seiner elegant-melancholischen Deutung von Lanzmanns Film analysiert.[113] Es gibt keine Analogie zwischen Nationalsozialismus und Kapitalismus, zwischen den Landschaften des Genozids und denselben Landschaften in der Gegenwart, wie der Film »Shoah« sie zeigt – die Beziehung ist eine des Schocks zwischen dem Damals und dem Heute.

»La Question humaine« hingegen sieht in einem Schornstein Auschwitz, in einem Experten oder Ingenieur, einem Wissenschaftler oder gar einem Lastwagenfahrer ein Rädchen in der Maschinerie des Genozids, wie es in Neumans Monolog am Ende des Films heißt – oder wie in der Analogie von motorisierter Landwirtschaft und Vernichtungslagern, die Heidegger nach dem Krieg herstellte. Diesen monströsen Vergleich kommentierte Lyotard mit den Worten: »Man braucht kein Humanist zu sein, um die Identität oder auch nur Ähnlichkeit zwischen einer Fabrik, wo Neutronen oder Erbsen hergestellt werden, und einer Fabrik, die der Kremation und Vergasung dient, zu bestreiten. Es genügt, daß man zu denken akzeptiert.«[114] Wenn die Nazis, wie alle Verbrecher, ihr Verbrechen in Banalität hüllen mussten, so folgt daraus nicht, dass jedes banale Unterfangen darum kriminell sei. Das Banale ist nicht kriminell; Kriminelle hüllen ihre Verbrechen in Banalität, um unbemerkt zu bleiben. Genau das erklärt der Historiker Raul Hilberg Lanzmann in der berühmten Szene, in der er den »Todesverkehr« beschreibt:

113 Georges Didi-Huberman, Le lieu malgré tout, in: Phasmes: Essais sur l'apparition, Paris 1998 [Der Ort trotz allem, in: Georges Didi-Huberman, Phasmes: Essays über Erscheinungen, Köln 2001].
114 Lyotard, Heidegger und »die Juden«, Wien 1990, S. 103.

HILBERG: Und jeder machte diese Arbeit, als sei es das Normalste auf der Welt.
LANZMANN: Aber das war es nicht!
HILBERG: Nein, das war es nicht.[115]

1975 erhielt der Schriftsteller Romain Gary unter dem Pseudonym Emile Ajar den renommierten Prix Goncourt – den er unter seinem eigenen Namen bereits erhalten hatte – für einen Roman, in dem eine Madame Rosa, eine jüdische Überlebende von Auschwitz und einstige Prostituierte, etwas wie eine informelle Tagesstätte für Kinder von Prostituierten betreibt.[116] Madame Rosa wird von Gespenstern der Vergangenheit heimgesucht. In ihren schlimmsten Momenten wahnhafter Senilität stellt sie sich vor, »das Gesundheitswesen, das darauf bedacht zu sein scheint, mit unmenschlichen Mitteln ein Leben zu verlängern, das sie nicht mehr für lebenswert hält«, sei hinter ihr her.[117] In einer tragikomischen Episode vergleicht sie den biopolitischen Apparat des modernen Staates mit Auschwitz und stellt damit das Wesen der nationalsozialistischen Eugenik auf den Kopf. Während das Gesundheitswesen des demokratischen französischen Staates das Leben der Schwächsten (der Alten und Kranken) künstlich verlängert, verkürzte die nationalsozialistische Eugenik das »lebensunwerte« Leben. Giorgio Agamben und andere, die den Nationalsozialismus und die westliche Nach-

115 Claude Lanzmann, Shoah, München 1988, S. 191.
116 Emile Ajar, La vie devant soi, Paris 1975 [Du hast das Leben noch vor dir, Frankfurt a.M. 1977]. Der Roman wurde unter dem Titel »Madame Rosa« von Moshé Mizrahi 1977 verfilmt.
117 Siehe Jeffrey Mehlmans großartigen Aufsatz »French Literature and the Holocaust« in: Alan Rosen (Hg.), Literature of the Holocaust, Cambridge 2013.

kriegsgesellschaft in einen Topf werfen, haben in der tragikomischen, liebenswerten Madame Rosa eine literarische Vorläuferin. Doch Agamben und seine Mitstreiter können zu ihrer Entschuldigung weder behaupten, Auschwitz überlebt zu haben, noch, dass sie fiktive Figuren seien.

Éric Marty hat gezeigt, wie eine Fehlinterpretation Walter Benjamins zu einem Vergleich demokratischer und totalitärer Staaten führt.[118] Exemplarisch erwähnt seien hier nur einige ungeheuerliche Analogien Agambens: das Konzentrationslager, behauptet er, sei »der Nomos der Moderne«; das Schicksal der Häftlinge in Guantánamo Bay vergleicht er mit dem der Juden in Auschwitz, und bei der »biopolitischen« Behandlung von Ausländern, deren Fingerabdrücke bei der Einreise in die USA gespeichert werden, sieht er eine Parallele zur Tätowierung von Häftlingen bei ihrer Ankunft in den Konzentrationslagern der Nazis. Agambens Methode offenbart etwas, das ich für einen Mangel radikaler Gesellschaftskritik schlechthin halte: man kapriziert sich auf extreme Fälle oder Situationen, um daraus eine allgemeine Theorie abzuleiten.[119]

Agambens Fehlinterpretation Benjamins zeichnet sich, wie Marty zeigt, dadurch aus, dass er die jüdische Metaphysik vernachlässigt, die dessen Kritik der Gewalt zugrunde liegt, insbesondere die Unterscheidung zwischen mythischer und göttlicher Gewalt. Hinzu kommt eine Vereinnahmung von Michel Foucaults Konzept der Biopolitik, das Agamben dazu missbraucht, eine angebliche Kontinuität zwischen totalitärem Staat und Demokratie zu beweisen. Foucault selbst hatte vor dieser Versuchung gewarnt

118 Éric Marty, Radical French Thought and the Return of the »Jewish Question«.
119 Siehe Kapitel 2.

und sich »ironischerweise einen Theoretiker vorgestellt, der soziale Sicherheit und Konzentrationslager auf die gleiche Ebene stellt«. Und so verrät Agamben, der von Foucault ironisch vorgestellte Theoretiker, der die Grenzen zwischen Rechtsstaat und totalitärem Staat verwischt, seine unfreiwillige Ähnlichkeit mit Madame Rosa.

Es bedarf keiner weiteren Beispiele für das Madame-Rosa-Syndrom im radikalen Denken. »La Question humaine« ist, glaube ich, eine seiner jüngsten Ausprägungen.

Der Philosoph Robert Redeker hat Agambens Reduktion der Moderne auf das Konzentrationslager und die daran anschließende Entjudaisierung des Holocaust scharf kritisiert – eine Reduktion, der sich radikale Gesellschaftskritik unter dem Vorwand multidirektionaler Erinnerung befleißigt. Redeker erinnert daran, dass Auschwitz kein Ort zur Produktion von Nichtmenschen (»Muselmännern«), sondern ein Ort zur Zerstörung menschlichen Lebens war. Biomacht und Biopolitik seien vielmehr das Gegenteil von Auschwitz. Von einer »Todesfabrik« weit entfernt, bezeichne Biomacht einen Apparat, der das Leben erhalten soll. Anstatt Leben auf »nacktes Leben« zu reduzieren, »besteht Biopolitik darin, eine gute biologische Gesundheit zu fördern, das Leben der Lebenden zu bewahren und sie vor dem Tod zu schützen.»[120] Anstatt wie Carl Schmitts Souverän über Leben und Tod zu entscheiden, sei Biopolitik ein »Nichtdezisionismus«. Auschwitz habe statt des nackten Lebens »das Unerträgliche eines nackten Todes aufgedeckt, gegen den im Gefolge aller großen Erzählungen der Moderne Biomacht und Biopolitik erst hervorgebracht wurden.«[121]

120 Robert Redeker, Le Progrès? Point final, Nizza 2015, S. 201.
121 Ebd., S. 202.

4

Die »Operation Shylock« der Theorie

Divertimento

Ein Porträt des Theoretikers Moishe Pipik

Betrachten wir folgende Definition: »ein Diasporist ist ein Jude, der glaubt, daß die einzigen Juden, die zählen, die Juden der Diaspora sind, daß die einzigen Juden, die überleben werden, die Juden der Diaspora sind, daß die einzigen Juden, die überhaupt Juden *sind*, die Juden der Diaspora sind –«

Wer hat das geschrieben?

War es Judith Butler, Edward Said, Alain Badiou, Enzo Traverso? Oder vielleicht ein anderer der vielen Theoretiker, Philosophen, Polemiker, Meinungsmacher oder Essayisten, die in letzter Zeit über jüdische Identität, den Holocaust und den israelisch-palästinensischen Konflikt geschrieben haben? Sie alle fragen immer wieder, was ein authentischer Jude sei. Wenn Kleidungsstücke von der Stange *prêt-à-porter* genannt werden, wäre die Antwort all dieser Theoretiker als *prêt-à-penser* zu bezeichnen, als ein gedankliches Fertigprodukt: der authentische Jude ist zwangsläufig ein Diasporist. Andererseits zeigen sie auf den unauthentischen Juden, den Verräter des Judentums, der kein Jude auf Wanderschaft (*un Juif errant*), sondern ein Jude auf Abwegen (*un Juif aberrant*) sei. Die negative jüdische Figur ist niemand anderes als der Israeli oder der Zionist.

Dieses Bild ist allerdings Lichtjahre von dem entfernt, das Sartre auf den letzten Seiten seiner »Überlegungen zur Judenfrage« entwirft, wo der Zionismus als eine mögliche Form jüdischer Authentizität erscheint. Sartre sah darin eine Reaktion auf die Entfremdung des Juden, der den Blick des Antisemiten verinnerlicht habe. Der Zionismus sei jedoch nur eine partielle und vorübergehende Lösung. Die beste Antwort auf die »Judenfrage« müsse »universell«, revolutionär, marxistisch sein; eine solche aber würde erst durch die Abschaffung gesellschaftlicher Klassen und nationaler Identitäten gegeben.

Seit dem Erscheinen von Sartres Buch im Jahr 1946 hat sich das theoretische Klima deutlich verändert. Europäische und sogar amerikanische Intellektuelle haben sich von Israel abgewandt. Der Zionismus ist längst nicht mehr Sache der Linken, die in Israel keine sozialistische, postkoloniale Gesellschaft mehr sieht, sondern einen neoliberalen Kolonialstaat. Andererseits hat die palästinensische Sache stark an Boden gewonnen. Es gehört inzwischen zum guten Ton zu sagen, jüdische Authentizität könne allein die Diaspora gewähren und israelische Juden oder Zionisten seien in Wirklichkeit falsche Juden, Verräter am wahren Geist des Judentums.

Um das Geheimnis zu lüften: das obige Zitat entstammt keinem Theoretiker des Postzionismus. Aufmerksame Leser Philip Roths haben darin wohl längst das Credo des Doppelgängers des fiktiven Philip Roth erkannt, das in einem Roman des echten Philip Roth auftaucht, und zwar in »Operation Shylock«, erschienen 1993 im Gefolge der ersten Intifada und des Prozesses gegen den Treblinka-Wachmann John Demianiuk alias Iwan der Schreckliche.[1]

Fassen wir die ausschweifend barocke Handlung des Romans zusammen: Ein gewisser Philip Roth, ein gefeierter New Yorker Schriftsteller, reist nach Israel, um seinen Kollegen, den Schriftsteller Aharon Appelfeld, zu interviewen, einen Holocaust-Überlebenden. Dort stellt er fest, dass ihm ein Scharlatan zuvorgekommen ist, der sich als niemand anderen denn als Philip Roth ausgibt. Der mysteriöse Hochstapler, der sich als klassisch bösartiger Doppelgänger[2] entpuppt, ist ins Heilige Land gekommen, um ein neues Evangelium namens »Diasporismus« zu verkünden. Die aschkenasischen Juden sollten als die Europäer, die sie in Wahrheit seien, in ihre Heimatländer zurückkehren. Dort würden sie ein Mitteleuropa[3] des goldenen Zeitalters voller Joseph Roths und Stefan Zweigs wiedererrichten, in dem die Juden sich abermals als wichtigste Hüter der westlichen Kultur erweisen würden. Sollten die israelischen Aschkenasim nicht in ihre Heimat zurückkehren – sei es nach Polen, Österreich oder Deutschland –, so würden sie einen »zweiten Holocaust« erleiden müssen, verübt von Arabern, die von europäischen Schuldgefühlen unberührt seien und denen die Parole »Nie wieder« gleichgültig sei. Auf europäischem Boden, der bereits mit dem Blut der Juden getränkt ist, könne eine solche Katastrophe sich offenbar nicht wiederholen; jedoch gebe es keinen ersichtlichen Grund, warum sie nicht dort stattfinden sollte, wo der neue jüdische Staat gegründet wurde:

1 Philip Roth, Operation Shylock. Ein Bekenntnis, München 1998. Das obige Zitat findet sich auf S. 193.
2 [Im Original deutsch.]
3 [Im Original deutsch.]

> Ein zweiter Holocaust wird *nicht* auf dem europäischen Kontinent stattfinden, *weil* er der Schauplatz des ersten war. Doch hier könnte sich ein zweiter Holocaust nur allzuleicht ereignen, und wenn die Auseinandersetzung zwischen Arabern und Juden noch viel länger eskaliert, dann wird er eintreten – *er muß eintreten.* Die Zerstörung Israels in einem nuklearen Schlagabtausch ist eine Möglichkeit, die heutzutage längst nicht mehr so weit hergeholt erscheint wie vor fünfzig Jahren der Holocaust selbst.[4]

Der rätselhafte Diasporist hegt eine so große Zuneigung zu seinem Volk, dass er es nicht nur auffordert, sich durch eine Rückkehr nach Europa in Sicherheit zu bringen, sondern auch eine Vereinigung namens »Anonyme Antisemiten« gründet: eine Unterstützergruppe, deren Ziel es ist, das antijüdische Gift ein für alle Mal zu beseitigen, indem sie diejenigen, die es in sich tragen, auffordert, sich zu ihren bösen Neigungen zu bekennen, so wie die Anonymen Alkoholiker ihre Sucht bekennen in der Hoffnung, sie loszuwerden. Motiviert durch die Liebe zu Israel, *ahawat Jisrael* – die Liebe, deren Mangel Gershom Scholem Hannah Arendt zur Zeit des Eichmann-Prozesses vorwarf –, drängt der fiktive Doppelgänger des fiktiven Philip Roth aschkenasische Juden, Israel zu verlassen. Vormals sei das Land ein rettendes Ufer für Juden gewesen, die dem Völkermord entkommen waren, das räumt er durchaus ein, doch vierzig Jahre später sei es selbst zu einem Ort ihrer sicheren Vernichtung, das Heilmittel somit zu einem Gift geworden – Zionismus als *pharmakon.* Der Zionismus habe die Juden einst gerettet, nun aber müssten die Juden vor

4 Roth, Operation Shylock, S. 44 (Hervorhebung im Original).

dem Zionismus gerettet werden. Was die sephardischen und mizrachischen Juden betrifft, die ursprünglich aus Nordafrika oder dem Nahen Osten stammen, so kann man sich vorstellen, dass sie bleiben dürfen und massakriert werden. Der Diasporist, der Europa und sein Judentum in den Mittelpunkt der zivilisierten Welt stellt, hält für sie keine »Lösung« parat. Was allen Grund gibt zu fragen, wer eigentlich ethnozentrischer ist: der »Diasporist« oder der Zionist?

Philip Roth gibt seinem Doppelgänger den skurrilen Namen Moishe Pipik, den er der jiddischen Folklore entlehnt:

> ein Name, an dem ich schon viel früher meine Freude hatte, lange bevor ich in Büchern auf Dr. Jekyll und Mr. Hyde oder auf Goljadkin den Ersten und Goljadkin den Zweiten stieß … Der herabsetzende, witzelnde Unsinnsname, der wörtlich übersetzt Moses Bauchnabel bedeutet …[5]

Moses Bauchnabel, so scheint es zumindest. Aber dies könnte durchaus ein Beispiel sein für das, was Freud eine »Verschiebung nach oben« nannte, wobei der Nabel eine Metonymie für die Genitalien wäre. Moishe mag auf seinen Nabel starren und glauben, die Welt drehe sich um ihn, doch spielt er nur mit sich selbst, wie es sich für den – man entschuldige den Ausdruck – Trottel, der er ist, gehört.

Pipik steht in einer langen Tradition literarischer Doppelgänger. Als wichtigste Quelle ist hier Dostojewskis Novelle »Der Doppelgänger« zu nennen, in der der kleine Beamte Goljadkin von einem Geschöpf seiner paranoiden

5 Ebd., S. 129 f.

Phantasie verfolgt wird, einem Doppelgänger, der schließlich noch das bisschen Respektabilität zunichte macht, das ihm seine mittelmäßige Existenz verschafft hat, und ihn gesellschaftlich in Verruf bringt. Das Alter Ego stört die Ordnung der Dinge und gibt dem Subjekt das Gefühl, jemand anderes zu sein, nämlich ein sich seiner selbst schämendes Ich, das mit seinem Ich-Ideal nicht ganz übereinstimmt.

Moishe Pipik zeigt somit eine offene Wunde jüdischer Identität. Auf der einen Seite haben wir Philip Roth (oder zumindest seine Gestalt im Roman). Er ist ein Jude, der die Sonnenseite des Lebens genießt und den Staat Israel als Teil der richtigen Ordnung der Dinge betrachtet; ein Land, in dem Kolloquien stattfinden, auf denen Schriftsteller von Appelfelds Format die hebräische Sprache und Literatur wiederbeleben. Aber es gibt auch den Juden, der in der Dunkelheit spukt, in Träumen und Albträumen, und der darauf aus ist, diese Ordnung umzustürzen. Man bekommt also zwei Juden zum Preis von einem: einen der Ordnung und einen des Chaos.

Es gibt jedoch eine Figur in Roths Roman, die mich vielleicht noch mehr irritiert als Moishe Pipik. Ich meine den Palästinenser George Ziad, der nach einer glänzenden Karriere als Professor für Literatur in den USA nach Ramallah gekommen ist, um das Los seines Volkes zu teilen. Ziad ist das Gegenstück zu Pipik, denn er verkörpert die Rückkehr der palästinensischen Diaspora in das Land, das ihren Vorfahren entrissen wurde. Und er ist ein alter Freund und Kollege, dem der fiktive Philip Roth während seines abenteuerlichen Aufenthalts in Israel begegnet. Dieser Palästinenser ist voller Ressentiments, von Bitterkeit zerfressen und zu endlosem Schimpfen aufgelegt. Sein Auftreten erinnert an eine Figur (nämlich Roger-Marin Courtial des

Péreires) aus »Tod auf Raten« von Louis-Ferdinand Céline,[6] auf den Roth sich ausdrücklich bezieht: »Céline war ebenfalls übergeschnappt, ein genialer französischer Romancier und lautstarker Antisemit etwa zur Zeit des Zweiten Weltkriegs, den zu verachten ich mich bemühe – und über dessen Bücher ich vor meinen Studenten referiere.«[7] George Ziad ist, was den israelisch-palästinensischen Konflikt anbelangt, die personifizierte Grauzone zwischen Philosemitismus und Antisemitismus. Als solche erinnert er an den ägyptisch-amerikanischen Intellektuellen Edward Said, von dessen Namen der seine ein fast perfektes Anagramm ist. Ebenso wie Said hat Ziad Theorien über Zionismus, jüdische Identität und den Holocaust entwickelt. Und er teilt sie mit dem Erzähler, dessen antizionistisches Bild sein Doppelgänger Moishe Pipik bereits gezeichnet hat.

In Ziads geistigen Ergüssen erkennt der Leser alle Schlagworte des Postzionismus und Antizionismus wieder, all die grandiosen Schematisierungen, die Roth hier meisterhaft karikiert: einerseits übertriebene Bewunderung der Juden in der Diaspora und andererseits Hass auf die Zionisten, denen vorgeworfen wird, sie hätten für die Diaspora, für die jiddische Sprache und Kultur und für Europa selbst nur Verachtung übrig, da sie das Diasporajudentum für unmännlich, unauthentisch und feige hielten. Man stößt auf das paradoxe Argument, der Zionismus als Ideologie sei an sich antisemitisch, da die von ihm propagierten »neuen Juden« das altertümliche, entfremdete und passive Judentum ablehnten.

Mit Bezug auf den realen antizionistischen Diskurs, den

6 Louis-Ferdinand Céline, Mort à crédit, Paris 1936 [Tod auf Raten, Reinbek 2021].
7 Roth, Operation Shylock, S. 427.

der Philosoph Elhanan Yakira vor einigen Jahren analysiert hat,[8] behauptet Ziad, der Staat Israel habe die Erinnerung an den Holocaust ab 1967 auf zynische Weise institutionalisiert, um die Erregung über die jüngste Eroberung unter der Maske früheren jüdischen Leids zu verbergen. Einer solchen Theorie zufolge wurde die Shoah »instrumentalisiert«, um die Massaker und die Vertreibung der Palästinenser durch das Gedenken an die Juden als Opfer zu entschuldigen oder zu rechtfertigen. Roth unterhält uns mit einem zwar parodistischen, doch allzu originalgetreuen Konzentrat antizionistischer Klischees: die Arroganz und der Zynismus des Zionismus; die Ausbeutung des Holocaust, die den Verlust von sechs Millionen Menschen in symbolisches Kapital verwandelt; die Notwendigkeit, die Shoah zu vergessen, da das »Ende des Holocaust … auf jener Wand mit palästinensischem Blut geschrieben«[9] sei – eine Aneinanderreihung von Klischees, vorgetragen im hysterischen Stil keines Geringeren als des antisemitischen Schriftstellers Céline.

Die Parodie in »Operation Shylock« gibt eine ganze Reihe neuerer theoretischer Arbeiten von Postzionisten und Antizionisten nur allzu gut wieder. Die Selbstgerechtigkeit, die der radikalen Theorie zugrunde liegt, ist jedoch das genaue Gegenteil der Subtilität und Doppelbödigkeit, die in der Literatur am Werk sind. Am Ende von Roths Roman fällt es schwer, die Position des Erzählers zu bestimmen, geschweige denn die des Autors. Die Ironie, von der dieser dialogische Roman durchdrungen ist, verhindert, dass der Leser, was Zionismus, Diaspora und jüdi-

8 Elhanan Yakira, Post-Zionism, Post-Holocaust: Three Essays on Denial, Forgetting and the Delegitimization of Israel, Cambridge 2010.
9 Roth, Operation Shylock, S. 153.

sche Identität betrifft, zu irgendeiner Schlussfolgerung gelangt. Demgegenüber kommen einem die Theoretiker auf Anhieb wie zahlreiche – jüdische oder nichtjüdische – Inkarnationen des irritierenden und gleichwohl sympathischen Moishe Pipik vor; letztlich aber entpuppen sie sich als weit weniger seichte Reinkarnationen des verbitterten George Ziad. Roths Roman stellt eine zugleich beklemmende und humorvolle, nahezu absurde *Befragung* jüdischer Identität dar; die postmodernen Theoretiker hingegen beanspruchen dogmatisch eine unanfechtbare *Erkenntnis* jüdischer Identität, die aber nicht weniger als jedes andere symbolische Gebilde ein ungelöstes Rätsel bleiben muss.

Teil I:
Antisemitismus-Leugnung

Die gute Nachricht aus Frankreich: Es gibt keinen neuen Antisemitismus[10]

Die Behauptung, der Antisemitismus sei in Frankreich und anderswo im Westen verschwunden, wird durch Vorfälle wie die Dieudonné-Affäre und den pompös so genannten »Tag des Zorns« widerlegt, ein Protest gegen den französischen Präsidenten und das gesamte »System«, der Zehntausende auf die Straßen von Paris lockte.[11] Eine Rand-

10 Eine frühere Fassung meiner Kritik Enzo Traversos erschien in: Alvin Rosenfeld (Hg.), Deciphering the New Antisemitism, Bloomington (Indiana) 2015.

11 Die Grenzen zwischen rechtsextremem, muslimischem und linksextremem Antisemitismus sind fließend. Auch wenn die »Juden, raus!«

gruppe von Demonstranten nutzte die Gelegenheit, um Slogans wie »Juden, haut ab, Frankreich gehört euch nicht« zu rufen; eine Videoaufnahme dieses Spektakels fand auf YouTube schnell Verbreitung.[12] Im Mai 2014 kam es im Jüdischen Museum in Brüssel zu einer Wiederholung der Morde von Toulouse. Wir haben Dinge wie die »Comedy«-Auftritte von Dieudonné M'bala M'bala gesehen, die ein breites Publikum anzogen, bis sie von den französischen Behörden untersagt wurden. Im Januar 2015 kam es schließlich zu den Anschlägen auf *Charlie Hebdo* und in derselben Woche zu weiteren Morden an Juden.

Die These, der Antisemitismus sei fast gänzlich verschwunden, wurde jedoch von mehreren französischen Intellektuellen vertreten, unter ihnen auch Enzo Traverso, Historiker des Holocaust und des deutschen Judentums. Seine rhetorischen Strategien halte ich, was die Verharm-

rufenden Demonstranten als Rechtsextreme identifiziert wurden, waren sie Teil einer allgemeinen antisemitischen Bewegung, die das gesamte ideologische Spektrum durchzieht. Zur Dieudonné-Affäre siehe Jean Birnbaum, L'affaire Dieudonné, la gauche et l'antisémitisme, in: *Le Monde*, 13. Januar 2014. Dieudonné M'bala M'bala ist ein französischer Komiker mit einem Vater aus Kamerun und einer Mutter aus Frankreich. Zusammen mit dem selbsternannten »nationalsozialistischen« Ideologen Alain Soral führt er seit Anfang des Jahrtausends die antisemitischen und antizionistischen Kampagnen in Frankreich an. In jüngster Zeit hat er Holocaustopfer lächerlich gemacht und Holocaustleugnung als Komödie verbrämt. Ein solcher Auftritt wurde vom Conseil d'État wegen Verletzung der Menschenwürde verboten. Auf die Dieudonné-Affäre werde ich Postskriptum zurückkommen.

12 »Manifestation antisémite à Paris ›Juif, la France n'est pas à toi!‹« (26. Januar 2014), http://www.dailymotion.com/video/x1astuw_jour-de-colere-a-parismanifestation-antisemite-preuves-en-images_news. Siehe dazu Geoffroy Clavel, Jour de colère: quenelles et saluts nazis dans les rues de Paris, in: *Huffington Post*, 27. Januar 2014, http://www.huffingtonpost.fr/2014/01/27/jour-colerequenelles-saluts-nazis-rues-paris_n_4671985.html.

losung oder Leugnung des neuen Antisemitismus anbelangt, für paradigmatisch. Traverso folgt damit einem bestimmten Trend, für den Intellektuelle und Personen des öffentlichen Lebens wie Eric Hazan, Alain Badiou, Guillaume Weill-Raynal und Ivan Segré stehen, die sich über das Wiederaufleben des Antisemitismus seit etwa dem Jahr 2000 skeptisch geäußert haben.[13]

Enzo Traverso behauptet in seinem Buch über das »Ende der jüdischen Moderne«[14], die revolutionäre, universalistische, kritische Berufung oder Mission, die zwei Jahrhunderte lang die Größe des europäischen Judentums ausgemacht habe, sei durch die Gründung des Staates Israel obsolet geworden, die einen historischen Bruch, ein dialektisches Gegenstück zum Holocaust darstelle. Diese beiden einschneidenden Ereignisse hätten die Verfolgung, Ausgrenzung und Unangepasstheit der Juden beendet, die deren kritische Begabung einst hervorgebracht hätten. Nun aber habe sich das Blatt gewendet, der Antisemitismus sei beseitigt. Das Goldene Zeitalter des Judentums, des jüdischen Genies, erstrecke sich von 1750 bis 1950 – eine Epoche, die Traverso »jüdische Moderne« nennt und die er mit der Gründung des Staates Israel für beendet hält. Das authentische Judentum sei einer Travestie gewichen und somit die Zeit des »jüdischen Juden« oder Zionisten angebrochen, den Traverso als reaktionären Juden, als »Ordnungsjuden« beschreibt. Seine vage Rede von einer

13 Siehe Eric Hazan/Alain Badiou, L'Antisémitisme partout, aujourd'hui en France, Paris 2011; Guillaume Weill-Raynal, Une haine imaginaire: Contre-enquête sur le nouvel antisémitisme, Paris 2005; Ivan Segré, La réaction philosémite, Paris: 2009. Auf Badiou und Hazan werde ich noch zu sprechen kommen.

14 Enzo Traverso, La fin de la modernité juive: Histoire d'un tournant conservateur, Paris 2013 [Das Ende der jüdischen Moderne. Geschichte einer konservativen Wende, Hamburg 2017].

»Rückkehr zur Ordnung« impliziert, das Judentum habe während seiner authentischsten zwei Jahrhunderte bis 1950 ein Prinzip der Unordnung, Subversion und Anomie verkörpert. Damit kehrt er die antisemitische Vorstellung vom Wesen des Juden einfach um, nur setzt er statt des Minus- ein Pluszeichen – eine typisch philosemitische Geste. Vor solcher Schmach verschont Traverso nicht einmal Hannah Arendt, obwohl sie den Zionismus ablehnte und heftig kritisierte, wie das israelische Establishment sich den Eichmann-Prozess zunutze gemacht habe. Denn durch ihre »Amerikanisierung« war sie in seinen Augen korrumpiert worden.

Damit nicht der Eindruck entsteht, die Rückkehr der Juden zur Ordnung bedeute eine Rückkehr zum Nationalismus etwa eines Charles Maurras[15], möchte ich hier kurz innehalten. Traverso hält die USA für einen Staat ohne nationale Tradition und meint, genau darum habe Arendt sie gemocht. Wenn nationale Tradition ein wesentlicher Bestandteil westlicher Zivilisation ist, repräsentieren also die Vereinigten Staaten von Amerika genau das Gegenteil. Den Juden, die die USA und Israel unterstützen, wirft Traverso dennoch vor, den Westen zu verteidigen. Die »jüdische Welt« habe ihren universalistischen, kritischen und revolutionären Kompass verloren, sei vom Kurs abgekommen und nach rechts gerückt. Die Juden nutzten den Judenhass der Ausgebeuteten aus, deren Hass aber angesichts der sozioökonomischen Ausgrenzung und rassistischen Diskriminierung, die sie erführen, verständlich, wenn nicht gar entschuldbar sei. So machten sie aus dem Antisemitismus der Ausgebeuteten eine Waffe gegen die

15 [Charles Maurras (1868–1952), nationalistischer französischer Schriftsteller.]

Palästinenser, ein Mittel zur Förderung der reaktionären amerikanisch-zionistischen Sache.

Der Antisemitismus, den es seit der Shoah und der Unabhängigkeit Israels nicht mehr gebe, sei in Frankreich und Europa insgesamt durch Islamophobie ersetzt worden. Die Palästinenser seien die neuen Juden des Nahen Ostens. Das ist es, was Traverso eigentlich sagen will: dass der Antisemitismus und der Kampf gegen ihn durch den Rassismus bzw. den postkolonialen Kampf ersetzt worden seien. Und seine Schlussfolgerung lautet: »Das Entstehung des Postkolonialismus fällt mit dem Auslaufen des jüdischen Zyklus kritischen Denkens in Europa zusammen – mit dem Abstand von einigen Generationen sowohl zum Holocaust als auch zur Dekolonisierung, durch den sich nun die angesammelten Ergebnisse dieser beiden historischen Zäsuren offenbaren.«[16] Hier findet man beinahe eine neue Theologie der Verdrängung, wiewohl eine säkulare. Der »jüdische Zyklus«, dessen einzige Bedeutung in seiner revolutionären, universalistischen, kritischen Ausrichtung liegen soll, sei, nachdem er sich erschöpft habe, durch einen anderen revolutionären Zyklus ersetzt worden, den Traverso als »postkolonialistisch« bezeichnet. Dieser neue Zyklus sei an die Stelle des jüdischen getreten, so wie in der christlichen Lehre der Jude im Geiste den fleischlichen Juden entthront hat.

Traverso beendet sein Buch mit einem Bonmot des ägyptisch-amerikanischen Literaturwissenschaftlers Edward Said, das er aber durchaus ernst nimmt. In einem Interview mit der israelischen Tageszeitung *Haaretz* behauptete Said einmal, er sei der »letzte jüdische Intellektuelle«, und gab damit Alain Badiou recht, der meint, das

16 Traverso, Das Ende der jüdischen Moderne, S. 203.

Wort Jude sei zuallererst ein Ruf nach universaler sozialer Gerechtigkeit.[17] Wenn ein authentischer Jude vor allem ein nichtjüdischer Jude ist und Moses Freud zufolge ein Ägypter war, könnte dann nicht der Ägypter Said ein Jude sein?[18]

Guter Jude, böser Jude

In »Das Ende der jüdischen Moderne« behauptet Traverso, Juden würden heute nicht gehasst und angegriffen, weil sie Juden, sondern weil sie »Konservative«, »Kolonisatoren« und »Imperialisten« seien. Ein uralter Taschenspielertrick antijüdischer Logik: Juden werden gehasst, weil sie andere hassen. Der Vorwurf jüdischer Misanthropie hat eine lange Geschichte. In seinem bedeutsamen Werk über die Geschichte des Antijudaismus verfolgt David Nirenberg den Ursprung des Mythos der jüdischen Misanthropie bis ins alte Ägypten zurück, von wo Hekataios von Abdera diese Legende um 300 v. Chr. nach Griechenland brachte.[19]

Traversos Buch verdient eine genaue Betrachtung, da es symptomatisch für eine neue Tendenz steht, den Begriff des Juden zu »spalten«. Es handelt sich dabei um eine durchaus eindrucksvolle machiavellistische Strategie ideologischer Einschüchterung, die darauf abzielt, den Juden in eine positive (antizionistische, diasporische, universalistische) und eine negative (partikularistische, zionisti-

17 Alain Badiou, Circonstances 3: Portées du mot »juif«, Paris 2008.
18 Siehe Isaac Deutscher, Der nichtjüdische Jude, Berlin 1988.
19 David Nirenberg, Anti-Judaismus. Eine andere Geschichte des westlichen Denkens, München 2015.

sche) Figur zu teilen. Zunächst stellt Traverso zwei jüdische »Archetypen« vor. Den einen verkörpert Trotzki, der jüdische Revolutionär, den anderen der Amerikaner Henry Kissinger, der mächtige »imperialistische« Jude. Bei Trotzki mag man sich noch fragen, ob er als Jude oder nicht vielmehr als Revolutionär »gut« ist, also als postjüdischer, nichtjüdischer Jude im Sinne Isaac Deutschers. Der »böse« Jude Kissinger jedenfalls ist eine abstoßende Figur: Amerikaner, Zionist, reich, mächtig. Traversos Buch hält also eine Warnung an all jene Juden bereit, deren fragwürdiger Geschmack sie dazu verleitet, sich mit dem letztgenannten zu identifizieren.

Leider kommt dieser freundliche Rat anscheinend zu spät, denn Traverso ist der Meinung, die Juden hätten ihr Lager bereits gewählt, nämlich das der Reaktion und der Herrschaft: »Heute hat sich die Achse der jüdischen Welt von Europa in die Vereinigten Staaten und nach Israel verlegt.«[20] Die Juden sollten sich allerdings nicht beklagen; die »jüdische Welt« habe ihr Schicksal selbst besiegelt, denn sie hätte ja im Schoß der europäischen Moderne, der Kritik und der Revolution bleiben können, auch wenn die Moderne selbst sie zurückgewiesen hat. Während der Holocaust den Traum einer Symbiose aus Europa und den Juden zerstörte, wurde den als Zionisten verfolgten jüdischen Parteifunktionären im sowjetischen Machtbereich ihre Unterstützung der bolschewistischen Revolution auf makabre Weise heimgezahlt.

Aus der Behauptung, die jüdische Welt sei entschieden atlantisch, konservativ und amerikanisch-zionistisch geworden, zieht Traverso in einer Art freier Assoziation den

20 Traverso, Das Ende der jüdischen Moderne, S. 10.

Schluss: »Der Antisemitismus hat aufgehört, die nationalen Kulturen zu prägen. Dieser Platz wurde der Islamfeindlichkeit überlassen, der herrschenden Form des Rassismus am Anfang dieses 21. Jahrhunderts, oder auch einer neuen Judenfeindlichkeit, die durch den israelisch-palästinensischen Konflikt entstanden ist.«[21] Er greift Pierre-André Taguieffs kritischen Begriff einer neuen Judenfeindlichkeit (»la nouvelle judéophobie«) auf und entstellt seine Bedeutung, um die Existenz des Antisemitismus zu leugnen.

Traverso hält die neue Judenfeindlichkeit für »künstlich« – sie habe eine rationale politische Ursache im israelisch-palästinensischen Konflikt, wohingegen die Islamophobie sich auf nichts dergleichen zurückführen lasse. Sie sei einfach »Rassismus«, ein irrationaler Hass ohne Ursache oder Ursprung. Den Hass auf Muslime bringt Traverso keineswegs mit dem Aufkommen des radikalen Islam in Verbindung, einer Bewegung, die schließlich nicht weniger politisch ist als der Zionismus und somit seinem Interpretationsschema gemäß der Islamophobie eine logische Erklärung oder gar Rechtfertigung bieten könnte. Der Hass auf Muslime aber, meint er, lasse sich nicht auf die Muslime selbst und deren Radikalisierung zurückführen, wohingegen die Ursache der Judenfeindschaft bei den Juden zu suchen sei, die sich mit dem Zionismus und dem Staat Israel identifizieren.

Wenn Traverso unbekümmert von der »jüdischen Welt« spricht, ist schwer zu sagen, ob er die jüdischen Gemeinden in Europa, den Vereinigten Staaten oder der ganzen Welt meint; anscheinend bezeichnet der Ausdruck die gesamte Diaspora und natürlich den Staat Israel. Was auch

21 Ebd.

immer er darunter versteht, diese jüdische Welt sei jedenfalls antikritisch geworden, das heißt, sie habe sich verkauft: einst eine Kraft des Fortschritts und der Unterwanderung von Macht, stehe sie nun auf der Seite von Macht und Weltherrschaft. Traverso sagt nicht genau, wann dieser Übergang von einem ethischen zu einem ethnischen Judentum stattgefunden habe. Doch steht für ihn fest, dass er das Ende der »jüdischen Moderne« markiert, der die Luft ausgegangen sei: »Die jüdische Moderne hat daher ihre Zielrichtung verloren. Nachdem sie einmal der wichtigste Raum für das kritische Denken der westlichen Welt gewesen war – zu einer Zeit, als Europa noch ihr Zentrum war –, finden sich die Juden heute durch eine paradoxe Umkehrung im Zentrum der Dispositive der Herrschaft wieder.«[22] Dann nennt er vier jüdische Persönlichkeiten, die dem »Ruf zur Ordnung« gefolgt, dem Sirenengesang der politischen Reaktion zum Opfer gefallen und von der konservativen Wende mitgerissen worden seien: Henry Kissinger, Leo Strauss, Raymond Aron und Ariel Scharon. Diese, gelinde gesagt, heterogene Borges'sche Aufzählung, die einen diplomatischen Strategen, einen Militär und zwei Philosophen aus drei geographischen, historischen und politischen Bereichen (USA, Frankreich und Israel) vereint, wäre recht amüsant, wenn es nicht darum ginge, nichtrevolutionäres jüdisches Denken zu delegitimieren oder gar zu zensieren.

Einige Jahre vor seinem Tod war Scharon sowohl physisch als auch politisch das Schreckgespenst Europas. Der Name Aron ist offenbar nur in die Liste aufgenommen worden, weil er sich auf Scharon reimt; eine andere Erklärung gibt es nicht. Strauss und Aron, Kissinger und

22 Ebd., S. 10 f.

Scharon: zwei Philosophen und zwei übergewichtige Politiker – die Aneinanderreihung ihrer Namen könnte der traditionellen antisemitischen Literatur entnommen sein, denn außer dass sie als Juden geboren wurden, haben diese Personen wenig gemein. Die unredliche Assoziation aber hat obendrein den Vorteil, dass sie nicht nur jegliches nichtrevolutionäre Denken, sondern vor allem Antikommunismus und Antitotalitarismus delegitimiert. Denn Aron, der Arendts »Elemente und Ursprünge totaler Herrschaft« 1965 in Frankreich bekannt machte und sich mit dem Totalitarismus auch seinerseits ideologiekritisch befasste, war ein Gigant in diesem Bereich französischen Geisteslebens. Wer Aron und Strauss, weil sie Gegner der beiden großen totalitären Systeme des 20. Jahrhunderts waren, zu zynischen Kriegsherren, zu Ideologen der Herrschaft des Kolonialismus und Finanzkapitalismus erklärt, macht sich anheischig, jede dissonante Stimme zum Schweigen zu bringen und jedwede Kritik am Totalitarismus als imperialistisch, kolonialistisch, faschistisch hinzustellen: eine altbewährte stalinistische Methode.

Die große »konservative Wende«, behauptet Traverso, habe sich seit dem Sechstagekrieg von 1967 allmählich vollzogen (obwohl der jüdische Revolutionszyklus angeblich 1950 endete) und die Verwandlung der Juden in Konservative oder Reaktionäre (die beiden Begriffe sind bei ihm austauschbar, denn wer kein Revolutionär ist, sei ein Reaktionär) ihren Höhepunkt in den 1980er oder 90er Jahren erreicht; eine etwas nebulöse Chronologie, die allerdings zu seiner ungenauen Theorie gut passt. Was aber ist mit der Beteiligung von Juden an der amerikanischen Bürgerrechtsbewegung einige Jahre nach 1950? Wir könnten auch erwähnen, dass das American Jewish Committee – das Traverso, weil es Israel unterstützt, als konservativ und rechts einordnen müsste – 1949 die Aufhebung der Rassentrennung forderte, ja diese sogar mit den Nürnberger Gesetzen verglich und sich seinen ethischen Grundsätzen entsprechend für eine Reform der Einwanderungsgesetze und für die Legalisierung von Arbeitern ohne Papiere aussprach. Für Traverso aber bedeutet theoretisch Denken und Philosophieren, die Sache der Revolution voranzubringen und, was die Juden betrifft, eine Identität auszubilden, die man »postjüdisch« oder in Anlehnung an Deutscher »nichtjüdisch jüdisch« nennen könnte.

Einen der wohl ungeheuerlichsten Versuche, das Wiederaufleben des Antisemitismus zu leugnen, stellt allerdings das von Alain Badiou gemeinsam mit dem Verleger Eric Hazan verfasste Pamphlet »L'antisémitisme partout« (Antisemitismus überall) dar. Der allgemeine Tenor lautet, wir sollten der angeblichen Erpressung durch die neuen »Inquisitoren« widerstehen, die allenthalben Antisemitismus wittern. Was ja zunächst keine schlechte Sache zu sein scheint, denn in der Tat ist es dringend geboten, sich gegen eine politische Instrumentalisierung des Antisemitismus zu wenden, die dazu angetan ist, den Holocaust weiter zu trivialisieren und die Geschichte des Judenhasses in Europa zu verfälschen. Doch leider tappen die Verfasser dieses Manifests in ihre eigene Falle. Wer vor der Ausbeutung des Antisemitismus warnen will, sollte sich dessen nicht selbst bedienen.

Zunächst versuchen Badiou und Hazan, die mutmaßlichen Nutznießer der Kampagne gegen einen Antisemitismus auszumachen, dessen empirische Realität sie leugnen. Dass von Antisemitismus überhaupt so viel die Rede sei, führen sie auf eine rechte, sei es »westliche« oder »nationalistische« Verschwörung zurück. Die Kampagne nämlich unterdrücke die revolutionären Impulse der sozial und geographisch peripheren Massen, die Badiou und Hazan für entrechtet halten. Wer diese Massen, insbesondere junge Muslime afrikanischer oder arabischer Herkunft in den französischen Vorstädten, des Antisemitismus bezichtige, delegitimiere die Gewalt dieser Menschen, deren Energie stattdessen für den Klassenkampf und eine neue proletarische Revolution genutzt werden sollte. Die den »neuen« Antisemitismus verurteilen (u.a. Alain Finkielkraut, Pierre-André Taguieff, Éric Marty, Nicolas Weill, Jean-Claude Milner), seien die wahren Erben des Antisemitismus – und zwar des Antisemitismus der 1930er Jahre, des Pétainismus und der antisemitischen Bewegung der Zeit vor dem Zweiten Weltkrieg, der Action Française.

An diesem Punkt allerdings wird die Argumentation theoretisch, moralisch und politisch pervers: der Hinweis auf den Antisemitismus der jungen Menschen in den Vorstädten sei eine ideologische Waffe, die die Aufmerksamkeit der Öffentlichkeit von den Verbrechen Israels ablenke; Juden und Nichtjuden, die Israel heute verteidigen, seien die Reinkarnation des Kleinbürgertums der 1930er Jahre, das die Werte des Westens gegen Ausländer, Juden, Außenseiter usw. verteidigte; proisraelische Intellektuelle, »Fälscher« eines »imaginären« Antisemitismus, seien also die echten Antisemiten, die mit Amerika und Israel kollaborierten. Jenes setzen Badiou und Hazan mit faschistischer Ideologie, dieses mit dem kolonialen Frankreich in eins. Um dem zu folgen, muss man eine Reihe »gefährlicher Parallelen«, nämlich völlig hanebüchener Gleichsetzungen hinnehmen: (1) zwischen liberaler Demokratie und Faschismus; (2) zwischen Israel (als Vorhut des Westens) und dem kolonialen und rassistischen französischen Kaiserreich; (3) zwischen muslimischen oder afrikanischen Jugendlichen in den Vorstädten und den Juden der 1930er

Jahre; und (4) zwischen den heutigen proisraelischen Juden und Nichtjuden und den Kollaborateuren von einst. (Bemerkenswert übrigens, dass Badiou und Hazan Milner offenbar falsch verstanden haben, der die liberale europäische Demokratie und deren kriminellen Tendenzen nicht weniger scharf kritisiert als sie.) Man kann solche Analogien nicht akzeptieren, wenn man nicht auch die Prämissen und Gleichsetzungen hinnimmt, die Badiou und Hazan mit den Holocaustleugnern der extremen Linken teilen.[23] Wenn wir es in diesem speziellen Fall auch nicht mit einer »Ermordung der Erinnerung« an den Holocaust zu tun haben, um es in Pierre Vidal-Naquets Worten (»murdering memory«) zu sagen, so geht es doch darum, die Realität des aktuellen Judenhasses zu leugnen. Wenn es unverantwortlich ist, arme Jugendliche aus den Randbezirken der Städte zu stigmatisieren und ihr Bewusstsein auf Antisemitismus zu reduzieren, so ist es nicht weniger unverantwortlich, die Realität eines von Klassenressentiments und islamistischer Propaganda genährten Antisemitismus zu leugnen. Indem Badiou und Hazan die Bedeutung dieses Antisemitismus völlig außer Acht lassen, legitimieren sie ihn allen empirischen Belegen zum Trotz im Namen ihres Kampfes gegen Israel und den Kapitalismus. Hass auf Juden tun sie als Anekdote oder paranoide Erfindung ab, anstatt ihn als das zu sehen, was er ist, nämlich ein sehr gut dokumentiertes und massives europäisches Phänomen, und machen sich somit unweigerlich zu dessen Komplizen.

23 Zur Holocaustleugnung von links siehe Pierre Vidal-Naquet, Assassins of Memory: Essays on the Denial of the Holocaust, New York 1993, und Alain Finkielkraut, Geschichtsrevisionismus von links, Freiburg/Wien 2024. Die meisten der von mir aufgezählten Analogien findet man auch in den Reden linker Holocaust-Leugner.

Um ihre Leugnung des Antisemitismus zu untermauern, greifen sie auf zwei in Frankreich bekannt gewordene Fälle psychisch gestörter Personen zurück, die fälschlicherweise behaupteten, Opfer antisemitischer Angriffe geworden zu sein. Badiou und Hazan versuchen also die Nichtexistenz des Antisemitismus zu beweisen, indem sie sich auf die Erfindungen von zwei Psychopathen berufen – das ist die Art unlogischer Argumentation, die sie selbst ansonsten anprangern. Die Behauptung jener beiden Personen, sie seien von muslimischen oder schwarzen Jugendlichen angegriffen worden, weil sie Juden sind, reicht ja keineswegs aus, um zu beweisen, dass *alle* antisemitischen Übergriffe von Menschen muslimischer oder afrikanischer Herkunft erfunden sind.[24] Ganz im Gegenteil: die Tatsache, dass die französische Öffentlichkeit durch solche Falschmeldungen erschüttert wurde, zeigt vielmehr, dass diese leider nur allzu glaubwürdig waren. Wenn Badiou und Hazan den neuen Antisemitismus, der so aggressiv ist, dass er für seine Opfer tödlich sein kann, als unwirklich oder belanglos abtun, erliegen sie selbst einer Realitätsverleugnung.[25]

24 Im Jahr 2004 wurde über zwei solche Fälle berichtet. Eine junge Frau namens Marie L. behauptete, in der Pariser Métro von schwarzen und muslimischen Jugendlichen angegriffen worden zu sein, und ein jüdischer Mann setzte ein jüdisches Gemeindehaus in der Rue Popincourt in Brand und tarnte seine Tat als antisemitischen Anschlag. Aus der Geschichte von Marie L. machte André Téchiné sogar einen packenden Film: »La fille du RER« (2009).

25 Wie mörderisch sich der neue Antisemitismus äußert, hat der Fall Ilan Halimi gezeigt. Siehe dazu Adrien Barrot, Si c'est un juif: Réflexions sur la mort d'Ilan Halimi, Paris 2007.

Nimmt der Antisemitismus ab? Ist er etwa schon verschwunden? Das sei er in der Tat, meint Traverso, auch wenn er von Zeit zu Zeit hier und da mal wieder auftauche. Dazu passt, was Traverso zu der Ermordung dreier jüdischer Kinder und ihrer Lehrerin auf einem Schulhof in Toulouse durch Mohammed Merah im Jahr 2012 zu sagen hat. (Zuvor hatte Merah in Montauban vier französische Soldaten nordafrikanischer und karibischer Herkunft erschossen; die Taten hängen offenbar zusammen, aber mir geht es hier allein um den Antisemitismus.) Über diese Morde und die sie begleitende Rhetorik schreibt Traverso:

> Das also sind die abscheulichen Verbrechen und verrückten Reden, die wir nicht in die lange Liste der Gewalt des Ausschlusses und der Verfolgung einordnen können; denn es sind nun die Täter, die sich ausgeschlossen und verfolgt fühlen und genau deshalb mit kriminellen Taten reagieren.[26]

Eine Verkettung von (vielleicht absichtlichen) Unklarheiten: Merah habe »abscheuliche Verbrechen« begangen und »verrückte Reden« gehalten. Diese brachte er gegenüber der Polizei vor, als sie seine Wohnung belagerte, wobei er seine Taten als Vergeltung für die Tötung palästinensischer muslimischer Kinder durch »Juden« rechtfertigte. Traverso behauptet jedoch, man könne Merahs Verbrechen »nicht in die lange Liste der Gewalt des Ausschlusses und der Verfolgung verbunden«, womit gemeint

26 Traverso, Das Ende der jüdischen Moderne

ist, man könne sie nicht als Teil der Geschichte des Antisemitismus betrachten. Jüdische Kinder auf einem Schulhof zu töten, weil sie Juden sind, hält er nicht für eine antisemitische Tat. Es sei etwas ganz anderes und scheinbar Harmloseres, nämlich die Reaktion eines Opfers von Ausgrenzung.

Antisemitische Morde als Reaktion auf sozioökonomische Ausgrenzung – das ist logisch allerdings unhaltbar. Rein faktisch übrigens kann Merah schwerlich als ausgegrenzt betrachtet werden. Wie oft verbringen die vom System Ausgeschlossenen ihre Ferien in den französischen Bergen, an der Schweizer Grenze, beim Skifahren mit Freunden?[27] Und selbst wenn er zu den Ausgeschlossenen gehörte, könnte man das Gleiche nicht auch von Abdelghani, einem seiner beiden Brüder, sagen, dessen Courage Traverso besser hätte loben sollen? Abdelghani aber hat sich für einen ethischen Weg entschieden, der dem des Bruders genau entgegengesetzt ist: im Fernsehen zeigt er allen Zuschauern sein Gesicht und verurteilt den Hass auf Juden und die Französische Republik.[28]

Traversos Apologetik enthält einen gravierenden philosophischen Denkfehler, der in der zeitgenössischen Soziologie leider immer häufiger vorkommt: Ausgegrenzte, die Straftaten begehen, heißt es, könnten keine Kriminellen sein, sie reagierten lediglich auf ihre Marginalisierung. Nehmen wir einmal an, dass es sich tatsächlich um marginalisierte Menschen handelt. Wenn sie in Reaktion auf ihre Marginalisierung jemanden ausrauben, schlagen oder

27 Le dernier voyage de Mohamed Merah, in: *Le Point*, 26. März 2012 (http://www.lepoint.fr/societe/exclusif-le-derniervoyage-de-mohamed-merah-26-03-2012-1445069_23.php).
28 Enquête exclusive, Dokumentation auf Groupe M6, November 2012.

ermorden, begehen sie dennoch eine Straftat. Eine unbeabsichtigte und besonders redundante Karikatur solcher Argumente liefert der Soziologe Michel Wieviorka: »Dieser Hass auf die Juden«, so zitiert ihn Traverso, »hat seinen Ursprung in einer Logik des Gettos, in einer Kombination von sozialem Ausschluss und rassistischer Diskriminierung, die noch durch ein tiefsitzendes Gefühl der Marginalisierung und des Eingeschlossenseins in einem Territorium des sozialen Abstiegs verstärkt wird.«[29] Merah habe also Juden gehasst, weil er selbst gehasst worden sei. Aber selbst wenn die »reinrassigen« Franzosen Merah gehasst haben, bedeutet das, dass die Juden ihn gehasst haben? Für die apologetische Soziologie ist klar, dass der Hass auf Gegenseitigkeit beruht, dass Muslime Juden hassen, weil diese sie hassen. Warum sollte es uns überraschen, wenn Juden und ihre Gotteshäuser angegriffen werden, da sich diese Juden mit einem verbrecherischen Staat identifizieren? Der antijüdische Terrorismus auf französischem Boden sei lediglich die Fortsetzung des palästinensischen Widerstands gegen die zionistische Besatzung auf einem anderen Schlachtfeld: »Hinzu kommt, dass Sprecher der israelitischen Gemeinden die Verwirrung absichtlich aufrechterhalten, indem sie vorgeben, alle Juden zu vertreten und dabei eine bedingungslose Unterstützung der israelischen Politik verlautbaren. Ihre vollständige Identifikation mit Israel befördert letztlich die negative Gleichsetzung, die Antisemiten dazu bringt, eine Synagoge zu schänden, weil sie in ihr ein Symbol des ›jüdischen Staates‹ sehen.«[30]

29 Michel Wieviorka, La Tentation antisémite. Haine des Juifs dans la France d'aujourd'hui, Paris 2005, zitiert nach Traverso, Das Ende der jüdischen Moderne, S. 138.
30 Traverso, Das Ende der jüdischen Moderne, S. 140 [Übersetzung revidiert].

Auch hier ist Traverso sehr darauf bedacht, diese Logik nicht bis zu ihrer letzten Konsequenz zu treiben, da man dann ebenso auch Islamophobie entschuldigen könnte. Wenn Aggressionen gegen Juden oder die Schändung ihrer Synagogen in Frankreich zu Angriffen auf Symbole eines angeblich kolonialen rassistischen Staates im Nahen Osten erklärt werden können, warum können dann Gewalttaten gegen Muslime nicht zu Handlungen erklärt oder als solche entschuldigt werden, die sich gegen Vertreter der afghanischen Taliban oder der Hamas aus Gaza in Europa richten? Solche erbärmlichen Argumente gehören natürlich zum Arsenal der Rechtsextremisten, aber sind sie viel erbärmlicher als der Versuch, den Antisemitismus in Frankreich mit dem Handeln Israels zu erklären? Hier wird offensichtlich mit zweierlei Maß gemessen. Gewalt gegen Juden kann ihren Opfern angelastet, Islamophobie aber nur auf jüdischen, zionistischen oder neokolonialen Rassismus zurückgeführt werden. Wie man es auch dreht, es läuft erschreckenderweise immer darauf hinaus, dass man jüdischen Opfern die Schuld gibt, nämlich Juden beschuldigt, Hass auf sich selbst zu schüren, und sie so zu Komplizen oder sogar Hauptverursachern von Islamophobie und sozioökonomischer Marginalisierung der Muslime macht.

Traverso liefert uns eine Erklärung für die Spannungen zwischen Muslimen und Juden oder vielmehr für die Feindseligkeit der Muslime gegen die Juden, die sie rechtlich und moralisch in die Irre und gar zu so schrecklichen Taten wie der Ermordung von Kindern führten. Das seien »abscheuliche Verbrechen«, sagt er, doch gehörten sie in eine andere Kategorie als frühere Ausschreitungen und Gewalttaten gegen Juden:

> Die Immigranten postkolonialer Herkunft und ihre Nachfahren zählen in Europa mehrere Millionen Menschen, aber sie sind in der Öffentlichkeit nicht sichtbar, von sportlichen Wettkämpfen, einigen Künstlern und Schriftstellern einmal abgesehen. Während diese Marginalisierung sich vollzog, erlangten Juden eine neue Respektabilität. Vor dem Hintergrund dieser Ausgrenzung entstand eine neue Judenfeindlichkeit. Sie richtet sich gegen eine Minderheit, die historisch eine alternative Variante *innerhalb* der westlichen Welt verkörperte, heute aber geradezu zu ihrem Symbol geworden ist.[31]

Lassen wir die Frage beiseite, ob die »Sichtbarkeit« einiger Muslime als »Künstler oder Schriftsteller« – das heißt als Teil einer kulturellen Elite – ihnen nicht doch etwas größeren Einfluss auf die Gesellschaft ermöglicht, als Traverso behauptet. Die »neue Judenfeindlichkeit« rühre daher, dass Juden eine »neue Respektabilität« erlangt hätten. Womit er nur Geld und Macht der Juden meinen kann, denn von Geld und Macht hält er ebensowenig wie von Respektabilität. Wahre Respektabilität bleibe denen vorbehalten, die die Pseudorespektabilität der bürgerlichen Ordnung von Geld und Macht verachten und ihr widerstehen. Die Juden seien liebenswert gewesen, solange sie das »innere Andere der westlichen Welt« verkörpert hätten, als sie noch marginal und nicht »respektabel« (d.h. bürgerlich) gewesen seien. Darum wünscht sich Traverso, sie möchten wieder zu Außenseitern innerhalb der westlichen Welt werden – nämlich zu etwas, das sie nie waren, außer im antisemitischen Unbewussten oder in philosemitischer Romantik. Leider aber stünden die Juden nun auf der Seite

31 Ebd., S. 139 f. [Übersetzung revidiert].

der Macht, und so nähmen die Muslime deren einstige Position ein. Wie könnten sie die Juden, das eigentliche »Symbol« der westlichen Welt, wie Traverso es ausdrückt, nicht hassen? Doch selbst angenommen, die Juden verkörperten heute Macht und Geld des Westens (einschließlich Israels natürlich): haben sie ihrerseits im 19. und in der ersten Hälfte des 20. Jahrhunderts nichtjüdische Eliten mit Macht und Reichtum so sehr gehasst, dass sie deren Kinder aus nächster Nähe erschossen?

Ist Traversos Denken von unbewusstem Antisemitismus bestimmt? Ich glaube nicht, auch wenn er so weit geht, eine Liste konservativer Juden zu erstellen, die nicht nur unstimmig, sondern eines Historikers unwürdig ist. Ein Philosemit ist er zweifellos, doch rührt sein Philosemitismus aus einer Romantisierung des Diasporajudentums, die stets Gefahr läuft, dem Juden Wesenseigenschaften zuzuschreiben, die ihm auch der Antisemitismus andichtet.

Vor etlichen Jahren veröffentlichte Traverso ein Buch über »verstreutes Denken«, das bereits alle Topoi der Diasporaromantik versammelt: eine Reflexion über deutsches Judentum, Exil, Vertreibung und Weltbürgertum im Geiste sowohl Isaac Deutschers als auch Edward Saids.[32] In seinem Fall würde ich jedoch nicht von unbewusstem Antisemitismus, sondern von ideologischer Verblendung sprechen. Wie Finkielkraut und Vidal-Naquet zur Zeit der unheilvollen Faurisson-Affäre gezeigt haben, passen die Shoah und die Gaskammern nicht in das ideologische Konzept des Klassenkampfs: darum habe die Shoah nicht stattgefunden. Ähnlich wie der Holocaustleugner glaubt auch, wer den Antisemitismus leugnet, diese Art Hass

32 Enzo Traverso, La Pensée dispersée: Figures de l'exil judéo-allemand, Paris 2004.

könne nicht von den Marginalisierten, sondern nur von den Mächtigen ausgehen, und zwar vor allem als ein Produkt des Nationalismus. Wenn Traverso anerkennt, dass auch Marginalisierte und gesellschaftlich Diskriminierte Juden hassen können, spricht er darum von »Judenfeindlichkeit« und nicht von Antisemitismus, da dieser eng mit der Struktur des Nationalstaates zusammenhänge.

Die perverse Schlussfolgerung lautet: wenn Juden zu Konservativen, zu Verteidigern westlicher Werte, Nationalisten oder Verfechtern kultureller Überlegenheit geworden sind, können sie auch Antisemiten sein. Der Behauptung, der Zionismus sei die ultimative Form des Antisemitismus, begegnet man allerdings zuhauf. Sie findet sich etwa in den Schriften Gil Anidjars und lässt sich bis mindestens Edward Said zurückverfolgen. Eine so widersinnige Rede von »Antisemitismus« dient keinem anderen Zweck, als den Antisemitismus selbst zu relativieren, zu verharmlosen oder zu leugnen, wie es andere in Bezug auf die Shoah getan haben und auch weiterhin tun.

Hat man den Begriff »Jude« seiner besonderen Bestimmungen beraubt, fällt es natürlich leicht, einen »neuen Juden« zu finden, den nunmehr Muslime oder, wie sie manchmal genannt werden, »Migranten« verkörpern sollen – und nicht etwa »Immigranten«, da die Betreffenden zumeist in Frankreich geboren sind. (Bemerkenswert übrigens, dass die Rede von Migranten sich in der Regel auf Muslime, Afrikaner und Araber bezieht und somit die Existenz anderer Einwanderer, z.B. aus Ostasien, verschweigt.) Dass der Muslim die Stelle des Juden einnimmt, wird begünstigt durch einerseits den Ausdruck »Muselmann« aus der KZ-Sprache und andererseits die orientalistische Kategorie des »Semiten«, die manch einer vielleicht sogar unbewusst verinnerlicht hat. »Im heutigen

Europa«, schreibt Traverso, »nimmt dieser Migrant im Wesentlichen muslimische Züge an. Die Islamfeindlichkeit übernimmt im neuen Rassismus die Rolle, die ehemals der Antisemitismus spielte.«[33] Dementsprechend porträtiert er den Muslim von heute als Spiegelbild des frommen Juden von gestern, mit Bart, Kaftan und verschleierter Ehefrau – denn diese beiden »Außenseiter«, Jude und Muslim, seien in der kolonialrassistischen Vorstellung austauschbar.

Die Gleichsetzung der Muslime von heute mit den Juden von einst ist – ebenso wie die Ersetzung des Antisemitismus durch Islamophobie – nur möglich, wenn man sich unter einem Antisemiten buchstäblich einen »Anti-Semiten« vorstellt. Eine semitische Rasse oder ein semitisches Volk aber gibt es nur in der rassistischen und orientalistischen Phantasie. Ansonsten wäre der Hass auf Araber und Muslime tatsächlich einfach Antisemitismus. Und die nun von einem »neuen Antisemitismus« sprechen, würden versuchen, die Aufmerksamkeit von der aktuell am weitesten verbreiteten Form des Rassismus abzulenken, nämlich der Islamophobie.

Die spitzfindige Rede von »Semiten« besagt, Juden und Araber seien ununterscheidbar. Da die Juden jedoch nicht mehr kolonisiert würden, sondern selbst Kolonisatoren geworden seien, sie also weder mehr als Opfer gälten noch das mit der Diaspora assoziierte Prinzip der Subversion verkörperten, seien *sie* nun die Anti-Semiten. Diese Argumentation geht in weitem Umfang auf Edward Said zurück, vor allem auf sein Buch »Orientalismus« von 1978, das seither zu einer Art Evangelium geworden ist, das die

33 Traverso, Das Ende der jüdischen Moderne, S. 147 [Übersetzung revidiert].

unumstößliche Wahrheit über den Blick des rassistischen Westens auf den muslimischen »Anderen« verkündet. Sein Dogma ist nicht nur an amerikanischen Universitäten, sondern auch unter europäischen Intellektuellen weit verbreitet.

> Die Übertragung des volkstümlichen Antisemitismus von einem jüdischen auf ein arabisches Opfer gelang mühelos, da es sich im Wesentlichen um den gleichen Typus handelte. [...] Daher scheint der Araber den Juden heute zu verfolgen wie ein Schatten, und in diesem Schatten findet – da Araber und Juden orientalische Semiten sind – alles Platz, was der Westler traditionell an latentem Misstrauen gegenüber dem Orientalen empfindet. So hat sich der Jude aus dem vornationalsozialistischen Europa aufgespaltet: Auf der einen Seite bewundern wir den jüdischen Helden, der aus dem alten Kult des Orientalisten als Abenteurer und Pionier [...] hervorging, und auf der andere lauert dieser schleichende, geheimnisvoll furchterregende Schatten, der arabische Orientale.[34]

In einem in verschlungene Prosa übertragenen Schattenspiel legt Said Juden und Araber übereinander. Ihm geht es jedoch nicht darum, die rassistische und kolonialistische Idee der Europäer von einer semitischen Rasse zu verurteilen, vielmehr verleiht er dieser Vorstellung selbst einen Anschein von Realität. Denn wie sonst sollten wir es verstehen, dass »Araber und Juden orientalische Semiten sind«? Said mag hier indirekt eine rassistische Redeweise zitieren; nichtsdestoweniger offenbart diese Rhetorik,

34 Edward Said, Orientalismus, Frankfurt a.M. 2010, S. 328 f.

nämlich die Rassifizierung von Politik und Gesellschaft, die Wiederkehr des Verdrängten in der postkolonialen Theorie.

Der »Jude des vornationalsozialistischen Europa«, den Traverso als den Juden der europäischen Moderne besingt, habe sich »aufgespaltet«, wie Said sagt.[35] Traverso handelt also schlicht mit Saids alter Ware. Traverso spricht von einer konservativen Wende, Said von einer Weggabelung, Butler von einem Scheideweg.[36] Die Weg-Metapher ist anscheinend sehr attraktiv. Die Figur des Juden, der vom rechten Weg abkommt, ist jedoch nichts anderes als die postkoloniale Wiederholung der altbekannten Spaltung des Juden in den guten und den bösen, den ethischen und den ethnischen, den Juden im Geiste und den fleischlichen Juden. Offensichtlich funktioniert das auch dann noch, wenn der Jude, wie bei Said, seine »semitische« Herkunft verraten hat und zum Antisemiten geworden ist. Doch selbst wenn Europa zuzeiten Juden und Araber (oder Mauren) als Gegner betrachtete, folgt daraus noch lange nicht, dass diese beiden Identitäten austauschbar wären. Auch wenn es stimmt, dass die präkoloniale oder koloniale Vorstellungswelt Europas sich ein jüdisch-arabisches Feindbild schuf, sollten wir diese Vorstellung nicht blindlings übernehmen. Die postkoloniale Theorie verstrickt sich in eine Aporie, indem sie an den imaginären Kategorien des Diskurses festhält, den sie zu dekonstruieren vorgibt.

35 [Im Original *bifurcated*: gegabelt (im Sinne einer Weggabelung). Vgl. Edward Said, Orientalism, New York 1978, S. 286.]
36 Judith Butler, Am Scheideweg. Judentum und die Kritik am Zionismus, Frankfurt a.M. 2013. Darauf werde ich in Kapitel 4 zurückkommen.

Bei Traverso gibt es noch eine weitere Variante des Themas »guter Jude, böser Jude«, angelehnt an Isaiah Berlins kontrastierende Porträts von Benjamin Disraeli und Karl Marx. Dieses Beispiel allerdings läuft der Chronologie der »konservativen Wende« zuwider, da der sogenannte Jude der Macht hier gleichzeitig mit dem der Revolution existiert, wie Traverso selbst zugeben muss; es gibt also keinen Bruch in der Geschichte der jüdischen Welt. Über Disraeli, den Parvenü, und Marx, den exilierten Revolutionär, schreibt Berlin, jener habe sich »als natürlichen Führer einer aristokratischen Elite« betrachtet, dieser »als Lehrer und Stratege des Weltproletariats«.[37] Oder in Traversos Worten: »Der eine hat die Macht gewählt, der andere ihre radikale Kritik«.[38]

Man kann sich leicht vorstellen, dass Traverso den imaginären Paria dem arrivierten Bourgeois vorzieht, den verfolgten Revolutionär im Gegensatz zum britischen Hofjuden: »Während das Modell des kritischen Intellektuellen, der von Marx verkörpert wurde, im 20. Jahrhundert zunächst dominierte, hat sich das Modell Disraelis gegen Ende des Jahrhunderts durchgesetzt, als die Revolutionäre ihren Platz Beratern des Fürsten oder den Staatsmännern überließen.«[39] Solche »Ordnungsjuden« arbeiten für Think Tanks, die mit der Macht im Bunde stehen. Zweifellos spielt Traverso hier auf die neokonservativen Ideologen der Republikanischen Partei und den ehemaligen US-Prä-

37 Isaiah Berlin, Benjamin Disraeli, Karl Marx and the Search for Identity, in: *Midstream* 7 (1970), S. 29–49.
38 Traverso, Das Ende der jüdischen Moderne, S. 197.
39 Ebd.

sidenten George W. Bush an. Was Frankreich betrifft, so hält er Alain Finkielkraut mit seinen vermeintlich islamfeindlichen und neokonservativen Äußerungen für einen solchen »Ordnungsjuden«.

Nur mutwillige Kurzsichtigkeit kann erklären, warum Traverso die politische und ideologische Vielfalt in der heutigen jüdischen Welt nicht wahrnimmt. Wie könnte diese Welt auf die Berater George W. Bushs, auf die Autoren der Zeitschrift *Commentary* oder auf einen bedeutenden französischen Intellektuellen mit einem Hang zur Polemik reduziert werden? Was ist mit den jüdischen Radikalen in der Diaspora und in Israel? Traverso ignoriert Persönlichkeiten wie Tony Judt, Rony Brauman, Odi Aphir, Zygmunt Bauman und Gideon Levy, um nur einige jüdische Intellektuelle aus drei unterschiedlichen Regionen der Welt zu nennen. So als wären universalistische, internationalistische, kritische, antizionistische und postzionistische Juden plötzlich verschwunden. Warum kapriziert er sich auf eine Handvoll konservativer, proamerikanischer und proisraelischer Juden und missachtet die anderen? Sollen große linke israelische Schriftsteller wie Amos Oz, A.B. Yehoshua und David Grossman als »Ordnungsjuden« angesehen und mit Leuten wie Ariel Scharon und Henry Kissinger in einen Topf geworfen werden? Was Europa und insbesondere Frankreich betrifft, wo die größte jüdische Bevölkerung des Kontinents lebt, so scheint Traverso auch die Intellektuellen der 1950er bis 80er Jahre vergessen zu haben, die Éric Marty als »die Modernen« bezeichnet und die sich der Dekonstruktion von Identität und Grenzen verschrieben: man denke an Jacques Derrida oder Hélène Cixous. Mit Blick auf die Vereinigten Staaten scheint es kaum notwendig, Noam Chomsky zu erwähnen, einen der einflussreichsten Intellektuellen der zweiten

Hälfte des 20. Jahrhunderts. Ist Chomsky etwa als konservativer amerikanischer Zionist zu bezeichnen?

Traverso ist nicht bereit, die Vielfalt und Heterogenität der jüdischen Welt zur Kenntnis zu nehmen. In der Diaspora ebenso wie in Israel gibt es unzählige Anhänger aller möglichen ideologischen und politischen Positionen. Aussagen wie »Juden sind Reaktionäre«, »Juden sind Revolutionäre«, »Juden sind Bolschewisten«, »Juden sind Plutokraten«, »Juden waren einst Revolutionäre, Humanisten und Universalisten, nun sind sie Reaktionäre, Imperialisten und Kolonialisten« sind bestenfalls oberflächlich, wenn nicht im schlimmsten Sinne des Wortes essentialistisch.

Zudem führt Traverso keine Beweise, keine Dokumente, keine Umfragen an, um etwa zu belegen, dass es unter den Juden heute mehr Konservatismus gebe als vor einem vermeintlich gewaltigen Bruch mit einem revolutionären jüdischen Denken. Seine weitreichenden Schlüsse zieht er lediglich aus den Eindrücken, die er bei der Betrachtung der jüdischen Welt von heute gewinnt.

Man sollte hinzufügen, dass die Idee einer »Wende« oder eines »Bruchs« in der jüdischen Geschichte hinfällig ist. Das erkennt auch Traverso stillschweigend an, wenn er Disraeli und Marx gegenüberstellt; dabei erscheint die jüdische Welt nämlich synchron und nicht diachron gespalten in die Revolutionäre auf der Seite des Guten und die Juden der Ordnung, des Staates, der Macht auf der dunklen Seite – hier die Beherrschten, dort die Herrscher.

Der böse gewordene Jude, der den Weg ins Verderben eingeschlagen hat, ist eine historische Figur jüdischer »Inkongruenz«, ein Teil der Geschichte, wie das Diasporajudentum, vor allem in Europa, von der nichtjüdischen Gesellschaft im Kontext des Klassenkampfs wahrgenommen wurde. Dies geht aus Anna Żuks Untersuchung der sozioökonomischen Entfremdung des polnischen Judentums im 18. Jahrhundert hervor, die Zygmunt Bauman in seinem Buch über den Holocaust und die Moderne resümiert:

> Was die Besonderheit der jüdischen Position ausmachte, war, *daß sie von zwei entgegengesetzten Seiten her zum Objekt eines Klassenantagonismus wurden.* Für jedes der feindlichen Lager standen die jüdischen Mittelsmänner jenseits der Barrikade. Die Metapher von der *prismatischen Gruppe* trifft diesen Umstand besser als die der »mobilen Klasse«: Je nach Perspektive und sozialer Brechung der Wahrnehmung entstand ein doppeltes Judenbild: entweder rohe, unkultivierte und brutale Unterschicht oder skrupellose hochmütige Obrigkeit.[40]

Wir kennen die Geschichte der Entfremdung des europäischen Judentums, seiner ontologischen Inkongruenz, die sich aus den Vorurteilen der christlichen Gesellschaft ergibt, sehr gut. Die gleiche jüdische Anomalie gab es in Nordafrika, sowohl auf sprachlicher und kultureller als auch auf sozioökonomischer Ebene, die sich beide freilich überschneiden. Albert Memmis Roman »Die Salzsäule«[41] führt deutlich vor Augen, wie die Juden in Tunesien von den Arabern als Kolonisatoren wahrgenommen wurden. In seinem Vorwort zu Memmis 1957 erschienenem »Portrait du colonisé« zeichnet Jean-Paul Sartre ein Bild des »arabischen Juden« in Tunesien während der Kolonialzeit:

40 Zygmunt Bauman, Dialektik der Ordnung. Die Moderne und der Holocaust, Hamburg 1992, S. 57 (Hervorhebung im Original).
41 Albert Memmi, La statue de sel, Paris 1953 [Die Salzsäule, Köln/Berlin 1963].

Was ist er nun in Wahrheit? Kolonisator oder Kolonisierter? Er selbst würde sagen: weder das eine noch das andere; Sie vielleicht: sowohl das eine wie das andere; im Grunde kommt es auf dasselbe hinaus. Er gehört einer jener eingeborenen, aber nicht islamischen Gruppen an, die »mehr oder minder begünstigt im Verhältnis zu den kolonisierten Massen ... sich ausgeschlossen sehen ... von der kolonisierenden Gruppe«, die ihren Bemühungen, sich in die europäische Gesellschaft zu integrieren, immerhin »nicht ablehnend gegenübersteht«. De facto mit dem Subproletariat solidarisch, durch magere Privilegien von ihm getrennt, befinden sich jene Individuen in einer permanenten Malaise.[42]

So nämlich ergeht es der »prismatischen Gruppe«: die Wahrnehmung hängt von der Perspektive des Betrachters ab. Die Metapher eignet sich sehr gut zur Darstellung des Schicksals der Juden in der Diaspora. Für die Antisemiten des 19. und 20. Jahrhunderts war der Jude ein Bolschewik, ein Revolutionär, ein wurzelloser Kosmopolit. Für Marx und Proudhon war er ein Kapitalist, ihrer Ansicht nach musste die Menschheit sich vom Judentum und vom Privateigentum (das sie als ein und dasselbe betrachteten) befreien, wie es in Marx' bekannter Formulierung heißt: »Die Judenemanzipation in ihrer letzten Bedeutung ist die Emanzipation der Menschheit vom Judentum.«[43] Der Jude, wie der Revolutionär ihn sich vorstellte, war der Vorläufer des konservativen, zionistisch-amerikanischen Juden von heute.

42 Vorwort von Jean-Paul Sartre in: Albert Memmi, Der Kolonisator und der Kolonisierte. Zwei Porträts, Hamburg 1994, S. 5.
43 Karl Marx, Zur Judenfrage, in: MEW, Bd. 1, Berlin 1976, S. 373.

Je nach Standpunkt stehen die Juden also immer auf der falschen Seite der Barrikade. Wenn amerikanischer Imperialismus und kapitalistische Globalisierung als falsch gelten, stehen die Juden aufgrund ihrer Verbindungen zu den Vereinigten Staaten und ihrer Unterstützung des Staates Israel auf dieser Seite. Traverso fügt der tragischen Geschichte jüdischer Inkongruenz, die mit der Geschichte des Antisemitismus letztlich untrennbar verbunden ist, ein weiteres Kapitel hinzu. Während er die jüdische Welt seit den 1950er Jahren als konservativ betrachtet, wurden Juden von der extremen Rechten in Frankreich als Vertreter einer antifranzösischen, nomadischen, transnationalen und antirassistischen Ideologie angesehen. Wie genau die Metapher der prismatischen Gruppe die Lage der Juden auch heute noch beschreibt, davon kann sich überzeugen, wer Internetseiten und Veröffentlichungen der extremen Rechten und Linken in Frankreich Seite an Seite vergleicht.

Hätte sich Traverso mit der »jüdischen Moderne« im Frankreich der Kriegszeit befasst, wäre er auf die – zum Teil posthum erschienenen – Schriften von Autoren wie Raymond-Raoul Lambert, Jean-Jacques Bernard, Hélène Berr und Léon Werth gestoßen.[44] Sie alle waren assimilierte, »nichtjüdische Juden« (dies gilt insbesondere für Bernard) mit einer unbestreitbar bürgerlichen, nationalistischen Weltanschauung.[45] Beispielhaft dafür Lamberts tragisches »Carnet d'un témoin« (Notizbuch eines Zeugen), das in den Monaten vor seinem Tod in Auschwitz

44 Raymond-Raoul Lambert, Carnet d'un témoin, Paris 1985; Jean-Jacques Bernard, Le camp de la mort lente, Paris 1944; Hélène Berr, Journal, Paris 2008; Léon Werth, Déposition: Journal 1940–1944, Paris 1946.

45 [Im Original deutsch.]

entstand und eine unerwartete Hommage an den nationalistischen französischen Schriftsteller Maurice Barrès enthält. Erinnern wir uns auch an die unrühmliche Zeit, in der einige assimilierte Juden in Westeuropa (nicht alle, auch hier müssen Verallgemeinerungen vermieden werden) die Normalisierung so sehr herbeisehnten, dass sie die osteuropäischen Juden als orientalische Fremde betrachteten, die die von ihnen selbst ersehnte nahtlose Integration bedrohten.[46]

Solche Nuancen innerhalb des Diasporajudentums, eine solche Vielfalt an Strategien, die manchmal ungeschickt oder (aus heutiger Sicht) sogar ziemlich schädlich waren, strafen Traversos philosemitisches Porträt einer homogenisierten, revolutionären, internationalistischen und subversiven jüdischen Moderne Lügen. Die Karikatur, wenngleich sie selbst eher positiv als negativ ausfällt, ermöglicht es Traverso vor allem, die heutigen Juden in schlechtem Licht dastehen zu lassen. Doch auch früher schon gab es arrivierte bürgerliche Juden, die auf Seriosität bedacht waren und deren Selbstzufriedenheit nur durch den Krieg und die antijüdischen Gesetze gestört wurde.

Zweifellos hatte die europäische Moderne ihre »nichtjüdischen Juden«, ihre revolutionären, subversiven Juden sowie solche, die darauf aus waren, dem Judentum ein Ende zu setzen oder ihm durch den Einschluss aller Menschen erst gerecht zu werden (siehe Isaac Deutscher). Und ebenso zweifellos gab es auch »Ordnungsjuden«, »respektable« Juden, denen die romantische Vorstellung, sie verkörperten das »innere Andere« der westlichen Welt, unbekannt war. Eine solche Vorstellung des Juden – das sei hier noch einmal wiederholt – ist eine Ausgeburt des Antise-

46 Siehe z.B. Bauman, Dialektik der Ordnung, S. 146.

mitismus und bleibt es auch dann, wenn Philosemiten von Charles Péguy bis Enzo Traverso sie zum Besten geben. Es handelt sich dabei um nichts anderes als ein positiv gewendetes Vorurteil. Sartre mag sich geirrt haben, als er behauptete, der Blick des Antisemiten bringe den Juden hervor, doch können wir sicher sein, dass der marginale, kritische, subversive und revolutionäre Jude nichts anderes ist als die narzisstische Projektion des Philosemiten.

Mit Blick auf Osteuropa hätte Traverso auf den russischsprachigen polnischen Philosophen Julius Margolin stoßen können, einen Zionisten aus dem Teil Polens, der heute zu Weißrussland gehört. Nachdem er 1936 nach Palästina ausgewandert war, kehrte Margolin 1939 zurück, um seine Familie zu besuchen. Da die sowjetischen Behörden sich mit seinem Pass nicht zufriedengaben, wurde er zu fünf Jahren Haft im Gulag verurteilt. In ihm hätte Traverso einen glühenden Verfechter der westlichen Demokratie und der westlichen Werte überhaupt gefunden. Und da Margolin den Osten durch die Knute, die Peitsche und die russische Neigung zu Gehorsam und Unterwerfung symbolisiert sah, hätte Said ihn wahrscheinlich als »Orientalisten« und »Rassisten« bezeichnet und damit seine Gleichsetzung des Zionismus mit Rassismus und Kolonialismus bekräftigt. Erschwerend hinzu kommt, dass derselbe Margolin 1947 sein Meisterwerk »Reise in das Land der Lager« vollendete, das erstmals 1949 in einer gekürzten französischen Übersetzung unter dem Titel »La Condition inhumaine: Cinq ans dans les camps de concentration soviétiques« in Paris erschien.[47] 1950 trat er in Paris

47 Julius Margolin, Reise in das Land der Lager, Berlin 2013. [Das russische Original »Putešestvie v stranu zė-ka« erschien 1952 in New York, eine französische Neuübersetzung des vollständigen Textes unter dem Titel »Voyage au pays des Ze-Ka« 2010 in Paris.]

als Zeuge für David Rousset auf, der angeklagt wurde, Aussagen über die stalinistischen Lager auf der Grundlage von Archivmaterial aus Nazilagern gefälscht zu haben – so groß war die Abneigung gegen jedwede Kritik am Kommunismus in Frankreich unmittelbar nach dem Krieg. Sartre fasste es in den 1950er Jahren in die einprägsamen Worte: »Il ne faut pas désespérer Billancourt.« Das sollte heißen, Intellektuelle dürften gegen utopische Phantasien nichts sagen, weil sie sonst die Arbeiter (wie die Beschäftigten von Renault im Pariser Vorort Billancourt) entmutigten.

Wenn man andere Quellen und Belege heranzieht, ergibt sich also ein völlig anderes Bild der »jüdischen Moderne« als das romantische, subversive und revolutionäre, an dem Traverso so sehr hängt. Denn das jüdische Leben des 20. Jahrhunderts war kaleidoskopisch breit gefächert: Da findet man assimilierte, christianisierte, bürgerliche Juden, prosowjetische zionistische Juden, antikommunistische Zionisten, antizionistische ultraorthodoxe Juden, alle Arten »unjüdischer« ebenso wie »jüdischer Juden« und so weiter. Welch eine Ironie, dass in einer Zeit, da man kulturelle und ethnische Vielfalt hochhält, die intellektuelle und politische Vielfalt auf ein absolutes Minimum reduziert wird. In gleichem Maße wird die schiere menschliche Vielfalt – deren Schattierungen irreduzibel sind – in schlichte Kategorien gepresst und unsäglich herabgesetzt.

Traverso wollte jedoch keine Geschichte der jüdischen Moderne, der Emanzipation der deutschen und europäischen Juden oder ihres tragischen Endes schreiben. Er zog es vor, die tragische Geschichte der gescheiterten Emanzipation für rein polemische Zwecke auszuschlachten.

Eine erzählerische Falle

In der Einleitung zu Traversos Buch findet sich ein Bericht aus dem 1954 erschienenen ersten Band von Isaac Deutschers Trotzki-Biographie.[48] Am 24. Dezember 1917 traf dieser als sowjetischer Außenminister in Brest-Litowsk ein, »wo Verhandlungen mit dem Deutschen Reich über einen Separatfrieden stattfanden.«[49] Traversos erzählerisches Instrumentarium birgt allerdings eine Falle, wie der Literaturwissenschaftler Louis Marin gesagt hätte.[50] Tappt der Leser auch nur ein einziges Mal hinein, könnte er geneigt sein, Traversos Argumentation in Gänze zu folgen. Und wenn die Erzählung eine Falle ist, so ist auch die Falle eine Erzählung, eine *captatio benevolentiae*, die den Leser fesseln oder gefangennehmen will.

Einleitend heißt es bei Traverso:

> [Trotzkis] Delegation gehörte auch ein gewisser Karl Radek an, ein polnischer Jude und Untertan des Habsburgerreiches, der in Deutschland wegen der Verbreitung defätistischer Propaganda verfolgt worden war. Kaum waren sie aus dem Zug ausgestiegen, verteilten sie Flugblätter an die feindlichen Soldaten, in denen sie

48 Isaac Deutscher, Trotzki, 3 Bde., Stuttgart 1962/63 [Original englisch: The Prophet Armed, 1954: The Prophet Unarmed, 1959; The Prophet Outcast, 1963],

49 Traverso, Das Ende der jüdischen Moderne, S. 7 [Übersetzung revidiert].

50 Louis Marin, Le Récit est un piège, Paris 1978. In diesem Buch befasst sich Marin mit rhetorischen Strategien zur Überredung des Lesers aus dem 17. Jahrhundert und mit der Verbindung von Rhetorik und Macht, die er anhand von Messgesängen, Fabeln, Historiographien und Memoiren untersucht. Meine Analyse der Einleitung von Traversos Buch ist mithin auch ein bescheidener Tribut an Marins heuristisches Genie.

> zur Weltrevolution aufriefen. Die deutschen Diplomaten sahen ihnen dabei konsterniert zu. Gleich nach ihrer Machtübernahme hatten die Bolschewiki damit begonnen, die geheimen Abkommen des Zarismus mit den Westmächten zu veröffentlichen. Ihr Ziel war nicht, in die Ränge der internationalen Diplomatie aufzusteigen, sondern sie zu denunzieren.[51]

Für Traverso steht von vornherein fest, dass die Bolschewiki im gesamten Westen eine heilsame Unruhe verbreiteten. Sie warfen den Westmächten vor, ihre eigenen Prinzipien kompromittiert zu haben, und verbreiteten den Ruf nach Revolution. Es sind also positive, vorbildliche, gute Juden, Retter geradezu, verkörpert durch Karl Radek. Dieser internationalistische, mehr oder weniger staatenlose polnische Jude, der für die Revolution kämpft, mag französischen Lesern als ein Vorläufer Pierre Goldmans erscheinen, eines französischen Radikalen der 1970er Jahre, der, seinerseits polnisch-jüdischer Herkunft, sich den lateinamerikanischen Rebellen anschloss.[52]

Ab etwa 1919, so fährt Traverso in seiner Erzählung fort, habe man die Bolschewiki im Westen, insbesondere in Churchills England, als Feinde der Zivilisation gebrandmarkt:

> Ein konservativer Kriegstreiber wie Winston Churchill betrachtete sie als »Feinde der Menschheit«, als Reprä-

51 Traverso, Das Ende der jüdischen Moderne, S. 7 [Übersetzung revidiert].

52 Siehe Pierre Goldmans Memoiren: Souvenirs obscurs d'un Juif polonais né en France, Paris 1975 [Dunkle Erinnerungen eines in Frankreich geborenen polnischen Juden, Frankfurt a.M. 1980].

> sentanten einer »animalischen Barbarei«. Die Zivilisation, schrieb er, »ist dabei, aus weiten Gebieten der Erde zu verschwinden, während die Bolschewiki wie schreckliche Paviane inmitten von Ruinen und Leichenbergen herumspringen und Grimassen schneiden.« … Von seinem Redeschwall mitgerissen, zögerte Churchill nicht, Lenin jüdische Züge anzudichten. Dieses »Ungeheuer, das aus einem Berg von Totenschädeln kriecht«, sei nichts anderes als der Anführer einer »wilden Gruppe kosmopolitischer Fanatiker«.[53]

Als Quelle nennt Traverso die Churchill-Biographie des französischen Historikers François Bédarida.[54] Die Tatsache, dass auch Hitler sich einer solchen Rhetorik bediente und die Juden als Tiere bezeichnete, bedeutet jedoch nicht, dass Churchills antibolschewistische Rhetorik antisemitisch wäre. An keiner Stelle deutet Bédarida an, dass Churchills Verwünschungen der Bolschewisten auch nur im geringsten antijüdisch gewesen wären; im Gegenteil spricht er von der Voraussicht Churchills, der die vom Kommunismus ausgehende Gefahr früh schon erkannt habe. Traverso aber hat Hitlers Gleichsetzung von Juden und Bolschewisten derart verinnerlicht, dass er antikommunistische Prosa als antisemitische Beschimpfung liest, denn Bolschewisten und Revolutionäre sind in seiner Vorstellung schlechthin mit Juden assoziiert. Und die große jüdische Tradition ist die der Revolution.

Schließlich wartet Traverso mit einer Analogie auf. Dem Leser, der mit der Geschichte der Russischen Revolution nicht vertraut ist und weniger noch über die europäische

53 Traverso, Das Ende der jüdischen Moderne, S. 7 f. [Übersetzung revidiert].
54 François Bédarida, Churchill, Paris 1999.

Diplomatie des frühen 20. Jahrhunderts weiß, erzählt er eine Art Gleichnis, um zu veranschaulichen, worum es hier geht: »Die Gemütsverfassung der deutschen Bevollmächtigten ist heute nur schwer zu verstehen. Man muss sich die Ankunft einer al-Qaida-Delegation auf einem G8-Gipfel vorstellen. Die Juden wurden damals mit dem Bolschewismus identifiziert, also mit einer weltweiten Verschwörung gegen die Zivilisation.« Was für eine Analogie will Traverso uns mit dieser Geschichte nahelegen? Die deutschen Bevollmächtigten von 1917, sagt er, entsprächen den Industrienationen der G8, die vorgeblich die Zivilisation, in Wirklichkeit aber eine plutokratische Globalisierung verkörperten. Und die Bolschewiki – also die Juden, d.h. Revolutionäre – entsprächen einer Delegation von al-Qaida. Die neuen jüdischen Bolschewiki seien also nicht einfach nur Muslime (wie die These, die Islamophobie sei der neue Antisemitismus, besagt), sondern die extremste Bewegung innerhalb des Islam – al-Qaida –, die an der Spitze einer neuen weltweiten, transnationalen, kosmopolitischen Revolution steht.

Islamistische Bewegungen wie Hamas, Hisbollah und sogar al-Qaida hält Traverso für nur imaginäre Bedrohungen, Phantasien von Menschen, die von Sicherheitsbedenken, Fremdenfeindlichkeit und der von der amerikanisch-zionistischen Achse propagierten Islamophobie besessen seien. Wir könnten Traverso also fragen, ob er die Bolschewiki mit islamischen Terroristen auf eine Stufe stelle oder ob er Bin Laden für einen Revolutionär neuen Typs oder gar einen neuen Radek halte. Verkörpern demzufolge die Juden den plutokratischen, nationalistischen und konservativen Widerstand gegen eine weltweite islamistische Revolution? Solche Fragen sind weder müßig noch abwegig, zumal Judith Butler 2012 behauptete, Hamas und Hisbollah seien »soziale Bewegungen, die progressiv sind« und somit »Teil einer globalen Linken«.[55]

Die radikale Linke, die sich des Proletariats von gestern beraubt sieht, setzt ihre Hoffnungen auf die ehemaligen Kolonialvölker und die Figur des Migranten. Die politischen Kämpfe der Gegenwart betrachtet sie durch die messianische Brille der Vergangenheit. Während die internationale Arbeiterklasse einst mit millenaristischen Erwartungen beschenkt wurde, wenden sich einige radikale Denker nun Bewegungen wie Hamas oder Hisbollah zu, um ihr Vertrauen in das hegelianische Werk der Negation wiederzubeleben. Und nicht nur das, sie sehnen sich nach Erlösung durch Gewalt und Tod, auch auf die Gefahr hin, reaktionären, ja faschistischen Bewegungen in die Hände zu spielen.

Die Frage lautet also nicht, ob die »jüdische Moderne«, sondern ob die selbsternannte »globale Linke« nach rechts gerückt ist.

Intermezzo:
Sind die französischen Juden nach rechts gerückt?

Ein innerjüdisches Schisma

So simpel die Frage auch klingen mag, setzt sie doch voraus, dass man sich darüber einig ist, was »links« und »rechts« in unserer ideologisch desorientierten Welt nach dem Kalten Krieg bedeuten. In seinem »Ruf zur Ordnung«

55 Siehe See Eva Illouz, Judith Butler Gets a Taste of Her Own Politics, in: *Haaretz*, 20. September 2012.

hat der französische Historiker Daniel Lindenberg ein Kapitel »When Jews Turn Right« überschrieben.[56] Ich bin lieber vorsichtig und wandle seine Behauptung in eine Frage um. Warum aber verkündet Lindenberg seine unumstößliche Schlussfolgerung in einem französischen Text auf Englisch? Eine vorläufige Antwort könnte lauten, dass, wenn er dasselbe in einem sonst so kritischen Werk auf Französisch gesagt hätte, es ebenso inakzeptabel gewesen wäre wie de Gaulles Bemerkung bei einer berüchtigten Pressekonferenz 1967, die Juden seien »ein elitäres, arrogantes und herrschsüchtiges Volk«. In der Tat ist es in den letzten dreißig Jahren im intellektuellen und literarischen Leben Frankreichs ebenso wie in der Medienkultur dieses Landes fast undenkbar geworden, sich als Parteigänger der Rechten zu bezeichnen. Wenn man heute von einer »droite décomplexée« spricht – einer Rechten, die sich ihrer Komplexe entledigt hat –, so deshalb, weil sämtliche Fraktionen der Rechten lange Zeit mit Vichy und Pétain identifiziert wurden. Wer sich als Rechter zu erkennen gab, wurde sofort verdächtigt, fremdenfeindlich zu sein; er tendiere zum Faschismus – oder sei schlichtweg ein Faschist. Wie René Rémond in seiner umfangreichen Studie über die Rechte in Frankreich schreibt, »hat die Identifikation mit den tragischen Vichy-Jahren zu einer langfristigen Diskreditierung der Rechten in den Augen der öffentlichen Meinung geführt – einer Diskreditierung, von der die Rechte sich erst nach Jahrzehnten erholt hat.«[57] Indes sei »die Kollaboration mit den Nazis bei weitem nicht das alleinige Vorrecht der politischen Rechten« gewesen: »Man könnte

56 Daniel Lindenberg, Le Rappel à l'ordre: Enquête sur les nouveaux réactionnaires, Paris 2002.
57 René Rémond, Les droites en France, Paris 1982, S. 231.

eine große Zahl von Gewerkschaftern und Sozialisten finden, die sich aus den unterschiedlichsten Gründen und Motiven für die Sache einsetzten: Pazifismus, Antikommunismus, Antikapitalismus usw.« Andererseits seien »nicht alle Rechten für Vichy« gewesen.[58]

In einem ideologischen Klima, in dem dieser Teil des politischen Spektrums so lange mit der Kollaboration im Zweiten Weltkrieg in Verbindung gebracht wurde, läuft die Behauptung, die Juden seien nach rechts gerückt, auf die Unterstellung hinaus, sie hätten ihre eigene konservative, ja »nationalistische« Revolution vollzogen; nachdem sie einst glühende Anhänger des Internationalismus und Universalismus gewesen wären, hätten sie sich von der Welt abgewandt und in einer ängstlichen kleinen Gemeinschaft verschanzt. Die Juden, behauptet Jean Daniel, hätten sich in ein »jüdisches Gefängnis« (so der Titel seines Buches) begeben – in ein von ihnen selbst errichtetes Ghetto.[59]

Dies bringt uns zu einer zweiten möglichen Antwort auf die Frage, warum Lindenberg sich hier der englischen Sprache bedient. Denn so werden die französischen Juden mit den amerikanischen Neokonservativen nach dem 11. September 2001 in Verbindung gebracht, die, ehe sie die Seiten wechselten, in der Neuen Linken der 1960er Jahre aktiv gewesen waren. Wenn man die Dinge so betrachtet, haben die französischen Juden nicht nur en masse die US-Interventionen in Afghanistan und im Irak unterstützt, sondern sind zu allem Überfluss auch noch *communautaristes*, nämlich Sektierer geworden. Lindenberg geht von einer nationalen Einheit Frankreichs aus, die den Partikularis-

58 Ebd., S. 232.

59 Jean Daniel, La prison juive, Paris 2003.

mus einzelner Communitys ablehne, wohingegen das amerikanische Gesellschaftsmodell durch Fragmentierung und Balkanisierung gekennzeichnet sei. Ein solcher »Kommunitarismus« aber erscheint unweigerlich reaktionär, wenn man ihn dem Assimilationsmodell der Französischen Republik gegenüberstellt – einem, wie Lindenberg meint, fortschrittlichen Konzept. Die französischen Juden sind, im Gegensatz zu den amerikanischen, die aus dem russischen und österreichisch-ungarischen Reich stammen, zur Hälfte osteuropäischer Herkunft, während die andere Hälfte aus dem Mittelmeerraum kommt. So hat Lindenberg, der selbst Aschkenasi ist, sogleich einen Schuldigen parat: Shmuel Trigano, einen sephardischen Intellektuellen, dem er nicht weniger als »sephardistischen [sic] Populismus« vorwirft.

All dies aber sollte uns nicht wirklich überraschen. Seit ihrer Einwanderung nach Frankreich während der Dekolonisierung Nordafrikas in den 1950er Jahren werden die Sephardim als die lauten, sichtbaren Juden wahrgenommen, im Gegensatz zu den diskreteren Aschkenasim, die da bereits auf französischem Boden lebten. Darin ähneln sie den Ostjuden, die ab den 1880er Jahren nach Frankreich gekommen waren: eine peinliche Erinnerung an ein Judentum, das sich weigerte, in der europäischen Moderne und der Zivilisation aufzugehen, und sich dem guten Geschmack à la française widersetzte. Kurzum, sie stellten eine Bedrohung der Identität dar, die der gebürtige französische Jude sich zugelegt hatte, der darum die Bezeichnung »Israelit« bevorzugte.[60]

In seiner Anklage des »sephardistischen Populismus«

60 Siehe Maurice Samuels, Inventing the Israelite: Jewish Fiction in Nineteenth-Century France, Stanford (Kalifornien) 2009.

(um nicht zu sagen Separatismus) beschränkt Lindenberg sich jedoch nicht darauf, irgendeine furchterregende »Identitätspolitik« anzuprangern. In der Tat reicht es nicht aus, die französischen Juden des »Rechtsrucks«, Sektierertums oder Verrats an der Republik, am Laizismus und am traditionell diskreten französischen Judentum zu beschuldigen. Lindenberg behauptet, die französischen Juden seien auf einer Welle des Antisemitismus geritten, die in den Jahren 2000/01 ausbrach (und größtenteils auf muslimische Jugendliche zurückzuführen ist). Doch damit nicht genug: diese Welle des Antisemitismus, so spitzt er seinen Vorwurf zu, sei eigentlich eine mehr oder minder imaginäre ideologische Konstruktion sephardischer Juden, die es letztlich darauf abgesehen hätten, niedere chauvinistische Neigungen zu rechtfertigen, wie sie der nationalistische französische Schriftsteller Charles Maurras zu Anfang des 20. Jahrhunderts offenbarte.

Was für einen Reim soll man auf solch ein ideologisches Kuddelmuddel machen? Wie die Widersprüche lösen? Schließlich strotzten Maurras' Reden, in denen er zur Verteidigung der kulturellen und »rassischen« Reinheit Frankreichs und der westlichen Welt aufrief, vor Antisemitismus und Fremdenfeindlichkeit. Einige erklärtermaßen linke jüdische Journalisten und Intellektuelle aber meinen, die französischen Juden fühlten sich davon angezogen und versuchten sich gleichsam an einer jüdischen Neuauflage seiner Doktrin, wobei der Zionismus sich als eine »okzidentozentrische« Ideologie zu erkennen gebe, die vage faschistisch und offen rassistisch sei. In einem Pamphlet mit dem gewitzten Titel »Les Maoccidents« spricht auch Jean Birnbaum von einer 180-Grad-Wende der französischen Juden: von der extremen Linken zur extremen Rechten, vom Roten Osten zum Westen, vom maoistischen Aktivismus der 1960er Jahre zu Maurras' Action Française.[61] In der Vorstellung der Antisemiten vor dem Zweiten Weltkrieg, so kann man seine Argumentation zusammenfassen, verkörperten die Juden den Kosmopolitismus, eine Grenzenlosigkeit, die die Integrität der französischen Nation bedrohte. Die Juden, die fest davon überzeugt waren, dass sie überallhin und nirgendwohin gehörten, also im Grunde ungebunden waren, standen für die Überschreitung von Grenzen, für den Exzess auch im übertragenen Sinne. Sie waren die Unassimilierbaren schlechthin. Heutige Intellektuelle, meint Birnbaum – wie Jean-Claude Milner, der chomskianische Linguist und ehemalige Maoist, der sich von seinem »leichtfertigen Universalismus«,[62] wie er ihn heute nennt, distanziert hat – hätten sich einfach eine Art philosemitischer und zionistischer Ideologie zugelegt, die die Überlegenheit der westlichen Kultur verkünde. Als Milner kurz nach dem 11. September 2001 das Prinzip der Grenzenlosigkeit verurteilte, das seinen Ausdruck in der Erweiterung Europas nach dem Zweiten Weltkrieg gefunden habe, hätte er die Identitätsmetaphysik der Action Française zu neuem Leben erweckt und also eine Art jüdischen Maurrassianismus erfunden – freilich ohne den Antisemitismus eines Maurras.

Milner behauptet, die Juden, die 1948 ein politisches Gemeinwesen in den Grenzen eines traditionellen Nationalstaates errichteten, stellten eine ideologische Herausforderung für die grenzenlose Expansion dar, das Herzstück der postnationalen europäischen Demokratie, die sich der Pax

61 Jean Birnbaum, Les Maoccidents: Un néoconservatisme à la française, Paris 2009.
62 Siehe Jean-Claude Milner, Le Juif de savoir, Paris 2006; L'arrogance du présent, Paris 2009.

Europea der Nachkriegszeit rühmt. Dieses Europa ohne Grenzen finde seine dialektische Entsprechung in der Grenzenlosigkeit des Dschihad und der Expansion des Islam. Und dieser Expansionismus schade dem jüdischen Volk, das somit in der Klemme sitze, nämlich zwischen dem Niedergang Europas und dem muslimischen Antisemitismus. Milner scheut vor einer paradoxen Gleichsetzung von Frieden und Dschihad nicht zurück. Pazifistische und postnationale Ideologien fänden ihre Entsprechung in einem ebenso transnationalen Terrorismus. Der zeitgenössische Antizionismus in Europa und die Unterstützung der Palästinenser zeugten in gewisser Weise von der konstitutiven Grenzenlosigkeit des Europas der Aufklärung – einer Grenzenlosigkeit, die das direkte Erbe des völkermörderischen Expansionismus des Dritten Reiches sei. In Milners arg übertriebener Darstellung gibt es keinen entscheidenden Bruch zwischen dem Antisemitismus der Nazis und dem Antizionismus im heutigen Europa, keine Lücke zwischen der überschwänglichen Kriegsbegeisterung des Dritten Reichs und jenem *kratos* ohne *demos*, der Europa heute ist: eine scheinbar irreale, polemophobische, anonyme Bürokratie, die von Eurokraten in Brüssel geleitet wird.[63] Als verhasste Überbringer eines »schwierigen« biblischen Universalismus (im Gegensatz zum »leichtfertigen Universalismus« von Paulus, Marx oder Mao – diese Unterscheidung stammt von Milner) stünden die Juden der Verbreitung der europäischen Aufklärung, oder anders gesagt: dem bulimischen Pazifismus des demokratischen Europa, im Weg.

Auch wenn Milners Argumentation ihre Grenzen hat,

63 Siehe Pierre Manent, La Raison des nations: Réflexions sur la démocratie en Europe, Paris 2006.

kann Birnbaums theoretisch viel oberflächlichere Hypothese nicht überzeugen. Demnach wäre die Verteidigung Israels seitens gewisser philosemitischer Intellektueller im gegenwärtigen Frankreich als direkte Fortsetzung prowestlicher Ideologien der Vergangenheit zu verstehen – die natürlich auch antisemitisch waren. Proisraelische Juden und Nichtjuden in Europa wären heute bloß Marionetten, bewegt durch die Fäden eines antisemitischen und rassistischen Unbewussten, und ihr Philosemitismus nichts weiter als die hässliche Maske eines »okzidentozentrischen« Rassismus. Die »echten« Juden aber, die Underdogs, wären die Araber oder, besser gesagt, die jungen Einwanderer der zweiten und dritten Generation, die in den Vorstädten Frankreichs leben. Der unassimilierbare Andere ist für diese Philosemiten offenbar der Islam selbst. Birnbaum führt Benny Lévy als Paradebeispiel an. Lévy (alias Pierre Victor, so sein *nom de guerre*, unter dem er – vor seiner »Rückkehr« zur jüdischen Orthodoxie – als Aktivist der Proletarischen Linken[64] bekannt war) erklärte am Ende seines Lebens im Jahr 2003, dass man, um das eingewanderte Lumpenproletariat[65] in den 1960er Jahren zur Revolution zu mobilisieren, die nationalistischen Streitigkeiten zwischen Algeriern, Marokkanern und Tunesiern habe beilegen müssen.[66] Lévy kann also – nicht ohne Humor – damit prahlen, zu diesem Zweck die Palästinenser erfunden zu haben.

Sollen wir nun glauben, die palästinensische Sache sei der Einfall eines jüdischen Maoisten gewesen, der ver-

64 [La Gauche prolétarienne, 1968 in Paris gegründete maoistische Splittergruppe; 1973 aufgelöst.]
65 [Im Original deutsch.]
66 Siehe Birnbaum, Les Maoccidents, S. 62.

suchte, das revolutionäre Potential arabischer Einwanderer zu kanalisieren? Wäre Pierre Victor also nichts anderes als ein mit einem kleinen roten Buch herumlaufender Stammvater der Palästinenser, so wie Moses der Ägypter die Juden erschuf, wie es in Freuds historischer Romanze »Der Mann Moses und die monotheistische Religion« heißt? Wenn dieser Freud'sche Witz wahr wäre, wäre er einer der vielen bösen Streiche, die die Geschichte den Juden gespielt hat. Damit hätten die jüdischen Maoisten – d.h. die entjudaisierten revolutionären Juden von gestern – die Voraussetzungen für die ideologische Kehrtwende geschaffen, die sie ein paar Jahrzehnte später erwartete. Vorausgesetzt natürlich, dass (a) diese Kehrtwende auch wirklich stattgefunden hat und (b) der israelisch-palästinensische Konflikt tatsächlich der entscheidende Faktor für diesen ideologischen Wandel war. (Es ist allerdings schwer zu erkennen, was Benny Lévys Übertritt zum orthodoxen Judentum mit einer prowestlichen Einstellung oder gar einem »Maurrassianismus« zu tun haben sollte.)

Dass israelfreundliche Intellektuelle im Grunde politische Reaktionäre geworden seien, behauptet auch der junge jüdische Philosoph Ivan Segré.[67] Im Gegensatz zu Birnbaum oder Lindenberg bezeichnet sich Segré (der Benny Lévys Sohn René nahesteht) als *Juif de l'étude*, als »Jude des (Tora-)Studiums«. Dieser innerjüdische Konflikt, vielmehr ein Geplänkel im Quartier Latin,[68] wird allerdings durch sich überschneidende biographische, persönliche und sogar ödipale Dimensionen verkompliziert,

67 Siehe Ivan Segré, La réaction philosémite ou la trahison des clercs, Paris 2009.

68 [Das traditionelle Pariser Studentenviertel, in dem sich auch die Universität Sorbonne befindet; so genannt, weil dort einst vornehmlich Latein gesprochen wurde.]

die ich hier nur andeuten möchte. Wahrhaftig eine Familienangelegenheit: Shmuel Trigano machte keinen Geringeren als Benny Lévy mit dem Hebräischen bekannt. Letzterer wiederum gründete im Jahr 2000 zusammen mit Alain Finkielkraut und Bernard-Henri Lévy das Institut d'Études Levinassiennes in Jerusalem; mit demselben Finkielkraut, den Ivan Segré in seiner Doktorarbeit als prowestlichen Schreiberling beschimpft hatte – einer Arbeit, die von Bennys Sohn René, dem antizionistischen Marxisten Alain Badiou und dem verstorbenen Trotzkisten Daniel Bensaïd betreut wurde.

Als Gefolgsmann Badious, der auch ein Vorwort zu einem der beiden Bände seiner Dissertation schrieb, stellt Segré die Synthese der beiden Leben des Benny Lévy dar: des Engagements in der Proletarischen Linken und des Übertritts zum orthodoxen Judentum.[69] In »La réaction philosémite« nimmt er jüdische und nichtjüdische, französische und andere europäische Intellektuelle ins Visier (auch die italienische Feministin Oriana Fallaci steht auf der Liste der Übeltäter), für die Islamophobie und die Verteidigung Israels zwei Seiten einer Medaille seien. Die Intellektuellen, die Lindenberg als der jüdischen Tradition verhaftete »Kommunitaristen« attackiert, seien alles andere als das, nämlich im Gegenteil Verräter eines »authentischen« Judentums, da sie die westlichen Werte als heilig betrachteten, und zwar in einem solchen Maße, dass diese Geste selbst Erinnerungen an die Geschichte des Antisemitismus in Frankreich wachrufe. Im Namen eines vermeintlich authentischen Judentums wirft Segré den »kommunitaristischen« französischen Intellektuellen vor, dass

69 Zu Levys einzigartigem Lebensweg siehe Jean-Claude Milner, L'Arrogance du présent. Regards sur une décennie: 1965–1975, Paris 2009.

sie, während sie angeblich den Antisemitismus verurteilen, die nationalistische Doktrin eines Maurras wiederbelebten.

Wir haben es also mit einer Konstellation von Texten und Autoren zu tun, die alle eine Art jüdisch-nationalistischer Verschwörung unterstellen oder zumindest entsprechende Bilder und Motive bei bestimmten französischen und europäischen Intellektuellen, die Israel verteidigen, zu entdecken meinen. So unterschiedlich die Texte und Methoden von Lindenberg, Segré, Weill-Raynal und Jean Daniel auch sein mögen (man könnte dieser Liste noch die Historikerin Esther Benbassa und die Psychoanalytikerin Élisabeth Roudinesco hinzufügen), so kommen sie doch alle mehr oder weniger zu demselben Schluss: die vom Zionismus eingenommenen französischen Juden seien nach rechts gerückt.[70]

Dennoch besteht kaum Einvernehmen darüber, was »rechts« in diesem Zusammenhang bedeuten könnte. Etwa die Ablehnung der europäischen Aufklärung (im Gefolge des konterrevolutionären Ideologen Joseph de Maistre, der zu Beginn des 19. Jahrhunderts gegen die Moderne Stellung bezog)? Oder bedeutet es im Gegenteil, sich der westlichen Moderne anzuschließen, um sie gegen »orientalischen Obskurantismus« zu verteidigen? (Dann befände sich die Rechte aufseiten der angeblich zivilisatorischen Mission der europäischen Kolonisatoren und der Arroganz der Aufklärung). Bedeutet rechts zu sein, die Werte des Westens (zu dem hier auch Israel gehört) als ein Bollwerk gegen dunkle Mächte zu betrachten?

70 Siehe Esther Benbassa/Jean-Christophe Attias, Les Juifs ont-ils un avenir? Paris 2002 (insbesondere das Nachwort); Élisabeth Roudinesco, Retour sur la question juive, Paris 2009); Esther Benbassa, How One Becomes a Traitor, in: Nathalie Debrauwere-Miller (Hg.), Israeli-Palestinian Conflict in the Francophone World, New York 2010.

Bei den hier besprochenen israelfreundlichen Autoren ergeben sich zwei widersprüchliche Möglichkeiten. Erstens: Die Denker der europäischen Aufklärung sind im Grunde judenfeindlich; dies ist die Position von Jean-Claude Milner, Benny Lévy und Shmuel Trigano. Zweitens: Die Juden und Israel sind die Hüter des Westens, die das Erbe der Aufklärung davor bewahren, von einer neuen Welle totalitären Obskurantismus überrollt zu werden. Finkielkraut zum Beispiel sieht in der Befürwortung Israels zugleich eine Verteidigung Frankreichs, und das nicht nur ideell, sondern ganz real: als einer ethnisch unteilbaren Republik. Der neue Antisemitismus und die Anti-Israel-Rhetorik resultierten aus einer neuen Art Frankophobie, die ihrerseits mit der Ablehnung der westlichen Zivilisation einhergehe.[71] Jean Birnbaum fasst diese Spaltung der Israel-Befürworter treffend zusammen: »Die einen behaupten, der Westen sei auf den Ruinen Israels aufgebaut, die anderen reden uns ein, Israel sei der Wächter des Westens.«[72]

Der Titel des Buches von Ivan Segré, »La réaction philosémite«, ist allerdings beunruhigend. Will der Autor damit sagen, wer die Juden liebe, sei reaktionär? Und wenn der Philosemitismus reaktionär wäre, müsste dann nicht der Antisemitismus progressiv sein? Oder ist »Reaktion« einfach nur so zu verstehen, dass bestimmte Intellektuelle auf den Antisemitismus »reagieren« (in einem rein mechanischen und nicht ideologischen Sinne), indem sie eine übermäßige Zuneigung zu Juden entwickeln? Der Titel ist

71 Siehe z.B. Alain Finkielkraut, Im Namen des Anderen. Reflexionen über den kommenden Antisemitismus, in: Doron Rabinovici/Ulrich Speck/Natan Sznaider (Hg.): Neuer Antisemitismus? Eine globale Debatte, Frankfurt a.M. 2004, S. 119–132.
72 Birnbaum, Les Maoccidents, S. 84.

zumindest zweideutig. Im Buch selbst erfährt man, dass »philosemitisch« hier prozionistisch oder proisraelisch bedeutet. Doch müssen wir uns fragen, ob die Verteidigung Israels und des zionistischen Projekts an und für sich reaktionär sei. Kann man das nur von einem antiprogressiven Standpunkt aus verteidigen? Oder unverblümt gesagt: bedeutet Parteinahme für Israel, dass man rechts steht?

Israel, die Juden und die Linke: Eine Urszene

Lassen wir die aktuellen Entwicklungen dieses innerjüdischen Konflikts beiseite, der sich in den Cafés des Quartier Latin abspielt, und kehren zu den Ursprüngen all dieser Paradoxien und Missverständnisse zurück. Denn in der Pariser Literatur- und Intellektuellenszene wird heute bloß ausgetragen, was das Bewusstsein der Juden in Frankreich seit der Gründung Israels beschäftigt. Man darf nicht erst mit dem Sechstagekrieg – und erst recht nicht mit den beiden Intifadas – beginnen, um zu erkennen, dass Israel dem reaktionären Lager zugeschlagen wird. Von Anfang an stieß jedwede Verteidigung des jüdischen Staates als einer Wirklichkeit gewordenen Utopie auf Misstrauen; und sobald die Linke sich in den 1950er Jahren mit antikolonialen Kämpfen zu identifizieren begann, distanzierte sie sich von Israel. Bis dahin war die neue jüdische Heimat nicht nur als eine Frucht des Kampfes gegen das britische Empire wahrgenommen worden, sie sollte auch das Problem der Entfremdung des europäischen Judentums lösen. Israel konnte als Ausdruck des politischen Fortschritts im Sinne sowohl des Klassenkampfs als auch der nationalen Befreiungskämpfe gesehen werden. Im Laufe der 1950er Jahre aber betrachtete die Linke Israel zusehends als Handlanger der politischen Reaktion. 1965, zwei Jahre vor den Gebietsgewinnen im Sechstagekrieg, sagte Emmanuel Levinas zu den einschneidenden Ereignissen von 1948: »Die Staatsgründer fanden sich plötzlich auf der Seite der Kolonisatoren wieder. Israels Unabhängigkeit wurde sogleich als Imperialismus, Unterdrückung der Einheimischen, Rassismus bezeichnet. Die Realität entsprach der Utopie nicht ... Vielleicht zum ersten Mal in ihrer Geschichte sahen sich die Juden mit allen Reaktionären zusammengeworfen, und ihre Herzen waren hin- und hergerissen zwischen einem instinktiven Gefühl der Zugehörigkeit und einem ebenso unerschütterlichen Fortschrittsglauben.«[73]

Wenden wir uns also der Urszene dieses entfremdeten französisch-jüdischen Entweder-Oder zu, dieser Spaltung zwischen der Treue zu sich selbst und der zu einem Fortschrittsideal. Die Spaltung besteht dabei nicht so sehr zwischen der jüdischen Gemeinde und der Republik (um den abgedroschenen Vorwurf der »Nation innerhalb der Nation«, der doppelten Loyalität aufzugreifen) als vielmehr zwischen der Verbundenheit mit Israel und der Identifikation mit der Linken; zwischen der Attraktion der sozialen (sogar ein wenig sozialistischen) Demokratie, die der jüdische Staat bei seiner Gründung war, und der Sympathie für den antikolonialen arabischen Nationalismus, der während der Unabhängigkeitskämpfe in Nordafrika zu einem Prüfstein der französischen Linken wurde.

Claude Lanzmann erinnert sich in seinen überlebensgroßen Memoiren daran, dass *Les Temps Modernes* – die von Sartre und Simone de Beauvoir gegründete Zeitschrift –

73 Emmanuel Levinas, Difficile liberté: Essais sur le judaïsme, Paris 1976, S. 287 [Schwierige Freiheit. Versuch über das Judentum, Frankfurt a.M. 1996].

am Vorabend des Sechstagekriegs eine Sonderausgabe über den arabisch-israelischen Konflikt herausbrachte, die schließlich rund tausend Seiten umfassen sollte. Unmittelbar vor dem Erscheinen des Hefts reisten Lanzmann, Le Castor (»der Biber«, Sartres kaum übersetzbarer Kosename für Beauvoir) und Sartre selbst nach Ägypten; eingeladen hatte sie Mohamed Hassanein Heikal, der Herausgeber von *Al-Ahram*, einer wichtigen überregionalen Tageszeitung, und ein persönlicher Freund Nassers. Die Botschafter des linken Seine-Ufers begaben sich also auf eine Reise in den Orient und besuchten die Museen von Kairo, die Stadt der Toten, Luxor und das Tal der Könige. Als Krönung sahen sie sich das aufreizende Spektakel eines Bauchtanzes an. Lanzmanns Beschreibung lässt an Flauberts Kurtisane Kuchuk Hanem denken – oder vielleicht an eine neue Salomé. Jedenfalls führt sie uns die Todeskrämpfe der Erotisierung des Orients in der französischen Literatur vor Augen:

> … in Kairo kreist die berühmteste Bauchtänzerin Ägyptens um den Tisch … nimmt mich bei der Hand und zieht mich auf die Bühne, wo ich vor den Augen von Sartre, Castor und Ali reglos wie ein Totempfahl stehen bleibe, während ihre wildgewordenen Hüften, die gewagten Annäherungen und plötzlichen Rückzüge ihres Schamhügels sie mir auf unerträgliche Weise anbieten und wieder entziehen.[74]

Trotz dieser sehr offiziell veranstalteten Ablenkungen ertränkte Sartre – seltsam beschäftigt und von allerlei Ver-

74 Claude Lanzmann, Der patagonische Hase. Erinnerungen, Reinbek 2010, S. 495.

pflichtungen überwältigt – seine allerdings eher politischen als existentiellen Sorgen in Alkohol. Bei einer Gelegenheit ließ der große Schriftsteller, nachdem er sich ein wenig mehr entspannt hatte, als vielleicht ratsam gewesen wäre, alles heraus:

> Während der Ägyptenreise war Sartre offensichtlich sehr angespannt. Er hatte ein dichtgefülltes Programm … und entspannte sich abends, indem er übermäßig viel trank … Ali und ich mussten den Torkelnden mehr als einmal in seine Suite bringen … und eines Abends, als er noch betrunkener war als üblich, fing er an, uns, die ihn stützten, mit belegter Stimme zu beschimpfen, nannte uns »schwul« und gab uns zu verstehen, wir seien das beste Beispiel für die Lösung des Konflikts.[75]

Jüdisch-arabische Homoerotik als Lösung für einen bereits zwei Jahrzehnte währenden Konflikt: warum bloß war vorher noch niemand darauf gekommen? Etwa fünfzehn Jahre zuvor, in seinem 1952 erschienenen Buch über Jean Genet, hatte Sartre dessen Bekenntnis, er könne niemals mit einem Juden Sex haben, mit den scherzhaften Worten quittiert: »Israel kann ruhig schlafen.«[76] Und doch geht aus der im Rausch dahingebrabbelten sarkastischen Bemerkung Sartres hervor, dass, wenn Juden und Araber nur zusammen schliefen, sie alle nachts ruhig schlafen könnten.

Wie die strenge Unparteilichkeit jener Ausgabe der *Temps Modernes* es verlangte, folgte dem Aufenthalt in Ägypten eine Reise nach Israel, das Lanzmann bereits

75 Ebd., S. 496.
76 Jean-Paul Sartre, Saint Genet, Komödiant und Märtyrer, Reinbek 1982, S.

1952, vier Jahre nach der Unabhängigkeit des Landes, besucht hatte. Während dieses ersten Aufenthalts hatte Lanzmann, ein assimilierter Jude, eine Erleuchtung, die er Sartre später mitteilte und diesen somit veranlasste, das zentrale Argument seiner »Überlegungen zur Judenfrage« zu revidieren, das nämlich besagte, die jüdische Existenz selbst sei eine Reaktion auf die Handlungen ihrer Gegner. Lanzmann erkannte, »dass die Juden nicht auf die Antisemiten gewartet [hatten], um zu existieren«,[77] und entdeckte also, was es bedeutet, jüdisch zu sein.

In der Erzählung ihrer Ägyptenreise schildert er einen Sartre, der sich von Nassers Einladung geschmeichelt und von der Sache des arabischen Nationalismus angezogen fühlt. Doch was ist mit den Spannungen, die Sartre in entgegengesetzte Richtungen zogen und die er nur dadurch beruhigen konnte, dass er jede Nacht eine Flasche Schnaps leerte? Lanzmann sieht das Problem in der Unschlüssigkeit Sartres, dem vor der Reise nach Israel grauste. Er bemerkte,

> wie Sartre zwischen seiner Zuneigung für die Ägypter, die uns voller Charme und Prunk empfingen (und grundsätzlicher noch für die Sache der Araber) einerseits und der uneingestandenen Angst andererseits hin- und hergerissen war, welche die bevorstehende Reise nach Israel in ihm weckte. Offenbar erinnerte ich ihn ständig an diese Zukunft, ich war für ihn eine Art steinerner Gast, ein Wächter Israels, der ihm verbot, die arabische Verführungskraft in vollen Zügen zu genießen, und auf ein Mindestmaß an Unparteilichkeit achtete.[78]

77 Lanzmann, Der patagonische Hase, S. 317.
78 Ebd., S. 496 f.

Wenn man diesen reichhaltigen Bemerkungen genügend Aufmerksamkeit schenkt, ergeben sie eine politische Psychoanalyse Sartres; stärker noch vielleicht deutet sich darin eine metaphysische Psychoanalyse der Ambivalenzen an, die die Haltung der Linken zum israelisch-palästinensischen Konflikt kennzeichnen. Man beachte die Angst, mit der Israel besetzt wird, den Charme Ägyptens und der arabischen Sache und den steinernen Gast. Lanzmann – oder wie Milner sagen würde: »le nom juif« (der jüdische Name oder Signifikant) – fungiert hier als Inkarnation des Gesetzes, als »Wächter Israels«, als Bremse oder Hindernis für die Fülle der *jouissance*, des sexuellen Genusses. Mit anderen Worten, Israel erscheint als Über-Ich, das Frankreich und Europa an ihre Schuld erinnert. Wir sind dieser Problematik bereits in Éric Martys Begriff der Angst vor dem Guten in seiner Analyse des Werks von Genet begegnet. Doch obwohl Sartre den Terrorismus rechtfertigte (insbesondere billigte er die Anschläge auf israelische Sportler während der Olympischen Spiele in München), blieb er im Gegensatz zu Genet einer inneren Spaltung erlegen in Bezug auf das, was er – lange bevor Jean-François Lyotard den Begriff in das philosophische Lexikon einführte – als »jüdisch-arabisches *différend*« bezeichnete.[79] Was Sartres Gewissensbisse betrifft, so ist

79 Zu Sartre und dem arabisch-israelischen Konflikt siehe Jonathan Judaken, Jean-Paul Sartre and the Jewish Question: Anti-antisemitism and the Politics of the French Intellectual, Lincoln (Nebraska) 2006. In diesem Buch finden sich einige der erhellendsten Analysen der mehrdeutigen Haltung Sartres und der französischen Linken zu diesem Konflikt. Sie waren zwischen dem Engagement für eine antikoloniale Politik und dem Gefühl der historischen Verantwortung für das jüdischen Volk hin- und hergerissen; man bedenke, wie schwer es ihnen fiel, den Zionismus und die Gründung Israels sowohl als nationale Befreiungsbewegung wie als »kolonialistisches« Phänomen zu begreifen.

Lanzmanns Zeugnis von unschätzbarem Wert: obwohl er den algerischen und später den palästinensischen Terrorismus guthieß, habe das Frankreich der 1970er Jahre es ihm zu verdanken, dass es »nicht den Übergang zur Gewalt durch die extremsten Splittergruppen erlebte, die bereit waren, den italienischen und deutschen Vorbildern zu folgen.«[80] Das moralische oder gar metaphysische Dilemma, mit dem Sartre und vielleicht auch die Linke in ihrer allgemeinen Haltung zu den Juden und Israel konfrontiert waren, lässt sich allerdings nicht besser zusammenfassen als in der Ermahnung, die er selbst in der Einleitung zur Sonderausgabe der *Temps Modernes* aussprach, die erschien, als der israelisch-arabische Konflikt gerade explodierte und de Gaulle Israel fallen ließ: »Vergessen wir nicht, dass diese Israelis auch Juden sind …«[81]

Israel, bloß ein Flecken Erde und Sand, kann mit der verschwenderischen Pracht des Orients nicht mithalten, wo ein großer Mann, selbst wenn er Jean-Paul Sartre ist, nur – um es in dessen eigenen Worten zu sagen – ein »Mensch [ist], gemacht aus dem Zeug aller Menschen, und der soviel wert ist wie alle und soviel wert wie jedermann.«[82] »Bei unserer Ankunft«, schreibt Lanzmann, »empfing uns eine fröhliche, demokratische und sympathische Unordnung. Die Israelis, die uns eingeladen hatten, gaben ihr Bestes, aber ihre Möglichkeiten waren nicht mit denen der ägyptischen Staatsmacht zu vergleichen.«[83] Diese Zeilen enthalten eine bittere Feststellung: Sartre hätte der egalitären Unordnung der jungen israelischen Sozialdemokratie

80 Lanzmann, Der patagonische Hase, S. 515.
81 Zit. ebd., S. 503.
82 Aus Sartres Autobiographie »Die Wörter«, zit. bei Lanzmann, Der patagonische Hase, S. 274.
83 Ebd., S. 499 f.

die üppige Ordnung der nasserischen Macht vorgezogen. Lieber als der egalitäre jüdische *demos* wäre dem Sympathisanten der Französischen Kommunistischen Partei der Prunk eines arabischen Autokraten gewesen. Der Aufenthalt in Israel war ein Fiasko, so zumindest der Eindruck, den man bei der Lektüre von Lanzmanns Memoiren gewinnt.[84] Sartre weigerte sich, mit Israelis in Armeeuniform zusammenzutreffen (auch mit Frauen, beklagt Lanzmann, der schon immer ein Frauenheld war und sich in dieser Hinsicht eher als Don Juan denn als steinerner Gast erwies) unter dem Vorwand, sie seien objektiv Verbündete des amerikanischen Imperialismus. Dem hielt Lanzmann entgegen, dass es einer mutwilligen Verkennung der historischen Bedeutung Israels gleichkomme, wenn man die raison d'être der israelischen Nation verleugne, nämlich »die Wiederaneignung von Macht und Gewalt durch die Juden«. Schließlich kehrte der künftige Regisseur des Dokumentarfilms »Pourquoi Israël« (Warum Israel, 1973) nach Paris zurück und ließ Sartre und den Castor hinter sich.

*

Noch ein Wort an die jüdischen Linksintellektuellen, Pamphletisten und Ideologen, die ihren proisraelischen Kollegen rassistische, »okzidentalistische«, »kommunitaristische« oder chauvinistische Neigungen unterstellen.

84 Judaken stellt die Reise nach Israel positiver dar. Bemerkenswert allerdings, dass Lanzmann Sartres Besonnenheit in Bezug auf den Terrorismus lobt und sein Schweigen über den Aufenthalt in Israel bedauert, wohingegen der Historiker Judaken ein Bild Sartres zeichnet, das diesen als Befürworter des palästinensischen Terrorismus zeigt, der aber während seiner Reise nach Israel dennoch ziemlich enthusiastisch gewesen sei.

Ich berufe mich hier auf Caroline Fourest, eine feministische Publizistin, die man kaum verdächtigen würde, Sympathien für die Rechte zu hegen. Sie ist als Kritikerin der Allianz zwischen der extremen Linken und dem islamischen Fundamentalismus hervorgetreten und hat ein Buch über »Bruder Tariq« veröffentlicht, in dem sie die Doppelzüngigkeit des muslimischen Geistlichen Tariq Ramadan gründlich auseinandernimmt und dessen Verbindungen zur ägyptischen Muslimbruderschaft untersucht.[85] In einem anderen Buch befasst sie sich mit der »obskurantistischen Versuchung«, die die Linke im Innersten zerreiße; eine Neigung, der sich früher die Sympathisanten, die »nützlichen Idioten« des kommunistischen Totalitarismus hingegeben hätten. Die Linke, so Fourest, leide an einer inneren Spaltung in eine antitotalitäre Bewegung auf der einen Seite und eine Dritte-Welt-Bewegung auf der anderen, in der das Erbe der antikolonialen Kämpfe von einst sich nun in Antirassismus, Antiglobalismus und Multikulturalismus niederschlage.[86] Nichts deute darauf hin, dass diese beiden Gruppierungen unbedingt dasselbe Ziel verfolgen. Antitotalitäre Linke betrachteten Dritte-Welt-Linke, die mit totalitären, autokratischen oder theokratischen Regimen und Ideologien liebäugeln, logischerweise mit Argwohn – und das alles in Gegnerschaft zu Neokolonialismus und westlichem Rassismus. Die antitotalitäre Linke, zu der Fourest sich selbst zählt, sollte allerdings entsetzt sein über die Unterstützung, die die andere Linke fundamentalistischen Ideologen unter dem Vorwand ge-

85 Caroline Fourest, Frère Tariq: Discours, stratégie et méthode de Tariq Ramadan, Paris 2004 (engl. Brother Tariq: The Doublespeak of Tariq Ramadan, New York 2010).
86 Caroline Fourest, La tentation obscurantiste, Paris 2005.

währt, die Arroganz der westlichen Zivilisation zu bekämpfen. Geopfert auf dem heiligen Altar des Multikulturalismus würden dabei zum Beispiel feministische Prinzipien, wie man an der merkwürdigen Toleranz sehe, die Dritte-Welt-Linke dem Schleier oder der Burka entgegenbringen.

Doch die Verurteilung eines Regimes, das auf den Rechten von Mann und Frau herumtrampelt, reicht aus, um sogleich als Repräsentant eines dem Westen eigentümlichen Rassismus abgestempelt zu werden; oder als jemand, der sich von seinem kolonialen Unbewussten habe düpieren lassen. Was Fourest der Dritte-Welt-Linken vorwirft, ist im Grunde nur die jüngste Ausprägung des »Verrats der Intellektuellen« – der Eliten, die mit einer neuen Form des Totalitarismus anbändeln.[87] Anders als Segré behauptet, sind die Verräter allerdings nicht die »Maurras-Juden«, sondern die dem islamischen Fundamentalismus entgegenkommenden Linken, die die Werte der Freiheit und Gleichheit als Kollateralschäden abschreiben, die durch Fortschritte auf dem Weg zu einer neuen gerechten Weltordnung wettgemacht werden sollen.

Am Beginn stand die Frage, ob die französischen Juden nach rechts gerückt seien. Ich habe die Angriffe einiger jüdischer Polemiker auf die Verteidiger und Befürworter Israels beschrieben und die Vehemenz dieser Angriffe als Symptom des anhaltenden Schocks gedeutet, den das Bewusstsein der Juden in den 1960er Jahren erlitten hat, als diese sich zwischen der Treue zu Israel und linkem Fortschrittsglauben hin- und hergerissen fühlten. Werfen wir zum Schluss einen Blick auf das Buch »Die Linke und die

87 Siehe Julien Benda, La trahison des clercs, Paris 1927 [Der Verrat der Intellektuellen, München/Wien 1978].

Gleichheit« von Jean-Michel Salanskis. Die Linke, heißt es da, zeichne sich aus durch eine »Kritik der Macht in Form einer Kritik der Erniedrigung des Menschen durch Transzendenz«. Aus dieser Definition leitet Salanskis eine paradoxe Forderung ab. Es sei notwendig, sagt er, »die kommunistische Epoche aus der Linken ganz und gar zu streichen«, denn diese Epoche handle von der Unterwerfung des Volkes durch einen Mann, der »zum Grundpfeiler der Welt werden kann, indem er die Attribute und die Aura des Königtums wiederherstellt.«[88] Wäre es, wenn das stimmt, nicht ebenso legitim, die eingangs gestellte Frage an die Linke zu richten, die fortwährend von Dritter Welt, Multikulturalismus, Antiglobalismus und Antirassismus spricht, d.h. an die Linke, die liebeskranke Blicke auf Stalin, Mao, Castro, Guevara, Nasser, Arafat, Chomeini und in jüngster Zeit auf Chávez und Ramadan geworfen hat? Könnte man nicht mit ebensolchem Recht fragen, ob nicht diese Linke nach rechts gerückt sei?

88 Jean-Michel Salanskis, La gauche et l'égalité, Paris 2009, S. 37.

Teil II:
Judenspaltung in Judith Butlers »Am Scheideweg«[89]

Ein weiteres sehr interessantes Beispiel für »Judenspalterei«, wie ich es mit einem geistreichen Ausdruck Gabriel Noah Brahms nennen würde,[90] liefert Judith Butlers »Kritik des Zionismus«.[91] Relevant ist sie in gerade diesem Zusammenhang auch deshalb, weil Butlers Philosophie französischem Denken und französischer Literaturtheorie, insbesondere Michel Foucault und Jacques Derrida, bei aller Kritik, die sie daran übt, sehr nahesteht. Ich werde mich hier vor allem auf ihre – allerdings fragwürdige – Beschäftigung mit dem französisch-jüdischen Philosophen Emmanuel Levinas konzentrieren, der seit den 1960er Jahren großen Einfluss auf die französische Literaturtheorie und

89 Bei der Überarbeitung dieses Manuskripts stoße ich auf einen klugen Aufsatz zum selben Thema: Oona Eisenstadt/Claire Elise Katz, The Faceless Palestinian: A History of an Error, in: *Telos* 174 (Frühjahr 2016), S. 9–32. Darin geht es um die Interpretationen und Fehlinterpretationen von Levinas' Bild des Palästinensers unter Berücksichtigung des Konflikts zwischen Ethik und Politik in seinem eigenen Denken, zwischen der Transzendenz des Gegenübers und der Empirie von Geschichte, Politik und Gerechtigkeit. Dabei befassen sich Eisenstadt und Katz auch mit Butler, die, was Levinas zum Islam im Allgemeinen und zu den Palästinensern im Besonderen zu sagen habe, entstelle. Eine »nachsichtige Interpretation« des Levinas-Interviews über Sabra und Shatila, so die Autorinnen, könnte ein echtes Gespräch über dessen Gedanken zu Ethik und Politik sowie zu Israel und Palästina zustande bringen.

90 Gabriel Noah Brahm, What Edward Said Said: Postcolonial Theory & the Question of Israel/Palestine (2010). https://www.academia.edu/77949170/What_Edward_Said_Said_Postcolonial_Theory_and_the_Question_of_Israel_Palestine.

91 Judith Butler, Parting Ways: Jewishness and the Critique of Zionism, New York 2012 [Am Scheideweg. Judentum und die Kritik am Zionismus, Frankfurt a.M. 2013].

Dekonstruktion hatte, obwohl er selbst zu posthumanistischen und postmodernen Theorien stets Abstand hielt. Butlers heikle Auseinandersetzung mit Levinas brachte ihr Buch auch in Frankreich ins Gespräch, wo es insgesamt gut aufgenommen wurde. Die Universität Paris VII verlieh ihr die Ehrendoktorwürde, und eine französische Übersetzung von »Parting Ways« erschien in dem großen Verlagshaus Fayard.[92]

Die genaue Lektüre einiger Passagen aus Butlers Buch wird hoffentlich ein Licht auf die Beziehung zwischen einer bestimmten Art von Antizionismus und der jüdischen Tradition der Überwindung eines Judentums werfen, von dem es heißt, es zwinge das Subjekt in die Grenzen einer partikularistischen, nicht selbstgewählten Identität. »Am Scheideweg« ist im Grunde eine Fortsetzung des erbitterten Streits über die BDS-Kampagne (»Boycott, Divestment and Sanctions«), den Butler mit dem ehemaligen Harvard-Präsidenten Lawrence Summers im Jahr 2003 ausgetragen hatte. Um diese Auseinandersetzung ging es auch bereits in einem früheren Buch.[93] Die Vorwürfe jüdischen Selbsthasses und sogar des offenen Antisemitismus, die gegen sie erhoben werden, seit sie den Boykott Israels

92 Und zwar unter dem Titel »Vers la cohabitation: Judéité et critique du sionisme (Paris 2013). Bemerkenswert, dass der französische Titel das Zusammenleben (»cohabitation«) hervorhebt, während der englische die Trennung (»Parting Ways«) betont – und dass Butler das Wort »Jüdischsein« (oder »Jüdischkeit«: *Jewishness*) dem »Judentum« vorzieht; siehe dazu die sehr überzeugende, an Roland Barthes' »Mythologies« (»Mythen des Alltags«) angelehnte Kritik von Gabriel Noah Brahm, Judith Butler's Mythologies: »Truthiness« in the Philosophy of BDS, in: *The Times of Israel*, 29. Mai 2014.

93 Judith Butler, Precarious Life: The Powers of Mourning and Violence, New York 2004 [Gefährdetes Leben. Politische Essays, Frankfurt a.M. 2005].

unterstützt und sich dafür ausspricht, Israel zugunsten eines binationalen Staates aufzulösen, versucht sie, in »Am Scheideweg« zu entkräften.

Butlers Buch ist daher auch eine Replik auf die Behauptung, antizionistische und israelfeindliche Rhetorik sei antisemitisch, »wenn auch nicht in ihrer Absicht, so doch in ihrer Wirkung«, wie Summers es treffend ausdrückte. Hingegen behauptet Butler, der Antizionismus sei die eigentliche Erfüllung der eigenen jüdischen Identität. Ein authentischer Jude sollte insofern antizionistisch sein, als der Zionismus eine »strukturelle Verpflichtung zur staatlichen Gewalt gegen Minderheiten« habe.[94] Wobei Butler »strukturelle Verpflichtung« so versteht, dass Gewalt gegen Minderheiten dem genetischen Code des Zionismus als einer rassistischen und kolonialistischen Bewegung eingeschrieben sei. Da es dem Judentum um Gerechtigkeit und die Ablehnung jeder Form von Gewalt zu tun sei, bedeute, authentisch jüdisch zu sein, antizionistisch zu sein, und zwar derart, dass man sich der BDS-Kampagne zur Zerschlagung des jüdischen Staates anschließt – wenn auch mit friedlichen Mitteln.

Zwischen Antisemitismus und Antizionismus, meint Butler ebenso wie viele radikale Kritiker des Zionismus, müsse eine klare Grenze gezogen werden. Um das zu bekräftigen, greift sie auf eine Reihe der bekanntesten Schriftsteller des europäischen Judentums zurück: Martin Buber (weil er für einen binationalen Staat eintrat), Walter Benjamin und Hannah Arendt, um nur einige zu nennen. Fragwürdig allerdings, sich auf solch ehrwürdige jüdische Stimmen zu berufen, um den Zionismus im Jahr 2012 zu delegitimieren. Allerdings befinden wir uns nicht mehr in

94 Butler, Am Scheideweg, S. 46 [Übersetzung revidiert].

der ersten Hälfte des 20. Jahrhunderts, als der Zionismus und die Frage jüdischer Souveränität im geopolitischen Sinne eine weithin theoretische Angelegenheit waren. Israel ist seit über siebzig Jahren ein Mitglied der internationalen Gemeinschaft. Wer den Zionismus heute zur Debatte stellt, spricht über die Auflösung eines Nationalstaates und nicht über dessen Gründung. Der Unterschied zwischen der Aufforderung, einen bestehenden Staat aufzulösen, und der Warnung vor der Gründung eines solchen ist leicht zu erkennen. Und er wird noch deutlicher, wenn man bedenkt, dass jene Debatte vor dem Holocaust stattfand, der die Bedingungen der Diskussion unwiderruflich verändert hat, sowie vor der Umsiedlung Hunderttausender Juden aus arabischen Ländern nach Israel. Außerdem beruft sich Butler (was allerdings nicht überrascht) auf Edward Said, den Theoretiker des Orientalismus, insbesondere auf dessen letztes Buch über Freud, in dem er den Begründer der Psychoanalyse für die palästinensische Sache einspannt – und zwar den späten Freud, den Autor von »Der Mann Moses und die monotheistische Religion«.[95] Wenn Freuds ultimative Erkenntnis, dass Moses ein Ägypter war, zutreffe, so Said, dann sei die jüdische Identität von Anfang an gespalten; dann sei »Jude« der eigentliche Name jener ursprünglichen Spaltung und der Zionismus der Verrat einer gespaltenen Identität, nämlich der nichtessentialistischen Essenz des Jüdischseins.

Jüdischsein oder »Jüdischkeit« (*Jewishness*) versteht Butlers als Dekonstruktion der Identität und damit des Judentums selbst, woraus sich geradezu zwangsläufig eine kritische Haltung zum Zionismus ergebe. Dieser nämlich stelle eine deformierte jüdische Identität dar, die Preisgabe

95 Edward Said, Freud and the Non-European, New York 2004.

eines idealen Jüdischsein jenseits von Identität, Abstammung und charakteristischen Wesenzügen – was ich ein »jüdisches Ich-Ideal« nennen würde.

Butlers jüdisches Ich-Ideal hat sich von seinem Ursprung gelöst, nämlich dem »jüdischen Nichtjuden«, wie sie es in Anspielung auf Isaac Deutscher ausdrückt. Diese Nichtidentität verrät den Wunsch, unser geschichtliches Dasein zu transzendieren, das auf Politik als der »Kunst des Möglichen« beruht, um es in den Léon Gambetta, einem Staatsmann der Dritten Französischen Republik, zugeschriebenen Worten zu sagen. Eine »Unmögliche, unumgängliche Aufgabe«, so überschreibt Butler das erste Kapitel ihres Buches; eine Zwickmühle also, die seit Maurice Blanchots Schriften über den Tod zu einem Topos der Dekonstruktion geworden ist. Entgegen dem Grundsatz des römischen Rechts »Ad impossibilia nemo tenetur« (Zu Unmöglichem kann keiner gezwungen werden) solle Politik auf das Unmögliche zielen, meint Butler. Die Zerschlagung eines Nationalstaates mit »friedlichen« Mitteln und gegen den Willen seiner Bürger liefert allerdings ein bemerkenswertes Beispiel einer Politik des Unmöglichen.

Es wäre kurzsichtig, in Butlers Dekonstruktion jüdischer Identität und ihrer Kritik des »Zionismus« nicht auch bestimmte Topoi ihrer bahnbrechenden Gendertheorie zu erkennen.[96] Die Fragen jüdischer und sexueller Identität sind in der theoretischen Entwicklung ihres Werks miteinander verwoben. Dieser Zusammenhang sei hier nur angedeutet; den Verbindungen zwischen Butlers Auseinandersetzung mit ihrer eigenen jüdischen Identität und ihrer Kritik der

96 Judith Butler, Gender Trouble: Feminism and the Subversion of Identity, New York 1990 [Das Unbehagen der Geschlechter, Frankfurt a.M. 1993].

Heteronormativität, der sie die Subversion sexueller Differenz, Performativität und Parodie entgegenhält, mögen Leute nachgehen, die in der Gendertheorie versierter sind als ich. Bemerkenswert ist allerdings eine Stelle in Butlers Buch, in der die Dekonstruktion der jüdischen Überlieferung die der sexuellen Identität, wenn auch nur andeutungsweise, so doch signifikant überschneidet, und zwar in dem dort zitierten Brief Hannah Arendts an ihren Freund Gershom Scholem vom 20. Juli 1963. Dieser hatte Arendt nach der Veröffentlichung ihres Buches »Eichmann in Jerusalem« vorgeworfen, sie liebe ihr eigenes Volk nicht (d.h. es fehle ihr an *ahawat Jisrael*). Interessanterweise ist in Arendts Antwort an Scholem gleich zu Beginn von sexueller und jüdischer Identität zugleich die Rede, vom Geschlechtsunterschied als natürlicher Gegebenheit und von jüdischer Identität als Faktizität, d.h. als einer vom Subjekt nicht gewählten Bedingung. Das Subjekt ist Arendt zufolge nicht sein eigener Ursprung, nicht der Autor bzw. Akteur (*auctor/actor*) seiner selbstgesetzten oder selbstbestimmten Identität; vielmehr sei es noch vor jeglicher Selbstkonstitution passiv in eine Identität hineingeworfen, die dem Eintritt in die Sprache und mithin der Möglichkeit der Performativität vorausgehe. Darauf kommt Arendt zu sprechen, als sie Scholem gegenüber in sich verteidigender oder sich selbst entschuldigender Weise (schließlich hat er sie gerade der Herzlosigkeit, wenn nicht der Abtrünnigkeit bezichtigt) erklärt, dass sie nichts von ihrer Identität, von ihrem Jüdischsein verleugne und auch nie den vergeblichen Wunsch gehabt habe, es loszuwerden oder zu ändern:

> Tatsache ist, daß ich nicht nur niemals so getan habe, als sei ich etwas anderes, als ich bin, ich habe niemals auch nur die Versuchung dazu verspürt. Es wäre mir vorge-

> kommen, wie zu sagen, daß ich ein Mann sei und nicht eine Frau, also verrückt. Ich weiß natürlich, daß es ein Judenproblem auf dieser Ebene gibt, aber es ist niemals das meine gewesen. Nicht einmal in der Kindheit. Jude sein gehört für mich zu den unbezweifelbaren Gegebenheiten meines Lebens, und ich habe an solchen Faktizitäten niemals etwas ändern wollen. Eine solche Gesinnung grundsätzlicher Dankbarkeit für das, was ist, wie es ist, gegeben und nicht gemacht, *physei* und nicht *nomo* ist ...[97]

Zu Recht weist Butler darauf hin, dass Arendt hier der Polemik zuliebe vielleicht etwas übertreibt. Das Jüdischsein, sagt sie, sei dem Subjekt vorausgesetzt, etwas *Gegebenes* (sie sagt »von Natur aus«, doch möchte ich demgegenüber den Begriff der *Gabe* betonen), und nichts durch Gewohnheit, Konvention oder Vertrag *Gemachtes*. Und das Subjekt sei der ihm vorausgehenden Gabe, einer vorvertraglichen Identität verpflichtet. Diese Schuld gegenüber der Vergangenheit (dem, was vorausgeht) drücke sich in »Dankbarkeit« aus, so als ob das Subjekt für das ihm Gegebene, für die Gnade einer Gabe, dankbar sein müsse. In der klassischen Philosophie bewandert, schreibt Arendt diese Gabe der *physis* zu und stellt sie dem *nomos*, dem Gesetz, der Sitte oder der Konvention entgegen. Jüdisch zu sein sei kein selbstgewählter Zustand und auch nicht das Ergebnis vertraglicher Übereinkunft. Der Bund mag vielmehr als das genaue Gegenteil eines Vertrags erachtet werden, insofern er keine Symmetrie, keine gleichberechtigten Vertragspartner kennt. Außerdem habe Jüdischsein

97 Hannah Arendt, Brief an Gershom Scholem vom 20. Juli 1963, in: Nach Auschwitz. Essays und Kommentare 1, Berlin 1989, S. 72.

ebensowenig mit Konvention oder Vertrag zu tun wie der Geschlechtsunterschied. Beide, so Arendt in ihrem Brief, seien unbestreitbare Tatsachen des endlichen Seins, d.h. des durch Geburt und Tod begrenzten menschlichen Lebens. Sie zu leugnen wäre »verrückt« oder liefe, wenn ich etwas freier interpretieren darf, auf eine phantastische Vorstellung von Unbeschränktheit hinaus, auf eine Art metaphysischen Rausch oder Hybris. Sicher bereitet die Gleichsetzung von sexueller und jüdischer Differenz ein gewisses Unbehagen. Mag sein, dass Arendt sich dazu, begünstigt durch die Form des Briefs, in ihrer Auseinandersetzung mit Scholem hat hinreißen lassen. Man kann sogar annehmen, dass sie die philosophische Sorgfalt hier der Überredungskunst geopfert hat.

Wenn der Geschlechtsunterschied (zumindest bis zu der durch die Gendertheorie eingeleiteten »kopernikanischen Wende«) seinen Ursprung in der natürlichen Welt hat, so hat jüdische Identität nicht nur mit natürlicher Faktizität zu tun (von einer jüdischen Mutter geboren zu sein), sondern auch mit Konvention und Gesetz. Nur in der rassistischen Ideologie hält man Jüdischsein für einen biologischen Tatbestand. Was hätte mehr mit *nomos* zu tun als etwa das Ritual der Beschneidung? Das Judentum ist so sehr *nomos*, dass Paulus genau das, nämlich das Gesetz, zu überwinden und durch *pistis*, den Glauben, zu ersetzen suchte.[98] Worauf es aber in Arendts Antwort an Scholem ankommt, ist die Anerkennung dessen, was ich als eine verbindliche

98 Zur paulinischen Dialektik der Emanzipation von Gesetz/Fleisch/Buchstabe siehe Jean-François Lyotard, Un trait d'union, Sainte-Foy (Quebec) 1993; zu Arendt und Judentum auch Lyotard, Lectures d'enfance, Paris 1991. Lyotard hatte ein genaues Gespür für die irreduzible Anteriorität, die dem Jüdischsein zugrunde liegt und die er mit dem Motiv der »Kindheit« verband.

Vorgängigkeit erachte, sogar als eine Form der Passivität im Sinne Levinas', d.h. im Sinne einer Enteignung des Subjekts durch den anderen. Dabei sollte man sich die juristische Bedeutung des Wortes »passiv« im französischen oder englischen Recht vergegenwärtigen, das laut »Oxford English Dictionary« eine stillschweigende oder implizite Haftung für eine von einem anderen eingegangene Verpflichtung einschließt, insbesondere auch für das, was ein anderer sich hat zuschulden kommen lassen. Das Wort »passiv« bezieht sich also sowohl auf die Schuld als auch auf die Gabe, die dem Subjekt aufgebürdet wird und es in die Pflicht nimmt. Butlers Absage an Passivität wiederum erklärt sich aus ihrer verzerrten Interpretation Levinas', die einem hier wie intellektuelle Undankbarkeit vorkommt.

Butler nimmt sich vor, Arendts Auffassung jüdischer Identität, so wie sie sie in ihrer Antwort an Scholem dargelegt, zu dekonstruieren. Eine, gelinde gesagt, unangenehme Aufgabe, denn Arendt behauptet eine Art Natürlichkeit oder zumindest hartnäckige Vorgängigkeit sowohl ihrer jüdischen als auch ihrer weiblichen Identität. Butler jedoch meint, hier werde das Gegebene nicht als verbindlich vorausgesetzt, sondern die Unterscheidung zwischen *physis* und *nomos*, Natur und Konvention destabilisiert. Um zu einer solchen Interpretation zu gelangen, muss man Arendts Worte allerdings sehr freizügig auslegen, und ich würde sagen, dass es sich dabei eher um eine Projektion des Lesers (in diesem Fall Butlers) handelt, um ein Wunschdenken oder eine hermeneutische Täuschung. Butler begreift Arendts Äußerung als »Fall einer solchen diskursiven Selbstkonstitution«.[99] Arendts Behauptung jü-

99 Butler, Am Scheideweg, S. 160.

discher Faktizität wäre demnach als Sprechakt, als performative Handlung zu verstehen – also im Sinne Butlers als eigentlich subversiv: das Subjekt konstituiert sich in der Performativität der Sprache, ist Autor/Akteur seiner selbst. So wie Sartre glaubte, Jean Genet habe den Antisemiten nur gespielt,[100] glaubt Butler, dass Arendt ihr Jüdischsein nur vorspiele. Sie mache sich mit ihrer Äußerung sowohl zur Frau als auch zur Jüdin. »Jüdischsein«, ebenso wie Geschlecht, sei auf Performativität bezogen und somit anomisch, autonormativ (d.h. kontranormativ) und geradezu grenzüberschreitend; hingegen stehe das Judentum, »der jüdische Jude« oder Zionist im Gegensatz zum »Juden/Nichtjuden«, für Ordnung, für symbolische und natürliche Übertragung – kurzum: für alles, was die Gendertheorie als heteronormativ ablehnt.

Butler kann nicht akzeptieren, dass eine Philosophin wie Arendt, Inbegriff »kritischen Judentums« (im Sinne Traversos) und ein Sinnbild des autonomen Denkers – die Israel vorwarf, den Holocaust im Eichmann-Prozess instrumentalisiert zu haben, und zudem jedwede Identitätspolitik, die sich auf eine nationale oder Stammeszugehörigkeit beruft, scharf kritisierte –, dass ausgerechnet diese Philosophin den Geschlechtsunterschied essentialisieren oder naturalisieren und jüdische Identität als eine natürliche Tatsache betrachten könnte, die sich niemand aussuche, als eine Gabe, die dem Subjekt aufgebürdet werde und Dankbarkeit verlange. Anstatt jedoch Arendts Widersprüche in ihrer Komplexität zu begreifen, biegt Butler sie sich lieber so zurecht, dass sie in ihre eigene politisch-theoretische Agenda passen.

100 Siehe Jean-Paul Sartre, Saint Genet, Komödiant und Märtyrer, Reinbek 1982.

Levinas gegen Levinas:
Wunschdenken und philosophische Undankbarkeit

Besonders umstritten ist Butlers Auseinandersetzung mit Levinas, mit der ich mich bereits in dem Philosophie-Blog von *Le Monde* befasst habe.[101] Ich erhebe nicht den Anspruch, ihre Interpretation meinerseits psychoanalytisch zu deuten, getraue mich jedoch zu sagen, dass ihr Verhältnis zu Levinas schwierig und, gelinde gesagt, zwiespältig ist, eine Mischung aus Faszination und Abscheu, die mir wie ein Sinnbild ihres eigenen ambivalenten Verhältnisses zum Judentum erscheint. Zunächst bewundert sie in Levinas den Philosophen einer universalen Ethik und der Verpflichtung gegenüber dem anderen. Das Selbst findet sich demnach eingeschränkt durch die Forderung, die aus der Verletzlichkeit und Sterblichkeit des anderen erwächst, und diese Verletzlichkeit drückt sich vornehmlich im Gesicht als dem exponiertesten Teil des anderen aus. Doch stellt Butlers Auseinandersetzung mit Levinas zugleich einen Versuch dar, ihn gegen sich selbst zu lesen und über ihn hinauszugehen, d.h. ihn in ein gutes und ein schlechtes Teilobjekt zu spalten. Butler will dort weiterdenken, wo Levinas aufgehört hat, denn als er es versäumt habe, sich von Israel und dem Zionismus zu »scheiden« und die Bitten der Palästinenser zu erhören, habe er seine eigene Philosophie verraten. Der Grund dafür sei sein Eurozentrismus, seine jüdische Bigotterie und Engstirnigkeit, d.h. seine Loyalität gegenüber Israel und dem Zionismus, den Butler als treue Anhängerin Saids mit Imperialismus, Kolonialismus und Rassismus gleichsetzt.

101 Siehe Bruno Chaouat, Débat: Judith Butler ou Levinas trahi? 13. März 2013, http://laphilosophie.blog.lemonde.fr/2013/03/13/debat-judith-butler-ou-levinas-trahi/ (ebd. auch Butlers Replik).

Des Rassismus bezichtigt sie Levinas jedoch nicht erst in »Am Scheideweg«. Éric Marty hat gezeigt, dass Butler ihn bereits in ihrer »Kritik der ethischen Gewalt« verzerrt wiedergibt[102] und dass ihre Fehlinterpretation von Levinas' Essay über jüdisches Denken[103] auf der Streichung eines entscheidenden Fragezeichens sowie auf der Verwechslung einer ethnisch-rassistischen und einer politisch-ideologischen Angst beruht. Wenn nämlich Levinas die Frage nach der Zukunft des jüdisch-christlichen Europa angesichtes eines massiven asiatischen Einflusses stelle, denke er nicht an eine Invasion asiatischer Völker und fremder »Rassen«, sondern an die Gefahr einer ideologischen Veränderung des jüdisch-christlichen Erbes durch den maoistisch-kommunistischen Einfluss, wie er in den 1960er Jahren in Europa zu spüren war. Levinas' Antwort aber auf seine eigene rhetorische Frage, auf seine eigene Angst, falle schließlich negativ aus – es gebe keinen Grund, die Gefahr einer materialistischen, kommunistischen Pervertierung des geistigen Erbes Europas im Allgemeinen und des jüdischen Universalismus im Besonderen zu fürchten, insofern der Marxismus selbst jüdisch-christlichem Geist entsprungen sei. Butler jedoch ignoriert, dass Levinas seine Ängste um Europa selbst verwor-

102 Siehe Éric Marty, Petite note sur Judith Butler et Emmanuel Levinas, in: *Cités*, Nr. 63, 2015. Butler schreibt dort, dass Levinas »in unverhohlenem Rassismus … ›vor dem Aufstieg der zahllosen Massen unterentwickelter asiatischer Völker‹ warnt, die ›diese wiedergefundene Authentizität‹ des jüdischen Universalismus bedrohen‹« (Judith Butler, Kritik der ethischen Gewalt. Adorno-Vorlesungen 2002, Frankfurt a.M. 2007, erw. Neuausgabe; Zitat aus: Levinas, Schwierige Freiheit).

103 Emmanuel Levinas, La pensée juive aujourd'hui, zuerst in: *L'Arche* (1961), wiederveröffentlicht in: Difficile liberté: Essais sur le judaïsme, Paris 1976 [Schwierige Freiheit. Versuch über das Judentum, Frankfurt a.M. 1996].

fen hat. Somit ist »Am Scheideweg« mindestens das zweite Beispiel einer unverantwortlichen Lektüre Levinas', die entweder auf einem buchstäblichen Missverständnis der komplexen Rhetorik des Philosophen oder auf Butlers Unfähigkeit beruht, dessen radikale Ethik mit seinem politischen Konservatismus in Einklang zu bringen.

Wie kann jemand Zionist sein und zugleich der ethischen Verpflichtung gegenüber dem anderen treu bleiben? Darin sieht Butler ein moralisches Paradoxon, und um es zu lösen, stellt sie dem ethnischen den ethischen Juden gegenüber, als ob die beiden getrennt werden könnten, ohne den Kern jüdischer Identität aufzuweichen. Den ethnischen Juden betrachtet sie als Keim von Spaltung und Gewalt, wohingegen sie den ethischen zum messianischen Herold globaler Gerechtigkeit überhöht. Butlers Hauptproblem mit Levinas ist, dass der Philosoph des menschlichen Gesichts, der Verpflichtung, sich auf den anderen einzulassen, der Philosoph, der das »Selbst als Geisel des anderen« bezeichnete – eine seiner radikalsten Metaphern für die Einschränkung meiner Freiheit durch die Ansprüche anderer Menschen –, zugleich auch Zionist war. Levinas' unerschütterliche, wenn auch zuweilen kritische Loyalität zu Israel hindert Butler daran, seine Philosophie für eine fortschrittliche Politik zu reklamieren, da sie den Zionismus für mindestens reaktionär, wenn nicht für rassistisch hält: »Levinas für eine linke Politik in Anspruch zu nehmen heißt … ihn gegen seinen eigenen Zionismus und gegen seine Weigerung zu lesen, anzuerkennen, dass die Palästinenser einen legitimen ethischen Anspruch an das jüdische Volk erheben.«[104] Wenn der nichtjüdische Jude moralische Vollkommenheit verkörpert, sind der

104 Butler, Am Scheideweg, S. 53.

Zionismus und sein Repräsentant, der jüdische Jude, mit menschlichem Ethos unvereinbar. Folglich muss Butler den zionistischen Levinas entmenschlichen und das Erbe des anderen, des »jüdischen/nichtjüdischen« Levinas zurückfordern.

Der sicherste Weg, den Zionisten Levinas zu entmenschlichen, besteht darin, zu zeigen, dass dieser Aspekt seines Denkens tatsächlich den palästinensischen Anderen entmenschlicht habe. Wer außer einem Ungeheuer könnte einen anderen Menschen als nichtmenschlich betrachten? Die Entmenschlichung des anderen bedeutet im Kontext der Philosophie Levinas', ihm sein Gesicht zu nehmen. So redet Butler sich gegen alle hermeneutischen Prinzipien ein, dass für den bösen Levinas, für den Zionisten Levinas, der palästinensische Andere kein Gesicht hätte, also nicht menschlich wäre, weshalb die Israelis oder die Juden nicht an die ansonsten universale Verpflichtung gebunden wären, ihn nicht zu töten. Levinas, meint Butler, wäre ein idealer Jude, wenn er noch levinassianischer wäre, d.h. wenn er seine ethischen Prinzipien auf jeden anderen, auch den Palästinenser, ausdehnen würde.

Wirklich rätselhaft bleibt an jenen Stellen, wo Butler mit Levinas und ihrer eigenen jüdischen Identität ringt – oder mit ihrem »jüdischen Ich-Ideal« –, welch außergewöhnliche Freiheiten sie sich mit den Prinzipien genauer Lektüre nehmen muss. Um sich selbst und ihre Leser davon zu überzeugen, dass der Zionismus der falsche Weg zu jüdischer Identität sei (die sie lieber *Jewishness* nennt), muss sie *close reading* durch *wishful reading* ersetzen:

> Interessanterweise beharrte Lévinas auf unserer Bindung an jene, die uns unbekannt sind und die wir nicht uns nicht ausgesucht haben[,] und darauf, dass diese

Verpflichtungen streng genommen jedem Vertrag vorausgehen. Natürlich war er derjenige, der in einem Interview sagte, der Palästinenser besitze kein Antlitz, und er wollte eine ethische Verpflichtung nur gegenüber denjenigen sehen, die seinen eigenen Vorstellungen jüdisch-christlicher und klassisch-griechischer Herkunft entsprechen. In mancher Hinsicht gibt uns Lévinas eben den Grundsatz, den er hier verrät.[105]

Als über die letzten zwanzig Jahre treuer Leser Levinas' fuhr ich, als ich diese Zeilen las, zusammen. Ich konnte mir kaum vorstellen, dass er eine ganze Gruppe von Menschen aufgrund ihrer ethnischen Zugehörigkeit, ihrer Kultur oder ihrer Religion aus der Gemeinschaft der Wesen ausschließt, die ein Gesicht haben. Denn was ist eine solche Gemeinschaft anderes als die menschliche? Levinas, sagt Butler, habe einmal behauptet, die Palästinenser gehörten nicht zur menschlichen Gemeinschaft. Eine so ungeheuerliche Behauptung würde allerdings seine ethische Philosophie unwiderruflich zunichte machen, der es um die Wiederbelebung eines Humanismus geht, den Levinas für tot hielt, nämlich um einen »Humanismus des Anderen«[106] – ein Versuch, über einen westlichen Humanismus hinauszugehen, der sich als unfähig erwiesen habe, die Gräueltaten des 20. Jahrhunderts zu verhindern (ob der Versuch erfolgreich war oder nicht, ist eine andere Frage). Ehe ich die von Butler angegebene Quelle überprüfte und bei Levinas selbst nachschaute, habe ich ihr Buch weitergelesen, und es bestätigte meinen ersten Eindruck, dass sie

105 Ebd., S. 35.
106 Siehe Emmanuel Levinas, Humanisme de l'autre homme, Paris 1972.

glaubt oder glauben will, irgendwo in Levinas' veröffentlichten Werken eine so belastende Aussage gelesen zu haben:

> Für Lévinas ist das Gewaltverbot auf jene beschränkt, deren Antlitz eine Forderung an mich stellt, und doch sind diese »Antlitze« durch ihren jeweiligen religiösen und kulturellen Hintergrund differenziert. Damit stellt sich die Frage, ob es eine Pflicht zur Bewahrung des Lebens jener gibt, die, um diese Logik weiterzutreiben, wegen ihrer Gesichtslosigkeit erst gar nicht in Erscheinung treten.[107]

Die beiden zitierten Passagen zeigen unmissverständlich, dass Butler in dem Zionisten Levinas einen Philosophen des anderen sieht, der einige andere für weniger anders halte als andere. Demnach war Levinas nicht nur ein guter Jude (d.h. für Butler »jüdisch/nichtjüdisch«), sondern auch ein kolonialer Rassist, der nicht bereit war, das Tötungsverbot auf Nichteuropäer auszudehnen, auf Menschen, die nicht zu den kulturellen Erben sowohl Athens als auch Jerusalems gehörten. Was auf eine Lizenz zum Töten derjenigen hinausliefe, die »gesichtslos erscheinen« oder, wie Butler meint, »erst gar nicht in Erscheinung treten«, d.h. unsichtbar sind. Sie legt also nahe, dass Levinas 1982 eine Lizenz zum Töten derer erteilt habe, die nicht am europäischen Erbe teilhaben, in diesem Fall der Palästinenser, die der zionistische Levinas, der Zionist in Levinas, nicht gesehen habe.

Nachdem ich meinen Text in *Le Monde* veröffentlicht

107 Butler, Am Scheideweg, S. 54.

hatte, begann ich zu zweifeln: Konnte es sein, dass Levinas so etwas Ungeheuerliches doch irgendwo behauptet hatte? Hatte ich etwas übersehen? Ich kann mich schließlich nicht rühmen, jede einzelne Zeile, die er je veröffentlicht hat, gelesen zu haben. Doch wurde ich in meiner Analyse bald von Butler selbst bestätigt, als sie auf meinen kurzen Artikel in *Le Monde* antwortete, in dem ich sie und ihren Verleger aufgefordert hatte, Textstellen vorzulegen, in denen Levinas jemals direkt oder im übertragenen Sinne behauptet habe, Palästinenser hätten kein Gesicht. Sie habe sich, schrieb sie, auf ein nach dem Massaker von Sabra und Schatila veröffentlichtes Radiointerview bezogen, dessen Abschrift ich gelesen hatte (aber es schien, als hätten sie und ich gar nicht denselben Text gelesen). In ihrer Antwort sprach sie ausführlich über die unterschiedliche Verwendung diakritischer Zeichen im Englischen und Französischen und behauptete, sie habe das Wort »gesichtslos« nicht zitiert, sondern in distanzierende Anführungszeichen gesetzt. Und schließlich verleugnete sie einen – und zwar sehr wichtigen – Teil des Satzes, den ich oben zitiert habe:

> Zunächst möchte ich klarstellen, dass Levinas, dessen ethische Philosophie zum Verständnis eines möglichen Zusammenlebens (co-habitation) in Israel/Palästina meines Erachtens von größter Bedeutung ist, nie gesagt hat, die Palästinenser wären *von Natur aus* oder *per Definition* ohne Gesicht. Das ist weder seine Ansicht noch meine Interpretation seiner Ansicht. Mir geht es vielmehr darum, dass das durch »le Visage« gegebene, ja sogar befohlene Tötungsverbot (*»Du sollst nicht töten«* – *»Tu ne tueras point«*) revidiert oder aufgehoben wird, wenn es Levinas zufolge notwendig wird, zur Selbstver-

teidigung oder zur Verteidigung derjenigen zu töten, die einem nahestehen (*prochains?*).[108]

Diese Antwort war zumindest unzulänglich, oder besser gesagt, sie hat meine Analyse nur bestätigt. Butler schien ihre eigenen Aussagen zu den »kulturellen und religiösen Gründen« zu verleugnen, indem sie gar nicht darauf einging und so die Aufmerksamkeit davon ablenkte. Doch auch wenn sie in *Le Monde* behauptete, das sei nicht ihre Ansicht: In ihrem Buch sagt sie eindeutig, dass es für Levinas Menschen gebe, die von Natur aus oder per Definition gesichtslos seien – nämlich diejenigen, die nicht »seinen eigenen Vorstellungen jüdisch-christlicher und klassisch-griechischer Herkunft« entsprächen.[109] (Unklar, was sie mit »seinen Vorstellungen« meint; vermutlich nimmt sie an, es gebe darüber mehrere Auffassungen, einige gute und einige schlechte.) An dieser Stelle ihrer Interpretation heißt es ausdrücklich, die Palästinenser hätten *a priori* kein Gesicht, nicht etwa erst infolge politischer oder empirischer Umstände, d.h. als Effekt der Dialektik von Freund und Feind.

Butlers verzerrte Darstellung rührt aus ihrer Überzeugung, der Zionismus sei eine »strukturell« repressive Ideologie. Und wenn der Zionismus, wie jede nationale Lösung, von Natur aus oder per Definition »rassistisch, wenn nicht völkermörderisch« ist, wie sie sagt,[110] kann folglich niemand Zionist sein oder den jüdischen Staat verteidigen und zugleich ethisch denken, reden oder handeln. Gabriel

108 http://laphilosophie.blog.lemonde.fr/2013/03/13/debat-judith-butler-ou-levinas-trahi/ (die französischen Anführungszeichen habe ich hier so belassen, wie sie in *Le Monde* erschienen sind).
109 Butler, Am Scheideweg, S. 35.
110 Ebd., S. 120.

Noah Brahm erwähnt noch einen anderen Fall, in dem Butler ein Zitat fälschlicherweise Primo Levi zuschreibt: »Aus psychoanalytischer Sicht ist die spezifische Form dieses Falschzitats symptomatisch: Sie phantasiert sich zurecht, was sie gerne von ihm gesagt haben möchte – daher ist ihr ›Irrtum‹ (wenn es denn einer ist) durchaus aufschlussreich.«[111] Das ließe sich auch über die falsche Darstellung Levinas' in den von mir zitierten Passagen sagen: Butler hätte es gerne gesehen, wenn er wörtlich oder indirekt gesagt hätte, die Palästinenser hätten kein Gesicht, weil das ihre Überzeugung bestätigen würde, dass ein Zionist ein von rassistischen und völkermörderischen Impulsen geleiteter Unmensch sei. Die Unterteilung der menschlichen Gattung in menschlich und nichtmenschlich, in Menschen mit Gesicht und solche ohne Gesicht, erinnert an die Metaphysik der Nazis, die damit allerdings gescheitert sind, wie der Résistance-Kämpfer und KZ-Überlebende Robert Antelme in einem Buch »Die Gattung Mensch« von 1947 schrieb. In ihrem Buch nun behauptet Butler (auch wenn sie in *Le Monde* beteuerte, das nie getan zu haben), Levinas habe genau das gesagt: dass der palästinensische Andere kein Gesicht habe – und also Objekt einer symbolischen Auslöschung sei, die der ganz realen Auslöschung der Juden und Lagerinsassen unter der SS-Herrschaft entspreche. Was keine geringfügige Behauptung ist.

111 Gabriel Noah Brahm, Somebody's Jew: Judith Butler's Appropriation of Primo Levi for BDS (unveröffentlicht).

Nun zum letzten Teil dieses Puzzles, nämlich dem von Alain Finkielkraut und Shlomo Malka geführten Radiointerview mit Levinas, auf das Butler ihre Behauptung stützt, er habe gesagt, die Palästinenser hätten kein Gesicht.[112] Was ich in diesem Interview gefunden habe, ist jedoch vielmehr das Gegenteil von dem, was sie – vielleicht sogar ganz aufrichtig – da gelesen zu haben meint; meiner Ansicht nach eine wahnhafte Interpretation, die ihre antizionistische Weltanschauung ihr eingegeben hat.

Lässt sich die Forderung grenzenloser Gastfreundschaft – das Gebot »Du sollst nicht töten«, das im Angesicht des anderen zu verstehen ist – in irgendeiner Weise mit Israels Verteidigungs- und Realpolitik vereinbaren? Diese Frage, über die Malka und Finkielkraut mit Levinas sprechen, ist durchaus legitim. Auf Malkas Frage, ob Israel für die Geschehnisse in Sabra und Chatila verantwortlich oder unschuldig sei, antwortet Levinas: »Vor jeder Handlung bin ich mit dem Anderen beschäftigt, und niemals kann ich von dieser Verantwortung befreit werden.«[113] Sodann lobt er die große Empörung, die das Massaker in der israelischen Gesellschaft ausgelöst hat: »Wir sollten diese Reaktion, die keine morbide, sondern eine moralische ist, unbedingt rühmen. Es ist eine ethische Reaktion der, wie ich glaube, Mehrheit des jüdischen Volkes, des israelischen Volkes ...«[114]

112 Emmanuel Levinas/Alain Finkielkraut, Israël: éthique et politique, in: *Les nouveaux cahiers* 71 (Winter 1982/83), S. 1–8.
113 Zit. nach Sean Hand (Hg.), The Levinas Reader, Cambridge 1989, S. 290. Diese Übersetzung hat wahrscheinlich auch Butler benutzt. Ich habe sie mit dem Originaltext verglichen und keine Entstellungen gefunden.
114 Ebd., S. 291.

Meine Frage an Butler lautet: Wie kann man die Empörung über das Massaker an den Palästinensern rühmen und zugleich der Meinung sein, die Palästinenser hätten kein Gesicht, weswegen man nicht an die Verpflichtung gebunden sei, sie nicht zu töten? In deutlichem Gegensatz zu dem, was der damalige israelische Premierminister Menachem Begin nach dem Massaker geäußert haben soll: »Gojim töten Gojim, und hier kommen sie, um uns zu hängen«, warnt Levinas vor der Versuchung der Unschuld, der Selbstabsolution und der Abkehr von der eigenen Verantwortung.

Dann trifft er eine Unterscheidung, die sich sogar im Sinne des von Lyotard so genannten *différend* denken lässt, als eine Art unversöhnlichen und tragischen Konflikts. Auf der einen Seite stehe seine Ethik der unendlichen und unbedingten Verantwortung für den anderen, auf der anderen Seite die Politik als eine Erfahrung von Endlichkeit: »Neben diesem Gefühl grenzenloser Verantwortung gibt es sicherlich auch einen Platz für eine Verteidigung, denn es geht nicht immer um ›mich‹, sondern um die, die mir nahestehen, die auch meine Nachbarn sind. Ich würde eine solche Verteidigung eine Politik nennen, aber eine, die ethisch notwendig ist. Neben der Ethik gibt es einen Platz für die Politik.«[115]

Der Zionismus sei eine ethisch begründete Politik, eine Reaktion auf die ethische Notwendigkeit, eine »politische Einheit mit einer jüdischen Mehrheit« herzustellen. Wie man sieht, unterscheidet sich Levinas' Ansicht von 1983 nicht wesentlich von derjenigen, die der ehemalige US-Präsident Obama in einer Rede während seines Israel-Besuchs 2013 geäußert hat:

115 Ebd., S. 292.

> Und während Juden in vielen Teilen der Welt bereits außerordentlich erfolgreich waren, fand der Traum wahrer Freiheit schließlich seinen vollen Ausdruck in der zionistischen Idee, ein freies Volk in seiner Heimat zu sein. Deshalb glaube ich, dass Israel nicht nur in Geschichte und Tradition verwurzelt ist, sondern auch in einer einfachen und tiefgreifenden Idee – der Idee, dass Menschen es verdienen, frei zu sein in einem Land, das ihres ist.[116]

Auf Malkas Frage, ob Geschichte und Politik nicht der »eigentliche Ort der Begegnung mit dem ›anderen‹« seien und ob der andere für den Israeli nicht vor allem der Palästinenser sei, antwortet Levinas:

> Das entspricht ganz und gar nicht meiner Definition des anderen. Der andere ist der Nachbar, der nicht unbedingt ein Verwandter ist, aber einer sein kann. Und in diesem Sinne ist man, wenn man für den anderen ist, für den Nachbarn. Aber wenn dein Nachbar einen anderen Nachbarn angreift oder ihn ungerecht behandelt, was kannst du dann tun? Dann bekommt die Alterität einen anderen Charakter, in der Alterität können wir einen Feind finden, oder zumindest stehen wir dann vor dem Problem, zu wissen, wer recht hat und wer nicht, wer gerecht und wer ungerecht ist. Es gibt Menschen, die im Unrecht sind.[117]

116 Remarks of President Barack Obama to the People of Israel, Jerusalem International Convention Center, 21. März 2013 (http://www.whitehouse.gov/the-press-office/2013/03/21/remarks-president-barack-obama-people-israel).
117 Hand (Hg.), The Levinas Reader, S. 294.

Butlers zweite Interpretation dieser Passage (in ihrer Antwort auf meine Frage in *Le Monde*) ist korrekt, insofern sie Levinas' Ansicht getreu wiedergibt. Ich würde sogar behaupten, dass es sich um eine stillschweigende Korrektur der Interpretation handelt, die sie zuvor in ihrem Buch »Am Scheideweg« dargeboten hat.

Eine Verbesserung ist es zweifellos, denn Butler behauptet nun nicht mehr, Levinas habe die Palästinenser aus dem Ensemble der anderen ausgeschlossen, die wir aus kulturellen und religiösen Gründen nicht töten sollen. In ihrer Antwort sagt sie lediglich, sie teile Levinas' Ansicht nicht, dass der andere mich nicht mehr an die Verpflichtung binde, ihn nicht zu töten, sobald er mein Feind geworden sei. Gewiss ist es nicht nur zulässig, sondern von einer Philosophin und Kritikerin sogar zu erwarten, dass sie mit Levinas' Ansichten nicht übereinstimmt – solange sie sie getreu wiedergibt, was Butler in ihrer Antwort in *Le Monde* schließlich tut.

Dennoch: Levinas zu widersprechen, wenn er sagt, dass man in der Geschichte und in der Politik zwischen zwei – oder mehr als zwei – anderen wählen müsse, ist bestenfalls naiv; es erinnert an Hegels »schöne Seele« und kann nur zu Trägheit oder Neutralität führen. Der Nahe Osten ist schließlich nicht die Schweiz.

Vor allem aber handelt es sich um eine weitere, und zwar diesmal um eine »echte« Fehlinterpretation Levinas', wenn Butler unterstellt, dass in der Dialektik von Freund und Feind der andere sein Gesicht verliere oder, wie sie es ausdrückt, sein Gesicht »aufgehoben« werde. Tatsächlich ist Levinas' Verständnis der Beziehung von Ethik und Politik viel schwieriger, ich würde sogar sagen: viel tragischer, als Butlers Interpretation vermuten lässt.

1988 behauptete Levinas, sogar die SS habe ein Gesicht.[118] Das bedeutet, dass es so etwas wie eine Aufhebung des Gesichts nicht geben kann, nicht einmal in der extremsten Feindschaft. Zwischen dem Gerechten und dem Ungerechten, zwischen zwei oder mehr als zwei Gesichtern wählen zu müssen, darin besteht das tragische Dilemma der Politik, sofern man diese nicht auf einen zynischen Pragmatismus reduziert, sondern auf Ethik gründet. Wenn Butler das Tragische ablehnt, so deshalb, weil sie die Endlichkeit unserer historischen und damit politischen Situation ablehnt – eine Endlichkeit, die sich in Grenzen manifestiert (des Nationalstaates zum Beispiel oder der jüdischen Identität) und ihrerseits der Hybris einer Politik des Unmöglichen Grenzen setzt, die nichts als Utopismus ist.

»Antigone, unbeugsam und sanft«

Ein Jahr nachdem mein Artikel und Butlers Antwort darauf 2013 im Philosophie-Blog von *Le Monde* erschienen waren, nahm Élisabeth Roudinesco – anlässlich der Veröffentlichung von Butlers Rede »Kann man ein gutes Leben im schlechten führen?«[119] – die Debatte wieder auf. In einem ebenfalls in *Le Monde* erschienenen Artikel lobte sie Butlers Einfluss auf den Feminismus, ihre ethische Philosophie und ihre Kritik am Zionismus, um sodann meine Kritik Butlers desto heftiger zurückzuweisen:

118 Emmanuel Levinas, Zwischen uns. Versuche über das Denken an den Anderen, München/Wien 1995.
119 Dankesrede bei der Verleihung des Adorno-Preises, in: *Frankfurter Rundschau*, 15. September 2012. Französisch unter dem Titel »Qu'est-ce qu'une vie bonne?« 2014 in Paris erschienen.

> Wegen ihres ausgezeichneten Buchs »Am Scheideweg«, in dem sie sich ausführlich mit einem Satz des Philosophen Emmanuel Levinas befasst, wurde sie durch den Dreck gezogen. Anstatt diese brillante Philosophin zu beleidigen, deren auf Veränderung zielende Thesen das neue Elend unserer modernen Welt beschreiben, um es zu beheben, anstatt fortwährend Krieg gegen den anderen zu führen, täte man gut daran, zu lesen, was sie schreibt. Ihr Vortrag über das gute Leben sollte den französischen Lesern zeigen, wer sie ist: eine »Antigone, unbeugsam und sanft«, wie ihr Übersetzer Martin Rueff sagt.[120]

Man beachte die Verkehrung: Während Butler, wie ich gezeigt habe, behauptet, dass Levinas als Zionist ein Rassist und also eigentlich ein Völkermord-Befürworter sei, behauptet Roudinesco, das Opfer der Verleumdung sei Butler und nicht Levinas und der Urheber der Verleumdung ich selbst (wenngleich ich nicht genannt werde). Als eine neue Antigone – die in ihrer Philosophie tatsächlich eine wichtige Rolle spielt –, habe Butler das ethische Stadium erreicht, mit Kierkegaard zu reden. Sie sei diejenige, die sich im Namen universeller menschlicher Werte gegen die willkürlichen Gesetze eines Stadtstaates auflehnt. In Roudinescos Szenario behält Butler die moralische Oberhand.

1969 widmete der Psychoanalytiker André Green der metapsychologischen Frage des moralischen Narzissmus eine interessante Studie.[121] Es handelt sich um theoretische Spekulationen, die sich allerdings auf seine klinische

120 Élisabeth Roudinesco, Judith Butler, l'iconoclaste, in: *Le Monde*, 4. Oktober 2014.

121 Wiederabgedruckt in: André Green, Narcissisme de vie, narcissisme de mort, Paris 1983.

Praxis stützen. Der moralische Narzisst »weigert sich, die Welt so zu sehen, wie sie ist, d.h. als ein geschlossenes Feld, in dem die menschlichen Instinkte einen endlosen Krieg führen.«[122] Darum bedeute der Körper für ihn »Einschränkung, Knechtschaft, Endlichkeit … ›Ich bin weder Mann noch Frau, ich bin ein Neutrum‹, sagte mir einmal ein Patient.«[123] Der Geschlechtsunterschied behindert den moralischen Narzissten in seiner Phantasie der Selbstgenügsamkeit, ebenso wie die tragische Endlichkeit von Geschichte und Politik seinen weltfremden utopischen Zielen im Weg stehen. Als ein Zeichen von Endlichkeit muss der Geschlechtsunterschied daher überwunden werden. Insofern gehört auch die messianische Politik zum moralischen Narzissmus, denn ähnlich wie Hegels »schöne Seele« will der moralische Narzisst die Ordnung einer als ungerecht empfundenen Welt verändern, dabei jedoch zugleich die eigene Tugendhaftigkeit bewahren und seine Hände nicht schmutzig machen. Der Aufruf Butlers (und ihrer Anhänger?) zur friedlichen Zerschlagung des jüdischen Staates – denn dieser Kampf sei pazifistisch und tugendhaft, betont sie immer wieder –, gepaart mit den Bestrebungen der Gendertheorie nach Überwindung der lästigen und demütigenden Endlichkeit des geschlechtlichen Körpers, klingt wie ein unheimliches Echo von Greens Metapsychologie des moralischen Narzissten.

122 Ebd., S. 189.
123 Ebd., S. 191.

Postskriptum

Gedanken über antisemitisches Gelächter

Radfahrer, Juden und Karikaturisten[1]

In dem berühmten Antisemitismuskapitel ihres Buches »Elemente und Ursprünge totaler Herrschaft« erzählt Hannah Arendt einen bösen Witz: »Ein Antisemit behauptet, die Juden seien am Kriege schuld; die Antwort lautet: Ja, die Juden und die Radfahrer; warum die Radfahrer?, fragt der eine; warum die Juden?, fragt der andere.«[2]

Im Januar 2015 wurde dieser makabre Scherz auf unheimliche Weise wieder aktuell. Islamistische Terroristen töteten Juden und Karikaturisten, und Frankreich und die westliche Welt fragten schockiert: Warum die Karikaturisten? Am 11. Januar gab es eine große Demonstration zur Unterstützung der Opfer und Überlebenden von *Charlie Hebdo*. Nach dem Amoklauf von Mohammed Merah 2012 in Toulouse, bei dem auch ein Rabbiner und drei jüdische Kinder ermordet worden waren, gab es keine solche Demonstration und keine internationale Mobilisierung.[3] Die

1 Eine frühere Fassung dieses Textes habe ich im März 2015 an der Universität Yale (Program for the Study of Antisemitism) vorgestellt. Maurice Samuels möchte ich an dieser Stelle noch einmal herzlich danken für die großzügige Einladung, mit der er mir Gelegenheit gab, meine Arbeit an jener angesehenen Forschungseinrichtung zu präsentieren. Geschrieben wurde dieses Schlusswort unmittelbar nach dem *Charlie Hebdo*-Massaker und dem antisemitischen Gemetzel in einem koscheren Lebensmittelgeschäft in Paris.
2 Hannah Arendt, Elemente und Ursprünge totaler Herrschaft, München 2001, S. 34.
3 Siehe Kapitel 2.

Ermordung von Juden – wenngleich es zuviel gesagt wäre, dass sie die Menschen völlig gleichgültig lasse – ruft nicht die gleiche Verwunderung hervor wie die Ermordung von Karikaturisten mitten in Paris. Sie löst keinen nationalen und internationalen Aufschrei und keine Staatstrauer aus. Die Ermordung von Juden ist auch heute in Paris noch »verständlich« oder zumindest erwartbar. Es ist alles andere als Routine, alles andere als normal, und ich will keineswegs behaupten, die Menschen seien abgestumpft oder gefühllos. Das sind sie nicht. Aber die Drangsalierung und Tötung von Juden folgt einem historischen Schema: Pogrome, mörderischer und genozidaler Antisemitismus. Die französischen Juden haben die antisemitische Entgleisung des ehemaligen Premierministers Raymond Barre nach dem Bombenanschlag auf die Synagoge in der Rue Copernic im Jahr 1980 nicht vergessen, bei dem Juden und Passanten getötet wurden. Barre äußerte sich empört darüber, dass die Terroristen Juden *und* »unschuldige Opfer« getötet hatten. Warum die nichtjüdischen Passanten? Und noch einmal: warum die Karikaturisten?

Ich maße mir nicht an, eine Antwort auf diese beunruhigende Frage zu haben, doch eine Vermutung zumindest habe ich. Ich würde nämlich behaupten, dass es einen engeren Zusammenhang zwischen Juden und Karikaturisten gibt als zwischen Juden und Radfahrern. Was nicht daran liegt, dass Humor und Satire an sich jüdisch wären (es gibt schließlich einige sehr ernste und trübsinnige Juden); und auch nicht daran, dass jeder Satiriker in den Augen antisemitischer und humorloser Islamisten ein Ehrenjude wäre. Warum also die Karikaturisten? Vielleicht weil politische Karikaturen, insbesondere die von *Charlie Hebdo*, für einen französischen Antiklerikalismus und Laizismus stehen, der auf eine rücksichtslose Kritik institutionalisierter

Religion zurückgeht, wie sie die Aufklärung und der Libertinismus im 18. Jahrhundert übten.[4] Und weil radikale Religionskritik und Antiklerikalismus, die in Frankreich schließlich zur Trennung von Kirche und Staat führten, den Juden seit ihrer Emanzipation im 18. und frühen 19. Jahrhundert zugute kamen. Ein Angriff auf antiklerikale Karikaturisten ist auch ein Angriff auf diese Trennung, ein Versuch, eine Staatsreligion wiederherzustellen, was den Juden im heutigen Europa natürlich schlecht bekommen würde. Die Ermordung von Polizisten, antiklerikalen Journalisten und Juden passt also politisch durchaus zusammen; sie versetzt der Französischen Republik einen tödlichen Schlag. Die Dschihadisten haben damit, wenn schon nicht den Krieg, so doch zumindest eine Schlacht gegen Frankreich gewonnen.

Der Komiker und politische Aktivist Dieudonné M'bala M'bala solidarisierte sich mit den antiklerikalen Karikaturisten und lobte zugleich die Judenmörder. Nach den Anschlägen vom Januar 2015 verkündete er auf seiner Facebook-Seite, er habe Verständnis für Charlie und Coulibaly (so der Name des Terroristen, der am 9. Januar die jüdischen Geiseln in einem koscheren Lebensmittelgeschäft ermordet hat). Dass ein Komiker Sympathie für die Journalisten von *Charlie Hebdo* bekundet, leuchtet ein. Wer sich selbst über Juden lustig macht, stünde schlecht da, wenn er nicht auch Mitgefühl für Kollegen zeigte, die ermordet wurden, weil sie den Islam verspottet haben. Doch haben wir es hier mit einem Komiker zu tun, der von pa-

4 Die vorneuzeitliche Verunglimpfung des Klerus gehört eher zur Tradition des Karnevals als zu einer rationalistischen, atheistischen oder philosophischen Kritik. Selbst wenn Molière sich in »Don Juan« von der Figur des metaphysischen Rebellen fasziniert zeigt, bedeutet das nicht, dass er ihr zustimmt. Don Juan brennt schließlich in der Hölle.

thologischem Antisemitismus und Verschwörungsmythen bereits derart eingenommen ist, dass er offensichtlich nicht erkennt, dass die Morde an *Charlie*-Journalisten und Juden im Namen derselben theokratischen und totalitären Ideologie verübt wurden. Dieudonné sieht nicht – oder gibt vor, nicht zu sehen –, dass, was die Kouachi-Brüder motiviert hat (und natürlich die dschihadistischen Organisationen, die sie ausgebildet und gesponsert oder zumindest dazu angestiftet haben, möglicherweise al-Qaida und IS), genau das ist, was auch Coulibali motiviert hat: sie wollen die Republik destabilisieren und ein Klima der Einschüchterung und permanenten Angst unter Juden und im »freien Frankreich« schaffen (wenn ich diesen historisch belasteten Ausdruck verwenden darf).

Gelächter und Grenzüberschreitung

Seinen Essay über das Wesen des Lachens (und der Karikatur als eines seiner bevorzugten Medien) aus den 1840er Jahren beginnt Baudelaire mit einem wahrscheinlich vom Buch Jesus Sirach (Kap. 21) inspirierten Zitat: »Der Weise lacht nur mit Zittern.«[5] Die Weisheit ist todernst, doch muss sie hier in Baudelaires, d.h. in jüdisch-christlichem Sinne verstanden werden. Die Weisheit ist der Logos, das fleischgewordene Wort. Und der Logos, das fleischgewordene Wort, lacht nicht.

Wenn wir Baudelaires Spekulationen über das Lachen folgen, bekommen wir eine Ahnung davon, dass Lachen

5 Charles Baudelaire, Vom Wesen des Lachens, in: Sämtliche Werke/ Briefe in acht Bänden, hg. v. Friedhelm Kemp u. Claude Pichois, Bd. 1, München 1977, S. 286.

sich immer irgendwie gegen den Logos richtet und vielleicht immer ein Lachen auf Kosten Gottes ist. Während in der jüdisch-christlichen Tradition Gott manchmal über sein Geschöpf lacht, ist das Lachen in Baudelaires Metaphysik stets eine Beleidigung Gottes, eine Provokation oder, wenn man so will, eine Blasphemie. Der supralapsarische Mensch lacht nicht. Das Lachen kommt erst nach dem Sündenfall auf; es ist ein Zeichen der Erniedrigung des Menschen, ein Zeichen der Sünde und des Vergehens. Der Mensch lacht, weil er gesündigt, weil er die Verbote Gottes übertreten hat. Das Lachen ist also historisch – ein Symptom menschlicher Vergänglichkeit und Endlichkeit, der ontologischen Entstellung und Verunstaltung des Menschen; durch die Sünde wurde das Bild Gottes im Menschen verunstaltet, heißt es in Miltons »Verlorenem Paradies«. Das Lachen sei »etwas Verwerfliches und teuflischen Ursprungs«, sagt Baudelaire, »eines der unverkennbar satanischen Merkmale des Menschen.«[6] Doch als etwas Diabolisches ist das Lachen auch spezifisch menschlich, »zugleich Anzeichen einer unendlichen Größe und eines unendlichen Elends«.[7] Die widersprüchliche Natur des Menschen sei verantwortlich für den Krampf, die Konvulsion des Lachens, die abscheuliche Kontraktion des Gesichts und des ganzen Körpers, die das Lachen auslöst. (Krampfhaftes Lachen ist übrigens ein bedeutendes Merkmal der Komik Dieudonnés, die damit bereits auf die Grenzüberschreitung hindeutet, auf die ich noch zurückkommen werde.)

Die durch das Lachen bewirkte Kontraktion hält Baudelaire für das äußere Zeichen eines irreduziblen Wider-

6 Ebd., S. 288 u. 289.
7 Ebd., S. 292.

spruchs, in dem die Doppelnatur des Menschen bestehe. Es ist bekannt, dass die Kirchenväter die Menschen dazu anhielten, das Lachen zu kontrollieren und sogar zu unterdrücken. Bei den Gnostikern jedoch, schreibt Ingvild Gilhus, stoße man auf eine bemerkenswerte Ausnahme vom kirchlichen Lachverbot: »Das Lachen der Gnostiker ist dem Lachen im Alten Testament diametral entgegengesetzt; im Alten Testament lachte Gott über die Menschen. In den gnostischen Mythen lachten die Menschen über Jahwe. Jahwe hatte seine Macht verloren.«[8]

Die »metaphysische Rebellion« der Gnostiker, wie Albert Camus es in »Der Mensch in der Revolte« treffend ausdrückt, ist eine gegen den Gott des Alten Testaments. Das gnostische Lachen, behaupte ich, ist ein antijüdisches Lachen, ein Lachen über den Gott der Juden. Die Absage an den Gott der hebräischen Bibel löst ein krampfhaftes Lachen aus, das den Lachenden von den Fesseln des Gesetzes befreien soll.

*

Der Leser möge mir verzeihen, wenn ich hier den Eindruck einer Predigt erwecke, doch Glaube, Sünde und Gesetzesübertretung sind den aktuellen Debatten über das Lachen in Frankreich nicht ganz fremd. Nun da der Begriff der Blasphemie, nachdem er mindestens ein Jahrhundert lang geschlummert hat, unversehens wieder aufgetaucht ist, scheint Baudelaires Metaphysik des Lachens durchaus zeitgemäß. Ich halte es jedenfalls für wichtig, sich mit ihr zu befassen, zumal ich schon immer der Meinung war,

8 Ingvild Gilhus, Laughing Gods, Weeping Virgins: Laughter in the History of Religion, London 1997, S. 73.

dass die überzeugendsten Theorien des Antisemitismus metaphysisch sind.

Freud und Lyotard gegen Arendt, gewissermaßen. Wenn wir das kulturelle Phänomen eines antisemitischen Komikers – das zu einer Staatsaffäre über die französischen Grenzen hinaus geworden ist –, wenn wir Gelächter, Burleske und Spott als ein Mittel zur Verbreitung antisemitischer Propaganda verstehen wollen, sollten wir uns über die Metaphysik und Theologie des Lachens Gedanken machen. Natürlich finden Karikatur, Spott und Burleske im modernen Antisemitismus seit langem schon Verwendung, man denke nur an die Karikaturen der Nazis und die Anti-Dreyfusard-Ikonographie Jahrzehnte zuvor; oder auch an die antisemitischen Pamphlete Célines – eine endlose groteske und karnevaleske Schmähung der Juden als Repräsentanten der hebräischen Bibel. Wenn das Lachen etwas mit dem »Bösen« im Sinne Baudelaires zu tun hat, oder vielleicht mit dem, was Éric Marty mit Blick auf Jean Genets Antisemitismus die »Angst vor dem Guten« nennt, dann erscheint es durchaus angebracht, es in Verbindung mit dem Antisemitismus zu betrachten. Damit soll nicht gesagt werden, dass Lachen an sich antisemitisch wäre (eine abwegige und unsinnige Behauptung), sondern dass eine bestimmte Eigenschaft des Lachens, die noch genauer zu bestimmen bleibt, antisemitisch sein könnte. Zu diesem Zweck möchte ich versuchen, ein metaphysisches Licht auf die Dieudonné-Affäre zu werfen, die man bisher vornehmlich gesellschaftspolitisch und juristisch aufgefasst hat, ohne sich um das Lachen weiter zu kümmern.

Kein Wunder, dass Baudelaires legitimer Erbe Georges Bataille, der Theoretiker des Spasmus, der Konvulsion und unvermittelten Kommunikation, über das Lachen ganz ähnlich urteilt. Das Lachen nämlich, sagt er, »enthüllt die unmenschlichen Abgründe des menschlichen Tieres«.[9] Für den Theoretiker des Exzesses und der Verausgabung kommt das Lachen einer Schändung gleich. Auch Michail Bachtin, der Denker des Karnevals und der Feste, hält das Lachen für einen »Sieg über den mystischen Schrecken Gottes … und vor allem über die Unterdrückung und die Schuld, die mit allem verbunden sind, was geheiligt und verboten ist«.[10] Lachen sei »kathartisch und erlösend«, »ein Ausdruck der Rebellion gegen die religiösen Autoritäten und ihre Institutionen in Vergangenheit und Gegenwart.«[11] Wir sollten uns vor Augen halten, dass eine bestimmte Auffassung des Lachens mit Gesetzesübertretung, Fest und Entweihung zu tun hat. Das Lachen wendet auch den Schrecken Gottes ab, es befreit von Schuld und dem Gefühl, vom göttlichen Gesetz unterdrückt zu werden.

Um wirklich Grenzen zu überschreiten und gegen Gesetze zu verstoßen, so Bataille weiter, müsse das Lachen ohne Objekt sein, ein verrücktes Lachen sozusagen. Hier unterscheidet er zwischen einem großen oder souveränen Lachen und einem komödiantischen Lachen, so wie er auch zwischen großer und kleiner Kommunikation unterscheidet. Das komödiantische Lachen sei gegenständlich und auf ein Objekt bezogen, somit bewahre es das Subjekt vor der totalen Zerstörung der Subjektivität, vor dem Exzess. Das komödiantische Lachen bleibe gehemmt und gesellig, halte sich zumindest in gewissen Grenzen (das ist das Bergson'sche Lachen), wohingegen das große, souve-

9 Zitiert nach Lucio Angelo Privitello, S/laughter and Anima-lethe, in: Shannon Winnubst (Hg.), Reading Bataille Now, Bloomington (Indiana) 2007, S. 170.
10 Zitiert ebd., S. 179.
11 Gilhus, Laughing Gods, S. 104.

räne Lachen alle Hemmungen überwinden und alle Grenzen überschreiten müsse. Batailles Lacher ist ein metaphysischer Rebell; sein Lachen ist das Lachen Don Juans. Er rebelliert gegen die Anpassung an die Ordnung, sei sie sozial oder göttlich, gegen das, was Bataille das Homogene nennt. Das Lachen habe etwas Heterogenes an sich.

Ich folge hier einer anderen Denktradition als der Bergsons, der das Lachen für ein Korrektiv und ein Mittel zur Wiederherstellung der sozialen Ordnung hielt. Bataille erzählt in »L'expérience intérieure«, wie enttäuscht er von Bergsons Theorie gewesen sei, gegen die seine ganze A-Theologie des Lachens gerichtet ist. In der Tradition, auf die ich mich hier beziehe – die man karnevalesk oder dionysisch nennen mag –, ist Lachen ein heterogenes Prinzip des Chaos: ein Angriff auf den Schöpfer, um das Geschöpf von den Fesseln des moralischen Gesetzes zu befreien. Diese Art des Lachens würde ich als *antinomisch* bezeichnen.

König der Possenreißer

Mit all der Metaphysik tut man dem bigotten und vulgären Komödianten Dieudonné vielleicht theoretisch zu viel Ehre an. Doch sind Karneval – im tragischen Sinne Batailles – und die Überschreitung aller sozialen und moralischen Grenzen nicht weit entfernt von den Gründen, die angeführt wurden, um einen Auftritt Dieudonnés im Januar 2014 zu verbieten. Man fürchtete eine »Störung der öffentlichen Ordnung«. Das *débordement*, der Ausbruch oder Exzess, steht im Mittelpunkt von Batailles Soziologie des Festes und des Heterogenen. In Dieudonnés Weltanschauung wäre das Heterogene das, was sich dem von ihm so genannten »System« nicht fügt. Wer Dieudonné und seinen Freund und politischen Verbündeten, den selbsternannten Nationalsozialisten Alain Soral, kennt, weiß, dass das »System« ein euphemistischer Ausdruck für die Juden, Israel und Amerika ist, für all das, was Soral auch »das Imperium« nennt.[12] Diese vage Bezeichnung umfasst den »Zionismus« ebenso wie die USA, die ihrerseits auch – nicht ganz so subtil – »die Bank« genannt werden. In einem Gespräch mit dem Journalisten Eric Naulleau erklärte Soral, er habe die jüdische Herrschaft beim Studium des Klassenkampfs entdeckt, und erhob damit Anspruch auf das Erbe des marxistischen Antisemitismus.[13] »Imperium« und »System« sind metonymische Ausdrücke für eine jüdische, »zionistische« Weltordnung, die die Nichtjuden versklave und von der die Komik Dieudonnés und die Ideologie Sorals, die ebenfalls auch auf der Bühne und in Videos dargeboten wird, die Menschheit emanzipieren sollen. Auch wenn er sich nicht der Begriffe Batailles bedient, versteht Dieudonné seinen Judenhass als das Heterogene. Seine berüchtigte *quenelle*, eine Geste, die etwa dem »Stinkefinger« entspricht und – vielleicht zu Unrecht – als umgekehrter Hitlergruß gedeutet wurde, bezeichnen er und Soral als »Anti-System«.

Neben der »Störung der öffentlichen Ordnung« berief sich der Conseil d'État beim Verbot von Dieudonnés Auftritt im Jahr 2014 auch auf die Verletzung der Menschenwürde. Dieser Begriff kann auf die jüdisch-christliche Metaphysik zurückgeführt und als säkularisierte Version der Entwürdigung des Gottesbildes verstanden werden. In der

12 Alain Soral, Comprendre l'Empire, Paris 2011.
13 Alain Soral/Eric Naulleau, Dialogues désaccordés: Combats de Blancs dans un tunnel, Paris 2013, S. 107.

säkularen Nachkriegskultur Europas ist damit die Entwürdigung des Menschenbildes der Allgemeinen Erklärung der Menschenrechte gemeint. Eine Verletzung der Menschenwürde wurde beispielsweise beim »Zwergenwerfen« festgestellt, und im Fall Dieudonné hat man diesen Tatbestand auch auf das gesprochene Wort ausgedehnt. Die Verhöhnung von Holocaust-Opfern, etwa eines jüdischen Häftlings in gestreiftem Pyjama und mit gelbem Stern, der zu einem exotischen Lied tanzt, in dem das Wort »Shoah« in einem juvenilen Wortspiel mit »Ananas« kombiniert wird, wurde als Verletzung der Menschenwürde angesehen, obwohl die burleske Darstellung mit keinen wirklichen Taten in Verbindung stand.

In einer scharfen Kritik der französischen Erinnerungsgesetze (*lois mémorielles*, die die Leugnung von Völkermord und rassistische Äußerungen verbieten) stellte der Philosoph Philippe Nemo fest, der Zweck dieser Gesetze bestehe darin, einer gesellschaftlichen Krankheit oder Unreinheit vorzubeugen – also genau dem, was wir in Batailles Begriffen als das Heterogene bezeichnen würden.[14] Die Rhetorik der französischen Redegesetze und insbesondere die Art und Weise, in der antirassistische Organisationen über Intellektuelle und Politiker sprechen, die gegen Einwanderung sind, vergleicht Nemo mit der archaischen Unterscheidung zwischen dem Reinen und dem Unreinen. Die Redegesetze hätten eine sozialprophylaktische Funktion. Sie verletzten das Gewissen des Einzelnen, indem sie nicht Taten, sondern Reden und sogar Gedanken bestraften. Nemo sieht es jedoch nicht als Aufgabe des Gesetzes an, den Platz der Religion und Moral einzunehmen

14 Philippe Nemo, La régression intellectuelle de la France, Brüssel 2011.

und zu entscheiden, was reine und was unreine Ideen oder Gedanken seien. Mit heterogenen Elementen, meint er, mit gesundem und sogar ungesundem Dissens wäre die Polis besser dran.

Offenkundig will Dieudonné diesen Dissens verkörpern, diese Heterogenität: dasjenige, was die Gesellschaft nicht integrieren kann. Jean-Michel Delacomptée bemerkte, der Komiker trage stolz den gleichen Namen wie Ludwig XIV., der auch Dieudonné genannt wurde, »gottgegeben«, vielleicht seiner späten Geburt wegen, die als Wunder angesehen wurde. Der da behauptet, er sei der König des Lachens, teile seinen Namen mit dem Sonnenkönig. Und sein Theater La Main d'Or (Die goldene Hand) sei sein Versailles: »Daher Dieudonnés Stolz, die Kühnheit seiner Verstöße, sein seltsames Charisma und schließlich sein Erfolg.«[15] In unserer heutigen Unterhaltungskultur seien die Hanswurste zu Königen geworden, das Hohe und das Niedere hätten sich verkehrt, alles sei auf den Kopf gestellt. Possenreißer würden gelobt und gefeiert, Könige verspottet und lächerlich gemacht. Das mag sein, doch entspricht eine solche Verkehrung der Zeit der Festspiele. Bataille zufolge gehört es zur Souveränität, dass der Narr zum Souverän wird. Erinnern wir uns, dass Jean Genet, wie Sartre klar erkannt hat, auf der Suche nach Heiligkeit war, die er in Selbstverleugnung und Selbstzerfleischung zu finden glaubte. Erst als erbärmliche Prostituierte wurde er gekrönt. Das Heilige, ein anderer Name für Souveränität und das Böse, finde genau in dieser Umkehrung statt, sagt Bataille, in dieser *epochē*, dieser Aufhebung der Zeit, wenn alles auf dem Kopf stehe. Dieudonné ist also für die Stand-

15 Jean-Michel Delacomptée, Dieudonné: Bouffon, qui t'a fait roi?, in: Causeur, Februar 2014.

up-Comedy das, was Genet für die Literatur ist: der verwünschte Teil.

Dabei ist Dieudonnés Antisemitismus das Gegenteil des Rassenantisemitismus. Zwar läuft er auf dasselbe hinaus, nämlich die Forderung, die Juden auszurotten, doch tut er das im Namen »rassischer« Unreinheit. Dieudonné ist selbst ein *métis*, französischer und kamerunischer Abstammung. Da er sowohl schwarz als auch weiß ist, lässt er die Frage seiner Identität offen und stellt diese Uneindeutigkeit als Ideal der Unreinheit zur Schau. Im Gegensatz dazu verkörpern die Juden in seiner Phantasie und in Übereinstimmung mit einer traditionellen Angst vor jüdischem Partikularismus eine Form von Rassenreinheit und Rassismus. [16] Dagegen seien Schwarze und insbesondere »Mischlinge« nicht nur immun, sie seien obendrein auch die Hauptopfer der Juden. Die Juden müssten bekämpft werden, weil sie das Prinzip der Reinheit verkörperten und damit den Ursprung der Trennung unter den Völkern der Erde.

Krieg der Opfer

Mir geht es nicht darum, Dieudonné zu einer erhabenen Idealfigur der Abscheu zu machen. Es ist auch keineswegs sicher, dass es sich bei seinem Lachen um ein souveränes Lachen à la Nietzsche oder Bataille handelt. Man würde,

16 Die Schmähung »rassistischer Jude« findet sich wiederholt auch in Célines Pamphleten. Céline allerdings war selbst ein von den Rassentheorien seiner Zeit geprägter rassistischer Antisemit. Bei Dieudonné fiele es schwerer, ihn darauf festzulegen, denn er rechtfertigt seinen Antisemtismus durch seine Ablehnung des Rassismus.

wie Éric Marty und Ivan Jablonka gezeigt haben, auch Genet nicht richtig verstehen, wenn man ihn idealisierte.[17] Genet war nicht der erhabene Paria, als den selbstgefällige Kritiker seit Sartre ihn hinstellen. Ebenso würde ich behaupten, dass Dieudonné nicht die verächtliche Figur ist, die er zu sein vorgibt. Es genügt, seinen Auftritt im iranischen Fernsehen zu sehen, um zu erkennen, dass er mit kühlem Kopf eine sehr klare politische Agenda verfolgt, die nichts mit karnevalesker oder souveräner Respektlosigkeit zu tun hat. Mir ist auch bewusst, dass die Angst vor dem *débordement* eher eine vor antisemitischen Pogromen als vor dionysischen Festen oder einer Wiederbelebung des Sansculottismus ist. Sowenig Dieudonné ein wiederauferstandener Hitler ist, sowenig ist er ein Dionysos oder Bacchus. Natürlich versucht er, sich selbst als Paria, als verächtliche Figur – als Figur der absoluten Grenzüberschreitung – darzustellen, und der Antisemitismus und die Verhöhnung des Holocaust bieten ihm eine Möglichkeit, das zu erreichen. Es sei daran erinnert, dass der Holocaust von denen, die ihn leugnen, ebenso wie von einigen postmodernen philosemitischen Denkern (natürlich aus *entgegengesetzten Gründen*) als ein neuer Glaube, ein neues Heiliges, eine Religion interpretiert wird. Wie Pascal Bruckner gezeigt hat, dient Auschwitz dabei als eine Art photographisches Negativ des Berges Sinai oder Golgathas.[18] Dieudonné hat sich diese Sakralisierung und das, was er als das ultimative Tabu im postchristlichen Europa ansieht, zunutzte gemacht. Wenn der Holocaust an die Stelle Gottes getreten ist, dann muss er nach der Logik der

17 Siehe Kapitel 2.

18 Pascal Bruckner, Der Schuldkomplex, München 2008. Siehe die Auseinandersetzung mit Michel Deguy in Kapitel 1.

metaphysischen Rebellion und des gnostischen Lachens verspottet werden.

Es wäre naiv, Dieudonné auf einen Entertainer zu reduzieren, damit würde man seine Macht als Komiker kleinreden. Sein Aktivismus und seine theatralische Persona sind eins. Ich werde hier nicht auf seine Nahostkampagne eingehen, Näheres dazu kann man in Frédéric Hazizas Buch über Neofaschisten im heutigen Frankreich nachlesen.[19] Dieudonné ist politisch so gewieft, dass er sich die finanzielle Unterstützung der Hisbollah, der iranischen Mullahs, der Assad-Familie und nicht zuletzt Muammar al-Gaddafis sichern konnte. Außerdem hat er eine antizionistische Partei gegründet und war mit Jean-Marie Le Pen befreundet.

Dieudonnés antisemitisches Szenarium ist nicht besonders subtil. Es erzählt immer wieder die gleiche Geschichte. Es ist das Szenarium des paranoiden Antisemitismus, eine Geschichte der Opferrivalität, die die »Protokolle der Weisen von Zion« wiederkäut: die Juden hätten aus dem Holocaust Kapital geschlagen und damit alle anderen Opfer der Weltgeschichte, insbesondere die der Sklaverei und des Kolonialismus, in den Schatten gestellt. Manchmal geht er sogar noch weiter: die Juden hätten nicht nur symbolisches und materielles Kapital aus vergangenem Leid geschlagen, sondern seien auch die Hauptverantwortlichen des atlantischen Sklavenhandels und Unterstützer der Apartheid in Südafrika gewesen. Juden seien die ultimativen Schwarzenhasser: »Die Nachkommen der Juden werden noch immer für das entschädigt, was während der Shoah geschah … Wir Schwarzen haben nie et-

19 Frédéric Haziza, Vol au-dessus d'un nid de fachos: Dieudonné, Soral, Ayoub et les autres, Paris 2014.

was gehabt, wegen gewisser Juden, die sich weigern, unser Leid mit dem ihren zu vergleichen! Ich glaube wirklich, dass die jüdische Lobby die Schwarzen hasst!«[20]

Aber Juden seien nicht nur Schwarzenhasser, sie hätten auch den Rassismus in die Welt gesetzt und die Völker durch fabrizierte Trennungslinien gespalten: »Der Rassismus wurde von Abraham erfunden. Das ›auserwählte Volk‹ ist der Beginn des Rassismus. Die Muslime reagieren darauf heute nach dem Prinzip Auge um Auge. Juden und Muslime gibt es für mich nicht. Deshalb gibt es auch keinen Antisemitismus, weil es keine Juden gibt.« Hier bedient sich Dieudonné, natürlich unabsichtlich, genau der gleichen Argumente wie Badiou, dessen radikaler Universalismus, der nach Überwindung aller Partikularitäten strebt, eine besondere jüdische Identität leugnet und als die wahren Antisemiten von heute diejenigen ausmacht, die am Partikularismus festhalten, nämlich die Juden.[21] Auch wenn Dieudonné geistig nicht so dialektisch gewandt ist wie Badiou, möchte ich seine abschätzigen Äußerungen über jüdische Identität hier zitieren, um zu zeigen, wie nahe sich, ungeachtet der Vulgarität Dieudonnés, der Philosoph und der antisemitische Komiker in dieser Frage stehen: »Das sind zwei absurde Begriffe. Niemand ist Jude, sonst sind es alle. ... Für mich sind die Juden eine Sekte,

20 Die Zitate finden sich in: Pierre-André Taguieff, Prêcheurs de haine: traversée de la judéophobie planétaire, Paris 2004. Dieudonné setzt gewissermaßen das von Jean-Michel Chaumont beschriebene Paradigma der Opferkonkurrenz in Szene, mit den Juden als Initiatoren dieser Rivalität. In dem Sketch »Le championnat de la victimisation« (Opferweltmeisterschaft) inszeniert er eine Fernsehspielshow, in der Teams aus Afrikanern, Nachfahren amerikanischer Ureinwohner, Aborigines und Juden um einen Opferpreis kämpfen. Die ewigen Gewinner sind natürlich die Juden – dank ihrer List, ihrem Geld und ihrer unvergleichlichen Fähigkeit, anderen Schuldgefühle einzureden.

21 Siehe Alain Badiou, Portées du mot »juif«, Paris 2008.

ein Schwindel. Und zwar einer der gravierendsten Schwindel, weil es der erste ist.«[22] Dieudonné leugnet die konkrete Existenz der Juden und betrachtet jüdische Identität als ideologische, rassistische Fälschung – als »Schwindel«. Den Zionismus bezeichnet er als eine Krankheit, nämlich als »das AIDS des Judentums«. AIDS heißt im Französischen *sida*, und das anagrammatische Spiel mit der ersten bzw. zweiten Silbe von »Zionismus« (*sionisme*) und »jüdisch« (*judaïque*) erinnert an das Wort *sidaïque*, das Jean-Marie Le Pen in den 1980er Jahren prägte, um mit dem Virus Infizierte zu stigmatisieren. Es sollte einen nicht überraschen, dass Dieudonnés Witze dem Humor seines alten Freundes Le Pen entsprechen, der 1988 den damaligen Minister für den öffentlichen Dienst Michel Durafour »Durafour crématoire« nannte (*four* bedeutet Ofen, und ein *four crématoire* ist ein Krematoriumsofen, wie er zur Verbrennung der Leichen von Juden im Holocaust verwendet wurde).

Allerdings verstand Dieudonné sehr schnell, dass er das Wort »Jude« vermeiden und durch »Zionist« ersetzen muss: »Ich spreche das Wort Jude nicht aus … Irgendwann habe ich verstanden, dass dieses Wort so oder so interpretiert werden kann, das Wort Zionist aber nicht.«[23] Dieudonnés Offenheit ist erschreckend und bestätigt einmal mehr, dass der heute so genannte Antizionismus nur ein Feigenblatt für den Antisemitismus ist.

Nach der Ermordung von Ilan Halimi im Jahr 2006 durch eine selbsternannte »Barbarengang« beschuldigte Ruth Halimi, die Mutter des Opfers, Dieudonné, die Täter mit seiner mörderischen Rhetorik motiviert zu haben. Eine

22 Zitiert nach Taguieff, Prêcheurs de haine, S. 390.
23 Zitiert nach Haziza, Vol au-dessus d'un nid de fachos, S. 109.

Zeugin und Komplizin in dem Fall, Sorour alias Emma, die Ilan Halimi verführte und in die Falle lockte, bemerkte dazu in ihrer Aussage: »Für Fofana waren die Juden Könige, weil sie Geld vom Staat einheimsten, während er, weil er schwarz war, vom Staat als Sklave betrachtet wurde.«[24] Wenngleich man Dieudonnés Reden nicht direkt als Ursache und Fofanas Tat als nicht direkt deren Wirkung bezeichnen kann, so fällt es doch schwer, da keinen Zusammenhang zu sehen, schließlich hatte Dieudonné mehr als ein Jahrzehnt lang einen Opferwettbewerb inszeniert, Ressentiments geschürt und Rache für die empfundene Demütigung gefordert.

Wenn es möglich wäre, den Ursprung des antisemitischen Virus in einem einzelnen Subjekt auszumachen, wenn es so etwas wie eine individuelle Ätiologie des Antisemitismus gäbe, dann könnte man im Fall Dieudonnés zum Beginn des Jahrtausends zurückgehen, als er einen Film über den Code Noir, den Gesetzeskodex zur Regelung des Sklavenhandels, plante. Das Projekt scheiterte an mangelnder Finanzierung, und die Verantwortung dafür schob Dieudonné den Juden zu, den angeblichen Eigentümern der Unterhaltungsindustrie, die allein Anspruch auf historisches Leid erhöben, und zwar auf Kosten der Schwarzen.

Sie monopolisierten alles Geld der Unterhaltungsindustrie, um die Erinnerung an jüdisches Leid zulasten aller anderen Erinnerungen an erlittenes Unrecht zu fördern. Seither betrachtet Dieudonné die Juden als Hauptverantwortliche der Sklaverei, wie man in seiner Show »Mahmoud« sehen kann. Der Titel ist eine Hommage an den ehemaligen iranischen Präsidenten Mahmud Ahmadinedschad.

24 Zitiert ebd., S. 101.

Dieudonné spielt einen Dialog zwischen einem imaginären Vorfahren des französischen Intellektuellen Bernard-Henri Lévy namens Auguste Lévy und einem schwarzen Sklaven, den sein Herr gewaltsam zu einem bloßen Objekt erniedrigt und ihm den Namen »Pot de fleur« (Blumentopf) gibt. Der Plantagenbesitzer Auguste Lévy wird als lächerlicher sephardischer Jude mit starkem jüdisch-nordafrikanischem Akzent dargestellt, und der von ihm wie eine Sache, gleichsam wie ein »Blumentopf« behandelte Sklave sagt am Ende, dass er lieber für einen christlichen Herrn arbeiten würde.

Witzig soll sein, dass der Journalist, der die beiden interviewt – Dieudonné spielt alle Rollen selbst –, sich über die Äußerung des Sklaven, dass er lieber einen nichtjüdischen Herrn hätte, schockiert zeigt und droht, ihn bei antirassistischen Organisationen anzuzeigen, die aber natürlich von Juden und jüdischen Konzernen beherrscht werden. Die Moral von der Geschichte: Reiche jüdische Ausbeuter und Plantagenbesitzer versklaven Schwarze, die sie wie Gegenstände behandeln, und die Schwarzen, die sich darüber beschweren, werden des Antisemitismus bezichtigt.

»Doppelmoral«: Tatsache und Glaube

Besessen von dem, was sie für ein jüdisches Leidensmonopol halten, wettern Dieudonné und seine Anhänger gegen »Doppelmoral« – ein Wort, das nach dem Anschlag auf *Charlie Hebdo* wiederaufgetaucht ist und nun mit noch größerer Vehemenz im Munde geführt wird. Bis zu Beginn dieses Jahrtausends war von Doppelmoral in Bezug auf die Anerkennung vergangenen Leids die Rede, wobei die Juden privilegiert würden. In jüngster Zeit spricht man von Doppelmoral auch in Bezug auf das Recht auf Gotteslästerung. Antisemitismus und Holocaustleugnung seien verboten, wenden Dieudonnés Anhänger ein, Blasphemie jedoch nicht. Dass wirft eine erkenntnistheoretische Frage auf, die die Rede von Doppelmoral verschleiert. Ich kann der Ansicht einiges abgewinnen, Gesetze zur Erinnerung seien kontraproduktiv und das Gesetz habe weder in die historische Forschung einzugreifen noch die Redefreiheit einzuschränken – all das sollte, wie Jon Stewart in der »Daily Show« sagte, der unsichtbaren Hand des Marktes überlassen bleiben: wer Holocaustleugner und Antisemiten nicht möge, solle sich deren Auftritte nicht ansehen. Die Gleichsetzung von Holocaust- oder Genozidleugnung und Blasphemie lehne ich jedoch entschieden ab. Damit macht man den Holocaust zu einer Glaubensfrage (denn keine Blasphemie ohne Glauben), was genau das ist, was Holocaustleugner wollen (der Holocaust ist für sie nur eine Meinung, eine Glaubensfrage, kein historisches Ereignis). Was die behauptete Geltung betrifft, so macht es allerdings einen Unterschied, ob es sich dabei um eine historische Tatsache oder eine geoffenbarte Wahrheit handelt. Die Leugnung einer historischen Tatsache – womit man nicht nur Historiker, sondern auch Millionen von toten oder lebenden Zeugen verleumdet – ist nicht gleichbedeutend mit der einer Wahrheit, die auf Offenbarung und Glauben beruht. Wer den Propheten Mohammed verhöhnt, verleumdet niemanden, denn es gibt keinen empirischen Beweis dafür, dass Gott Mohammed den Koran diktiert habe, ebensowenig wie es einen Beweis dafür gibt, dass Moses die Zehn Gebote von Gott erhalten habe. Und hier begegnet uns, wenig überraschend, der theokratische Iran wieder. Im Jahr 2006 kündigte der damalige Präsident Ahmadinedschad einen internationalen Holocaust-Karikaturenwettbewerb an, um auf die dänischen Mohammed-Karikaturen von 2005 zu »reagieren«. Dabei spielte es keine Rolle, dass es sich bei der dänischen Zeitung gar nicht um eine jüdische Zeitung handelte. Für den Islamismus, ebenso wie für Dieudonné, muss alles, was als islamfeindlich wahrgenommen wird, zionistisch sein, da der Zionismus als Quelle allen Übels feststeht. Der islamische Antizionismus ist ein Erlösungsantizionismus, so wie der Antisemitismus der Nazis laut Saul Friedländer ein Erlösungsantisemitismus war. Die Gleichsetzung von Holocaustleugnung und sogenannter Blasphemie zeugt vom moralischen und politischen Bankrott des iranischen Erlösungsantizionismus.

Geschichte, meint Dieudonné – frei nach Churchill –, werde von den Siegern geschrieben. Es handle sich dabei also immer um eine Fälschung, die der Revision bedürfte. Seine Verachtung einer angeblich von weißen Europäern und vor allem von Juden geschriebenen Geschichte bringt er auch auf der Bühne zum Ausdruck. Eine populäre, vielleicht pervertierte, jedenfalls antisemitische Version postkolonialer Theorie führt Dieudonné und Soral zur Leugnung des Holocaust. Wenn Geschichte von den Siegern geschrieben und der Subalterne dabei stets vergessen wird, warum sollte dann der Holocaust eine historische Tatsache sein und nicht nur jüdische und westliche Propaganda?

Historische Tatsachen, schrieb Hannah Arendt in »Wahrheit und Politik«, seien zugleich hartnäckig und verletzlich.[25] Im Bewusstsein der Verletzlichkeit historischer Tatsachen fälschen totalitäre Regime sie systematisch und in großem Umfang, etwa durch die Fabrikation

25 Hannah Arendt, Truth and Politics, in: *The New Yorker Magazine*, 25. Februar 1967 [Wahrheit und Politik, in: Hannah Arendt, Wahrheit und Lüge in der Politik. Zwei Essays, München 2013, S. 44–92].

von Bildern und deren Verbreitung durch ihre gigantischen Propagandaapparate. Diese Fälschung, so Arendt, sei der erste Schritt zum Mord. Allerdings konnte sie selbst das »Netz der Täuschungen«[26] noch nicht vorhersehen, das einst das World Wide Web um uns herum errichten würde, und zwar nicht mehr auf der Ebene von Staaten, sondern weltweit, wenngleich eine staatlich betriebene Fälschung historischer Tatsachen etwa im Iran, in den arabischen Ländern oder in der Türkei (dort in Bezug auf den Völkermord an den Armeniern) fortbesteht. Globalisierung bedeutet auch eine Globalisierung der Propaganda und der Fälschung, und es ist kein Zufall, dass die Leugnung des Holocaust im Internet ebenso aufblüht wie die Verschwörungstheorien nach dem *Charlie Hebdo*-Massaker, denn sie ist eine ebensolche Fälschung historischer Fakten wie die Apologie des Terrors, des Antisemitismus und des Nationalsozialismus. Wer Frankreich oder Deutschland vorwirft, dass sie die Leugnung des Holocaust verbieten, will einfach nicht begreifen, dass das Verbot ein – wenn auch ungeschickter, verzweifelter und unwirksamer – Versuch ist, einen Totalitarismus einzudämmen, der auf einer gewaltigen Geschichtsfälschung beruht, wie sie die extreme Rechte ebenso wie die extreme Linke und heute insbesondere auch die muslimisch-arabische Welt betreiben.

26 [Engl. »web of deceptions«. Ein entsprechender Ausdruck ist in der deutschen Fassung nicht zu finden. Dort heißt es an der Stelle, »daß ganze Völkergruppen oder Klassen oder Nationen sich an Lügen statt an Tatsachen orientieren« (Wahrheit und Politik, S. 81).]

Zum Schluss noch ein Wort über das durchaus karnevalistische jüdische Purimfest. Was hat es mit dem Lachen an diesem Feiertag auf sich? Wie und warum lacht man an Purim? Welches Fest begehen die Juden an diesem Tag? In einem beeinruckenden Kommentar zum Buch Esther befasst sich Éric Marty mit der biblischen Geschichte von der vereitelten Vernichtung des jüdischen Volkes im persischen Exil.[27] Das Buch Esther ist ein apotropäisches Buch, nämlich eines, das einen möglichen Völkermord abwenden soll. Es erzählt die Geschichte eines tragischen Ereignisses, das hätte passieren können und doch nicht passiert ist.

Dem Buch Esther, ebenso wie dem Lachen an Purim, entströmt daher ein Hauch von Erleichterung. Das Lachen drückt die Freude darüber aus, dass die Juden hätten vernichtet werden können und wie durch ein Wunder überlebt haben. Es handelt sich also in der Tat um ein Überlebenslachen, um das Lachen der Überlebenden. Im Buch Esther steht ein jüdisches Subjekt (Mordechai) einem antisemitischen Subjekt (Haman) gegenüber. Haman hält das jüdische Volk für gefährlich, weil die Juden, wie es in Racines Tragödie »Esther« heißt, »mächtig, wohlhabend und aufrührerisch« seien. Die durch den Monotheismus gestiftete Einheit des jüdischen Volkes, sagt Marty, verurteile es dazu, ausgeschlossen zu werden. In der Bibel steht geschrieben:

27 Éric Marty, Réflexions sur »Le Livre d'Esther« (zuerst in: *Les Temps Modernes*, Nr. 683, Juni 2015), in: Sur »Shoah« de Claude Lanzmann, Paris 2016, S. 101–121.

> Dann sprach Haman zum König Ahaschwerosch: Es gibt ein Volk, zerstreut und zersprengt unter den Völkern in allen Provinzen deines Reiches, dessen Gesetze sind anders als dic aller Völker, aber die Gesetze des Königs üben sie nicht, und es ist dem König nicht wert, sie so zu belassen.[28]

Das Buch Esther kündigt die Vernichtung der Juden an und erzählt indes die Geschichte ihrer Rettung. Die Abwendung, schreibt Marty, sei die Umkehrung der erwarteten Bedeutung. Genau das besage der hebräische Ausdruck *v'nahafoch hu*: die angekündigte Vernichtung wird »auf den Kopf gestellt«.[29] Insofern hat Purim einiges gemein mit der Tradition des Karnevals, an dem ebenfalls alles auf den Kopf gestellt wird. Es handelt sich gleichsam um eine Umkehrung des höchsten jüdischen Feiertags Jom Kippur, auch Jom ha-Kippurim genannt, denn kabbalistisch gesehen ist es ein Tag »ki-Purim«, d.h. wie Purim. Eine solche Umkehrung ist etwas der Geschichte des jüdischen Volkes Eigentümliches, sie kennzeichnet das Lachen der Erleichterung. In diesem Lachen wird, wie Marty es ausdrückt, »die Bedrohung in reine Freude verwandelt«:[30]

> Die Trunkenheit, der Wahnsinn, das unendliche Gelächter an Purim sind die jüdische Antwort auf die Angst. Und das ist sicherlich die beeindruckendste Antwort, die der Mensch je auf Bedrohungen gegeben hat, deren Todestrieb, Zerstörungstrieb und Vernichtungswunsch hier eine historische Form angenommen haben, die das Buch

28 Esther 3,8 (nach der Übersetzung von Naftali Herz Tur-Sinai).
29 Marty, Réflexions sur »Le Livre d'Esther«, S. 115.
30 Ebd.

Esther mit der gesamten Geschichte des jüdischen Volkes verbindet, besonders mit der des 20. und beginnenden 21. Jahrhunderts.[31]

Während das Lachen an Purim die Geschichte einer abgewendeten Katastrophe erzählt, ist das antisemitische Lachen eines Dieudonné, das Lachen Hamans, das uns bei Ahmadinedschad wiederbegegnet, ein Lachen der Zerstörung. An Purim lacht man über einen Völkermord, der hätte stattfinden können, aber nicht stattgefunden hat, Dieudonné hingegen lacht über einen Völkermord, der stattgefunden hat – wiewohl er ihn leugnet. Sein Lachen ist keines der Erleichterung über die Rettung des jüdischen Volkes, sondern eines über die Vernichtung, das an Hamans Aufruf zur Ausrottung der Juden erinnert. Das Lachen Dieudonnés ist ein Anti-Purim-Lachen, ein antisemitisches Lachen.

31 Ebd., S. 117.

Epilog

Adieu, Frankreich?

Am Ende dieses Buches – nun da ich nach dem Massaker, das der Islamische Staat am 13. November 2015 mitten in Paris verübt hat, einmal mehr wie gebannt die Nachrichten verfolge – möchte noch ein paar Worte zur jüngsten Theorie über den neuen Antisemitismus und sein Verhältnis zur Islamophobie hinzufügen.

Nach den Anschlägen auf *Charlie Hebdo* veröffentlichte der Soziologe Emmanuel Todd eine demographische Studie über die Reaktion auf den Terrorismus.[1] Er konzentrierte sich dabei vor allem auf die soziale und kulturelle Herkunft der zahlreichen Menschen, die den Opfern von *Charlie Hebdo* am 14. Januar 2015 mit einem Massenaufmarsch Tribut zollten. Sozialwissenschaftler haben überzeugende Einwände sowohl gegen Todds Methode als auch gegen die Ergebnisse seiner Untersuchung vorgebracht,[2] doch bei Fragen der empirischen Methode möchte ich mich hier nicht aufhalten, sondern auf die Erkenntnisse und Fehler der Studie zu sprechen kommen.

Todds Ziel war es, den »Je suis Charlie«-Konsens in Frage zu stellen und darauf aufmerksam zu machen, dass reaktionäre, rassistische und islamfeindliche Kräfte die satirische Wochenzeitung unterstützten. Entgegen der Be-

1 Emmanuel Todd, Sociologie d'une crise religieuse: Qui est Charlie? Paris 2015.

2 Siehe Vincent Tiberj/Nonna Mayer, Le simplisme d'Emmanuel Todd démonté par la sociologie des »Je suis Charlie«, in: *Le Monde*, 19. Mai 2015.

teuerung des Autors ist »Qui est Charlie?« kein wissenschaftliches Buch, sondern vielmehr ein Versuch, all diejenigen zu delegitimieren, die ihre Trauer über den Tod der Karikaturisten (französische Kultfiguren, die fortan als Märtyrer der Meinungsfreiheit gelten), ihre Wertschätzung der Satire und ihre Verbundenheit mit der französischen antiklerikalen Tradition zum Ausdruck gebracht haben. Obwohl man Todds Buch wohl als ein polemisches Manifest gegen Islamophobie bezeichnen kann – und gegen einen französischen Neosäkularismus, den ein rassistisches und antisemitisches Unbewusstes umtreibe (was Badiou als »transzendentalen Pétainismus« bezeichnet) –, enthält es meiner Meinung nach dennoch einige Aussagen, über die man diskutieren sollte.

Todds Behauptung, *Charlie Hebdo* sei eine Zeitschrift, die »sich auf die Stigmatisierung des Islam spezialisiert«[3] habe (eine typische Behauptung derer, die nach den Terroranschlägen die Schuld sofort den Opfern zuschoben), würde ich entgegenhalten, dass *Charlie Hebdo* nie eine reaktionäre und islamfeindliche Zeitschrift war, sondern jedweden Fanatismus gleichermaßen verhöhnt hat. Wenn Islamophobie ihr Markenzeichen gewesen wäre, könnte man eine Massenbewegung zu ihrer Unterstützung vielleicht als islamfeindlich bezeichnen. Aber das war nie der Fall. Todd muss sich die Realität – in diesem Fall die Ideologie von *Charlie Hebdo* – zurechtbiegen und den Opfern die Schuld geben, um einer Theorie zu entsprechen, die etwa besagt, dass das Frankreich, das im Januar auf die Straße ging, reaktionär und rassistisch sei. Das Frankreich, das heute den Laizismus und das Projekt Europa befürwortet, sei (soziologisch gesehen) das gleiche Frankreich, das

3 Todd, Qui est Charlie? S. 24.

sich einst gegen Dreyfus stellte und das Vichy-Regime unterstützte.[4] Dieses Frankreich, das Todd verächtlich »zombiekatholisch« nennt, habe sich hinter eine fremdenfeindliche Zeitschrift gestellt, die sich hauptsächlich dadurch auszeichne, dass sie eine unterdrückte muslimische Minderheit verspotte. Als Zombiekatholizismus bezeichnet Todd eine »anthropologische und soziale Kraft, die aus dem endgültigen Zerfall der Kirche in deren traditionellen Hochburgen hervorgegangen« sei.[5] Archetypisch verkörpert werde dieses Frankreich durch Präsident François Hollande, einen Mann, der dem sozialen und geographischen Atavismus nicht entkommen könne. »Wie so viele [Zombiekatholiken] vor ihm, die aus Staub geboren wurden, wird er zu Staub zurückkehren«,[6] verkündet Todd mit biblischen Untertönen ganz im polemischen Tenor seines Buches. Sein sozialatavistisches Verständnis menschlicher Antriebe (Hollandes Milieu erklärt seine Politik und sogar sein ganzes Wesen) erinnert an den marxistischen Klassendeterminismus.

Im Islam habe das antiklerikale Frankreich nach dem Zerfall der Kirche einen idealen Sündenbock gefunden: »Die Dämonisierung des Islam entspricht dem inneren Bedürfnis einer radikal entchristlichten Gesellschaft.«[7] Ungeachtet seiner tendenziösen Wissenschaft ist Todds Argument als rein theoretische Spekulation interessant. Zumindest ist es nicht ungeschickt zu behaupten, dass die nach dem Niedergang des Katholizismus orientierungslose französische Bevölkerung, die keinen Gegner mehr

4 Siehe ebd., S. 84.
5 Ebd., S. 55.
6 Ebd., S. 56.
7 Ebd., S. 66.

habe (denn die Kirche rechtfertigte die Existenz des antiklerikalen Frankreich), einen Ersatz finden müsse, um ihre Trauer zu kanalisieren. So klar er manche Dinge auch erkennt, so beständig wirft Todd jedoch Antisemitismus und Xenophobie durcheinander und macht sich die Verdrängungstheorie Traversos und anderer zu eigen (Islamophobie als neuer Antisemitismus). Der »Neorepublikanismus« vom Januar 2015 sei praktisch ein Neovichyismus oder Pétainismus und die Islamophobie »so weit fortgeschritten, dass sie genauso gefährlich ist wie der Antisemitismus der traditionellen Rechten.«[8]

Allerdings erweist sich Todds Analyse, so abwegig sie insgesamt auch ist, bisweilen als aufschlussreicher als das, was Traverso und andere linke Theoretiker über den Antisemitismus zu sagen haben. Zum Beispiel leugnet Todd den neuen Antisemitismus nicht. Er betont die Gleichgültigkeit des säkularen (oder zombiekatholischen) Frankreich gegenüber dem muslimischen Antisemitismus und das Missverhältnis zwischen der massiven Reaktion (Trauer und Empörung) auf die Ermordung der militanten Atheisten und der so gut wie ausgebliebenen Reaktion desselben Frankreich auf die Ermordung jüdischer Kinder in Toulouse oder der Juden in einem koscheren Lebensmittelgeschäft zwei Tage nach den Anschlägen auf *Charlie Hebdo*.[9] Diese Beobachtung ist keineswegs trivial, darüber sollte man einmal nachdenken.

Aber Todds Buch ist voller fehlerhafter Argumente. Ausgehend von einer anthropologischen Definition des Egalitarismus als Gleichheit unter Brüdern behauptet er,

8 Ebd., S. 89.
9 Ebd., S. 106 f.

der Islam sei eine egalitäre Religion.[10] Nun, auf heterosexuelle muslimische Männer mag das zutreffen – ein allerdings sehr selektiver Egalitarismus. Im Vergleich zum Islam zeichnen sich derselben idiosynkratischen Definition gemäß sowohl das »zombiekatholische« Frankreich als auch das Judentum durch eine antiegalitäre Tradition aus.[11]

Todd lässt sich von seinem eigenen Nonkonformismus derart mitreißen, dass er sich gar eine Rückkehr zur Religion wünscht, um einen authentischen republikanischen Egalitarismus wiederzubeleben. Der Islam (oder, wie er es nennt, »ein Zombie-Islam«) sei die einzige Alternative zum westlichen Nihilismus, und im Gegensatz zum Judentum handle es sich um eine lebendige und wachsende Religionsgemeinschaft. Darum sei der Islam ein Heilmittel für die fragmentierte, atomisierte, egoistische und individualistische Postmoderne (»flüchtige Moderne«, wie Zygmunt Bauman sie nennt[12]). Die Rückkehr zu einer ganzheitlichen Gesellschaft, die auf einer stabilen sozialen Ordnung basiere, weise auch einen Weg, den neuen Antisemitismus, die französische und europäische metaphysische Angst und die existentielle Leere des zombiekatholischen Frankreich zu bekämpfen.

Ein Islam light als Lösung für das Problem des Antisemitismus? Da ist Skepsis angebracht. Mehr Islam, um den radikalen Islam und den islamischen Antisemitismus zu bekämpfen? Das ist ebensowenig überzeugend wie der Ruf nach mehr Wagner und mehr germanischer Mytholo-

10 Ebd., S. 210. Todd spricht von struktureller Gleichheit unter Brüdern und nimmt offenbar keinen Anstoß daran, dass Frauen des universalen Prinzips der Gleichheit unwürdig sind.

11 Ebd., S. 216.

12 Zygmunt Bauman, Flüchtige Moderne, Frankfurt a.M. 2003.

gie, um den Nationalsozialismus zu bekämpfen. Wenn auch an Wagner oder germanischer Mythologie an sich nichts auszusetzen ist (von Wagners Antisemitismus einmal abgesehen), so ist doch schwer zu erkennen, was sie gegen eine Ideologie ausrichten könnten, die sich lose auf sie beruft. Ebenso bezweifle ich, dass mehr Koranunterricht das Problem der Radikalisierung von Muslimen und des muslimischen Antisemitismus lösen könnte. Darüber hinaus verleitet Todds jugendlicher Hang zum Paradoxen ihn dazu, *Charlie Hebdo* für den islamischen Antisemitismus verantwortlich zu machen.[13] Wenn *Charlie* und das zombiekatholische Frankreich den Islam nicht angegriffen hätten, wären die Muslime nicht verärgert und würden also auch nicht die Juden zu Sündenböcken machen – eine völlig unhaltbare und unredliche Behauptung, die den Antisemitismus des Islam selbst außer Acht lässt.

Todd hat etwas von einem Enfant terrible, einem charmanten rebellischen Teenager. Doch abgesehen von den Widersprüchen, zu denen ihn sein jugendlich provokantes Gehabe verleitet, stellt er zu Recht eine beunruhigende Gleichgültigkeit gegenüber dem neuen Antisemitismus fest, den er in der muslimischen Bevölkerung ausmacht – und den er, meiner Meinung nach zu Unrecht, mit Unterdrückung, Abstieg, Erniedrigung und Rassismus erklärt. Das Schweigen des zombie-, krypto- oder postkatholischen Frankreich ist ohrenbetäubend. Todd macht auf das objektiv bestehende Bündnis von neuem (muslimischen) und altem (postkatholischen) Antisemitismus aufmerksam. Interessanterweise aber hat er dabei nicht die extreme Rechte im Auge, sondern das Frankreich von *Charlie*

13 Todd, Qui est Charlie? S. 220.

Hebdo. Die angebliche Islamophobie des zombiekatholischen Frankreich bringe den Antisemitismus der Muslime hervor. Todds blinder Fleck (und zwar ein gravierender) besteht darin, dass er nicht erkennt, dass, wenn das zombiekatholische Frankreich nichts gegen den islamischen Antisemitismus unternimmt, dies nicht etwa daran liegt, dass Islamophobie der neue Antisemitismus sei. Und auch nicht daran, dass die Demonstration im Januar 2015 unbewusst irgendwie antisemitisch und islamfeindlich zugleich gewesen wäre. Es hat vielmehr damit zu tun, dass Frankreich dem Wiederaufleben des Islam unschlüssig gegenübersteht. Es ist gelähmt und gleichzeitig hypnotisiert von der Anziehungskraft eines starken Glaubens, der einer Zivilisation, die beides verloren zu haben scheint, die Wiederherstellung von Transzendenz, Opferbereitschaft und Spiritualität verspricht.

*

Michel Houellebecqs Roman »Unterwerfung« erschien einige Monate vor Todds »Qui est Charlie?«[14] Er kam zufällig am Tag der Tragödie von *Charlie Hebdo* in die Buchläden. Todds Theorie würde gut zu Houellebecqs Figur François passen, der Literaturwissenschaft an der Sorbonne lehrt und sich auf Joris-Karl Huysmans spezialisiert hat (mit dem er sich in gewissem Maße identifiziert), einen französischen Romancier des Fin de siècle, der den Katholizismus, den er einst aufgegeben hatte, wieder annahm. Wenn Todds Kategorisierung überhaupt etwas bedeutet,

14 Michel Houellebecq, Soumission, Paris 2015 [Unterwerfung, Köln 2015].

würde ich François als eine Prosopopöe des zombiekatholischen Frankreich bezeichnen. François konvertiert schließlich aus pragmatischen Gründen zum Islam, auch weil der Katholizismus für ihn definitiv tot ist und ihn nicht mehr berührt. Anstatt Houellebecqs Roman als »islamfeindlich« abzutun, hätte Todd ihn genauer lesen sollen, denn »Unterwerfung« enthält eine Allegorie seiner eigenen Theorie, vielleicht auch seines Schicksals. Darüber hinaus führt einem dieser Roman das Wiederaufleben des Antisemitismus und die düsteren Aussichten für die französischen Juden vor Augen, die sich zwischen zombiekatholischer Resignation, muslimischem Antisemitismus und dem Aufstieg des europäischen Populismus eingezwängt finden.

Die Handlung des Romans ist simpel: Vor dem Hintergrund eines sich anbahnenden Bürgerkriegs zwischen weißen europäischen Rassisten und muslimischen Dschihadisten finden in Frankreich im Jahr 2022 Stichwahlen um das Präsidentenamt statt. Die Vorsitzende der rechtsextremen Partei, Marine Le Pen, hat es mit einem Gegner zu tun, mit dem sie zumindest in der französischen Politik bisher nicht zu rechnen hatte. In Mohammed Ben Abbes, dem imaginären charismatischen Führer einer neuen islamischen Partei, treffen zwei wirkliche Archetypen zusammen, nämlich der übergewichtige muslimische Gemeindeleiter Dalil Boubakeur – ein wirklich gemäßigter und versöhnlicher ehemaliger Imam der wichtigsten Pariser Moschee, die im Quartier Latin von Touristen besucht wird – und der schlanke, charismatische und nur scheinbar gemäßigte muslimische Intellektuelle Tariq Ramadan aus der Schweiz, den unzufriedene Jugendliche in den Banlieues als Helden feiern. Ersterer ist freundlich und offenherzig, letzterer machiavellistisch verschlagen.

François' *taedium vitae*, sein Lebensüberdruss, ließe sich treffend als eine »Müdigkeit des Selbstseins« charakterisieren. Seine Neurasthenie ist eine Seelenkrankheit des *homo consumericus*, des zum König ausgerufenen Individuums unserer spätkapitalistischen Gesellschaften. »Müde und leer«, schreibt der Psychoanalytiker Alain Ehrenberg, »messen wir in unserem Körper das Gewicht der individuellen Souveränität.«[15] In jüngster Zeit interessieren sich französische Intellektuelle für die unerträgliche Leichtigkeit des Selbstseins, für die paradoxe Last individueller Freiheit und Souveränität. Ein anderer Psychoanalytiker, Charles Melman, berichtet in einem Buch über den »schwerelosen Menschen«, die meisten seiner Patienten litten nicht mehr an einer Verdrängung oder Unterdrückung des Sexus (für Freud die Grundlage der Neurose und unvermeidliches Nebenprodukt der Zivilisation), sondern im Gegenteil an einem Mangel an Unterdrückung, der zu allen möglichen narzisstischen Perversionen und Funktionsstörungen führe.[16] Das Individuum, Schöpfer seiner eigenen Gesetze, Anfang und Ende aller Werte, leidet also unter einem Übermaß an Autonomie. Ironischerweise sehnt es sich nach Unterdrückung und, ja, nach Unterwerfung. Das eigene Joch besteht in der Entbehrung jeglichen Jochs.

Frei zu sein, stellten Sartre und die Existentialisten fest, kann eine Prüfung bedeuten. Individuelle Freiheit bereitet Schwierigkeiten, weil sie Entscheidungen erfordert, die nicht in einer vorgegebenen moralischen Weltanschauung begründet sind. Im Denken Sartres und Camus' hat man

15 Alain Ehrenberg, La Fatigue d'être soi: Dépression et société, Paris 2000.

16 Charles Melman, L'Homme sans gravité: Jouir à tout prix, Paris 2005.

nicht die Wahl, nicht zu wählen, und muss sich seine eigenen Werte erfinden. Aber es ist eine Sache, mit sinnvollen existentiellen Entscheidungen konfrontiert zu werden; zu Sartres Zeit musste das zur Freiheit verurteilte Dasein[17] zwischen Widerstand und Kollaboration wählen, oder zwischen der Pflege der alternden geliebten Mutter und dem Krieg gegen den Faschismus. In einem posthistorischen Europa aber verhält es sich ganz anders. Hier muss sich der *homo eligens*, das zur Wahl gezwungene Individuum, zwischen der Selbstbefriedigung bei einem Youporn-Video und einem Dreier entscheiden, denn Pornographie und pansexuelle Aktivitäten sind zur höchsten Stufe der Konsumsucht geworden. Das sind die Wahlmöglichkeiten, die Houellebecqs Figuren heute haben: eine Parodie der Freiheit, eine Karikatur der Autonomie und damit nichts Geringeres als eine Perversion des modernen Emanzipationsversprechens. Die Welt ist leer, die Dialektik der Geschichte, das Hegel'sche Werk der Negation, ist zusammengebrochen. Alle kollektiven Bindungen haben sich aufgelöst – Nation, Religion, Familie. Der anomische Selbstmord, die Art von Selbstmord, die Émile Durkheim mit der Fragmentierung von Erfahrung und Gesellschaft in Verbindung brachte, stellt für Houellebecqs Figuren eine große Versuchung dar. Das ist Houellebecqs Universum – eine neurasthenische, anomische und akosmische Welt.

Gleichgültig beobachtet François den Wandel in der französischen, ja der europäischen Politik, als Ben Abbes die Wahl gewinnt und damit das Jahrzehnte währende langweilige Wechselspiel zwischen rechts und links beendet. Durch die Gehirnwäsche des Präsidenten der nunmehr islamischen Sorbonne, Robert Rediger, der seinerseits an

17 [Im Original deutsch.]

George Orwells O'Brien aus »1984« erinnert – ein salbungsvoller und überzeugender Mann, der es meisterhaft versteht, den totalitären Charakter des neuen Regimes zu mildern – konvertiert François zum Islam. Selbst mit mehreren Frauen verheiratet, hat Rediger offensichtlich kein Problem mit dem Sexismus des Islam; auch dessen Antisemitismus bekümmert ihn nicht.

Houellebecq schildert die Konversion zu einer gemäßigten und »demokratischen« Form des Islam (ein Islam light, der an Todds Zombie-Islam erinnert) als ironische Alternative zur europäischen Leere und zum Ende der Geschichte. Und so lautet François' Wette: Warum nicht die eigene Autonomie aufgeben und sich einer Ideologie unterwerfen, die größer ist als das atomisierte Selbst und die verspricht, einer absurden Welt einen Sinn zu geben? In jedem Fall ein Gewinn, wie bei Pascals Wette. Entweder gibt es den Gott des Islam wirklich und der Konvertierte gewinnt das ewige Leben, oder es gibt ihn nicht und der Konvertierte bekommt mehrere Frauen, eine feste Anstellung an der renommierten Sorbonne und internationale akademische Anerkennung. Der Islam (eine Metapher für die Rückkehr zur Heteronomie) wird das Selbst von den Qualen der Freiheit befreien – einer Freiheit, die das postmoderne westliche Individuum dazu verdammt, nichts anderes zu sein als sein Körper, ein alternder Körper, geplagt von Hämorrhoiden und Migräne, zerrissen von trivialen Konsumentscheidungen, aufgezehrt von der Wiederholung mechanischer Orgasmen und aufgefressen von Ekzemen und Geschlechtskrankheiten.

Im Roman bedeutet der Aufstieg des Islam in Frankreich den Ausbruch der Geschichte in eine ereignislose Welt, ein Tropfen Metaphysik im Ozean des Materialismus. Daher ist der Streit über die angebliche Islamophobie des Autors, der nach der Veröffentlichung des Romans entbrannte, bestenfalls sinnlos, schlimmstenfalls aber völlig unangemessen. Islamophobie hatte man Houellebecq schon 2001 vorgeworfen, als er verkündete, zwar seien alle Monotheismen »dumm«, der Islam aber sei doch der »dümmste von allen«.[18] In neueren Interviews hat er das zurückgenommen und eingeräumt, den Koran nie ernsthaft gelesen zu haben; eine so pauschale Erklärung würde er heute nicht mehr abgeben. Natürlich kann man bei Houllebecq nie wissen, ob er es ernst meint oder scherzt. Als er einige Tage nach den Anschlägen auf *Charlie Hebdo* erklärte, er habe seine Meinung über den Islam noch einmal überdacht, war die Ironie schwerlich zu überhören. Meiner Ansicht nach ist Houellebecq ebensowenig ein Islamhasser wie ein Islamophiler. Ihm ist klar, dass Europa jede Form von Sinn und Transzendenz verloren hat und dass eine Zivilisation, die all ihre Traditionen aufgegeben hat, eine funktionslose, untätige Zivilisation ist – dazu verdammt, in den Abgrund ihrer eigenen Leere zu stürzen. Die Einführung der Scharia in Frankreich ist also lediglich ein Experiment auf der Ebene der Handlung, die ironische Andeutung eines letzten Versuchs der Zivilisation, die Verzweiflung und das Elend der Autonomie, des materiellen Verfalls und des eingeebneten Todes zu überwinden.

Auch wenn Frankreich und Europa seit langem jede authentische politische und historische Erfahrung verloren haben, deutet der Roman an, dass Geschichte und Politik – und damit Bedeutung – in Israel dank der drohenden

18 Siehe Mohammed Aissaoui, Houellebecq et Plateforme: »la religion la plus con c'est quand même l'islam«, in: *Le Figaro*, 30. Dezember 2014.

Vernichtung weiterleben. Israel ist das Land, in das Myriam, die einzige Person, für die François wirkliche Zuneigung empfindet, und sicherlich die einzige Figur des Romans, die der Karikatur entgeht, des wachsenden Antisemitismus wegen auswandert. Ihr Abschied von Frankreich ist eine Reaktion auf die neue Realität nach Toulouse und Ilan Halimi, nämlich auf den Anstieg des islamischen Antisemitismus und die wachsende Faszination des zombiekatholischen Frankreich für eine Ideologie, die verspricht, den verlorenen Sinn wiederherzustellen, die metaphysische Leere zu füllen und den Verlust der Transzendenz wettzumachen. Sie hat eine Spiritualität zu bieten, die der Konsumismus und das materialistische Vergnügen nicht mehr aufbringen können. Die Faszination ist auch eine Resignation.

Unwahrscheinlich zwar, dass das in »Unterwerfung« beschriebene Szenario, d.h. die Machtübernahme durch eine islamische Partei, in nächster Zeit eintreten wird. Jedoch bleibt abzuwarten, wie viele französische Juden sich wie Myriam und ihre Familie entscheiden werden, ins Exil zu gehen, und ob man den Ernst der Lage in einem zombifizierten Frankreich überhaupt erkennen wird. Als scharfer Beobachter der gesellschaftlichen Sitten, als Satiriker und Kulturkritiker, der sich der Fiktion bedient, um seine Argumente vorzubringen, hat Houellebecq die Stimmung[19] der Angst, die im französischen Judentum herrscht, und die Resignation des zombiekatholischen Frankreich genau eingefangen – eines Frankreich, das allmählich der Neurasthenie, der Gleichgültigkeit erliegt und das in der Wiederkehr der Religion (nicht des Katholizismus, sondern

19 [Im Original deutsch.]

des Islam, sei's mit oder ohne Koffein) schließlich einen Ausweg aus seiner historischen Ermattung finden könnte.

In Houellebecqs Frankreich hat der neue Antisemitismus in der Tat zugenommen. Dieses Frankreich ist das von heute, oder das eines drohenden Morgen, das dem Frankreich, wie wir es kennen, so nahekommt, dass Premierminister Manuel Valls nach den Anschlägen auf *Charlie Hebdo* seine Besorgnis dadurch zum Ausdruck brachte, dass er die Gefahr sogleich bestritt: »Frankreich ist nicht Michel Houellebecq, nicht Intoleranz, Angst und Hass.«[20] Es klang, als müsse er seine eigene Ahnung verleugnen, dass Houellebecq das gegenwärtige Frankreich sehr wohl treffend dargestellt hat: abgelebt, dschihadistisch, antisemitisch, populistisch und radikal islamistisch. Und wenn Valls recht hat damit, dass Houellebecq nicht *ganz* Frankreich ist, dann ist Frankreich eben *auch* »Intoleranz, Angst und Hass«. Houellebecqs ungewöhnlicher Erfolg ist ein sicheres Zeichen dafür, dass der Schriftsteller einen Nerv getroffen, nämlich eine Wahrheit über das heutige Frankreich ausgesprochen hat. Mit seinem Roman hat er Milners Theorie in Fiktion übertragen: Frankreich und Europa machen gemeinsame Sache mit dem Islam und opfern die Juden ihrem Streben nach ewigem Frieden und nach einer posthistorischen, postpolitischen Utopie.

Houellebecqs Szenario ist unwahrscheinlich, sein Roman nicht realistisch, sondern satirisch. Adam Gopnik bemerkte dazu treffend:

20 Manuel Valls, »La France ce n'est pas Michel Houellebecq, pas l'intolérance et la peur«, in: *L'indépendant*, 8. Januar 2015; http://www.lindependant.fr/2015/01/08/manuel-valls-la-france-ce-n-est-pas-michel-houellebecq-pas-l-intolerance-etla-peur,1976657.php.

> Das soll nicht heißen, dass der Islam in Frankreich nicht weiterhin ein Problem darstelle oder die extreme Rechte nicht weiter wachsen werde; oder dass die anständigen Republikaner sich nicht so töricht selbstzerstörerisch verhalten würden, wie Houellebecq es sich vorstellt. *Dasselbe* wird wahrscheinlich nie wieder geschehen. Der Spaß an der Satire besteht darin, sich vorzustellen, was geschehen würde, wenn nichts geschieht, um zu verhindern, was gerade geschieht. Doch das geschieht nicht.[21]

Gopnik hat recht. *Dasselbe* mag nie wieder geschehen. Aber was sich seit Beginn dieses Jahrtausends ereignet hat und mit jedem Fall antisemitischer Ausschreitungen wiederholt, ist schlimm genug, so dass wir uns fragen müssen, ob Houellebecqs Myriam jemals zu einer Synekdoche für das französische Judentum werden wird, ob die französischen Juden, wie Shmuel Trigano vorausgesagt hat,[22] sich von Frankreich verabschieden werden.

21 Adam Gopnik, The Next Thing: Michel Houellebecq's Francophobic Satire, in: *The New Yorker*, 26. Januar 2015.
22 Shmuel Trigano, L'avenir des Juifs de France, Paris 2006.

Danksagung

Dieses Buch ist das Ergebnis jahrelanger Recherchen, die mich bis in die Zeit unmittelbar nach dem 11. September 2001 zurückführen, als ich an der Miami-Universität in Ohio lehrte. Die intellektuelle und politische Reise begann in lebhaften Gesprächen mit meinen Kollegen Jonathan Strauss und Jim Creech. In einer Zeit beispielloser Formen des Terrorismus im Nahen Osten und in den USA entstand das, was Experten in Frankreich und Europa zunächst noch zaghaft als »neuen Antisemitismus« oder »neue Judenfeindlichkeit« bezeichneten. Jims und Jonathans bilderstürmerischer, freier und kluger Geist hat mich bei diesem Vorhaben inspiriert.

Dann stieß ich auf das Werk von Éric Marty, der bald zu einem Freund wurde. Er hat eine revolutionäre Exegese von Jean Genet, Israel und der Metaphysik des Bösen in Zusammenhang mit dem 11. September vorgelegt, die nun dank der Unterstützung von Alvin Rosenfeld und der Indiana University Press auf Englisch erhältlich ist.

Alvin Rosenfelds unermüdliche Erforschung des zeitgenössischen Antisemitismus, der Relativierung des Holocaust und der Delegitimierung Israels, sein unerschütterliches Vertrauen in meine Arbeit und seine mehrfachen Einladungen zu Frühjahrskonferenzen und Workshops auf dem Campus der Universität von Indiana haben mir beim Schreiben dieses Buches enorm viel Kraft gegeben. Ein Abschnitt des vierten Kapitels wurde direkt von einem meiner Aufenthalte dort inspiriert.

Im idyllischen Bloomington in Indiana kam ich auch mit Elhanan Yakira und Gabriel Noah Brahm ins Gespräch, die bei der Erforschung der postmodernen Theorie Neuland betreten und ein echtes Talent bei der Entlarvung besonders ungeheuerlicher Formen des Anti- und Postzionismus bewiesen haben.

Ohne die treue Freundschaft von Jeffrey Mehlman wäre dieses Buch nicht zustande gekommen, und natürlich auch nicht ohne seine Ironie und seine Hassliebe zum französischen Denken – eine Ambivalenz, die ich, in aller Bescheidenheit, mit ihm teile. Seit seinem bahnbrechenden Buch über das antisemitische Erbe in Frankreich (»Legacies of Anti-Semitism in France«) ist Mehlman eine Koryphäe in der Erforschung der französischen Literatur und der Juden; er war es, der die Fossilien des Antisemitismus in der Rhetorik des Philosemitismus freigelegt hat.

Ich möchte hier auch meine Dankbarkeit für die persönliche Loyalität und moralische Integrität von Maurice Samuels zum Ausdruck bringen, der mich mehrmals zum Yale Program for the Study of Antisemitism eingeladen hat und von Anfang an Vertrauen in meine Arbeit setzte.

Lawrence Kritzman hat mich in sein Sommerseminar am Dartmouth College, einem weiteren idyllischen Ort, aufgenommen, wo ich mich mit Kollegen und Studenten über dieses Thema austauschen konnte. Ich danke Larry für seine unvergleichliche Gastfreundschaft, sein Vertrauen und seine Zuneigung.

Danken möchte ich ebenso Nathalie Debrauwere-Miller, die einen wichtigen Band über den Nahostkonflikt in der französischsprachigen Literatur herausgegeben hat, an dem mitzuwirken ich die Ehre hatte.

Besonders dankbar bin ich für die Freundschaft mit Alan Astro und Carol de Rosset, die zu viele Entwürfe dieser Arbeit immer wieder durchgesehen haben, um sich daran zu erinnern. Sie haben sie mit großer Gelehrsamkeit und geistiger und sprachlicher Strenge kommentiert und stets kompromisslos ehrlich beurteilt. Ohne ihre Unterstützung hätte ich das Manuskript nicht fertigstellen können.

Schließlich möchte ich meiner Familie, meiner Frau חנה רות und meinen Kindern Rivkah und Théo, für ihre unermüdliche Unterstützung während dieser langen Reise danken.

Dieses Buch ist meinen Eltern, Sarah und Emile, gewidmet, die zwischen Exil und Versteck viele Qualen ertragen mussten und die sich vor fünfzehn Jahren nicht vorstellen konnten, dass das 21. Jahrhundert ihnen noch mehr Sorgen um ihre Kinder und Enkelkinder bereiten würde.

Aus der Reihe Critica Diabolis

21. Hannah Arendt, Nach Auschwitz, 13.- Euro
65. Guy Debord, Gesellschaft des Spektakels, 20.- Euro
171. Harry Rowohlt, Ralf Sotscheck, In Schlucken-zwei-Spechte, 15.- Euro
223. Mark Fisher, Gespenster meines Lebens, 20.- Euro
225. Eike Geisel, Die Wiedergutwerdung der Deutschen, 24.- Euro
246. Mark Fisher, Das Seltsame und das Gespenstische, 18.- Euro
253. Wolfgang Pohrt, Werke Bd. 10, Kapitalismus Forever & Texte, 22.- Euro
254. Wolfgang Pohrt, Werke Bd. 3, Honoré de Balzac, 2. Aufl., 18.- Euro
262. Wolfgang Pohrt, Werke Bd. 4, Kreisverkehr & Texte 82-84, 30.- Euro
268. Wolfgang Pohrt, Werke Bd. 1, Theorie des Gebrauchswerts u.a., 32.-
271. Eike Geisel, Die Gleichschaltung der Erinnerung, Essays, 26.- Euro
272. Mark Fisher, k-punk, Nachgelassene Schriften (2004-2016), 34.- Euro
277. Iris Dankemeyer, Erotik des Ohrs. Adorno, 30.- Euro
278. Wolfgang Pohrt, Werke Bd. 6, Massenbewusstsein BRD 1990, 30.-
282. Wolfgang Pohrt, Werke Bd. 8.1, Harte Zeiten & Texte, 26.- Euro
284. Caroline Fourest, Generation Beleidigt, 18.- Euro
286. Ingo Müller, Furchtbare Juristen, erweiterte Neuausgabe, 24.- Euro
287. Wolfgang Pohrt, Werke Bd. 8.2, Brothers in Crime, 26.- Euro
291. Wiglaf Droste, Chaos, Glück und Höllenfahrten, Autobiographie, 24.-
292. Hallische Jahrbücher#1, Die Untiefen des Postkolonialismus, 24.- Euro
294. Wolfgang Pohrt, Werke Bd. 9, FAQ & Ergänzungstexte, 26.- Euro
295. Léon Poliakov, Vom Hass zum Genozid. Das 3. Reich und die Juden, 34.-
297. Walter Benn Michaels, Der Trubel um Diversität, 24.- Euro
298. Pascal Bruckner, Ein nahezu perfekter Täter, 26.- Euro
301. Klaus Bittermann, Unruhestifter Wolfgang Pohrt, Biographie, 32.- Euro
311. Ingo Elbe u.a. (Hg.), Probleme des Antirassismus, 34.- Euro
312. Laure Adler, Die Reisende der Nacht. Über das Altern, ca. 30.- Euro
313. Wolfgang Pohrt, Werke Bd. 11, Briefe & Mails 1976–2016, 38.- Euro
314. Charles King, Odessa. Leben und Tod in einer Stadt der Träume, 32.-
315. Stefan Gärtner, Tote und Tattoo, Kritik der Dummheit, 24.- Euro
316. Funny van Dannen, Angst vor Gott. Neue Geschichten, 22.- Euro
317. Wiglaf Droste, Vollbad im Gesinnungsschaum. Sprachkritik, 22.- Euro
318. Andreas Stahl u.a. (Hg.), Gesichter des politischen Islam, 30.- Euro
319. Matthew Beaumont, The Walker. Die Stadt und die Moderne, 34.-
320. Michael Miersch, Einmal Freiheit und zurück, 28.- Euro
321. John Sanford, Die Menschen vom Himmel. Roman, 30.- Euro
322. Julie Burchill, Willkommen bei den Woke-Tribunalen, 34.- Euro
323. Ahlrich Meyer, Der Bann der Unglaubwürdigkeit. Essays, 30.-Euro
324. Jake Wallis Simons, Israelphobie, 24.- Euro
325. Bruno Chauoat, Ist Theorie gut für die Juden?, 30.- Euro
326. Claudius Seidl, Anstiftung zum Bürgerkrieg, 24.- Euro
327. Adolph L. Reed Jr., Schatten der Vergangenheit, ca. 20.- Euro
328. Ingo Elbe, Antisemitismus und postkoloniale Theorie, 28.- Euro
329. Christof Meueler, Welt in Schach halten. Wiglaf Droste, 30.- Euro
330. Vojin Saša Vukadinović, Rassismus für Einsteiger, ca. 20.- Euro
331. Meyer Levin, Auf der Suche in aufgewühlten Zeiten, ca. 38.- Euro
332. Martini & Bittermann (Hg.), Nach dem 7. Oktober, Essays, 24.- Euro

http://www.edition-tiamat.de